# 난센스

**NONSENSE**

이 도서의 국립중앙도서관 출판예정도서목록(CIP)은 서지정보유통지원시스템 홈페이지
(http://seoji.nl.go.kr)와 국가자료공동목록시스템(http://www.nl.go.kr/kolisnet)에서
이용하실 수 있습니다. (CIP제어번호: CIP2017004400)

NONSENSE

불 확 실 한   미 래 를   통 제 하 는   법

# 난센스

제이미 홈스 지음 | 구계원 옮김

문학동네

나는 애매함을 믿지 않는다.

_존 웨인(영화배우)

# 차 례

1996년, 런던의 시티 앤드 이즐링턴 칼리지는 초보자들과 열등생들을 대상으로 프랑스어 특강을 개설했다. 금속테 안경을 쓴 성실한 십대 학생 폴라는 태어나서 프랑스어를 단 한 마디도 해본 적이 없었다. 염소수염을 기르고 귀걸이를 한 다민더는 프랑스어를 처음 배울 뿐만 아니라 중등교육 자격시험GCSE 스페인어 과목에서 낙제했다. 압둘은 GCSE 독일어 과목 낙제생이었다. 사트빈더와 마리아는 프랑스어 GCSE를 통과하지 못했으며, 에밀리의 프랑스어 선생님은 그녀에게 아예 프랑스어 자체를 포기하는 것이 어떻겠냐고 조언했을 정도다. 그러나 이 학생들은 모든 희망을 버리지 않고, 특별한 기회를 잡기로 결심했다. 5일간 진행되는 전일 강의를 통해 미셸 토머스Michel Thomas라는 언어학자의 독특한 학습 방법론을 체험해보기로 했던 것이다.

희끗희끗한 머리에 푸른색 재킷 차림을 한 토머스는 차분하고 우아한 분위기를 지닌 사람이었다. "여러분을 만나서 정말 기쁩니다." 그가 처음 만나는 학생들에게 인사했다. "오늘 수업이 무척 기대됩니다. 하지만 좀더 나은 환경이 필요하겠군요. 지금 여러분이 앉아 있는 강의실은 좀 불편해 보이거든요. 여러분이 편하게 앉을 수 있도록 강의실 집기를 전부 재배치할 겁니다." 토머스는 밖에 세워놓은 트럭에 일반적인 강의실 집기들을 대체할 만한 독특한 가구들을 실어왔다. 안락의자, 쿠션, 탁자, 화분, 양탄자, 선풍기, 심지어 고리버들로 만든 병풍까지. 학생들은 약간의 노력만으로 강의실 분위기를 완전히 탈바꿈시켰다. 등받이가 높은 고급 안락의자를 타원 형태로 배치하고, 푸른색 커튼을 친 다음 조명을 낮추고, 안락의자 주위에는 고리버들 병풍을 둘러 훨씬 편안하고 아늑한 공간으로 만들었다.

책상도, 칠판도, 종이도, 펜이나 연필도 없었다. 토머스는 학생들에게 무언가를 읽거나 쓰도록 지시하지도 않았다. 이전에 공부한 것을 기억해내려고 하거나, 심지어 하루 수업이 끝난 후 배운 것을 복습할 필요도 없다고 했다. 수업중 무언가가 기억나지 않는다면 그것은 학생들의 문제가 아니라 강사인 자신의 문제라고 했다. 에밀리는 믿지 못하겠다는 표정을 지었다. 다민더와 압둘의 얼굴에는 장난기 어린 웃음이 배어나왔다. 무엇보다 모든 학생들이 자기 앞에 서 있는 이 나이 지긋한 남자에 대한 진심 어린 호기심을 감추지 못했다. 진지하게 하는 말일까? 수업에서 배운 것을 암기하려 들지 말라고?

"저는 여러분이 긴장을 풀었으면 좋겠습니다."

이 장면과 토머스의 언어 교육방법, 그리고 5일간 진행된 특강의 결과는 〈언어 마스터The Language Master〉라는 BBC 다큐멘터리를 통해 소개되었다. 시티 앤드 이즐링턴 칼리지의 프랑스어과 학장인 마거릿 톰프슨은 토머스의 교육 성과를 평가하는 임무를 맡았다. 한 주가 지나고, 톰프슨은 상당수가 이전에는 프랑스어 단어 한번 입에 담아본 적 없는 학생들이 고급 문법 형식을 사용해 완전한 문장들을 번역하는 모습을 지켜보았다. 에밀리는 제대로 익히려면 보통 몇 년은 걸리는 "오늘 네가 나와 함께 그걸 보러 가고 싶은지 궁금해"라는 문장을 올바르게 해석했다. 폴라는 토머스가 침착함과 인내심을 강조한 점을 높게 평가했다. 학생들은 고작 5일 만에 대략 5년쯤 프랑스어를 배운 것 같은 기분이 들었다고 입을 모았다. 특강 결과에 상당히 놀란 톰프슨은 조심스럽게 학생들의 이러한 평가와 같은 의견을 내놓았다.

미셸 토머스는 새로운 언어를 배운다는 것이 얼마나 두려운 일인지 알고 있었다. 학생들은 익숙한 철자의 새로운 발음방식과 생소한 의미를 지닌 단어들, 품사의 누락, 이상한 문법구조를 접하게 된다. 그렇기 때문에 시티 앤드 이즐링턴 칼리지의 학생들은 편안한 강의 환경에도 불구하고 초조한 웃음, 멋쩍은 미소, 죄송하다는 중얼거림, 더듬거림, 망설임, 당혹한 눈짓 등, 여전히 혼란스러운 모습을 보였다. 외국어를 배우기 위해서는 낯선 영역에 발을 들여놓아야 한다. 토머스는 사람이 학습할 수 있는 대상 중에 "가장 이질적인 것"이 새로운 언어라고 언급했다. 마음은 이 '이질적인' 요소의 침입을 막아내기 위해 본능적으로 바리케이드를 치기 마련이고, 언어를 가르치는 교사가 처음에 접하는 가장 까다로운 과제는 학생들이 이 장벽을 허물 수 있도록 돕는 것이다. 토머스는 시티 앤드 이즐링턴의 강의실을 긴장되는 불안한 환경에서 차분한 마음으로 호기심을 느낄 수 있는 환경으로 바꿔놓았다. 또한 학생들이 마음을 활짝 열도록 했다. 미처 이해하지 못한 내용을 습관적으로 차단해버리던 학생들이 갑자기 미지의 영역으로 뛰어들 가능성이 높아졌다.

BBC 다큐멘터리가 방송된 1997년 무렵, 토머스는 이미 전설적인 존재가 되어 있었다. 그는 11개 국어를 배웠으며 로스앤젤레스와 뉴욕에 강의센터를 열었고, 그레이스 켈리, 밥 딜런, 앨프리드 히치콕, 코카콜라, 프록터 앤드 갬블, 아메리칸 익스프레스 등의 고객명단 덕분에 일종의 추종집단을 거느리고 있었다. BBC 다큐멘터리를 만들기 전에 토머스의 수업을 들은 나이절 레비Nigel Levy는 그의 수업이 "놀랍다"고 언급했다. 에마 톰슨은 토머스와 함께 보낸 시간을 "내 일생에서 가장 특별한 학습 경험"이라고 묘사했다. 이스라엘의 전 UN 대사는 토머스를 "기적을 만들어내는 사람"이라고 불렀다. UCLA 인문대 학과장을 지낸 허버트 모리스는 토머스의 강의를 통해 불과 며칠 만에 1년 치 학습량에 달하는 스페인어를 배웠으며 9개월이 지난 후에도 그 내용을 기억하고 있었다고 털어놓았다.

토머스는 이렇게 말한다. "가장 중요한 것은 (학습과 관련된) 모든 긴장감과 불안감을 없애는 것입니다." 그는 극단적이라고까지 할 수 있을 정도로 학습 분위기에 각별하게 신경쓴다. 예를 들어 프랑스어를 가르칠 때에는 프랑스어와 영어가 수천 단어를 공유한다는 말로 강의를 시작하는 경우가 많다. 단지 발음만 약간 다를 뿐이라는 것이다. 그는 "영어는 프랑스어를 이상하게 발음한 것입니다"라는 농담을 한 적도 있다. 파서블possible이나 테이블table처럼 '-ible' '-able'로 끝나는 단어들은 전부 프랑스어에서 유래한 것이라고 설명한다. 토머스는 미지의 대상을 친근

한 대상으로 재구성함으로써, 처음부터 학생들에게 탄탄한 기반을 제공한다. 토머스의 학생들은 새로운 지식을 기존의 지식에 접목하고 조금씩 자신의 생각을 표현하며, 암기한 구절을 절대 기계적으로 반복하지 않는다. 토머스는 자율성을 기를 수 있도록 강의하며 학생들의 실수를 직접 교정해주는 일은 거의 없다.

2004년 무렵 토머스가 학생 두 명에게 각 언어별로 강의한 내용을 녹음한 프랑스어·독일어·이탈리아어·스페인어 강의 CD와 테이프는 영국에서 가장 많이 팔린 언어교재였다. 하지만 미셸 토머스는 단순히 언어학자가 아니었다. 그는 전쟁 영웅이기도 했다. 같은 해, 그는 워싱턴 D.C.에 있는 제2차세계대전 기념관에서 은성훈장을 받는 명예를 누리기도 했다. 그는 미국 시민권자로서 2005년 뉴욕 시에서 사망했지만, 폴란드의 공업도시 우치에서 모니크 크로스코프라는 이름으로 태어났다. 그는 강제수용소에서 살아남았으며 군대를 이끌었고, 연합군 스파이이자 심문관으로 일하며 전쟁이 끝난 후 2천 명 이상의 나치 전범들을 잡아냈다. '미셸 토머스'는 그의 다섯번째 가짜 신분이자 가명이었다.

토머스가 전체주의적 선전을 직접 경험하고 전후에 첩보활동을 한 것은 단순히 이력상의 흥밋거리만은 아니다. 이 책의 중심 주제, 즉 모호한 상황을 접했을 때 인간의 마음이 닫히거나 열리는 방식에 대한 그의 통찰력은 독일에서의 경험을 통해 생겨났다. 그는 나치즘으로 인해 열렬한 추종자들이 어떻게 불확실성을 무시하고 심지어 경멸까지 하는 태도와 이중적인 도덕 기준을 갖게 되었는지 아주 가까이서 목격했다. 그리고 그는 언어 학습자들에게 그와는 완전히 반대되는 태도를 배양하는 방법을 개발하기 위해 수십 년을 보냈다. 사실 BBC 다큐멘터리가 방송되기 무려 50년 전, 토머스는 시티 앤드 이즐링턴에서 보여준 교육방식과 으스스할 정도로 상반되는 한 사건에서 그의 초기 아이디어를 시험했다.

때는 1946년, 과거 히틀러 친위대<sup>SS</sup> 정보부에 몸담았던 루돌프 셀크만은 독일 울름에 은둔하며 느슨한 네트워크 조직을 관장하고 있었는데, 이 조직은 나치 통치를 재건하기 위해 필사적인 지지자들로 구성되어 있었다. 그해 11월, 셀크만과 세 명의 전직 SS 장교들은 보다 강력하고 중앙 집중적인 네오나치즘 지하조직의 지휘관을 만난다는 미끼를 물었다. 실제로 이들이 만나게 될 사람은 폴란드 출신의 유대인이자 미군 방첩부대<sup>CIC</sup>의 첩보요원인 미셸 토머스, 즉 모니크 크로스코프였다.

전범자들을 재판에 회부하기 위해 활동하고 있던 토머스는 셀크만의 조직을 색출하고 궁극적으로 와해시키는 임무를 맡고 있었다. 한스 마이어라는 이름을 사용하는 또 한 명의 CIC 요원이 조직원들과 신중하게 관계를 맺었지만 셀크만은 좀처럼 쉽게 입을 열지 않았다. 셀크만은 연락처와 운영상의 세부 정보를 공유하기로 동의했지만, 먼저 마이어의 지휘관을 직접 만나봐야겠다는 조건을 달았다. 토머스는 셀크만과 그 동료들이 밀고자의 낌새를 채지 못하게 해야 했다. 이를 위해 토머스는 중요한 미팅을 하기 전 몇 시간 동안 SS 대원들이 고문에 가까운 시간을 보내도록 세심하게 여정을 짰다.

당일 초저녁 SS 대원들은 마이어의 지시에 따라 울름 남서쪽의 '안전가옥'에서 기다리고 있었다. 예고도 없이 오토바이들이 그들을 태우러

왔다. 토머스가 일부러 폭풍우가 몰아치는 날을 고른 탓에, 오토바이 뒷좌석에 앉은 대원들은 칼바람을 맞았고 옷은 비에 흠뻑 젖었다. 토머스는 외딴길에 도착한 이들에게 눈가리개를 채운 후 두 대의 차에 나눠 태웠다. 깜깜한 어둠 속에서 대원들은 사전에 설치해놓은 몇 개의 가짜 보안검문소를 통과하며 암호를 교환하는 소리를 들었다. 차가 멈춘 후 이들은 자동차에서 끌려나와 여전히 눈을 가린 채 진흙길을 걸으며 얼음장처럼 차가운 깊은 물웅덩이를 지났다. 난방이 되지 않는 복도에서 하염없이 기다렸으며, 말을 하는 것이 금지되었다. 눈가리개를 한 상태로 간결한 명령과 종종거리는 발소리, 서둘러 문이 열리고 닫히는 소리도 들었다. 셸크만과 동료들이 마침내 오두막 안으로 안내되어 눈가리개를 벗었을 때에는 이미 자정이 지나 있었다.

SS 대원들에게 프룬츠베르크라는 이름으로 소개된 토머스는 커다란 책상 앞에 앉아 손님을 맞았다. 이들은 갈색의 군대식 셔츠를 제외하면 민간인의 복장을 한 토머스를 힘러가 관장하던 정보조직 RSHA의 전 고위장교로 알고 있었다. 지하 '거대 저항조직'의 가짜 본부로 꾸며진 프룬츠베르크의 사냥용 오두막은 히틀러를 비롯한 나치 주요 인물들의 초상화로 근사하게 장식되어 있었으며, 수류탄과 기관총, 권총, 화염방사기, 파괴용 장비 등이 놓여 있었다. 문이 열린 금고 안에는 현금이 쌓여 있었다.

토머스가 '앉으시오'라고 말하듯이 무뚝뚝하게 고개를 끄덕였고, 대원들은 자리에 앉았다. 그는 아무 말 없이 알 수 없는 정보가 담긴 서류들을 검토하는 시늉을 했다. 그다음 셸크만에게 저항조직이 분열되는 것은 절대 용납하지 않겠다며 자신의 입장을 분명히 밝혔다. 자신의 명령과 관계없이 진행되는 군사행동은 한마디로 반역행위에 불과할 뿐이라고 했다. 토머스는 짐짓 퉁명스러운 태도를 취하며 셸크만과 몇몇 동료들을 무시하고, 여러 차례 걸려오는 전화를 받으며 그들에게 큰 관심이 없음을 강조했다. 부하들이 긴급한 성명서처럼 보이는 서류들을 가지고 드나들었다. 이에 당황한 셸크만은 토머스가 원하던 세부 정보 중 일부를 제공했다. 자신의 배경, 그 방에 함께 있는 다른 SS 대원들의 배경, 자신이 관리하는 조직의 이름, 헌장, 조직에서 사용하는 방법, 조직의 구조, 구성원 포섭방식까지.

그날 밤 CIC의 작전이 완벽하게 진행된 것은 아니었다. 토머스가 꾸민 정교한 시나리오에는 대략 30명의 요원들이 필요했으며, 각자가 할당된 대본을 소화해야 했다. 마치 연극괴도 같은 이 직진에서 사소한 실수나 모순점들이 발생하는 것은 불가피했다. 방첩작전은 이러한 세부 사항에 좌우되는 경우가 많다. 부자연스러운 주저함과 이상한 답변, 또는 자신도 모르는 움찔거림이 나쁜 쪽으로 해석될 것인가, 아니면 좋은 쪽으로 해석될 것인가가 작전의 성패를 가른다. 인류학자 마거릿 미드는 소련 스파이가 파이프를 피운 이유도 이것이라고 언급했다. 파이프를 물면 얼굴 표정이 잘 드러나지 않기 때문이다. 평행 형태가 아니라 십자형으로 바느질된 단춧구멍이 요원의 국적을 나타내기 때문에 다른 모든 면에서 완벽한 작전이 단춧구멍으로 인해 실패로 돌아갈 수도 있다. 이집트에서는 공중화장실에서 무심결에 취한 자세 때문에 한 외국 요원의 정체가 발각되기도 했다. 토머스는 아무리 사소한 세부 사항이라도 첩보작전에서는 매우 중요하다는 사실을 알고 있었으며, 셸크만의 정보 관련 지식은 그야말로 가공할 수준이었기 때문에 더욱 까다로운 상황이었다.

셀크만에게는 그날 밤의 거짓 연극을 밝혀낼 두 번의 기회가 있었다. 첫번째는 자신을 토머스의 정보 담당 책임자로 임명해달라고 요청했을 때였다. "예상치 못한 요청이었습니다." 토머스는 나중에 자신의 전기 집필자인 크리스토퍼 로빈스에게 털어놓았다. "셀크만을 조직 안으로 끌어들이지 않고서는 그 요청을 허락할 수가 없는데, 조직으로 유입시키는 일은 당연히 불가능했지요. 저는 셀크만이 수행하는 작전의 약점을 지적했는데 사실은 그의 작전을 높이 평가하고 있었습니다." 토머스는 가짜 스파이 활동을 수행하는 척해야 했을 뿐만 아니라 원활하게 운영되고 있는 스파이 조직을 폄하해야 했다. 셀크만은 이 점을 알아채지 못하고 항의도 하지 않았다. 그날 밤 작전의 성패를 가르는 두번째 순간이자 토머스의 말에 따르면 가장 위험했던 순간은 셀크만이 예상치 못하게 명령을 내려달라고 요청했을 때였다.

"그럼 이제 우리에게 어떤 명령을 내리시겠습니까?Und was befehlen Sie uns jetzt zu tun?"

로빈스의 말에 따르면, 토머스는 이 순간 "자신의 가면이 곧 벗겨지고 설정한 인물에서 벗어날까봐" 두려워했다. 하지만 이번에도 SS 대원들은 이를 눈치채지 못했다. 토머스는 다시 평정심을 찾고는 그들에게 현재 계획되어 있는 모든 작전을 연기하고 사찰받을 준비를 하도록 지시했다. 토머스의 연기는 두 차례 빈틈을 보였다. 하지만 셀크만은 두 번 모두 알아채지 못했다. 여기서 효과를 발휘한 것이 눈가리개, 몇 번이나 갈아탄 교통수단, 진흙길 걷기, 비에 흠뻑 젖은 옷, 그리고 이들이 견뎌내야 했던 굴욕적인 처우였다. 이들은 이런 일을 겪은 까닭에 사소한 단서를 무시해버렸고 눈에 띄는 점들을 간과했다. 그날 밤 작전이 성공을 거두기 위한 관건은 작전의 완벽한 수행 여부가 아니었다. 오히려 반대로, 토머스는 불가피한 실수가 발생함으로써 위장이 발각되고 즉시 나치대원들을 체포할 수밖에 없는 상황이 벌어질 가능성이 충분하다는 점을 잘 알고 있었다. 그의 뛰어난 재능은 그들의 기분을 쥐락펴락해 통제력을 약화시킴으로써 그런 순간적인 실수를 눈치챌 가능성을 낮추는 데 있었다.

몇 달 후 토머스가 독일 CIC의 업무를 그만두고 미국으로 떠나자 새로운 요원이 끈질긴 나치 지하조직원들을 검거하는 임무를 인수했다. 프룬츠베르크의 부관으로 분한 이 새로운 요원은 현지 비어홀beer hall에서 셀크만 및 그의 동료들과 만나는 자리를 마련했다. 아내와 여자친구도 동반 가능하도록 했다. 이번에는 긴장된 순간이 왔을 때 비밀요원들이 당황한 것처럼 보이자 독일 대원들이 무언가 이상하다는 낌새를 챘다. 그들은 새로운 요원을 거칠게 추궁했다. 당황한 CIC 요원은 총을 꺼내들었고, 그를 지원하기 위해 비어홀의 여기저기에 잠복하고 있던 CIC 비밀요원들도 현장에 개입해 나치대원들을 체포할 수밖에 없었다. 결과적으로 CIC는 기대하던 것보다 훨씬 적은 수의 조직원을 체포하는 데 그쳤다.

셀크만 본인은 재판에서 12년 형을 받았다. 처음 기소되었을 때, 셀크만과 그 동료들은 프룬츠베르크 역시 미국의 스파이였다는 검찰측의 이해할 수 없는 주장을 격렬하게 부인했다. 토머스의 학생들이 마음을 활짝 열었던 것처럼, SS 대원들은 마음을 꽉 닫아버렸던 것이다.

이 책은 우리가 세상을 이해하는 방법을 다룬다. 이 책은 우리가 혼란에 빠졌을 때, 그리고 앞으로 나아갈 길이 분명하지 않을 때 어떤 일이 일어나는지 설명한다. 물론 일상에서 마주치는 대부분의 문제는 그야말로 단순명료하다. 우리는 눈이 내리면 밖으로 나가기 전에 재킷을 입어야 한다는 사실을 알고 있다. 전화가 울리면 전화를 받는다. 신호등에 빨간 불이 켜지면 브레이크를 밟아야 한다는 의미다. 물론 이와는 정반대의 상황들도 있는데, 방대하게 축적된 지식은 대다수 사람들을 어리둥절하게 만들기 마련이다. 예를 들어 바빌로니아의 설형문자를 바라보거나 입자물리학자들의 토론을 듣고 있다고 생각해보자. 만약 여러분이 나와 비슷하다면 머릿속에는 아무 생각도 떠오르지 않을 것이다. 해당 분야에 대한 어느 정도의 지식이 없다면 혼란을 겪는 것 자체가 불가능하다. 절반밖에 이해하지 못하면 불편함을 느끼지만, 아예 하나도 이해하지 못하는 경우 일상적인 일을 접할 때와 마찬가지로 차분한 상태에서 스스로의 무지함만 확인하게 된다. 이 책은 이 두 가지 극단적인 상황 사이에 있는 흐릿한 중간지대, 즉 어떤 상황을 이해하는 데 필요한 정보가 빠져 있거나, 지나치게 복잡하거나 모순되는 경우를 자세히 살펴본다. 바로 이렇게 부분적으로만 의미가 통하는 상황에 모호함이 자리잡고 있는 것이다.

　모호함으로 야기된 마음의 상태를 불확실성이라고 부르며, 이는 감정을 증폭하는 역할을 한다. 마음속에 불확실성이 자리잡고 있으면 불안은 한층 고통스러워지고, 기쁨은 더욱 기분좋게 느껴진다. 예를 들어

십자말풀이 퍼즐이 재미있는 이유는 모호한 단서들을 가지고 고민해 해답을 얻어내기 때문이다. 시대를 막론하고 큰 인기를 끌고 있는 문학 장르 중 하나인 추리소설은 단서와 범인에 대한 불확실성을 유지하면서 긴장감을 조성한다. 도무지 이해할 수 없는 현대 미술, 여러 가지로 해석될 여지가 있는 시, 루이스 캐럴의 수수께끼, 마르케스의 마술적 리얼리즘, 카프카의 실존주의적 풍자 등에서도 엿볼 수 있듯이 모호성은 예술의 형태를 더욱 풍부하게 만들고 걸작들을 탄생시켰으며, 이를 통해 모호성의 뿌리깊은 감정적 본질을 확인할 수 있다. 괴테는 "우리가 동의하는 것은 우리를 수동적으로 만들지만, 모순은 우리를 생산적으로 만든다"라는 말을 남기기도 했다. 모호함도 마찬가지다.

관광산업, 과학박물관, 머리를 써야 하는 어려운 문제들은 모호성과 수수께끼가 상상력을 사로잡는 뛰어난 잠재력을 가지고 있다는 증거다. 그러나 동시에 이런 요소들은 무질서라고 인지하는 상황과 우리의 관계가 얼마나 잠정적인지를 보여주기도 한다. 우리는 불확실성이 현대 미술 전시회처럼 신중하게 구성되어 있는 것을 좋아한다. 가끔씩 불협화음을 사용하는 음악이나 광기를 다루는 공포영화처럼, 우리가 모호함을 즐기는 대부분의 상황은 위협적인 것과는 거리가 멀다. 이러한 영역을 넘어서는 불확실한 상황에 직면하면 대부분의 경우 안전하다는 느낌을 받지 못한다. 실제 생활에서의 불확실성은 설명할 수 없는 사건이나 뚜렷하지 않은 의도, 결론을 내릴 수 없는 경제적·의학적 정보의 형태로 나타난다. 예를 들어 여러분의 배우자가 넘칠 정도로 자격을 갖춘 것처럼 보이는데도 일자리를 손에 넣지 못할 수도 있다. 아니면 몸이 좋지 않아 병원에 갔는데 의사의 진단으로는 모든 증상이 충분히 설명되지 않는 경우도 있다. 100퍼센트 믿지 못하는 사람과 비즈니스 계약을 위한 협상을 진행할 수도 있다. 아니면 빠르게 변하며 치열한 경쟁이 벌어지는 시장에서 사업 계획을 세워야 할 때도 있다. 대학을 선택하거나 거주할 곳을 고르는 경우와 같이, 우리 인생에서 중요한 결정을 내려야 하는 순간에는 항상 많은 이해관계가 걸려 있는 상황에서 모호한 정보를 바탕으로 판단해야 한다. 그러나 오늘날의 세계는 그 어느 때보다 감당하기 힘들며 혼란스럽다.

현대 사회의 역설은 교통, 통신, 생산 기술의 지속적인 발전으로 인해 자유 시간이 늘어나야 함에도 불구하고, 오히려 이러한 기술 발전 때문에 우리 앞에 기하급수적으로 많은 옵션이 생겨나고 있다는 사실이다. 이메일은 우편보다 훨씬 빠르지만 인터넷은 또한 트위터, 유튜브 등도 등장시켰다. 독일 사회학자 하르트무트 로사는 이렇게 설명하기도 했다. "우리가 '삶의 속도'를 아무리 높여도" 홍수처럼 쏟아지는 정보와 옵션의 속도를 따라갈 수는 없다. 그 결과, 세상을 보다 효율적으로 접할 수 있게 되었음에도 불구하고 "우리가 점유하는 세상"은 계속해서 줄어들고 있는 것처럼 느껴진다. 추정치에 따르면 전 세계 데이터의 90퍼센트가 지난 5년 동안 생성되었다. 우리는 모두 정보의 바다에 빠져 있으며, 이러한 현실 때문에 어디서 식사를 할 것인가, 어떤 건강보험에 가입할 것인가, 어떤 커피메이커를 살 것인가 등과 같은 가장 간단한 선택조차 점점 버거워진다.

한편 많은 산업에서 기계가 인간을 대체하게 되면서, 우리는 점차 심각해지는 불평등과 불확실한 경제적 미래라는 사회적 불안감에 시달리고 있다. 따라서 불확실성을 통제하는 능력이 필수적으로 갖춰야 할 기술 중 하나로 급격하게 부상하고 있다. 경제학자 노리나 허츠는 최근 현대 사회의 근본적인 문제점 중 하나가 "오래된 기존 질서의 붕괴와 극도로 예측 불가능한 우리 시대의 본질이 결합된 무질서"라고 주장하기도 했다.

자동화와 아웃소싱이 보편화되면서, 미래의 일꾼들은 보다 뛰어난 혁신성과 창의력을 발휘해야 한다. 하버드 대학교의 경제학자 로런스 카츠가 최근 언급한 대로, 성공하느냐 실패하느냐는 "체계가 없는 문제를 얼마나 잘 다루고 새로운 상황을 얼마나 잘 처리하느냐"라는 단 하나의 문제에 달려 있다. 카츠의 말에 따르면 "알고리즘으로 변환할 수 있는" 일자리는 이제 다시 인간에게 돌아오지 않을 것이다. 그는 나에게 이렇게 말했다. "앞으로는 새로운 기술을 습득하고 주변 환경에 적응하며, 업무의 표준 처리방식을 넘어서는 창의적인 솔루션을 찾아낼 수 있는 능력이 높은 평가를 받을 것입니다."

오늘날의 노동자가 미지의 상황에 적응하는 방법을 배워야 하는 것과 마찬가지로, 미래의 노동자 역시 미지의 상황에 대비해야 한다. 사회 과학자이자 교육학 교수인 미겔 에스코테트Miguel Escotet는 이러한 논지를 명쾌하게 정리했다. 학교는 "불확실성에 대비할 수 있는 교육"을 실시해야 하며, 그 이유는 한마디로 학생들이 "직업 시장에 뛰어들 즈음에 어떤 상황이 펼쳐질지 예상하는 것은 거의 불가능하기 때문"이다. 에스코테트가 생각하는 불확실성에 대비하는 교육은 학생들이 유연하고, 자기 비판성을 갖추고, 호기심을 유지하며, 리스크를 포용할 수 있는 사람이 되도록 돕는 것이다. 하지만 불안감에 휩싸이면 이러한 능력들이 사라지기 마련이다. 마찬가지로 여러 가지 미지의 상황을 침착하게 분석하는 능력이 없는 경영자는 혁신적인 전략을 내놓기 어렵다. 모호함과 불확실성을 다룰 수 있는 능력은 지능이 관할하는 영역이 아니다. 앞으로 살펴보겠지만 이 능력은 지능지수$^{IQ}$와는 아무런 관련이 없다. 그보다는 감정, 즉 마음가짐의 문제라고 할 수 있으며, 이 능력을 갖추면 누구나 많은 혜택을 얻을 수 있을 것이다. 오늘날 우리에게 주어진 과제는 일자리나 인간관계, 일상생활의 여러 가지 상황에서 무엇을 해야 할지 알 수 없을 때 해야 할 일을 파악해내는 것이다.

지난 10년간 모호성에 대한 과학적인 관심도 폭발적으로 증가했다. 이러한 관심 중 상당 부분이 '종결욕구$^{need for closure}$'라는 개념을 탐구하는 데 집중되었다. 뛰어난 심리학자 아리 크루글란스키$^{Arie Kruglanski}$가 주창한 이 종결욕구는 "어떤 주제에 대한 확실한 대답, 즉 혼란과 모호성을 없애주는 답변을 원하는" 특별한 욕구를 의미한다. 미셸 토머스의 독특한 언어 교육방식처럼, 크루글란스키가 내놓은 이 개념과 모호성에 대한 현대 심리학적 연구의 근원에는 나치즘을 이해하고자 하는 노력이 자리잡고 있다.

1938년 에리히 엔슈$^{Erich Jaensch}$라는 나치 심리학자는 『대조형$^{Der Gegentypus}$』이라는 책을 발표했는데, 여기에는 확신이 건강한 정신의 징후라는 혐오스러운 주장이 담겨 있었다. 엔슈는 의심을 허용한다는 것 자체가 정신적 질병의 증거라고 생각했다. 전쟁이 끝난 후, 캘리포니아 대학교의 심리학자 엘제 프렝켈−브룬스비크$^{Else Frenkel−Brunswik}$는 모호성에 대한 불관용$^{ambiguity intolerance}$이라는 개념을 발표했다. 브룬스비크가 실시한 어떤 실험에서는 참가자들에게 일련의 이미지를 보여주었다. 처음에는 개를 그린 스케치부터 시작해 한 장씩 넘어갈 때마다 점진적으로 고양이의 그림으로 바뀌었다. 모호성에 대한 관용이 없는 사람들, 즉 세상을 명확한 범주로 구분해 판단하는 경향이 있는 실험 참가자들은 완강한 태도로 그것이 여전히 개의 그림이라고 주장했다. 엔슈의 주장을 완전히 반대로 뒤집으며, 엘제 프렝켈-브룬스비크는 불확실한 정보에 대한 불관용이야말로 정신적 문제를 가진 사람의 특징이라는 주장을 제시했다.

크루글란스키는 프렝켈-브룬스비크보다 완곡하면서도 어떤 면에서는 더욱 충격적인 주장을 내놓았다. 그는 인간에게 불확실성을 해결하고 말도 안 되는 일에서 이치를 찾아내고자 하는 욕구가 있다는 점을 이해하고 있었다. 괴리를 없애고 의사결정을 내리게 하는 메커니즘이 없다면 인간의 적응력은 상당히 떨어지리라는 것이 그의 추론이었다. 어떤 형태로든 해결에 대한 욕구가 존재하지 않는다면, 우리는 아무 일도 마무리하지 못할 것이다. 이것이 바로 종결욕구다. 하지만 크루글란스키는 불확실성을 기피하는 인간의 성향도 변할 수 있는 것은 아닐까 생각했다. 만약 '끔찍한 이데올로기'와 '의심에 대한 나치 추종자들의 과장된 혐오감'이라는 위험한 조합이 나치즘을 부추기는 요인 중 하나가 되었다면?

크루글란스키를 비롯한 연구자들이 발견해낸 것도 바로 이 점이다. 앞으로 자세히 살펴보겠지만, 미해결된 일을 해결하고자 하는 욕구는 우리가 세상에서 제 역할을 하면서 살아가는 데 필수적인 요소다. 그러나 다른 모든 정신적인 특징과 마찬가지로, 어떤 사람은 이러한 욕구를 다소 과도하게 지니고 있으며, 특정한 상황에서는 이 욕구가 증폭되기도 한다. 크루글란스키는 나에게 이렇게 말했다. "주변 상황, 문화, 사회적 환경, 이러한 요소들 중 하나라도 바뀌면 종결에 대한 인간의 욕구도 변하기 마련입니다." 불확실성을 혐오하는 성향은 잠재의식을 통해 주변 사람들에게 쉽게 전이되기도 한다. 스트레스가 심한 상황에서, 우리는 같은 사회적 집단 내의 사람들을 외부 사람들보다 더 신뢰한다. 피로가 쌓이면 질서를 추구하는 욕구도 강해진다. 시간에 대한 압박도 마찬가지다. 종결욕구가 강한 상태에서 우리는 고정관념으로 회귀하고, 성급한 결론을 내리며, 모순되는 것을 부인하는 성향을 보인다. 이 상태에서는 우리도 루돌프 셸크만처럼 눈앞에 보이는 그림이 여전히 개이지 절대 고양이가 아니라고 완강하게 고집을 부릴지 모른다.

미셸 토머스는 어떤 전후 상황에서 인간의 마음이 열리고 닫히는지를 이해하기 위해 노력했다. 그는 상황을 적절히 조절해 모호함에 대한 인간의 불편함을 통제하는 방법을 배웠다. 울름에서 진행되었던 CIC의 작전이 토머스가 진행한 시티 앤드 이즐링턴 칼리지의 프랑스어 강의에 어떻게 정반대로 적용되었는지 생각해보자. SS 대원들이 시간에 대한 압박을 느끼도록 토머스는 그들과 만나는 자리에서 전화를 받는가 하면 '부하들'이 수시로 들어와서 대화를 가로막도록 시나리오를 짰다. 또한 SS 대원들을 위협하기 위해 무기와 현금을 사냥용 오두막 여기저기에 배치했다. 상대방이 방어 태세가 되도록 낯선 안전가옥에 대기시켰다. 피로와 불편함을 느끼도록 비를 맞으며 이동하고, 추운 곳에서 기다리며, 얼음장 같은 물웅덩이를 헤치고 지나가게 했다. 반대로 런던의 강의실에서는 학생들에게 인내심을 가지도록 독려했다. 또한 학생들이 긴장을 풀 수 있도록 굳이 무언가를 기억하려고 할 필요가 없다는 이야기도 했다. 심지어 강의실 책상과 집기를 전부 치우고 거실용 가구와 고리버들 병풍까지 들여놓았다. 토머스의 강의를 듣는 학생들 각자가 자신의 학습공간을 꾸몄다. 토머스는 학생들이 보다 확실하게 주도권을 잡았다고 느낄 수 있도록, 여러분은 이미 수천 개의 프랑스어를 알고 있는 셈이라고 단언했다.

토머스는 의구심을 억누르는 나치의 전략을 역으로 나치대원들을 속이는 데 사용했으며, 훗날에는 논리적으로 이와 정반대되는 전략을 취해 학생들의 언어 학습을 도왔다. CIC 요원 시절에 유용했던 위협과 불편함, 시간 압박이라는 전략은 강사로서 절대 멀리해야 할 요소였다. 첩보대원에서 강사가 된 토머스는 셸크만 일행과 같은 사람들이 잠재적인 모순을 무시할 확률을 높이는 방법을 알고 있었으며, 학생들이 새로운 특정 언어에 지레 겁먹고 포기할 확률을 낮추는 방법도 알고 있었다. 토머스는 종결욕구와 우리가 접하는 구체적인 모호함이 항상 연관된 것은 아님을 이해하고 있었다. 편안한 의자는 프랑스어 발음과 아무런 관련이 없으며, 차가운 물웅덩이 역시 누군가를 신뢰하는지 여부와는 아무런 관계가 없다. 토머스는 우리가 불확실성에 대해 보이는 반응은 전혀 관계없는 스트레스에 따라 극도로 예민하게 달라진다고 보았다.

크루글란스키가 지적했듯이, 우리는 일반적으로 특정한 상황이 종결욕구를 어떻게 높이거나 낮추는지, 또는 이것이 모호함에 대한 우리의 반응에 얼마나 큰 영향을 미치는지 알지 못한다. 그렇기 때문에 토머스가 사용한 방식이 그토록 놀라운 것이다. 평소 우리는 주변 환경이 마음을 열거나 닫는 것에 그토록 엄청난 영향력을 발휘한다는 생각은 꿈에도 하지 않는다. 불확실성에 느끼는 불편함의 정도가 사람마다 다르다는 사실은 알고 있어도, 이러한 특징은 선천적으로 타고나는 것이라 생각하는 경향이 있다. 하지만 우리가 생각하는 것만큼 이 특징이 유전자와 밀접하게 연관된 것은 아니다.

나는 이 책을 통해 우리가 모호함에 제대로 대처하지 못하는 경우가 많으며, 이를 개선할 수 있다고 주장하려 한다. 지난 몇 년간 사회 심리학과 인지과학 분야에서 여러 가지 새로운 사실이 발견되면서, 1950년대에는 상상조차 못했던 방식으로 모호함에 대한 인간의 반응을 보다 잘 이해할 수 있게 되었다. 학자들의 혁신적인 발견은 직장과 가정에서 불확실성에 대처하는 새롭고도 훨씬 효율적인 방법을 제시해준다. 이들의 연구는 모호함을 활용해 새로운 것을 배우거나, 까다로운 문제를 해결하거나, 다른 관점에서 세상을 바라볼 수 있는 방식을 제시해준다.

1부에서는 기초적인 내용을 다룬다. 우선 인간의 정신이라는 체계 속에 내재되어 있는 상충적인 요소를 살펴보고, 우리가 세상을 이해하는 방식에 대한 통일된 새 이론을 내놓기 위해 선도적인 연구활동을 하고 있는 네덜란드의 젊은 심리학자를 만나본다. 2부는 불확실성을 부인하는 것의 위험성에 초점을 맞춘다. 불안정한 사건에 대한 현명한 반응과 성급한 반응의 차이를 살펴보고, 뛰어난 FBI 협상가가 이중적 태도를 보이는 사이비 교주를 다루는 광경을 지켜보며, 암환자가 불확실성에 크게 개의치 않을 경우 의학적 결정을 내리는 방식이 어떻게 변화하는지도 살펴볼 것이다. 그뿐만 아니라 미래를 예상하는 것은 아무 소용 없는 일이라는 현실을 인식함으로써 미래를 준비해가는 한 기업의 사례도 살펴본다. 3부에서는 위협보다는 도전의식을 느끼기 마련인 혁신, 학습, 예술의 분야에서 모호성이 가지는 장점을 자세히 조명해본다. 불확실성의 효용은 무엇인가? 교사들은 예상치 못한 문제에 보다 잘 대처하도록 어떻게 학생들을 준비시킬 수 있을까? 불확실성을 받아들이면 새로운 기술을 발명하고, 새로운 영역에서 해답을 찾고, 심지어 공감능력을 기르는 데에도 도움이 될 수 있을까? 우리는 그랑프리 모터사이클 제조업체가 놀라울 정도로 실적이 나쁜 시즌에 어떻게 대응했는지 살펴보고, 언어의 숨겨진 한계를 뛰어넘었던 매사추세츠의 한 발명가를 만나보게 된다. 2개 국어 구사의 장점을 알아보는가 하면 예루살렘의 대담한 영화 제작자도 만나볼 것이다.

나는 그 과정에서 독자 여러분에게 간단한 한 가지 주장만을 납득시킬 수 있기를 바란다. 점점 더 복잡해지고 예측할 수 없는 세상에서, 가장 중요한 것은 IQ나 의지력, 우리가 알고 있는 대상에 대한 자신감이 아니다. 관건은 이해하지 못하는 대상을 다루는 방식이다.

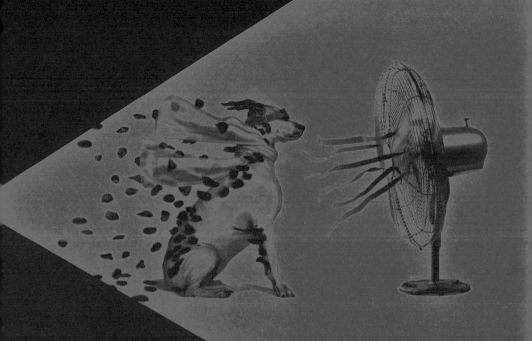

1부

|

# 세상에 대한 믿음이
# 깨지는 순간들

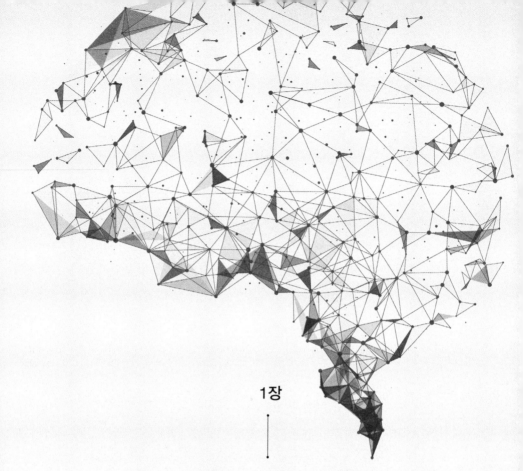

# 1장

# "더없이 거대하고
# 시끄러운 혼란"

—

## 도무지 이해할 수 없는 것들을 이해하기 위하여

The Resolving Mind
HOW SENSE MAKING WORKS

퇴근 후 집으로 돌아온 예란 룬드크비스트는 아내에게 수수께끼 같은 질문을 던졌다. "오늘 우리는 데미언 허스트, 존 어빙과 각각 계약을 체결했어. 내가 어떤 일을 하게?" 룬드크비스트는 과거 프로 운동선수였다. 1960년과 1964년에는 다이빙 선수로 두 번의 올림픽에 출전했다. 또한 골든글로브상을 수상한 작품 〈산딸기〉를 비롯해 잉마르 베리만 감독의 영화 네 편에 출연한 배우이기도 했다. 하지만 1990년대 후반 그는 기업의 사장이 되어 있었다.

당시 그가 경영하는 회사는 마케팅 역사상 가장 성공적인 캠페인 중 하나로 꼽히는 광고를 진행하고 있었다. 1980년 11월에 시작된 그 캠페인은 대단히 효과적이었을 뿐만 아니라 엄청나게 오랜 기간 동안 계속되었다. 1992년에는 미국 마케팅협회에서 선정하는 명예의 전당에 입성해

코카콜라, 나이키와 어깨를 나란히 했다. 이 기업은 독특하게도 TV 광고 없이 이러한 영예를 거머쥐었다.

한창때 이 기업은 앤디 워홀, 〈뉴요커〉의 만평가 커트 보니것, 마크 제이컵스, T. C. 보일, 헬무트 랭, 장 폴 고티에, 베르사체가 고안한 광고를 싣기도 했다. 광고에는 살만 루슈디, 척 클로스, 데이비드 보위, 구스 반 산트가 등장했다. 또한 이 기업은 화가, 조각가, 작가, 음악가, 인테리어 및 패션 디자이너, 민속예술가 들을 고용했다. 2002년 〈포브스〉는 세계 최고의 '럭셔리 브랜드' 랭킹에서 이 기업의 브랜드를 구찌, 티파니, BMW보다 위에 올려놓았다.

이 기업이 생산하는 제품은 보드카였다. 이름은 앱솔루트<sup>Absolut</sup>.

1979년 앱솔루트는 미국에서 보드가 5천 상자를 팔았다. 10년 후 앱솔루트의 미국 수출량은 250만 상자에 달해 경쟁사 스톨리치나야<sup>Stolichnaya</sup>를 앞질렀으며, 미국 수입 보드카 시장의 매출 최하위에서 1위로 뛰어올랐다. 증류주 매출이 전반적으로 떨어지는 가운데, 앱솔루트는 연간 30퍼센트 이상의 매출성장률을 기록했다. 1979년에는 미국 수입 보드카 시장에서 1퍼센트의 점유율을 차지했으나, 1989년이 되자 시장점유율은 60퍼센트로 상승했다. 한 유명 업계 컨설턴트는 이렇게 극찬하기도 했다. "앱솔루트는 그 자체로서 하나의 범주나 마찬가지입니다."

반짝거리는 잡지 지면이라는 단일 매체를 중심으로 하는 앱솔루트의 광고 캠페인은 너무도 강렬해 일종의 중독성을 발휘한다. 심지어 술을 마시지 않는 사람도 잡지에서 앱솔루트 광고를 오려내 수집하고, 판매하고, 교환한다. 1995년에는 앱솔루트 수집가협회<sup>The Absolut Collectors Society</sup>도 설립되었다. 이 협회는 매달 소식지를 발행했으며, 가장 번성했을 때에는 2천 5백 명의 회원을 보유하고 있었다. 고등학교와 대학교 도서관 사서들은 학생들이 페이지를 찢어가지 않도록 광고에 검정색 마커로 줄을 그어두기 시작했다.

광고 제작자들이 안고 있었던 여러 가지 문제점을 고려하면 앱솔루트의 성공은 더욱 주목할 만하다. 우선 보드카는 마케팅이 어려운 상품이다. 보드카에는 이렇다 할 맛이나 향기가 없다. 위스키나 와인, 라거와도 다르다. 보드카 시음 과정이나 보드카 감정가도 찾아보기 어렵다. 사람들은 일반적으로 술집에서 보드카 테이스팅 메뉴를 주문하지 않는다. 또한 술을 광고하는 데에는 제약이 따른다. 세제처럼 집집마다 돌아다니며 샘플을 나눠줄 수도 없다. 그리고 아마도 가장 까다로운 점은 앱솔루트가 스웨덴 제품이라는 사실이다. 이것은 많은 미국인들에게 아무런 반응을 이끌어내지 못하며, 심지어 스웨덴과 스위스를 혼동하는 사람들도 적지 않다. 미국인들은 스웨덴이라는 말을 들으면 기껏해야 볼보나 금발 여성, 눈을 떠올린다. 보드카를 생각하지는 않는다. 보드카를 마시는 것은 러시아 사람들이라는 인식이 박혀 있다. 스톨리치나야 브랜드는 이에 부합했다. 심지어 미국 보드카 시장에서 가장 잘 팔리는 브랜드 중 하나인 스미노프Smirnoff도 슬라브식 이름을 가지고 있었다. 앱솔루트는 많은 한계를 극복해야 했다.

앱솔루트는 우선 독특한 병이 필요하다고 생각했다. 광고업계에는 '제품을 팔 수 없다면 패키지를 팔아라'라는 격언이 있다. 보드카에 홍보할 만한 특징이 없다고? 독특한 병을 만들자. 앱솔루트는 향수업계를 모방해 술병을 정교한 공예품 또는 패션 액세서리로 변모시켰다. 고급 브랜드의 향수병은 일종의 조각품이다. 젖빛 유리나 색유리를 사용하며,

가장 이국적인 느낌을 주는 향수병들은 바다나 우주 또는 낯선 문명에서 만들어진 것처럼 보인다.

앱솔루트는 고대 스웨덴의 약병에서 영감을 얻었다. 대부분의 술병은 목이 길고 어깨가 각진 모양인 데 반해, 앱솔루트는 어깨를 둥글리고 목 부분의 길이를 줄였다. 다른 술병들처럼 종이 라벨을 붙이는 대신 유리에 직접 라벨을 인쇄했다. 디자이너들은 최종 마무리로 장식용 텍스트와 스웨덴의 증류주 업자 라스 올손 스미스의 인장을 추가했다.

앱솔루트의 광고를 위해 고용된 광고팀은 TBWA(현재의 TBWA 월드와이드)였다. 마크 턴게이트는 『애드랜드^Adland』라는 책에서 앱솔루트의 광고회사가 제품을 테스트하고 받은 소비자들의 피드백을 소개하고 있다. TBWA의 머리글자 중 B에 해당하는 클로드 보낭주^Claude Bonnange는 이렇게 말했다. "우리는 세 가지 조언을 받았습니다. 첫번째로 이름을 바꿔라. 앱솔루트라는 이름은 거만한 느낌을 준다. 두번째로 병을 바꿔라. 소변 샘플을 담는 병처럼 보인다. 그리고 세번째로 로고를 바꿔라. 파란색 글자가 병에 직접 인쇄되어 있어서 선반 위에 놓으면 글자가 보이지 않는다." 하지만 앱솔루트의 미국 유통업체 대표인 미셸 루는 이 병의 독특한 모양이 마음에 들었다. 그래서 손대지 않았다.

이제 TBWA에 필요한 것은 이 제품을 홍보할 인상적인 방법뿐이었다. 일반적으로 주류 광고는 여러분도 쉽게 머릿속에 떠올릴 수 있듯이 술병과 잔이 나오는 광고, 또는 세련된 파티에서 모델이 웃고 있는 사진을 실은 라이프스타일 광고의 형태를 띤다. TBWA가 초반에 내놓은 아이디어 중 하나는 스웨덴의 날씨를 농담 소재로 삼는 것이었다. 시안에는 얼음물로 목욕하고 있는 남성이 그려져 있었고, "스웨덴 사람들에게는 추운 날씨에 이만한 것이 없죠"라는 광고 문구가 적혀 있었다. TBWA의 제프 헤이즈Geoff Hayes와 그레이엄 터너Graham Turner는 그 시안이 탐탁지 않다고 생각했으며, 처음 돌파구를 마련한 사람은 바로 헤이즈였다. 헤이즈는 어느 날 밤 터너가 "침대 하나와 머그잔 하나"밖에 없다고 묘사한 검소한 아파트에서 빈둥거리고 있었다. 헤이즈는 앱솔루트 병을 스케치하고 나서 술병 중 하나의 위쪽에 후광을 그렸다. 그다음 "앱솔루트, 완벽한 보드카"라고 적었다. 다음날 터너가 그 캐치프레이즈를 간략하게 줄여 "앱솔루트 퍼펙션Absolut Perfection"이 탄생했다.

이 슬로건은 그 이후에 제작될 광고 수백 건의 기본틀이 되었다. 두 단어로 된 헤드라인을 만들되, 첫번째 단어는 앱솔루트다. 캠페인 초기에는 광고에 등장하는 병이 실물처럼 표현되었고 특정한 사람이나 사물을 상징하는 경우가 많았다. "앱솔루트 퍼펙션"에서는 병이 천사(또는 후광을 띤 악당)의 모양이었다. "앱솔루트 엘레강스Absolut Elegance"에서는 병이 나비넥타이를 매고 있었다. "앱솔루트 프로필Absolut Profile"에서는 병이 90도 회전해 옆쪽을 보여주고 있었다.

이 광고의 장점 하나는 유머를 담고 있다는 것이다. 광고 중 상당수는 풍자를 적절히 이용했다. 헤이즈는 "앱솔루트 퍼펙션"을 고안하면서 『캘빈과 홉스』의 캘빈처럼 장난꾸러기 같은 천사로 보드카를 묘사함으로써 만화의 요소를 차용했다. "앱솔루트 드림Absolut Dream"에도 만화의 요소가 들어 있었다. 이 광고에서는 "마티니 잔 두 개를 가득 채운다"는 술병의 마음속 환상을 말풍선으로 표현했다.

TBWA에서 앱솔루트 광고를 담당했으며 이 광고에 대해 두 권의 책을 집필한 리처드 루이스Richard Lewis는 이 광고를 제대로 이해하기 위해서는 잠깐의 시간이 필요하다고 강조하며 이렇게 말했다. "어떤 메시지든 1~2초 정도 걸려야 알아차릴 수 있도록 했습니다. 우리는 항상 앱솔루트 캠페인의 가장 중요한 측면 중 하나가 독자들을 똑똑한 사람으로 대하는 것이라고 믿었습니다. 간단한 퍼즐이나 게임을 만들어서 독자들을 몰입시키면, 독자들은 스스로에게 뿌듯함을 느끼고 더불어 제품에 대한 호감도도 올라갑니다." 루이스는 이 광고가 독자들의 도전의식을 북돋고 "심지어 어리둥절하게" 만들기도 한다는 사실을 알고 있었다. 지나치게 빤한 단서를 제시할 수는 없었다. 후광이 있는 병에는 "앱솔루트 앤젤"이라는 문구가 쓰여 있지 않았다. 마찬가지로 나비넥타이를 한 병에도 "앱솔루트 블랙 타이" 대신에 "앱솔루트 엘레강스"라는 문구가 적혀 있었다. 이 광고는 해답에 악간의 유미요소가 들어 있는 간단한 두뇌 게임처럼, 독자들이 자신의 상상력으로 채울 수 있는 아주 작은 공간을 비워두었다. 여기서 이 간단한 전략이 얼마나 놀라운 효과를 거두었는지, 그리고 앱솔루트 광고의 성공을 통해 인간의 마음이 모호성에 보이는 태도에 대해 무엇을 알 수 있는지 잠시 생각해보는 것도 충분히 의미있는 일이다.

1949년 두 명의 하버드대 심리학자들이 부조화에 대한 반응을 다룬 획기적인 실험을 발표했는데, 이 실험 결과는 앱솔루트의 사례 연구를 보완해주는 시각을 제시한다. 제롬 브루너Jerome Bruner와 리오 포스트먼Leo Postman은 인간의 지각, 그리고 보다 넓게는 인간이 세상을 이해하는 방식이 전적으로 수동적인 과정은 아니라고 믿었다. 당시 이론가들은 마음이 일종의 컴퓨터라는 개념을 정립하기 시작하고 있었다. 이는 우리의 두뇌가 다양한 입력값에 대해 단순히 암기한 공식대로 반응한다는 개념이며, 이러한 견해는 오늘날까지도 여러 심리과학 분야에 걸쳐 끈질기게 남아 있다. 브루너와 포스트먼은 이해라는 것이 수동적이라기보다는 적극적인 과정이라고 보았으며, 이러한 추론을 테스트하는 방법을 고안해냈다. 검은색과 빨간색 중 일부가 뒤바뀐 독특한 카드 세트를 이용하는 것이었다.

브루너는 우선 미국의 한 카드회사에 색깔이 뒤바뀐 트럼프카드를 제작해달라고 부탁하면서, 사기꾼으로 오해받지 않기 위해 일부러 하버드대의 로고가 찍힌 문구류를 사용했다. 하지만 그가 지극히 순수한 의도로 최선을 다했음에도 불구하고, 카드 제작회사는 도와주기를 꺼렸다. "그들은 정말 짜증나게 굴었습니다." 훗날 브루너의 회상이다. 결국 그는 같이 그림 강의를 듣고 있던 T. S. 엘리엇의 처제와 함께 화방에 가서 속임수 카드를 만들기 위한 물감을 구입했다.

색깔이 뒤바뀐 카드는 언뜻 보면 다소 애매한 모양을 하고 있다. 빨간색 스페이드는 검은색 스페이드나 빨간색 하트로 보이기도 하고, 검은색 하트는 빨간색 하트나 검은색 스페이드로 보이기도 하는 식이다. 브루너와 포스트먼은 이 속임수 카드를 살짝만 보여줄 경우 상충되는 해석을 낳을 것이라고 예측했다. 실제 실험에서는 참가자들의 눈앞에 잠깐 카드를 노출한 뒤 지금 무엇을 보았는지 설명해보도록 했다. 원래는 존재하지 않는 빨간색 스페이드, 빨간색 클로버, 검은색 하트, 검은색 다이아몬드가 평범한 카드에 섞여 있었다. 처음에는 각 카드를 100분의 1초

동안 보여주었으며, 점차 시간을 늘려 최대 1초 또는 사람들이 카드를 정확하게 판별할 때까지 보여주었다.

놀랍게도 참가자의 96퍼센트가 처음에는 속임수 카드를 정상적인 카드로 묘사했다. 사람들은 자신들이 볼 것이라 기대한 것을 보았고, 가능한 모든 예외를 전부 부정했다. 한 참가자는 무려 열여섯 번이나 검은색 하트 3을 빨간색 하트 3이라고 대답했다. 또 한 사람은 검은색 하트 3을 스물네 번에 걸쳐 스페이드 3이라고 말했다. 마흔네 번이나 잘못된 대답을 한 사람도 있었다. 두 심리학자의 관찰에 따르면 정상 카드를 판별하는 데 걸리는 시간이 평균 28밀리초였다. 참가자들은 거의 보자마자 정상 카드의 숫자와 모양을 대답했다. 반면 속임수 카드는 판독에 네 배나 긴 시간이 걸렸으며, 심지어 1초 내내 노출했는데도 참가자들의 10퍼센트 정도가 속임수 카드를 제대로 판별해내지 못했다.

또한 브루너와 포스트먼은 몇몇 카드를 보다 오랜 시간 동안 보여주자 참가자들이 해당 카드에 대해 두 가지 다른 생각을 떠올렸음을 알게 되었다. 일부 참가자들이 빨간색 스페이드와 빨간색 클로버의 색을 어떻게 묘사했는지 살펴보자.


갈색

검은색과 빨간색이 섞인 것

빨간 테두리가 있는 검은색

빨간빛 안의 검은색

보라색

어딘가 붉은빛이 도는 검은색

녹슨 철 같은 색

녹슨 철 같은 검은색

불그스름한 카드 위의 검은색

칙칙한 올리브색

회색을 띤 빨간색

붉은색으로 보였다가 검은색으로 바뀜

거무스름한 갈색

흐릿한 붉은색

검은색에 가깝지만 완전히 검은색은 아님

노란빛 안의 검은색


참가자의 50퍼센트가 일정 시점에서 이렇게 인지적 교착 상태를 경험했다. 심지어 속임수 카드가 일반 카드와 다르다는 점을 부분적으로 인식하고 있을 때에도, 참가자들의 지각은 여전히 카메라처럼 객관적으로 작동하지 않았다. 이미 머릿속에 형성된 기대치에 맞추기 위해, 현실은 유동적으로 구성되고 왜곡되기까지 한다. 그리고 확실히 판단할 수 없는 상황에서 방금 본 것을 설명해야 할 때가 되자, 실험 참가자들 중 상당수가 속임수 카드의 모호함에서 놀라울 정도의 불쾌감을 느꼈다. 한 참가자는 빨간색 스페이드 카드를 본 후 이렇게 말했다. "도대체 무슨 모양인지 모르겠어요. 아까는 심지어 카드처럼 보이지도 않았어요. 지금은 그게 무슨 색인지, 스페이드인지 하트인지 모르겠네요. 이제는 스페이드가 어떤 모양인지도 잘 모르겠어요! 세상에!"

또다른 참가자도 그에 못지않게 기분이 나쁜 모양이었다. "빨간색인지 뭔지 내가 알 게 뭡니까!" 참가자의 57퍼센트가 이와 비슷한 반응을 보였다.

브루너와 포스트먼은 비정상적인 것을 덮어버리려는 우리 마음의 자연스러운 성향을 밝혀냈다. 이들은 또한 우리가 압박을 받을 때 모호성에 대해 불쾌감을 느낀다는 사실도 알아냈는데, 이 경우에는 어떤 카드를 보았는지 설명해달라는 실험 진행자의 요청이 압박으로 작용했다. 실험의 스트레스 때문에 속임수 카드로 인한 마음속의 갈등이 불쾌하게 느껴졌던 것이다. (앱솔루트의 광고는 불쾌한 느낌을 주지 않는데, 그 이유 중 하나는 독자들이 관찰 또는 평가를 당한다는 기분을 느끼지 않기 때문이다.) 보다 일반적으로 말하면, 브루너와 포스트먼은 우리의 마음이 어떻게 기계적으로 간극을 메우고 불일치를 해결하는지, 그리고 선입견이 어떻게 경험을 적극적으로 왜곡하는지 생생하게 보여주었다.

선입견은 사물을 이해하고, 계획을 세우고, 조치를 취하는 데 필수적이다. 우리는 제 역할을 하면서 살아가기 위해 매일같이 자동적으로 세상에 대한 사소한 추측들을 한다. 이러한 추측들은 우리의 행동에 지침을 제시하는 사물, 행동, 사건, 사람, 생각 사이의 인과관계라고 생각해도 좋다. 예를 들어 자동차를 운전할 때 우리는 빨간불이 켜지면 차들이 정지할 것이라 기대한다. 부엌의 수도를 틀면 맥주가 아니라 물이 흘러나올 것이라 예상한다. 추가근무를 하면 결국 월급이 올라갈 것이라 가정한다. 또한 스페이드는 빨간색이 아니라 검은색일 것이라 믿는다. 이렇게 가정하는 인과관계가 강하면 강할수록, 우리는 무엇을 접하든지 그 대상에 더욱 자동적, 적극적으로 이러한 선입견을 덧씌운다. 그렇기 때문에 브루너와 포스트먼의 연구에 참여한 사람들이 빨간색 스페이드를 검은색 스페이드나 빨간색 하트라고 생각했던 것이다. 게임용 카드의 원형原型이 너무나 깊게 각인되어 있어 참가자들은 제대로 보지 않고도 즉시 카드를 알아볼 수 있었다.

기대치가 가장 극적으로 지각을 왜곡하는 사례는 1976년 처음 발표된 소위 '맥거크 효과McGurk effect'일 것이다. 소리가 나지 않는 동영상을 통해 "봐va"라는 음절을 발음하는 입술을 보고 있다고 상상해보자. 이 동영상에 "바ba"라는 음절을 발음한 오디오클립을 덧입히면, 눈으로 보는 광경이 귀로 들리는 소리를 압도하게 된다. 입술을 바라보고 있는 경우 귀에는 "봐va"라는 소리가 들린다. 눈을 감으면 다시 "바ba"라는 제대로 된 소리가 들린다. 소리로 들리는 음절과 입술의 움직임이 일치할 것이라는 기대가 너무나 강한 나머지, 소리에 대한 지각마저 바뀌는 것이다. 유튜브에서 확인해보자. 여러분도 아마 놀랄 것이다.◆

또하나의 사례를 소개하자. 이 예에서, 우리는 무의식적으로 문제를 해결하고 있으면서도 의식적으로는 문제를 인지하고 있다.

켐브리지 대학교의 여언구에 따루면, 단어에서 철짜 순소는 중여하지 않다. 중여한 것은 첫번재와 마지악 글짜가 올바론 위치에 있넌지 여부다. 나머지 철짜의 순소가 뒤죽박죽이라도 아무론 문재없이 내용흘 일글 수 있따.

---

◆ 해리 맥거크Harry McGurk와 존 맥도널드John MacDonald가 이 효과를 처음으로 발견한 것은 우연이었다. 두 사람은 다른 연구를 하고 있었는데, 맥도널드는 처음 동영상을 보았을 때 기술자가 음절과 움직이는 입술의 싱크를 제대로 맞추지 못했다고 생각했다. 맥도널드의 말에 따르면 오디오 기술자는 오디오가 재생되는 동안 더빙 장비를 내려다보고 있었기 때문에 이를 알아채지 못했다. 유튜브에서 'BBC McGurk'를 검색하면 이 맥거크 효과를 잘 보여주는 동영상을 확인할 수 있다.

현재 학계 논문에서 '케임브리지 대학교 효과'라고 부르는 이것은 사실 거짓말로 시작되었다. 이렇게 뒤죽박죽된 단어들의 조합은 2003년 온라인을 떠돌기 시작했지만, 케임브리지 대학교는 이에 대한 연구를 진행한 적이 없다. 하지만 이 거짓말쟁이의 논지는 충분히 설득력이 있었다.

우리는 두뇌가 이런 식으로 작동한다는 사실에 감사해야 한다. 그럴 수밖에 없다. 우리는 매일같이 너무나 많은 정보를 접하기 때문에 정보의 세부 사항까지 모두 흡수할 수는 없다. 과도하다 싶을 정도로 일반화해야 한다. 심리학자 조든 피터슨Jordan Peterson은 "삶의 근본적인 문제는 존재의 압도적인 복잡함이다"라고 말했다. 우리는 이런 상황에서 살아나가기 위해 끊임없이 쏟아져 들어오는 정보를 저지하며, 피터슨의 말에 따르면 우리의 목표와 관련없는 "방대한 정보를 제거"한다. 피터슨은 마음의 이러한 능력을 "단순화의 기적"이라며 높이 평가한다. 홍수처럼 쏟아지는 지각에 대처하는 유일한 방법은 우리가 만날 대상에 적용되는 이론을 만든 다음, 그에 따르는 것이다. 이것이 바로 가장 넓은 의미의 세상에 대한 믿음이다.

플래너리 오코너는 이렇게 적었다. "믿음은 지각이 작동하게 하는 엔진이다." 너그럽거나, 희망적이거나, 냉혹하거나, 비통하거나에 관계없이, 우리의 기대와 가정은 눈앞에 보이는 세상을 끊임없이 비틀고 심지어 왜곡하기까지 한다. 우리는 이렇게 하여 윌리엄 제임스가 말하는 삶의 "더없이 거대하고 시끄러운 혼란"에 대처한다. 우리는 끊임없이 모호성을 줄이고 확실성을 늘려가며, 전반적으로 이러한 체계는 잘 운영된다. 앱솔루트의 마케팅 성공은 문제를 해결하고자 하는 마음의 의지가 선천적일 뿐만 아니라 너무나 강력하기 때문에, 단순히 습관적인 연상 작용을 미끼로 던지고 생략된 관련성에 대한 힌트만 주더라도 주류 광고를 흥미 만점의 간단한 퍼즐로 변신시킬 수 있음을 보여주었다.

1953년 작가 레너드 스턴Leonard Stern은 〈신혼여행자들The Honeymooners〉이라는 TV 시트콤의 극본을 집필하고 있었다. 스턴은 센트럴 파크가 내려다보이는 뉴욕 시의 아파트에서 타자기 앞에 앉아 어쩔 줄 몰라하고 있었다. 랠프 크램던의 상사라는 특정 캐릭터의 코를 묘사할 표현을 찾고 있었는데, 나중에 기억한 바에 따르면 삼십 분 동안이나 "흔해빠진 표현들 사이에서 방황하고 있었다".

스턴의 가장 친한 친구 로저 프라이스Roger Price가 그의 아파트에 들렀다. 두 사람은 『절대 피해야 할 아기 이름What Not to Name the Baby』이라는 코미디책을 공동 집필하고 있었다. 스턴은 프라이스에게 잠깐만 기다리고 있으면 금세 두 사람의 책 작업으로 넘어가겠다고 다짐했다.

"아니, 그럴 리 없어." 프라이스가 대꾸했다. "넌 지금 그 특유의 '한 단어를 찾아내고야 말겠어' 상태잖아. 여기서 몇 시간이나 서서 기다려야 할지도 모르겠는걸. 뭐 좀 도와줄까?"

"형용사를 찾고 있는데 말이야……"

"어설프고 적나라한."

스턴은 웃음을 터뜨렸다. 랠프 크램던의 상사가 어설픈 코 또는 적나라한 코를 가졌다는 표현 자체가 웃음을 유발했다. 스턴은 이렇게 말했다. "어설프고 적나라하다는 형용사는 '적당히 부적절한' 표현이었고, 우리는 이를 계기로 내용에 딱 들어맞지는 않지만 흥미로운, 다소 부조화를 이루는 단어들을 나란히 늘어놓는 시도를 해보게 되었습니다." 프라이스도 그것이 재미있다고 생각했다.

두 사람은 그날 하루종일 후회할 만한 아기 이름을 정리하는 대신 핵심 단어가 생략된 이야기들을 썼다. 그날 밤 열린 파티에서 두 사람은 이 새롭게 고안해낸 게임을 시험해보았다. 사람들에게 생략된 단어들을 대체할 만한 문구를 말해달라고 한 뒤, 완전한 이야기를 다시 들려주는 식이었다. 두 사람이 이 게임의 적절한 이름을 생각해낸 것은 그로부터 5년이 지난 후였다. 1958년 뉴욕의 사디스Sardi's 레스토랑에서, 두 사람은 한 에이전트와 배우가 나누는 대화를 듣게 되었다. 그 배우는 인터뷰에서 애드리브ad-lib를 하겠다고 했는데, 에이전트는 그건 말도 안 되는 생각이라고 이야기하고 있었다.

이렇게 하여 매드 립스Mad Libs가 탄생했다. 아이들이 즐겨하는 이 게임은 너무나도 단순하다. 빈칸에는 명사, 형용사, 부사, 신체를 지칭하는 말, 감탄사, 우스꽝스러운 말, 또는 동물을 나타내는 말이 들어간다. 앞으로의 설명에 유용한 참고가 될 매드 립스 한 꼭지를 소개해보자. "좋은 와인을 ____(부사) 서빙하면, 어떤 식사든 진정으로 ____(형용사) 자리가 된다. 레드 와인은 ____(형용사) 맛을 가지고 있어 삶은 ____(복수 명사) 또는 훈제된 ____(명사)와 잘 어울린다." 이 경우 다음과 같은 문장이 나올 수도 있다. "좋은 와인을 행복하게 서빙하면, 어떤 식사든 진정으로 빠른 자리가 된다. 레드 와인은 보라색 맛을 가지고 있어 삶은 팬츠 또는 훈제된 길과 잘 어울린다."

이 게임이 도대체 어떻게 성공을 거둘 수 있었을까? 이 게임은 왜 재미있을까? 이것은 그냥 던져보는 질문이 아니다. 지금이야 매드 립스가 일종의 문화적 현상이 되었기 때문에 독자들에게 '적당히 부적절한' 단어를 채워넣어 짤막한 이야기를 구성하도록 하는 것이 순식간에 엄청난 히트상품이 되었을 것처럼 보인다. 하지만 과연 그렇게 당연했을까?

당시에는 그렇지 않았다. 스턴과 프라이스의 담당 출판사는 이 내용이 책으로 출판하기에는 적절치 않다고 생각했으며, 게임 제작업체에 가져가보라고 제안했다. 그래서 두 사람은 게임 제작업체를 찾아갔지만, 그곳에서 게임으로 만들기에는 마땅치 않지만 출판사에 가져가면 관심을 보일지도 모른다는 답변을 들었다. 결국 스턴과 프라이스는 직접 책을 출판해야 했다. 이 새로운 상품을 홍보하기 위해, 스턴은 자신이 극본을 집필하고 있던 일요일 밤의 인기 TV쇼 진행자인 스티브 앨런에게 프로그램의 도입부에서 이 아이디어를 사용해보도록 부탁했다. 앨런은 밥 호프를 소개하면서 이 포맷을 사용했고, 방청객에게 호프의 약력을 설명하는 문장에서 빠진 단어들을 채워보도록 했다. "자 그럼, 재기 넘치는 밥 호프를 소개합니다. 호프의 테마송은 〈공산주의자에게 감사〉입니다."

매드 립스는 베스트셀러가 되었고, 1억 5천만 부 이상 팔렸다. 이 판매량이 어느 정도인가 하면, 역사상 가장 많이 팔린 소설 중 하나인 찰스 디킨스의 『두 도시 이야기』는 2억 부가 넘는 판매고를 올렸다. 『반지의 제왕』은 1억 5천만 부가 넘게 팔렸다. 그렇다면 매드 립스 시리즈를 합칠 경우 출판 역사상 가장 많이 팔린 책들과 어깨를 나란히 한다는 의미다. 어딘가 이상하지 않은가? 도대체 스턴과 프라이스가 우연히 캐낸 이

보물은 무엇일까? 왜 인간의 마음은 빠진 단어를 채우는 것을 좋아하며 그 적당한 부적절함에 재미를 느끼는 것일까?

1970년 스웨덴 심리학자 예란 네르하르트는 유머의 본질에 대한 논문을 준비하고 있었다. 딱딱한 학문용어로 설명한 그의 가설은 "웃음이라는 성향은 사건의 지각된 상태가 예상한 상태로부터 일탈할 때 그 작용으로 나타난다"였다. 다른 말로 하면, 매드 립스 이야기에서 잘 어울리지 않는 단어를 나란히 놓는 것과 비슷한 이치다. 우리는 와인이 과일맛일 거라고 기대하기 때문에 '보라색 맛'을 재미있다고 느끼는 것이다.

네르하르트는 자신의 이 포괄적인 이론을 검증하기 위해 실험을 하나 고안해냈다. 실험 참가자들에게는 연구의 진짜 목적을 알리지 않았다. 참가자들은 단순히 눈을 감은 채 손을 앞으로 내밀었고, 실험 진행자는 참가자들의 손바닥에 추를 하나씩 올려놓으면서 그 추가 가벼운지, 아니면 무거운지 판단해달라고 요청했다. 참가자의 답변에 따라 실험 진행자는 다시 해당 추가 아주 가벼운지, 상당히 가벼운지, 가벼움과 무거움의 중간인지, 아니면 아주 무거운지, 상당히 무거운지, 무거움과 가벼움의 중간인지 물어보았다. 추의 무게는 20그램에서 2700그램까지 다양했다.

네르하르트의 실험 진행자들은 처음에는 추의 무게범위를 한정시켜 참가자들이 무게에 익숙해지도록 했다. 일단 참가자들의 마음속에 어느 정도 무게가 올라올 것이라는 대략적인 기대치가 형성되자, 그다음에는 지금까지의 범위에서 완전히 벗어난 무게의 추를 건넸다. 예를 들어 참가자에게 740, 890, 1070, 1570, 2000그램의 추를 차례로 건네준 다음, 갑자기 70그램의 추를 손에 올리는 식이었다. 네르하르트는 참가자들에게 이렇게 전혀 다른 무게의 추를 건네주면 이상한 일이 일어난다는 사실을 발견했다. 사람들은 웃음을 터뜨렸다. 그뿐만 아니라, 이제까지 손에 쥐었던 추들과 지금 받은 추의 무게 차이가 심하면 심할수록 더 많은 사람들이 피식거리며 웃었다. 유머를 연구하는 또 한 명의 심리학자 마이클 고드케위치Michael Godkewitsch도 비슷한 효과를 관찰한 바 있다. 고드케위치가 실시한 실험의 참가자들은 형용사와 명사의 단어 조합이 이상하면 이상할수록 더 재미있다고 답했으며, '행복한 아이'보다는 '현명한 계란'이 재미있고, '뜨거운 시인'은 그보다 더 웃기다고 했다.

네르하르트와 고드케위치는 사람들이 매드 립스에 재미를 느끼는 바로 그 요인에 착안한 것처럼 보인다. 하지만 네르하르트는 자신이 유머의 모든 것을 파악하고 있지 않음을 알고 있었을 것이다. 사실 유머가 그렇게 간단할 리 없다. 그렇지 않은가? 실제로 네르하르트는 실험실 밖에서 이상한 무게의 추 실험을 했을 때 흥미로운 실패를 경험했다. 그는 이 실험을 약간 변형해, 스톡홀름 지하철역에서 소비자 설문조사를 실시하고 있다는 명목으로 지나가는 사람들에게 다양한 무게의 여행가방을 들어보도록 했다. 사람들이 예상보다 훨씬 가볍거나 훨씬 무거운 여행가방을 들었을 때…… 아무 일도 일어나지 않았다. 아무도 그것이 재미있다고 생각하지 않았다. 웃는 사람도 없었다. 유머 심리학의 역사에 대한 책을 집필한 심리학자 로드 마틴Rod Martin은 지하철역의 통근자들은 이 실험에 대해 다른 기대치를 가지고 있었던 것이 결정적인 차이라고 생각했다.

마틴은 이렇게 설명한다. "지하철역에서 승객들은 열차에서 내리거나 곧 열차에 타게 됩니다. 어쩌면 직장으로 향하는 길인지도 모릅니다. 진지하게 생각을 하고 있는 상태이지요. 하지만 실험실에 있는 참가자들은 그것이 심리학 실험이라는 사실을 알고 있습니다. 따라서 '왜 이 실험자가 이렇게 다른 무게의 추를 주고는 무게를 물어보는 것일까? 뭔가 이상한 일이 일어나고 있어'라고 생각할 가능성이 큽니다." 참가자들은 진지한 과학 실험에 참여할 준비가 되어 있었지만, 접한 것은 우스운 게임이었다. 그렇기 때문에 재미있었던 것이다. 참가자들은 실험의 발상 자체에 웃음을 터뜨렸다. 네르하르트의 연구실에서 이상한 무게의 추는 기대에서 벗어나는 것이었고, 그 덕분에 참가자들은 이상한 상황에 처한 것 같은 기분을 느꼈던 것이다. 지하철역에서는 사람들이 풀 만한 수수께끼가 없었다. 이상한 무게의 여행가방은 분명 예상치 못한 것이었지만 단지 그것뿐, 아무런 의미도 없었다.

놀라움은 매드 립스에서 유머가 터져나오기 위해 중요한 요소임에 분명하다. 하지만 기괴한 단어의 조합에서 진정으로 재미를 느끼려면, 그 놀라움에 무언가 의미가 담겨 있어야 한다. '보라색 맛'과 '행복하게 서빙하면' '빠른 자리'는 확실히 조금 이상하다. 하지만 이 구절들은 다소 묘한 논리에 따라 말이 된다. 아이들은 포도주스에서 보라색 맛이 난다는 말을 하기도 한다. 술 취한 사람은 와인을 행복하게 서빙한다. 얼근히 술에 취하면 저녁 시간이 빨리 흘러가기도 한다. 괴짜 소믈리에가 이탈리아산 바르바레스코 와인에서 '삶은 팬츠'나 '훈제된 길'의 냄새를 감지해내는 광경도 상상하기 어려운 일은 아니다.

많은 농담들이 비슷한 규칙을 따른다. 예를 들어 다음과 같은 농담을 구성하는 요소들을 생각해보자.

세상에는 세 종류의 사람이 있다. 숫자를 셀 수 있는 사람, 그리고 셀 수 없는 사람.

우선, 우리는 세 종류의 사람에 대한 이야기를 들을 것이라 기대한다. (만약 이것이 농담임을 알고 있다면, 아마도 세번째 유형에서 웃음이 터져나올 것이라 예측한다.) 그다음, 세번째 유형에 대한 설명이 없기 때문에 약간 놀라게 된다. 마지막으로, 우리는 앞선 의문점을 이해할 수 있는 또하나의 규칙을 발견해낸다. 농담을 하는 사람 본인이 숫자를 세지 못하는 사람이라는 점이다. 여행객들이 비영어권 국가에서 접하게 되는 아래의 영어 문장들을 읽으면서 위의 각 요소를 생각해보도록 하자.

**스위스의 한 메뉴판**: 우리 식당의 와인은 여러분에게 아무런 희망도 남겨두지 않습니다(Our wines leave you nothing to hope for).

**부쿠레슈티의 한 호텔 로비**: 내일 엘리베이터 수리 예정입니다. 그 기간 동안 투숙객 여러분을 지탱할 수 없게 되어 유감입니다(The lift is being fixed for the next day. During that time we regret that you will be unbearable).

**노르웨이의 한 칵테일 라운지**: 숙녀분은 바에서 아이를 가질 수 없습니다(Ladies are requested not to have children in the bar).

**코펜하겐의 한 항공사 티켓 사무실**: 우리는 승객의 짐을 받아서 모든 방향으로 보내드립니다(We take your bags and send them in all directions).

**프랑스 한 호텔의 엘리베이터:** 여러분의 가치를 프런트데스크에 맡겨두십시오(Please leave your values at the front desk).

**아테네의 한 호텔:** 방문객들은 매일 오전 아홉시부터 열한시 사이에 사무실에 불평해야 합니다(Visitors are expected to complain at the office between the hours of 9 and 11 a.m. daily).

**스위스 산속의 한 여관:** 오늘의 스페셜—아이스크림 없음(Special today—no ice cream).

**로도스 섬의 한 양복점:** 여름 양복을 주문하세요. 주문이 많기 때문에 엄격한 순번에 따라 고객들을 처형할 것입니다(Order your summers suit. Because is big rush we will execute customers in strict rotation).

**일본의 한 호텔 에어컨 작동 설명서:** 냉방과 난방: 알맞은 객실의 온도를 원하실 경우 여러분 자신을 조절하십시오(Cooles and Heates: If you want just condition of warm in your room, please control yourself).


이 문장들이 무엇을 말하고자 하는지는 대략 짐작할 수 있다. 우리 식당의 와인은 여러분을 실망시키지 않을 겁니다, 엘리베이터가 고장났으니 이용할 수 없습니다, 바에 아이를 데려오지 마세요 등이다. 두번째로, 기대되는 상황과 실제 상황이 이상하게도 그리 멀리 떨어져 있지 않다는 것을 알 수 있다. 세번째로, 우리는 이렇게 앞뒤가 맞지 않는 문장들에서 적당한 의미를 찾아낼 수 있다. 이러한 문장들이 묘사하는 만화 속의 세상을 상상해보자. 와인을 마시고 절망한 사람, 짜증을 내는 호텔 투숙객, 어처구니없이 칵테일 라운지에서 아이를 낳는 여성. 여기서 유머가 생겨나는 것은 모호한 의미 때문이다. '아무런 희망도 남겨두지 않는다'는 '원하지 않는다'라는 뜻일 수도 있고 '희망이 없다'라는 뜻일 수도 있다. '지탱할 수 없다'는 '엘리베이터로 수송할 수 없다'라는 의미일 수도 있고, '참을 수 없다'는 의미일 수도 있다. '아이를 가진다'는 '아이를 낳는다' 또는 '아이를 데려온다' 중 어느 쪽으로도 해석이 가능하다. 우리는 이 또다른 의미가 실제로도 어느 정도 말이 된다는 사실을 이해하게 될 때 이 농담을 재미있다고 느낀다.

처음에는 간과했던 모호성(말장난)이 밝혀지면서 유머가 탄생하는 또 하나의 사례를 소개해보자.

1) 나 택시 불러줘(Call me a cab).

너는 택시야(You're a cab).

첫 문장을 말한 사람은 분명한 기대를 가지고 있다. 상대방이 "알았어"나 "바로 할게"라는 대답을 할 것이라 기대한다. 하지만 실제 대답은 기대를 벗어나고, 그제야 우리는 대화를 돌아보며 첫번째 문장의 뜻이 모호하다는 사실을 알아채고 농담을 이해한다. 첫번째 문장은 '나를 택시라고 불러줘'라는 의미가 될 수도 있다. 이번에는 같은 농담의 두 가지 다른 버전을 살펴보도록 하자.

2) 나를 위해 택시를 불러줘(Call a cab for me).

너는 택시야(You're a cab).

3) 나 택시 불러줘(Call me a cab).

알겠어(Yes, ma'am).

2번에서는 첫번째 문장에 모호한 요소가 없다. 따라서 앞뒤가 맞지 않는 대화이기는 하지만 네르하르트의 지하철역 실험과 마찬가지로 웃음이 나오지 않는다. 이 대화를 이해할 방법이 없기 때문이다. 3번에서는 "나 택시 불러줘"라는 두 가지 의미를 가진 문장이 다시 등장하지만, 대화가 예상대로 흘러가기 때문에 모호성 자체가 노출되지 않는다. 맥길 대학교의 유머 전문가들은 초등학교 1학년, 3학년, 5학년, 그리고 중학교 1학년 학생들을 대상으로 앞선 예제와 이를 약간씩 변형한 비슷한 문장들을 실험했다. 가장 어린 아이들은 1번과 2번의 농담에 비슷하게 재미있다는 반응을 보였다. 반대로 3학년 이상의 아이들은 1번이 가장 재미있다고 생각했다. 큰 아이들은 숨겨진 의미를 찾아내는 쪽을 선호했다.

심리학자인 하워드 폴리오Howard Pollio와 로드니 머스Rodney Mers는 웃음이 "모순에 대한 놀람의 표현이라기보다는 성취에 대한 부분적 감탄이다"라고 적기도 했다. 말장난과 농담의 경우, 웃음은 우리가 상황을 이해하는 왕성한 능력을 보유하고 있다는 증거다. 기대, 놀람, 수수께끼를 풀기 위한 규칙의 발견이라는 세 가지 관련된 과정이 전부 거의 즉각적으로 진행되기 때문이다. 물론 모든 유머가 이렇게 연금술처럼 몇 가지 과정의 조합을 통해 탄생하는 것은 아니며, 수수께끼의 해답이 항상 말장난 속에 숨겨져 있는 것도 아니다. 스탠드업 코미디, 패러디, 캐리커처, 일상적인 유머, 슬랩스틱 코미디는 사뭇 다른 규칙을 따르는 경우가 많다. 하지만 숨겨진 의미를 탐구하는 과정, 그리고 일반적으로는 관심을 두지 않는 기발하고 예상치 못한 연관성을 발견하며 기쁨을 느끼는 과정에서 빙그레 웃음이 배어나오기도 한다.

유머의 근사한 점 중 하나는 인간의 마음이 어떻게 간극을 메우고, 불일치를 해결하고, 일상생활의 지나친 복잡함을 간소화하는지 깨닫게 하는 방식에 있다. 유머를 통해 인간이 얼마나 전광석화와도 같은 속도로 추정을 하는지 드러나는 것이다.

1998년 빌 코스비는 CBS에서 TV쇼를 진행하고 있었다. 〈어린이는 엄청난 사실을 말한다Kids Say the Darndest Things〉에서 코스비는 무대 위에서 어린아이들과 인터뷰를 진행했다. 그는 어린아이들에게 가장 재미있는 대답을 이끌어내기 위해 몇 가지 기민한 전략을 개발해냈다. 그중 하나는 아이들이 당황할 만한 개념에 대해 질문을 던지는 것이었다. 한 예로, 코스비가 다섯 살짜리 케밋 헤이즈와 나눈 대화를 소개해보자.

**코스비**  아저씨가 손을 베였어(아이에게 손가락을 보여준다). 보이니? 어떻게 해야 할까?

**케밋**  (주저하지 않고)네오스포린(상처에 바르는 항생연고—옮긴이)을 약간 발라요. 그리고 그 위에 밴드를 붙이면 돼요. 그럼 상처가 사라져요.

**코스비**  상처가 어디로 가는 걸까?

**케밋**  어디로 가냐면, 음, 상처는…… 여기로 가요(손가락을 가리키며)…… 아저씨 핏속으로요.

**코스비**  그다음에는 어디로 가는데?

**케밋**  그다음에는 다른 나라로 가지요.

관중들은 웃음을 터뜨렸다. 코스비는 방청객이 아이의 발상에서 재미를 느끼도록 했고, 그다음에 그것을 적절히 활용했다. ("그럼 내 상처는 어느 나라로 갈 것 같니?" "음, 중국이요." 이제는 농담이라는 사실을 알아챈 케밋도 미소를 짓는다.) 이 코미디가 매드 립스의 유머와 얼마나 유사한지 생각해보자. 케밋은 거의 무의식적으로 대답을 내놓지만 좀처럼 말이 되지 않고, 관객들은 아이의 실수와 그 대답이 그려내는 다른 세상에 악의 없는 웃음을 터뜨린다. 이 쇼의 백미는 아이들, 그리고 더 나아가서 우리 모두가 세상을 묘사하기 위해 사용하는 기상천외한 논리다. 그리고 솔직하게 말해서 상처가 나으면 어디로 가느냐는 질문에 대한 케밋의 첫번째 대답 "아저씨 핏속으로"는 상당히 그럴듯한 대답이다. 케밋의 논리를 다른 다섯 살짜리 아이의 논리와 비교해보자.

**인터뷰 진행자**  바람은 누가 만들지?

**줄리아**  나무들이요.

**인터뷰 진행자**  그걸 어떻게 알지?

**줄리아**  나무들이 팔 흔드는 걸 봤거든요.

**인터뷰 진행자**  나무가 팔을 흔들면 어떻게 바람이 생기니?

**줄리아**  (인터뷰 진행자의 얼굴 앞에서 손을 흔든다)이렇게요. 하지만 나무는 더 크잖아요. 그리고 나무들은 아주 많아요.

이 인터뷰를 진행한 사람은 스위스의 저명한 철학자이자 심리학자인 장 피아제다. 피아제의 연구방식 중 하나는 어린아이들과 인터뷰를 하는 것이었고, 재미있게도 그중 상당수가 코스비의 인터뷰와 비슷했다.

MIT의 시모어 패퍼트Seymour Papert는 피아제가 "처음으로 아이들의 생각을 진지하게 받아들인 사람"이었다고 표현하기도 했다.

피아제는 아이들이 신기한 현상을 이해하려고 노력할 때, 세상이 돌아가는 방식과 관련해 이미 알고 있는 개념을 단순히 확장하는 경우가 많다는 사실을 발견했다. 무언가가 사라지면 어디로 가는 것일까? 다른 나라로 갔을 것이다. 바람은 어떻게 생길까? 내가 손으로 바람을 만들어내는 것과 같은 방식으로 생긴다. 피아제는 이러한 유형의 추론을 동화assimilation라고 불렀다. 예를 들어 아이들은 움직이는 것은 무엇이든 살아 있다고 생각한다. 동물들을 관찰하면서 구축된 아이들 머릿속의 세상에서는 움직임과 생명 사이에 연관관계가 상정된다. 무언가가 스스로 움직이는 것처럼 보인다면, 그것은 살아 있다는 의미다. 아이들은 다른 움직이는 사물도 이러한 개념에 동화시킨다. 해, 달, 바람은 움직이기 때문에 동물과 마찬가지로 살아 있는 것이 틀림없다. 심지어 해와 달은 우리가 외출하면 애완견처럼 뒤를 따라오기까지 한다. 나무들이 팔을 흔들어서 바람을 만들어내고, 상처가 알 수 없는 곳으로 가버리는 것과 같은 종류의 유추 과정이다. 어떤 아이는 바람은 '불기 때문에' 느낄 수 있으며 물은 '흐르기 때문에' 느낄 수 있다고 표현하기도 했다. 한 여섯 살짜리 아이는 살아 있다는 것이 어떤 의미냐는 질문에 "혼자서 움직일 수 있는 것"이라고 아주 분명하게 대답하기도 했다. 피아제는 모든 사람이 세상에 대한 심성 모형mental model, 즉 도식schème을 가지고 있으며, 우리는 새로운 상황이나 이해하지 못하는 대상에 이 도식을 적용한다는 것을 보여주었다. 물론 이러한 도식이 적절하게 적용되는 경우도 많다. 예를 들어 이 호텔방의 수도꼭지는 아마 집에 있는 그 수도꼭지와 비슷하게 작동할 것이다.

하지만 복잡한 사고에는 보다 많은 유연성이 필요하며, 아이들 역시 모순되는 일을 접하면 세상을 바라보는 방식을 조정하기도 한다. 피아제는 이 반응을 조절accommodation이라고 불렀다. 아이들은 새로운 정보를 받아들여 생각을 바꾸면서 사고를 조절하고, 이 과정은 모순되는 사실을 분리하면서 시작된다. 어떤 아이는 죽은 나뭇잎이 절대로 살아 있는 것이 아니라는 이야기를 듣고는 이렇게 항변했다. "하지만 나뭇잎은 바람에 따라 움직이잖아요!" 나뭇잎은 움직이며, 자발적으로 움직이는 것은 살아 있는 것이다. 그러나 이제 아이는 바람에 나부끼는 나뭇잎이 죽은 상태라는 사실을 배운다. 움직임이 곧 생명이라는 가정에 정면으로 대치되는 사실을 접한 셈이다. 아이는 이를 부인할 수도 있고, '스스로' 움직이는 것이 전부 살아 있지는 않다는 사실을 깨달을 수도 있다. 피아제의 연구에 등장하는 열 살짜리 아이들 중 한 명은 자기가 생각했던 것처럼 달이 실제로 자신을 따라오거나 뒤를 쫓아오지 않는다는 것을 마침내 인정했다.◆ 혹은 아이가 동화와 조절 사이에서 갈등하며, 여전히 해가 자신을 따라온다고 믿기는 하지만 실제로는 그렇지 않을지도 모른다는 사실을 어렴풋이 깨닫게 되기도 한다. 피아제는 이 아이에 대해 이렇게 적었다. "최대한 모순을 피하려고 한다. 그 결과 어쩌면 해는 움직이지 않지만 햇빛이 우리를 따라올지도 모른다. 또는 해는 같은 장소에 머

---

◆ 일곱 살짜리 아이가 전혀 근거 없는 말을 하는 것은 아니다. 실제로 많은 사람들이 해와 달이 자신을 따라오고 있는 것 같은 착각을 느끼며, 이는 다른 주변 풍경들이 해와 달보다 빠르게 움직이기 때문에 발생한다. 피아제가 언급했듯이 이러한 착각은 달의 경우에 더욱 실감나게 느껴진다. 『잘 자요, 달님Goodnight Moon』이라는 책을 기억하는가?

물러 있지만 몸을 돌리면서 항상 우리를 지켜보고 있을지도 모른다"는 추리를 한다. 아이는 불확실성을 해결하겠다는 의욕을 발휘하고 있는 것이다.

끝없이 심사숙고하는 과정을 피하거나 차단해버리려는 인간의 성향은 아마도 자연 선택의 산물일 것이다. 우리는 이러한 성향 덕분에 생각을 중단하고 일상생활을 영위할 수 있다. 더이상 생각하지 말고 그냥 결정을 내려야 할 시점이 있기 마련이다. 인간은 단순화에 대한 욕구를 가지고 있으며, 이는 우리 모두가 한정된 정보를 기반으로 생각을 만들어내는 선천적인 능력을 갖추고 있다는 의미다. 고정관념에 따라 사람을 판단하고 원형을 기반으로 사물과 생각을 마음속에 그려내는 능력은 우리가 살아가는 데 필수적인 요소다. 문제 해결에 대한 욕구는 복잡성을 감당하기 위해서뿐만 아니라, 피아제가 연구한 바대로 학습에도 꼭 필요하다. 모호성을 해결하면 복잡한 상황에서 적절한 행동을 취하거나 지식을 쌓아가는 데 큰 도움이 된다. 일관성에 대한 욕구는 목적을 달성하기 위한 수단이라 할 수 있다.

매드 립스가 엄청난 성공을 거둔 이유 중 하나는 아이들이 충격적이고 바보 같은 것을 재미있다고 여기기 때문이다. 하지만 이것만으로 매드 립스의 재미를 전부 설명할 수는 없다. '어설픈 코'가 생각지도 못한 방식으로 의미가 통한다는 사실을 깨달았을 때 레너드 스턴이 키득거린 것처럼, 우리도 새롭고 흥미진진한 의미를 발견하면 웃음을 터뜨린다. 앱솔루트 광고가 성공을 거둔 이유도 술병을 독특한 방식으로 표현했기 때문만이 아니라, 새로운 유형의 논리를 만들어내며 일반적으로 우리가 사물에 대해 생각하는 방식의 지평을 넓혔기 때문이다. 〈어린이는 엄청난 사실을 말한다〉는 기본적으로 아이들이(사실은 우리 모두가) 수수께끼 같은 세상에 투영하는 순진한 가정과 상상의 세계를 보여준다.

유머 심리학자 로드 마틴은 이렇게 말한다. "저는 맥가이버 칼의 비유를 즐겨 사용합니다. 우리의 두뇌는 이 만능 칼과도 같습니다. 정보를 처리하고 세상을 이해하기 위한 모든 도구를 갖추고 있으며, 유머에서는 이 도구들을 이리저리 조작하지요. 거꾸로 돌려보거나, 일반적인 사용법과는 다른 방식으로 사용하기도 하지요." 우리는 무척이나 적극적으로 모호성을 없애버리는 두뇌의 성향을 이리저리 시험해보며 재미를 느낀다. 퍼즐과 유머는 우리의 마음이 비논리적인 일에 대응하는 독특한 방식과 그 관계를 잘 보여준다. 진화를 통해 우리는 어지러운 세상을 명확한 방향으로 이끌어갈 수 있는 강력한 자석을 보유하게 되었다. 때때로 우리는 이 두뇌 속의 기계를 사용하기 위한 작은 수수께끼 같은 일들을 찾기도 한다. 또한 감탄스럽게도 그 어리석음에 웃음을 터뜨리기도 한다.

1980년대 앱솔루트의 경쟁사인 스톨리치나야는 이미지 타격으로 골머리를 앓고 있었다. 1983년 소련이 자국 영공을 침해한 대한항공 여객기를 격추시키는 사고가 발생했던 것이다. 미국 하원의원 한 명을 포함해 기내에 탑승했던 250명 이상이 목숨을 잃었고, 1984년에는 소련이 '반소련 히스테리'를 이유로 로스앤젤레스 올림픽을 보이콧했다. 앱솔루트는 경쟁사의 불운한 상황을 이용했고, 1980년대 후반에는 유명한 기존의 광고 캠페인을 확장해 일부 광고에서 사실적인 병의 모습을 없앰으로써 광고의 개념을 한 단계 도약시켰다.

1980년대와 1990년대의 광고에서는 술병이 항상 광고의 중심 위치를 차지하는 것이 아니라, 상징과도 같은 앱솔루트 병의 모양을 직접적, 또는 약간 변형된 형태로 보여주었다. "앱솔루트 보스턴Absolut Boston" 광고에서는 어두운 밤바다에 떠 있는 수십 개의 앱솔루트 상자가 '병'의 모양을 형성하고 있었다. "앱솔루트 필라델피아Absolut Philadelphia"에서 벤저민 프랭클린이 쓰고 있는 구식 안경은 콧날 부분에서 입구가 맞닿아 있는 두 개의 병 형태로 되어 있었다. 대부분의 광고는 계속 유머감각을 유지했고 일종의 패러디에 가까웠으며, 팬들은 항상 이에 열렬한 반응을 보냈다. 일부 광고는 예상되는 연결고리에 대한 단서를 던지는 시각적 말재간이었지만, 개중에는 아이 스파이I-Spy(한 명이 눈에 보이는 사물을 가리키는 첫 글자를 말하면 나머지 아이들이 그것을 추측해내는 놀이—옮긴이) 형태의 퍼즐을 담고 있어 광고를 보는 독자들이 병의 모양을 찾아내야 하는 것들도 있었다.

광고 캠페인의 초기부터 앱솔루트 병은 너무나 상징적인 존재가 되어 있었기 때문에, 빨간색 스페이드를 빤히 바라보면서 검은색 스페이드라고 대답하던 브루너와 포스트먼의 실험 참가자들처럼, 소비자들은 광고를 보자마자 머릿속에서 빠진 부분을 채워넣으면서 자동적으로 온전한 병의 모양을 인식했다. "앱솔루트 래러티Absolut Rarity" 광고에서는 이러한 익숙함이 재미있는 결과를 낳기도 했다. 이 광고에서 앱솔루트 병에 파란색으로 인쇄된 글자는 "애스볼루트 보드카Asbolut Vodka"였다. 래러티, 즉 진귀한 것은 오타라는 의미였다. 하지만 독자들은 오타 자체를 알아

채지 못했다. 이렇게 오타가 별다른 반응을 이끌어내지 못하자 광고는
중단되었다.

## 도무지 이해할 수 없는 것들을 이해하기 위하여, 이해력이 작용하는 방식

우리의 마음은 기계적으로 간극을 메우고 불일치를 해결한다. 그리고 선입견은 경험을 적극적으로 왜곡한다. 선입견은 사물을 이해하고, 계획을 세우고, 조치를 취하는 데 필수적이다. 우리는 제 역할을 하면서 살아가기 위해 매일같이 자동적으로 세상에 대한 '사소한 추측들'을 한다. 이러한 추측들은 우리의 행동에 지침을 제시하는 사물, 행동, 사건, 사람, 생각 사이의 인과관계라고 생각해도 좋다.

우리는 매일같이 너무나 많은 정보를 접하기 때문에 정보의 세부 사항까지 모두 흡수할 수는 없다. 과도하다 싶을 정도로 일반화를 해야 한다. 심리학자 조든 피터슨은 목표와 관련없는 "방대한 정보를 제거"하는 마음의 이러한 능력을 "단순화의 기적"이라며 높이 평가한다. 홍수처럼 쏟아지는 지각에 대처하는 유일한 방법은 우리가 만날 대상에 적용되는 이론을 만든 다음, 그에 따르는 것이다. 우리는 이렇게 하여 윌리엄 제임스가 말하는 삶의 "더없이 거대하고 시끄러운 혼란"에 대처한다. 우리는 끊임없이 모호성을 줄이고 확실성을 늘려가며, 전반적으로 이러한 체계는 잘 운영된다.

끝없이 심사숙고하는 과정을 피하거나 차단해버리는 인간의 성향은 아마도 자연 선택의 산물일 것이다. 인간은 단순화에 대한 욕구를 가지고 있으며, 이는 우리 모두가 한정된 정보를 기반으로 생각을 만들어내는 선천적인 능력을 가지고 있다는 의미다.

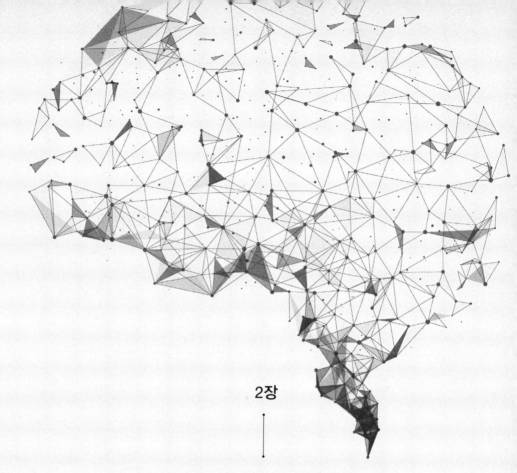

# 2장

# 우리가 몰랐던
# 세상의 암호 'A'

—

## 엉망진창 모순의 세계를 견디는 방법

# The Hidden A's
## THE SECRETS OF SENSE MAKING

네덜란드의 틸뷔르흐는 예의바른 시민들이 벽돌로 된 보도를 점잖게 걸어다니는 분위기의 유럽 도시다. 어렸을 때 반 고흐가 처음으로 정식 그림 수업을 들은 곳도 여기다. 트라피스트회 수도사들은 시 동쪽의 외곽에서 라 트라페라는 맛좋은 맥주를 제조한다. 내가 틸뷔르흐를 방문했던 2012년 가을에는 방적 공장을 개조해서 만든 드 퐁트 현대미술관에서 조각가 아니시 카푸어의 작품을 전시하고 있었다. 관람객들은 입구를 입술처럼 빨간색 래커로 칠해놓은 거대한 튜브 모양의 조각품이나 전시실을 거꾸로 뒤집어서 비추는 거대한 유원지 거울, 전시실의 한 모서리를 조준하고 있는 피투성이 대포와 살아 있는 생명체를 탄약으로 사용한 끔찍한 전쟁의 현장처럼 핏빛 덩어리들이 엉겨 있는 모서리 벽을 감상했다. 틸뷔르흐의 중앙 기차역에는 자전거들이 기다란 열을 이루며 벽에 걸린 고리에 매달려 있거나 자전거 보관대에 늘어서 있는 모습이 식기세척기에 가지런히 쌓아놓은 접시들을 연상시켰다.

네덜란드는 심리학 연구의 온상이며, 인용된 논문 수에서 미국과 영국, 독일과 어깨를 나란히 한다. 틸뷔르흐 대학교의 사회 심리학자이자 해당 분야에서 떠오르는 신예로 주목받고 있는 트래비스 프루Travis Proulx를 만나는 것이 내 방문의 목적이었다. 푸른 눈에 생기가 넘치고 불그스름한 수염이 까칠하게 자라난 프루는 다소 광기 어린 분위기를 풍기는 사람이었다. 프루는 반쯤 농담을 섞어서 친구들이 자신을 "신경증에 걸린 외향성 인간"이라고 부른다고 했다. 그는 이십대에 밴쿠버의 브리티시 컬럼비아 대학교에서 공부했으며 개인이 경영하는 비디오가게에서 일했다. "여러 가지 의미에서 저는 개심한 힙스터(대중의 유행을 따르지 않고 자신들만의 개성 있는 패션과 음악문화를 좇는 부류―옮긴이)랍니다." 프루가 싱긋 웃으며 한 말이다. 그는 직접 만나서 이야기를 나눌 때뿐만 아니라 연구나 저작에서도 놀라울 정도로 직설적이다.

지난 몇 년간, 프루와 스티븐 하이네Steven Heine라는 또다른 심리학자는 일련의 독특한 실험을 실시했다. 두 사람의 목표는 사람들이 혼란스럽고 모호한 사건에 어떻게 반응하는지를 보다 심도 깊게 이해하는 것이었다. 2009년 실시한 연구에서, 두 사람은 실험 참가자들에게 가장 난해한 20세기 단편소설 중 하나로 꼽히는 프란츠 카프카의 「시골 의사」를 읽도록 했다. 이 초현실적인 원작에서는 한 의사가 16킬로미터 떨어진 곳에 있는 소년을 도와달라는 전화를 받는다. 폭설이 내리는데 의사에게는 말이 없다. 낯선 사람이 말을 가지고 나타나서 의사가 데리고 있는 하녀의 볼을 물어뜯는다. 의사는 환자의 집에 도착하지만 소년은 전혀 아파 보이지 않는다. 그러다가 그게 아니고 소년의 상처에는 벌레가 가득차 있으며 소년이 곧 죽게 된다는 사실을 깨닫는다. 마을 사람들은 의사의 옷을 벗기고 그에게 불가능한 것들을 추궁한다. 이야기는 여기서 끝을 맺는다.

「시골 의사」는 악몽과도 같은 세상을 묘사한다. 문학평론가 헨리 서스먼Henry Sussman은 이 소설이 사실 "이야기라고 부를 수 있는 대상조차 되지 못한다. 결론은 너무나 불완전하며 등장인물은 지나치게 모호해 서술상의 응집력을 위장하려는 시도조차 찾아볼 수 없다"고 논평했다. 하지만 이 소설에 등장하는 모든 반전과 우여곡절에 대해 서스먼은 이렇게 덧붙였다. "이 소설에서 구조만은 부족함이 없다." 이 이야기는 협화음과 불협화음이라는 음악의 논리를 채택한다. 프루와 하이네가 언급했듯이, 알베르 카뮈는 카프카가 지닌 재능의 "근본적인 모호성"을 지적했다. "자연스러움과 비범함, 개인과 우주, 비극과 일상, 불합리함과 논리 사이의 끊임없는 왕복은 카프카의 작품 전체에서 발견되며 작품에 공감과 의미를 부여한다."

프루와 하이네는 실험을 위해 카프카의 소설을 약간 변형한 버전을 준비했다. 여러 연구를 통해 죽음이 심리에 강력한 영향을 미치는 요인이라는 사실이 밝혀졌기 때문에, 죽음에 대한 모든 언급을 삭제함으로써 참가자들의 집중력이 흐트러지지 않도록 했다. 대조군은 또다른 변형된 버전을 읽었고, 이 버전에서는 이야기가 일반적인 서술의 패턴을 따르며 일관성을 갖추고 있었다.

이야기를 읽은 후, 실험 참가자들에게 45개의 글자로 된 문자열을 몇 개 보여주며 그대로 받아쓰도록 했다. 각 문자열은 글자 6~9개의 길이였으며 M, R, T, V, X로 구성되어 있었다. 참가자들이 미처 모르고 있었던 것은 이 문자열에 패턴이 있다는 점이었다. 이 만들어낸 문법, 즉 '문법 A'는 정확한 규칙을 따르고 있었다. 그다음, 참가자들은 60개의 새로운 문자열이 적혀 있는 종이 한 장을 받았다. 이 새로운 문자열 중 절반은 '문법 A'의 규칙을 따르고 있었고, 나머지 절반은 또하나의 만들어낸 문법 규칙을 따르고 있었다. 여기서 처음으로 참가자들에게 앞서 받아쓴 문자열에 패턴이 숨어 있다는 이야기를 해주고, 새로운 문자열들 중에서 이 패턴에 부합한다고 생각하는 문자열 옆에 확인 표시를 하도록 했다.

이 실험의 결과는 논리가 맞지 않는 이야기의 미묘한 힘을 잘 보여준다. 초현실적인 카프키의 이야기를 읽은 사람들은 대조군보다 33퍼센트나 많은 문자열에 확인 표시를 했다. 카프카를 읽은 사람들은 더 많은 패턴을 발견했으며 패턴들 중 어느 것이 실제로 '문법 A'에 부합하는지 판별하는 능력도 향상되어 있었다. 이러한 능력의 향상은 무의식적인 과정의 결과라는 점이 중요하다. 실험 참가자들은 '문법 A' 문자열의 받아쓰기를 할 때 특정 문자의 순서에 신경쓰지 않았다. 하지만 난해한 이야기를 읽은 사람들은 심지어 자신도 모르는 사이에 패턴을 보다 민감하게 의식하고 있었던 것이다.

또하나의 실험에서 프루와 하이네는 '자아의 통일성'에 반하는 논쟁을 펼치도록 했다. 우선 실험 참가자들에게 자신이 대담하게 행동했던 상황과 소극적으로 행동했던 상황을 기억해보라고 했다. 그다음 몇몇 사람들에게는 이러한 두 가지 기억이 '두 개의 다른 자아'를 가지고 있음을 보여준다는 주장을 펼치도록 했고, 나머지 사람들에게는 이렇게 상충되는 기억에도 불구하고 자신은 '하나로 통일된 자아'를 가지고 있다고 주장하도록 했다. 그다음에 참가자들은 '문법 A'의 패턴을 가진 문자열을 찾는 일을 했다. 실험 결과는 카프카 실험의 결과와 같았다. 자아 통일성에 반하는 주장을 펼쳤던 참가자들, 즉 혼란스러운 입장을 취해야 했던 사람들은 문자열에서 더 많은 패턴을 식별해냈다. 대니얼 랜들스Daniel Randles의 주도로 진행된 다른 실험에서, 참가자들은 부지불식간에 매드 립스 팬들이 좋아할 만한 우스꽝스러운 단어 조합에 노출되었다. '회전-개구리' '빨리-블루베리' '군침 도는-바느질' '배-천천히'와 같은 구절들을 다시 한번 눈앞에 잠깐씩 보여주자 사람들은 보다 적극적으로 패턴을 찾으려는 성향을 보였다. 또다른 연구에서, 외투를 입고 중절모를 쓴 남자의 얼굴에 사과가 덮여 있는 초현실주의 화가 르네 마그리트의 작품 〈인간의 아들〉을 본 사람들은 전통적인 풍경화를 본 사람들보다 삶에서 질서를 찾으려는 욕구가 커졌다고 밝혔다.

도대체 왜 이런 일이 일어나는 것일까?

혼란스러운 일에 대한 우리의 반응은 장 피아제가 말한 동화와 조절만 존재하는 것은 아니다. 과학자들은 또다른, 숨겨진 A를 밝혀냈다.

프루와 나는 틸뷔르흐 대학교 캠퍼스를 가로질러 별 특징 없는 심리학과 건물로 향했다. 프루의 사무실에서는 평지에 서 있는 자작나무가 내다보였다. 창턱에는 카프카 단편집의 네덜란드어 번역서와 몇 개의 클래식 음악 CD 옆에 화분이 하나 놓여 있었다. 그 외에도 우디 앨런의 〈범죄와 비행〉 DVD, 프로이트의『문명, 사회, 종교Civilization, Society, and Religion』, 갈 곳 잃은 병마개, 헐겁게 감긴 테이프 한 롤, 산처럼 쌓인 심리학 논문들, 아직 따지 않은 2009년산 샤토 보리외 코트 드 부르 한 병, 쇠렌 키르케 고르에 대한 책 한 권이 여기저기 흩어져 있었다.

프루는 나를 자기 책상에 앉힌 후 컴퓨터 프로그램을 열었다. 그는 최근 캘리포니아 대학교 샌타바버라 캠퍼스의 심리학자 브렌다 메이저 Brenda Major와 함께 브루너와 포스트먼의 가짜 카드 연구를 응용한 실험을 진행하고 있는데, 내가 그 실험을 시도해볼 수 있도록 허락해주었던 것이다. 프루의 설명에 따르면, 참가자들에게 몇 가지 배경지식을 전달한 후 색깔이 바뀐 카드를 보여주는 집단과 평범한 카드만 보여주는 대조집단으로 나누어 실험을 실시한다. 참가자들은 화면에 한 장씩 나타나는 카드를 보면서 카드의 값이 홀수인지 짝수인지 대답해야 한다. 프루는 잭은 홀수, 퀸은 짝수, 킹은 홀수라고 덧붙였다. 그다음 그는 커피를 가지러 복도로 나갔다.

화면에 빨간색 스페이드 퀸이 나타났다. 3초가 지나고, 나는 '짝수' 옵션을 클릭했다. 그다음에는 검은색 스페이드 2와 빨간색 하트 7, 클로버 킹이 나타났는데, 처음에는 클로버 킹이 빨간색 옷을 입고 있다는 사실을 눈치채지 못했다. 나는 화면에 나타난 카드가 홀수인지 짝수인지 생각하고 있는 사이에 카드의 색깔을 놓치고 있다는 사실을 이해하기 시작했다. 바로 그것이 이 실험의 포인트였다. 이 실험은 사람들이 색다른 카드를 보면서도 의식적으로 카드의 이상한 색깔을 눈치채지 못하도록 설계된 것이다. 카드가 홀수인지 짝수인지 대답하게 하는 것은 단순히 주의를 딴 데로 돌리려는 수단이다. 재미있는 점은, 실험을 시작하고 얼마

지나지 않아 나는 카드의 일부가 속임수 카드라는 사실을 완벽하게 파악했지만, 그럼에도 불구하고 이상한 카드를 전부 식별해내지 못했다는 것이다. 실제로 프루도 비슷한 경험을 한 적이 있다. 그는 별도의 실험을 위해 색깔이 바뀐 카드를 사용한 동료로부터 카드 스캔본을 몇 장 받았다. 프루는 그 일에 대해 이렇게 말했다. "저는 이렇게 생각했죠. 이 바보 같은 녀석이 색깔 바뀐 카드를 하나도 보내지 않았네. 전부 정상 카드라고! 그래서 메일을 쓰기 시작했지요. 그런데 제 동료가 이렇게 말하더라고요. '트래비스, 화면을 잘 봐. 하트 4가 검은색이잖아.'"

프루와 메이저는 브루너와 포스트먼의 카드를 완전히 새로운 용도로 사용한다. 두 사람은 실험 참가자들에게 (설문지를 통해) 사람들의 노력 여하에 따라 사회적 불평등이 생긴다면 그것이 정당화될 수 있는지 물었다. 그후 카드가 홀수인지 짝수인지 생각하느라 여념이 없어 카드 색에 신경쓰지 못하는 일부 참가자들에게 색깔이 바뀐 카드를 보여주었다. 마지막으로 프루와 메이저는 소수집단 우대정책에 대한 참가자들의 지지도를 조사했다. 사회적 불평등이 불공정하다고 믿었던 사람들과 속임수 카드에 노출된 사람들은 소수집단 우대정책에 더 많은 지지를 보냈다. 웬일인지 색깔이 바뀐 카드를 본 사람들은 자신의 기존 신념을 더욱 굳게 지지하는 성향을 보였다. 여기서도 사람들이 자신의 신념에 더욱 헌신하게 된 것은, 의식적으로 깨닫지 못하는 사이 비정상적인 상황에 노출되었기 때문이다. 속임수 카드를 의식적으로 눈치챘다고 대답한 사람들은 전부 실험에서 제외했다. 사람들은 색깔이 바뀐 카드를 알아채지 못했지만, 이들이 접한 모순이 무의식 속에서 활발하게 작용하며 전혀 관련없는 신념을 열렬히 지지하도록 만들었던 것이다.

프루는 초현실적인 이야기, 모순된 자아라는 개념, 말이 되지 않는 단어 조합, 색깔이 바뀐 카드 등의 무질서가 어떻게 완전히 무관하게 보이는 행위를 자극할 수 있는지 연구하면서 경력을 쌓았다. 사람들이 모순을 다루는 방법에 대한 포괄적인 이론을 도출하는 데 그치지 않고, 프루는 자신의 연구를 통해 사람들이 이치에 맞는 상황과 터무니없는 상황, 불확실성과 명확성 사이에서 균형을 유지하기 위해 추구하는 일종의 항상성을 설명한다. 그 과정에서 프루는 심리학자를 비롯한 여러 분야의 학자들이 서로 협력해 인간이 모순과 위협에 대응하는 방법에 대한 보편적인 모델을 구축하기 위해 노력하는 데 기폭제 역할을 했다. 프루는 혼란이 어떻게 새로운 패턴을 찾기 위한 동기를 부여하는가, 그리고 혼란으로 인해 우리는 어떻게 이상을 열렬히 지지하게 되는가를 연구해왔으며, 학자들은 이 두 가지 주요 연구 주제 사이의 정확한 관계를 자세히 설명한다. 불확실성을 접한 사람들이 새로운 연관관계를 추구하는 현상은, 기존 신념에 대한 헌신이 더욱 강화된다는 실험 결과와 대치되는 것처럼 보일 수도 있다. 그러나 이 두 가지 반응은 사실 순차적으로 일어나는 것이고, 함께 진화하며 기능적으로 긴밀히 얽혀 있는 인지체계의 핵심적인 두 영역이다.

프루의 연구는 피아제뿐만 아니라 또 한 명의 20세기 심리학의 거두 레온 페스팅거Leon Festinger의 연구를 기반으로 한다. 1950년대 정신적인 갈등에 대한 새로운 이해의 장을 연 사람이 바로 페스팅거다.

1954년 12월 16일, 〈시카고 데일리 트리뷴〉은 "그가 12월 21일의 세계 종말을 준비하기 위해 사표 제출"을 했다는 독특한 헤드라인을 실었다. 여기서 말하는 '그'는 미시간 주립 대학병원에서 근무하는 44세 의사 찰스 래프트Charles Laughead였다. 래프트는 5일 뒤인 화요일에 세상이 종말을 맞을 것이라 예상했다.

미시간 주립대의 학장인 존 해나John Hannah의 설명에 따르면, 래프트는 종말이 오기 전 화성에서 날아온 비행접시가 버몬트 산꼭대기에서 몇 명의 선택받은 사람들을 데려갈 것이라고 상당히 확신하고 있었다. 래프트가 자신의 집에서 '종파' 모임을 여는 바람에 일부 학생들이 반발하자 해나는 그에게 사직을 권고했다. 한 학생은 심지어 캐딜락의 계약금을 지불하기도 했는데, 해나의 설명에 따르면 그 이유는 "어차피 나머지 할부금을 낼 필요가 없을 것이므로 할 수 있는 동안 근사한 차를 즐기고 싶어서"였다.

해나는 래프트가 흔쾌히 사직서를 냈으며, 최후의 날이 올 때까지 "남은 며칠 동안 자기 길을 가는 것에만 관심이 있어 보였다"고 묘사했다. 래프트는 다른 신도들을 만나기 위해 시카고로 떠났다.

〈시카고 데일리 트리뷴〉의 기사가 나간 다음날, 〈로스앤젤레스 타임스〉는 사진 두 장과 함께 더욱 길고 자세한 기사를 실었다. 그중 하나는 재킷과 양복을 착용하고 있는 점잖은 래프트의 사진이었고, 다른 하나는 체구가 앙상하고 머리색이 짙은 54세 여성의 사진이었다. 사진에는 이런 설명이 붙어 있었다. "일리노이 주 오크파크의 도러시 마틴Dorothy

<sup>Martin</sup>, 찰스 래프트에게 전달한 외계의 메시지를 설명하다." 마틴은 래프트의 지인으로, 외계인과 직접 교신하는 사람들 중 한 명인 모양이었다.

기사에는 다른 자세한 내용도 들어 있었다. 래프트는 사실 세상의 종말을 예상했다기보다는 대격변의 사건이 일어나 시카고와 미국 양쪽 해안 지방에 엄청난 영향을 미칠 것으로 예측했다. 그는 아틀란티스와 무<sup>Mu</sup>라는 해저 대륙이 다시 한번 솟아오를 것이라고 내다보았다. 새로운 바다가 북미 중부 지역을 덮을 것이라는 예측이었다. 마틴은 무아지경으로 글을 적어내려가며 몇 가지 메시지를 받았다고 주장했다. "팔이 따뜻해집니다. 설명하기는 어렵지만, 그냥 종이에 연필을 대면 글이 써지지요." 마틴은 외계인 우주선을 '비행접시'라는 천박한 이름으로 불러서는 안 되며 '원반'으로 지칭해달라고 요청했다.

17일에 실린 〈트리뷴〉의 후속 기사를 통해 그 외의 세부 사항도 드러났다. 래프트는 "1955년에는 많은 사람, 사실상 거의 모두가 목숨을 잃을 것이다"라고 했다. "허드슨 만에서 멕시코 만에 이르기까지 해일과 화산활동, 지면의 융기가 일어나 미국 중심부에 심각한 영향을 미칠 것이다."

래프트는 또한 이렇게 덧붙였다. "세상이 엉망진창으로 망가진 것은 사실이다. 하지만 신은 지금 우리가 알고 있는 육지를 전부 가라앉히고 현재 바닷속에 있는 대륙을 끌어올려 세상을 깨끗이 청소할 것이다. (…) 세계는 물로 씻겨나갈 것이다. 몇몇 사람들은 우주선을 타고 지구를 떠남으로써 구원받을 것이다." 도러시 마틴의 오크파크 자택을 방문한 추종자들은 래프트만이 아니었다. 11월 중순부터 12월 20일 사이 열다섯 명의 추종자가 그곳에 모였고, 그중 여덟 명은 홍수가 다가올 것이라 굳게 믿고 있었다. 몇몇은 학교나 직장을 그만두거나, 재산을 모두 내던지는 극단적인 행동까지 서슴지 않았다.

마틴은 이들에게 우주인들이 추종자를 구원하겠다는 약속을 지키기 위해 17일에 자신의 집 뒷마당으로 데리러 올 것이라고 말했다. 정작 17일에 우주인들이 나타나지 않자, 추종자들은 이 '거짓 경보'가 일종의 훈련이었다는 결론을 내렸다. 이 괴짜들과 관련된 추가적인 이야깃거리를 노리는 데 혈안이 된 기자들은 이제 수시로 마틴의 전화를 울려대고 있었다. 이 이야기는 전국적으로 보도되었으며, 각양각색의 방문객들이 모습을 드러내기 시작했다. 마틴은 장난전화를 받기 시작했으며, 〈워싱턴 포스트〉의 보도에 따르면 그중에는 시카고의 한 술집에서 종말이 올 때까지 계속되는 파티에 초대한다는 전화도 있었다. 마틴은 이렇게 말했다. "우리집에 걸려오는 전형적인 멍청이 같은 전화 중 하나지요. 이런 일은 예상한 바입니다." 또한 〈워싱턴 포스트〉에서는 "물속에서도 글을 쓸 수 있는 볼펜으로 무장한 시카고의 기자들"이 다가오는 홍수에 대비하고 있었다고 덧붙였다.

20일 밤이 되자, 래프트를 비롯한 추종자들은 다시 한번 자정에 우주인들이 데리러 온다는 마틴의 집에서(버몬트 산꼭대기가 아니라) 부푼 기대를 안고 기다렸다. 이들은 홍수가 시작되기 고작 몇 시간 전에 우주선을 타게 될 예정이었다. 이때 마틴의 집에 모여들었던 각양각색의 추종자들 중에는 훗날 가명으로만 알려진 몇몇 인물이 있었다. 마크 포스트는 기술학교에서 성적 불량으로 퇴학을 당하고 아직까지 어머니에게 빌붙어 살고 있었다. 교육행정학을 전공한 밥 이스트먼은 군대에서 3년을 복무했고 욕과 술을 좋아했다. 아서 버건은 15세 정도의 깡마르고 창백하며 공손한 소년이었다. 버사 블래츠키는 도시 북서쪽 출신의 전직 미용사였다.

밤 열한시 십오분경 도러시 마틴은 외계인들로부터 탑승을 준비하라는 또하나의 메시지를 받았다. 추종자들은 초조한 동시에 흥분된 분위기였다. 이들은 여행에 가져가기 위해 외계인들의 메시지가 가득 담긴 마틴의 '비밀의 책'을 챙겨놓고 있었다. 우주선 안에서 금속 물질을 몸에 지니고 있으면 틀림없이 위험할 것이므로, 지퍼와 금속 걸쇠, 벨트 버클, 머리핀 등은 일부러 떼어놓았다. 아서 버건은 주머니에 있는 껌의 은박 포장지까지 전부 벗겨놓았다. 그들은 만반의 준비가 되어 있었다.

마틴의 집에 모여 있는 사람들이 기다리는 자정이 다가왔다. 추종자들은 미처 알지 못했지만, 자정을 기다리는 사람들은 이들뿐이 아니었다. 미네소타 대학교의 심리학자 몇 명이 몰래 이 집단에 섞여 들어와 있었던 것이다. 레온 페스팅거를 필두로 한 헨리 리켄Henry Riecken, 스탠리 샤흐터Stanley Schachter 등의 연구원들은 추종자인 것처럼 행동하며 세상이 멸망하지 않았을 때 이 집단이 보이는 반응을 기록할 준비를 하고 있었다. 결과는 일 분 단위로 흥미진진하게 기록되었다.

그날 밤 방안에는 시계가 두 개 있었는데, 그중 하나는 다른 시계보다 구 분 빠른 시간을 가리키고 있었다. 첫번째 시계가 밤 열두시 오분을 가리켰을 때, 집단에 몰래 침투한 연구원들 중 한 명이 자정이 지났음을 지적했다. 사람들은 입을 모아 아니라고, 느린 시계가 정확하다고 했다.

아직 사 분이 남아 있었다. 두번째 시계도 자정을 넘어서자 실내에는 침묵이 찾아왔다.

> 아무도 말을 하거나 소리를 내지 않았다. 사람들은 가만히 서 있었고, 그들의 얼굴은 굳은 채 표정이 없어 보였다. 조금이라도 움직인 사람은 마크 포스트뿐이었다. 그는 소파에 누워서 눈을 감았지만 잠을 자지는 않았다. 나중에는 말을 걸면 간단히 응수하기는 했지만 그 외에는 누워서 움직이지 않았다. 다른 사람들은 겉으로 아무런 기색도 보이지 않았지만, 나중에는 그들이 큰 충격을 받았다는 사실이 분명해졌다.

추종자들의 초기 반응은 아무런 반응을 보이지 않는 것이었다. 그들은 자신의 믿음과 냉혹한 현실 사이에 갇힌 채 심지어 움직이지도 못했다. 몇 시간이 지났다. 불쌍한 도러시 마틴은 "무너져내리며 비통하게 흐느꼈다". 나머지 사람들도 견디기 힘들기는 마찬가지였다. "이제 그들은 모두 눈에 띄게 충격을 받은 모습이었고 상당수가 눈물을 글썽거렸다"고 심리학자들은 기록했다.

거의 새벽 다섯시가 되었을 무렵, 마틴은 외계인으로부터 또하나의 메시지를 받았다. 대재앙이 취소되었다는 메시지였다. 추종자들의 선량한 영혼이 해일로부터 지구를 구해냈으며 시카고를 덮칠 재앙이 유예되었다는 내용이었다. 실제로 이탈리아와 캘리포니아의 유리카에서는 약간의 지진활동이 있었다. 마틴은 여러 차례의 인터뷰를 통해 이러한 지진은 재앙에 대한 "사전 정보였을지도 모른다"고 언급했다. "모든 것이 들어맞습니다. 캘리포니아의 지진은 이것이 사실임을 증명해주지요."

보다 높은 곳에 있는 힘이 개입했음에도 불구하고 결국 재앙은 찾아올 것이며, 마틴은 그 재앙이 "한밤중의 도둑처럼" 덮칠 것이라고 예언했다.

그후 며칠 동안 마틴과 래프트는 추종자들의 집단이 와해하지 않도록 최선을 다했다. 하지만 시간이 지나도 마틴은 계속해서 실현되지 않는 은하계 저편의 메시지만 전달할 뿐이었다. 크리스마스이브에 외계인이 데리러 올 것이라는 또 한번의 예언이 거짓으로 판명되자, 래프트는 기자에게 이 일을 설명해야 하는 곤란한 입장에 처했다. 외계인들은 추종자들에게 길가에서 크리스마스캐럴을 부르고 있으면 데리러 가겠다고 지시했지만, 이번에도 '우주의 형제들'은 모습을 드러내지 않았다.

기자    외계인이 당신들을 데려갈 것이라고 말하지 않았나요?

래프트   아닙니다.

기자    그럼 거리에서 캐럴을 부르면서 무엇을 기다리고 있었나요?

래프트   글쎄요. 우리는 크리스마스캐럴을 부르러 나왔는걸요.

기자    아니, 그냥 크리스마스캐럴을 부르러 나오신 거라고요?

래프트   네, 그리고 무슨 일이 일어났다면, 뭐, 할 수 없지요. 우리는 한 치 앞도 내다보지 못하며 살아갑니다. 아주 이상한 일이 우리에게 일어났고……

기자    하지만 우주인들이 데리러 오기를 바라지 않으셨나요? 제가 알기로는 외계인들이 찾아올 것이라 예상했지만 어쩌면 그들이 마음을 바꾸었을지도 모른다고, 예측할 수 없다고 말씀하신 것으로 아는데요. 맞습니까?

래프트   글쎄요, 아, 제가 신문을 보지 않아서요. 실제로 신문에 뭐라고 났는지.

**기자**　하지만 본인이 그렇게 말하지 않으셨나요?

　　한 심리학자의 표현을 빌리면 "앞뒤가 맞지 않으며 성의조차 없는 부인과 변명, 재확인이 혼재된" 이 대화는 추종자들이 크리스마스이브에 외계인이 모습을 드러내지 않은 것에 대해 변명하는 "어설픈 방식의 전형"을 잘 보여주었다.

　　추종자들은 피아제가 말한 동화와 조절 사이의 불편한 중간지대에서 대부분의 시간을 보냈다. 그들은 자신의 믿음이 전적으로 옳다는 확신이 없었지만, 그렇다고 해서 간단하게 대재앙이 닥칠 것이라는 잘못된 믿음을 버릴 생각도 없었다. 해가 자신을 따라오지 않는다는 사실을 알고 있으면서도 여전히 햇빛이 자기 뒤를 따라온다고 고집을 부리는 아이처럼, 마틴의 추종자들은 현실에 적응해야 한다고 느끼면서도 자신들의 견해를 좀처럼 바꾸려 하지 않았다.

　　페스팅거와 동료들은 이 정신적인 교착 상태의 부작용에 관심을 두고 있었다. 학자들은 특히 예상했던 재앙이 일어나지 않자 두 가지 흥미로우면서도 주목할 만한 반응이 나타났다고 언급했으며, 이러한 반응은 훗날 최후의 심판을 외치는 광적인 예언자와 그 추종자들뿐만 아니라 다른 영역에서도 확인되었다.

　　첫째, 심리학자들은 마틴과 추종자들이 마틴의 집에 찾아오는 방문객 중에 더 많은 사람들을 우주인일지도 모른다고 의심했다고 기록했다. 실제로 자신들이 믿는 바에 어긋나는 일들이 자꾸 일어나자 이들은 방문객을 의도적으로 보다 세심히 살피게 되었고 전반적으로 의심도 깊어졌다.

　　중요한 예언이 빗나간 후, (도러시 마틴은) 몇 가지 추가적인 예언을 했다. (…) 집단의 일부 사람들에게서는 방문객이 우주인이라고 생각하는 성향이 점차 강하게 나타났다. (…) 12월 17일 (첫번째로) 예언이 빗나가기 전의 몇 달 동안에는 이들이 방문객 중 우주인으로 의심하는 사람이 한두 명에 불과했으나, 12월 17일의 그 일이 있은 후에는 매일같이 전화를 걸거나 찾아오는 사람 중 두세 명은 우주인이 아닐까 의심하기 시작했다. (…) 예언이 차례차례로 실현되지 않자 점점 더 당황하고 갈피를 잡지 못하게 된 이들은 단서를 찾아다니고, 지시를 받기 위해 TV를 보는가 하면, 암호로 된 메시지를 찾기 위해 걸려오는 전화를 보다 주의깊게 기록하고, 우주인들에게 임무를 수행하도록 간청했다.

　　마틴의 추종자들은 계속해서 예언이 빗나간다는 사실을 부인하지도 못하고, 마틴이 외계인들과 접촉한다는 믿음을 버릴 수도 없었다. 만성적인 불확실성에 시달리는 이들은 무언가를 확인받기 위해 점점 더 필사적으로 패턴을 찾기 시작했다.

　　두번째로, 특히 장기적인 측면에서 페스팅거와 동료들의 눈에 띈 것은 이 추종자들이 서로에게 의지하며 사회적 지지를 갈구했다는 점이다. 12월에 몇 차례 예언이 빗나간 이후 몇 주 동안, 전직 미용사인 버사 블래츠키는 이 집단 속에서 위안을 찾았다. 12월에 일어난 일을 혼자서 견디려고 했을 때에는 버사의 "삶이 극심한 고통"이었다. 하지만 1월 7일에 집단의 몇 명과 함께 지내게 되자 버사의 기분은 한결 나아졌다. 버사는 이것을 기도에 대한 응답이라고 표현했다. "참 재미있는 것이, 예전에는 다른 사람들이 저에게 기대는 편이었는데 이제는 갑자기 내가 도움이 필요한 쪽이 되었어요." 버사는 새로운 정보를 발견함으로써 믿음을 강화하는 대신, 동료 추종자들과 함께 지냄으로써 믿음을 확인했다.

물론 마틴이 실제로는 외계인과 교신을 하지 않는다는 사실을 깨달은 추종자들도 있었다. 창백한 얼굴의 아서 버건이 이 경우에 해당했고, 본인이 2월에 밝힌 대로 생각을 약간 바꾸었다. "아서는 더이상 마틴 부인을 신뢰하지 않는다고 했다. 여전히 비행 원반의 존재는 믿고 있었으며 우주와의 교신 가능성에 대한 믿음은 버리지 않았지만 (마틴과) 마틴의 믿음에 대해서는 체념했다." 버건은 외계인이 모습을 드러내지 않자 몇 시간 후인 21일 새벽 두시 반, '홍수'가 시작된다는 시간 전에 마틴의 집을 떠났다. 그리고 다시는 돌아오지 않았다.

페스팅거, 리켄, 샤흐터의 1956년 보고서 「예언이 이루어지지 않을 때 When Prophecy Fails」는 최후의 심판일을 기다리던 집단을 관찰하며, 추종자들이 보인 반응을 포괄적으로 기술했다. 기본적으로 이들이 각자 보이는 반응의 목적은 하나였다. 참혹한 반증 때문에 흔들린 믿음을 안정시키는 것이다.

페스팅거는 이 사례 연구를 활용해 자신의 인지 부조화cognitive dissonance 이론을 더욱 발전시켰으며, 인지 부조화는 이제 두 개의 상충되는 인지를 경험하면서 생기는 불편한 느낌을 지칭하는 대표적인 용어가 되었다. 여기서 인지는 세계, 자기 자신, 또는 자신의 행동에 대한 의견, 생각, 욕구, 또는 신념을 의미한다. 예를 들어 건강해지기를 바라면서도 담배를 피우고 싶다는 충동을 느낄 때나 거절당할 것이라 예상하면서도 추파를 던질 때, 또는 자신이 잘한다고 생각했던 업무에서 해고당할 때 우리는 인지 부조화를 경험한다. 페스팅거는 특히 신념과 행동 사이의 갈등에 초점을 맞추었는데, 예를 들어 어떤 일이 따분하다는 사실을 알고 있으면서도 나중에 그 일을 공개적으로 옹호해야 할 때 사람들이 반응하는 방식이 이에 해당한다. 페스팅거는 연구 대상들이 자신의 의견을 과거의 행동과 일치하도록 바꿈으로써 이러한 불일치가 야기하는 불쾌한 불안감을 떨쳐버리려고 노력하는 경우가 많음을 발견했다. 수천 긴의 관련 논문이 발표된 인지 부조화는 심리학 전반에 걸쳐 태도 변화에 대해 가장 철저하게 검증된 이론 중 하나다.

페스팅거는 불확실성이 주는 불쾌한 감정이 모순을 해결해야 한다는 신호라고 생각했다. 1974년 심리학자 마크 자나Mark Zanna와 조엘 쿠퍼Joel Cooper는 '부조화와 약물Dissonance and the Pill'이라는 제목의 연구를 실시해 페스팅거의 이러한 생각에 큰 힘을 실어주었다. 자나와 쿠퍼는 실험 참가자들에게 'M.C. 5771'이라는 약이 기억력에 미치는 영향을 연구하고 있다고 말했다. 그리고 참가자들에게 분유로 만든 가짜 알약을 준 다음, 일부에게는 그 약 때문에 신경이 날카로워질 수도 있다고 말하는 한편 나머지 사람들에게는 약을 먹어도 아무런 변화가 일어나지 않을 것이라고 말했다. 그후 참가자들은 실험과는 아무런 연관이 없는 의견을 지지하도록 요청받았는데, 그 의견은 그들의 신념과 어긋나는 것이었다. 이 경우 일부 참가자들은 캠퍼스에서 선동적인 연설을 금지하는 조치를 지지하는 글을 쓰도록 정중히 요청받았다. 또다른 참가자들은 보다 강압적으로 지시를 받았다. 마지막으로 모든 참가자들은 캠퍼스에서 선동적인 연사들을 배제하는 일에 대한 그들의 견해를 밝히는 설문지를 작성했다.

언론의 자유에 반하는 글을 쓰도록 정중하게 부탁받은 사람들은(강압적인 지시가 아님) 선동적인 연설을 금지하는 조치를 지지한다고 대답할 확률이 높았다. 이 결과는 페스팅거가 이전에 발견해낸 사실과 일맥상통한다. 우리가 잘못되었다고 생각하는 어떤 일에 책임이 있다고 느끼면, 우리는 과거의 행동과 일치하도록 아예 신념을 바꿔버리기도 한다. 생각을 바꿈으로써 모순을 해결하는 것이다.

하지만 여기서 문제는 더욱 흥미진진해진다. 자나와 쿠퍼가 실험에 참가한 사람들에게 가짜 알약 때문에 신경이 날카로워질 수도 있다고 이야기하자 이렇게 생각을 다시 조정하는 효과는 사라졌다. 선동적인 연사를 금지하는 조치를 지지하도록 정중하게 요청받은 사람들도 설문조사에서 자신의 의견을 바꾸지 않았다. 자신이 느끼는 불편함에 타당한 이유가 있다면, 굳이 신념을 되돌아볼 필요성을 느끼지 않았던 것이다. 신체적인 불안감을 느끼는 데에 그럴 만한 원인이 있는 경우, 심지어 그 원인이라는 것이 분유로 만든 가짜 알약이라 하더라도, 이들은 마음속에서 일어나는 모순을 무시할 수 있었다. 잘못된 귀인misattribution of arousal으로 알려진 자나와 쿠퍼의 발견은 머릿속에서 일어나는 모순 때문에 발생하는 신체적 불편함이 태도 변화의 동기가 된다는 의미다. 불안감에 대한 합리적인 설명이 존재하는 경우, 일관성에 대한 욕구가 사라진다. 마치 열기로 가득한 방에 통풍구가 생긴 것처럼 말이다.

자나와 쿠퍼의 연구 이후, 인지 부조화 이론은 치열한 주도권 다툼의 대상이 되었다. 일부 학자들은 페스팅거의 이론이 과연 옳은지에 의문을 제기했다. 한 진영에서는 인지 부조화 효과의 근원에 있는 진정한 동기는 긍정적인 자아상을 유지하고자 하는 욕구라고 주장했다. 어떤 진영에서는 페스팅거의 연구가 사실은 '자아 방어'를 다루고 있다고 주장했다. 또다른 진영에서는 일관성에 대한 욕구는 부정적인 결과를 피하기 위해 존재한다고 강조했다. 특히 1980년대 문제가 되었던 요소 중 하나는 피부의 수분 변화 측정과 같이 인지 부조화 상태를 감지하기 위해 사용된 방법의 신뢰성이 낮았다는 점이었다. 그러나 1990년대 학자들은 더욱 정교한 방법을 개발하는 한편, 위에 언급된 것과 같은 자아의 역할을 통제할 수 있는 보다 명쾌한 실험을 고안해냈다. 지난 15년 동안 축적된 연구와 신경과학 분야의 발전으로 인해 페스팅거의 이론이 눈에 띄게 다시 부상하고 있다. 오늘날 학자들은 초기 연구에서 페스팅거가 초점을 맞추었던 태도 변화에서 한층 더 나아가 의견, 신념, 행동, 욕구, 생각 사이의 모든 갈등을 보다 폭넓게 탐구하고 있다.

2014년 (프루를 포함해) 일곱 개 대학에 소속된 아홉 명의 학자들은 미묘한 신체적 불안감이 사실상 무질서를 접한 후 질서를 다시 정립하도록 동기를 부여하는 원동력이라는 다수의 증거들을 상세하게 나열한 심층 논문을 발표했다. 하지만 이 심리학자들은 페스팅거가 처음 주장했던 이론의 일부를 부활시키는 것에 그치지 않고, 훨씬 더 야심찬 계획을 염두에 두고 있다.

트래비스 프루와 동료 학자들이 안타깝게 설명한 대로, 인간 심리를 연구하는 분야는 심각하게 분열되어 있다. 학자들이 일반적인 이론에 대해서도 제대로 협력하지 못하는 경우가 너무나 많다. 그 대신 논란의 여지가 있는 실험 결과를 중심으로 극히 세부적인 이론을 세운다. 그 결과, 관련된 이론 사이의 간극에 관심을 두는 학자는 거의 없으며, 동일한 심리적 현상이 재구성되어 새로운 이론으로 발표되는 사례도 부지기수다.

우리는 다른 시대, 다른 분야에서도 바람직하지 않은 과학적 경쟁의 결과를 목격한 바 있다. 이를 잘 보여주는 사례는 화석 사냥꾼이자 라이벌이었던 에드워드 코프Edward Cope와 오스니얼 마시Othniel Marsh의 예다. 코프와 마시는 1870년대 미국 서부에서 커다란 뿔이 달린 포유동물과 거대한 쥐라기 공룡을 발굴했고, 스테고사우루스와 트리케라톱스를 비롯해 이전에는 상상도 못했던 다양한 거대 생명체의 존재를 밝혀냄으로써 전 세계를 놀라게 했다. 하지만 이 두 사람은 서로를 싫어했다. 이들은 새로운 종의 이름을 처음으로 붙이기 위해 소위 화석 전쟁Bone Wars이라는 치열한 싸움을 벌였다. 와이오밍, 콜로라도, 몬태나, 캔자스에서 발굴된 화석은 신속하게 분류되어 새로운 발견이라는 명목하에 발표되었다. 또 한 명의 화석 사냥꾼인 조지프 라이디Joseph Leidy도 이 경쟁에 뛰어들었다. 문제는 이 세 사람이 같은 종을 개별적으로 '발견'하여 다른 이름을 붙여 분류했다는 점이다.◆ 코프와 마시만 해도 동일한 종을 무려 스물두 번이나 '발견'했다. 이 고생물학자들은 위대한 발견을 하고 있었지만, 그 발견이라는 것의 상당 부분이 중복돼 있었다.

심리학에서는 심리학자들이 분류한 인간의 반응이 앞 사례의 '화석'에 해당한다. 자, 그렇다면 '화석'보다 훨씬 분석하기 까다로운 대상을 다루는 연구 분야를 상상해보자. 학자들은 새로운 증거를 발견할 뿐만 아니라 새로운 설명도 생각해내야 하는데, 설상가상으로 골치 아픈 용어 문제까지 있다. 사실상 같은 현상을 설명하는 데에도 수많은 방식이 존재한다. 부부 심리학자인 에디Eddie와 신디 하먼-존스Cindy Harmon-Jones는 2012년 이런 글을 쓰기도 했다. "사회 심리학자들은 기존의 현상에 새로운 용어를 붙임으로써 이름을 알리려 한다. (…) 새로운 발견을 높이 평가하는 학계의 풍토가 이러한 경향을 더욱 부채질한다." 프루는 2012년 토론토 대학교의 마이클 인츠리히트Michael Inzlicht와 함께 발표한 논문에서 보다 참담한 심경을 토로하며, 이러한 분열 때문에 "심리학 분야는 거꾸로 가고 있으며, 점점 더 많은 유사한 효과에 대해 점점 더 많은 설명, 점점 더 많은 용어가 생겨나고 있다"고 주장했다. 프루와 인츠리히트, 에디 하먼-존스의 표현에 따르면, 이는 "뉴턴이 중력의 법칙 대신 모든 물체는 낙하한다는 별도의 이론을 내놓은 것이나 다름없다".

---

◆ 키스 톰슨Keith Thomson은 『마스토돈의 유산The Legacy of the Mastodon』에서 이렇게 적었다. "1872년 7월 와이오밍에서 처음으로 제기된 의혹이 사실인 것으로 밝혀졌다. 이 경쟁자들은 실제로 전부 같은 종류의 화석을 가지고 있었던 것이다. 마시의 다이노케라스Dinoceras와 타이노케라스Tinoceras는 사실 라이디의 윈타테륨Uintatherium이었고, 라이디의 윈타마스트릭스Uintamastrix는 본인의 윈타테륨과 같은 종이었다. 코프의 록솔로포돈Loxolophodon 역시 라이디의 윈타테륨과 같았다. 이러한 윈타테륨들은 마시가 발표한 공각수恐角獸(에오세에 생존했던 공룡으로 생김새는 코끼리와 비슷하고 머리에 세 쌍의 뿔이 있다─옮긴이)의 기반이 되었다. 코프의 에오바실레우스Eobasileus는 사실상 라이디의 티타노테륨Titanotherium에 해당했고, 따라서 라이디의 팔라이오시옵스Palaeosyops와 함께 거대하고 뿔이 없는 포유동물을 나타내는 티타노테레Titanothere라는 다른 그룹에 속한다. 코프의 메가케라톱스Megaceratops는 라이디가 1871년 메가케롭스Megacerops라는 이름을 붙인 동물과 같은 것이었고, 이것 역시 티타노테레였다."

프루와 동료들은 현재의 이론 중 상당수가 그저 같은 사람의 서로 다른 신체부위일 뿐이라는 주장을 편다. 인지 부조화에 대한 가장 폭넓은 개념을 척추로 삼아 이러한 이론을 전부 취합하면, 각 조각들이 합쳐져 인간이 형성되며, 이 인간의 중심에는 의미화 체계가 갖추어져 있어 이를 통해 예측 가능한 상황에서 모순되는 일이 발생할 때 반응하게 된다는 것이다.

첫째 어떤 상황이나 사건, 메시지가 질서와 일관성에 대한 우리의 감각을 어지럽힌다. 현상황과 기대하는 상황 사이에 불일치, 즉 '오류'가 발생하는 것이다. 비가 내리고 있는데 땅이 젖지 않았다. 문을 열기 위해 밀었지만 열리지 않는다. 세상에 대해 추정한 것이 맞아떨어지지 않으면 두뇌활동이 활발해지며 아드레날린이 솟아오르고, 이러한 오류 메시지는 의식까지 도달할 수도, 그렇지 않을 수도 있다. 두뇌의 여러 영역이 오류 감지와 연관돼 있지만, 그중에서도 전방대상피질anterior cingulate cortex, ACC이 특별한 역할을 하는 것으로 보인다.

이러한 인간의 경보체계는 예상을 벗어난 사건이 결국 좋은 쪽으로 판명될 경우에도 작동한다. 캘리포니아 대학교 샌타바버라 캠퍼스와 하버드 대학교에서 실시한 2010년의 실험에서, 라틴계 여성들은 사교적 자리에서 편견을 접할 것이라 예상했지만 실제로 접하지 않았을 때 심혈관 스트레스 반응을 보였다. 웬디 멘디스Wendy Mendes가 진행한 또하나의 연구에서, 실험 참가자들은 남부 지방 억양을 사용하는 아시아계 미국인처럼 가벼운 '오류'를 접했을 때도 마치 위협당하고 있는 것과 같은 반응을 보였다. 2013년의 한 실험에서는 자부심이 낮은 실험 참가자들의 경우 긍정적인 피드백보다 부정적인 피드백을 받았을 때 혈압의 변화가 적었다.

모순에 대한 반응의 두번째 단계는 불안감을 느끼며 경계 상태에 돌입하는 것이다. 이 단계에서 우리는 경계심을 더욱 높이며 새로운 정보를 찾으려 한다. 프루와 인츠리히트는 패턴을 찾으려 노력한다는 이 단계의 특징에 비추어 이 반응을 추상화abstraction라고 불렀다. 주변 환경에서 단서를 수집하기 위해 적극적으로 노력하는 것이 여기에 해당한다. 프루와 동료들은 이 추상화가 아마도 목표를 가로막는 장애물을 극복하기 위한 도구로서 진화했을 것이라고 주장한다. 예를 들어 먹이를 찾던 쥐가 근처에 고양이가 있다는 낌새를 챘다고 생각해보자. 이제 이 쥐는 더욱 머뭇거리며 불안감을 느끼게 될 것이다. 계속해서 먹이를 찾기는 하지만 보다 기민하게 행동하며, 고양이가 있는지 주변을 자세히 살피는가 하면 고개를 들어 코를 킁킁거린다. 오류 감지와 추상화를 담당하고 있는 신경 네트워크를 행동억제체계behavioral inhibition system라고 부르며, 이 체계에 병변이 생긴 쥐들은 행동방식을 바꾸어 문제를 해결하는 능력을 잃게 된다. 추상화는 불안하고 충동적이며 극도로 주변에 촉각을 세우고 있는 마음 상태에서 일어난다.

어느 정도 시간이 지나면 행동접근체계behavioral approach system라고 불리는 두번째 신경 네트워크가 작동하기 시작한다. 이 체계는 정신적인 모순으로 인한 불안감에 대처하기 위해 행동억제체계와 함께 진화했다. 행동접근체계는 우리가 특정한 생각이나 행동방식에 전념할 수 있도록 독려해 불안감을 달래준다. 이 접근체계는 종결욕구를 충족시키며, 여기에는 '동화'와 '조절'이라는 피아제의 두 'A'도 연관돼 있다. 예를 들어 여러분이 흰색 까마귀를 보았다고 가정해보자. 처음에는 약간 놀란다.

보다 관심을 기울여 그 흰색 까마귀를 바라보다가, 결국에는 의사결정에 필요한 더욱 단호한 마음 상태로 바뀌게 된다. 이 일에 동화를 적용해 그 새가 비둘기라고 판단할 수도 있다. 또는 조절을 택해 백색증에 걸린 까마귀가 존재한다는 결론을 내릴 수도 있다. 프루의 공동 연구자인 스티븐 하이네의 말에 따르면, 문제는 "동화가 불완전하게 일어나는 경우가 너무나 많다". 우리는 그 새가 비둘기임을 확신하는 것처럼 행동하지만 무의식 속에서는 여전히 그 새가 비둘기가 아니라는 느낌이 존재하기 때문에, 최후의 심판일을 믿었던 추종자들과 마찬가지로 상황을 이해했다는 가정과 상황을 이해하지 못했다는 느낌 사이의 중간지대에 갇혀버리는 것이다. 이렇게 남아 있는 불안감에 대처하는 방법 중 하나는 사회집단 속에서 위안을 찾거나 자신의 이상을 열정적으로 강조하는 것이다.

프루와 인츠리히트는 이러한 반응에 확인affirmation이라는 명칭을 붙였다. 확인은 인지한 위협에 대응해, 신념이 무엇이든 그 신념을 더욱 강화하는 것을 의미한다. 프루의 연구에서는 (의식적으로 깨닫지 못한 채) 이상한 카드를 본 후 소수집단 우대정책에 더욱 단호한 태도를 보인 사람들이 이 범주에 해당한다. 최근의 한 연구에서는 보수주의자들이 죽음에 대한 이야기를 듣고 난 후, 그 이야기를 듣지 않은 비슷한 성향의 사람들보다 이민자를 더욱 비판적으로 평가했다. 이민자를 긍정적으로 평가하는 진보주의자들 사이에서도 같은 효과가 나타났으며, 이들은 이야기를 들은 후 이민자를 더욱 옹호하게 되었다. 또하나의 연구에서는 통제력을 잃었다고 느낀 실험 참가자들이 신에 대해 더욱 굳건한 믿음을 드러냈으며, 다윈의 진화론을 설득력 있게 제시하자 이에 대해서도 굳은 믿음을 보였다. 우리는 확인을 통해 기존의 신념에 의지하고 안정을 찾는다. 낯선 곳에서 다시 익숙한 해안으로 헤엄쳐가는 것이나 마찬가지다.

학자들은 오류 감지, 경계심으로 인한 추상화, 확인 등과 같은 퍼즐의 서로 다른 조각을 취사선택해 그에 따른 효과를 각자 다른 용어로 설명한다. 프루와 동료 학자들의 주장에 따르면, 예를 들어 의지력 고갈 이론의 증거는 인지 부조화에서 기인한 것이다. 의지력 고갈 이론에서 언급하는 가장 유명한 사례는 먹고 싶은 초콜릿을 억지로 먹지 못하게 하는 경우다. 이렇게 소위 의지력 고갈이 일어나는 이유는 불안한 경계 상태가 사람들을 충동적으로 만들기 때문이다.

마찬가지로 확인의 다양한 형태를 설명하는 데에도 여러 가지 이론이 제기되었다. 프루가 검토하고 있는 이론 중 하나는 우리가 이떤 경험을 통해 통제력을 잃고 있다고 느낄 때 다른 곳에서는 더욱 단호하게 통제력을 확보하려 한다는 것이다. 개인적인 목표가 위협받을 때 개인적인 가치를 더욱 굳건하게 확인하고자 한다는 이론도 있다. 이러한 이론들은 전부 같은 패턴을 공유하며, 프루가 가장 최근에 내놓은 주장은 이런 상황에서 우리가 재차 확인하려는 신념이 침해당한 사실이나 믿음과는 전혀 다른, 완전히 동떨어진 신념일 수도 있다는 것이다. 프루는 이것을 유동 보상fluid compensation이라고 불렀다. 불확실성이라는 감정에 따라 어떻게 맥락과 상관없는 조정작용이 일어나는지 잘 보여주는 독특한 실험 중 하나는, 예상과는 달리 쓴맛이 나는 초콜릿을 먹은 사람들이 나중에 자신의 삶이 더욱 의미 있는 것이라고 설명한 실험이다.

패턴을 찾는 행동(추상화)과 믿음을 열렬히 표현하는 행동(확인)은 순차적으로 일어난다. 그렇기 때문에 확인 효과를 연구하는 학자들은 약간의 시간이 지난 후 이 효과를 보다 쉽게 관찰하게 된다. 실험실이라면 실험 참가자들이 비정상적인 상황을 접한 다음 약 오 분 정도가 지난 후다. 사실 프루는 모호한 카프카의 이야기를 읽은 사람들이 더 많은 패턴을 식별해낸다는 사실만 발견한 것이 아니다. 그가 실시한 다른 실험에서는, 카프카의 책을 읽은 사람들이 약간의 시간이 지난 후 자신의 애국심을 보다 열렬히 표현했다. 말이 통하지 않는 단어 조합의 경우도 마찬가지다. 사람들은 점점 더 열심히 패턴을 찾으려 하지만, 시간이 조금 지나면 자신의 신념을 열정적으로 확인하려고 한다는 사실이 또다른 실험을 통해서도 증명되었다. 페스팅거 역시 최후의 심판을 기다리는 추종자들에게서 이와 같은 현상을 관찰했던 것으로 보인다. 이들은 예언이 이루어지지 않은 직후 주변을 살피며 새로운 증거를 찾았지만, 시간이 지나자 사회적 지원체계로 되돌아갔다. 2006년의 연구로 밝혀진 바에 따르면, 그저 사랑하는 사람의 손을 잡은 채 두뇌의 오류 관리 센터인 ACC의 활동을 잠재우는 것이다.

프루는 이렇게 말한다. "놀라운 점은 얼마나 많은 인간의 행동이 이 기본적인 체계에 의존하고 있느냐 하는 점입니다." 프루는 부조화를 줄이려는 시도가 우리가 하는 일상적인 행동의 최대 60퍼센트를 차지하고 있다고 추정한다. 여기서 부조화를 줄이려는 시도란 무질서한 상황을 감지한 뒤 질서를 되찾으려는 다양한 노력 정도로 이해할 수 있다.

앞으로 살펴보겠지만, 전혀 관련없는 모순된 상황이 인간과 불확실성의 일반적인 관계에 영향을 미칠 경우 상당히 다양한 결과가 나타난다. 2부에서는 일상생활, 특히 스트레스가 심한 상황에서 모호함에 대처하는 방법을 살펴볼 것이다. 압박감을 느낄 때, 패턴을 모색하고 독단적으로 자신의 이상을 공언하는 우리의 성향은 매우 극적인 결과를 낳기도 한다. 삶에서 불확실성이라는 강렬한 감정의 함정에 빠지지 않기 위해서는 어려운 상황에서 우리의 마음이 모호성을 어떻게 다루는지 이해해야 한다. 불안정한 상황 때문에 반드시 궤도에서 이탈할 필요는 없다. 우리가 언제, 그리고 어떻게 실수를 저지르기 쉬운지 이해하면, 심지어 자연재해와 같은 충격적인 비극을 접했을 때에도 좀더 수월하게 불확실성에 대처할 수 있다.

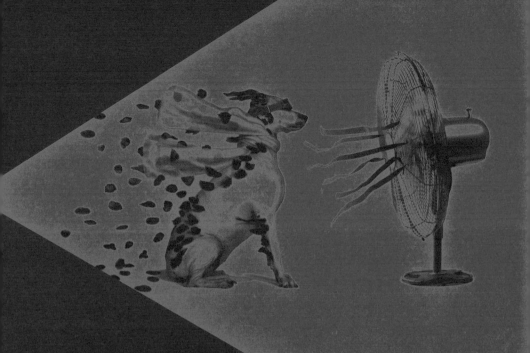

2부

불안과 불확실을
단번에 제압하고 싶은 욕망,
'종결욕구'의 비밀

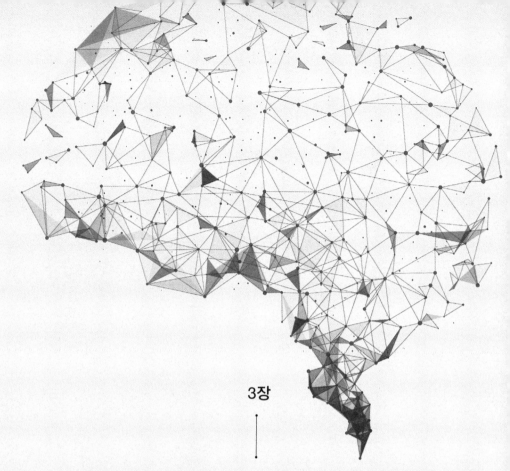

3장

# 예상치 못한 충격과 스트레스, '두 배의 불안감'에서 살아남기

—

## 불확실한 시대는 변화의 시대다

미국 역사상 가장 끔찍한 자연재해 중 하나로 꼽히는 1906년 4월 18일 샌프란시스코 지진 이후 며칠간, 여러 가지 이상한 사건이 발생했다. 지진으로 집을 잃은 채 남편감을 찾고 있는 독신 여성들이 힘을 합쳐 새로운 결혼중매소를 세웠다는 소문이 돌았다. 이 소식을 들은 윌리엄 퍼킨스라는 남성은 그 결혼중매소가 있다고 알려진 하버 병원으로 서둘러 달려가, 근무중인 젊은 간호사에게 바로 프러포즈를 했다.

"옷차림만 보고 저를 판단하지 마세요." 퍼킨스는 애원했다. "저는 기차 제동수로 일하고 있는데 옷을 차려입을 시간이 없었을 뿐입니다. 〈콜 The Call〉 신문에서 프레즈노와 시애틀 출신의 남자들이 지원서를 넣었다는 기사를 읽고 저도 '누구나 집에 예쁜 아내를 두고 싶어하지'라고 생각했지요. 그래서 시간이 나자마자 서둘러 달려왔습니다. 남은 사람은 당신뿐인가요?"

단호하게 퇴짜를 맞은 퍼킨스는 계속해서 '체리파이를 눈 깜짝할 사이에 만들 수 있으며' '어느 정도 즐길 줄 아는' 지진 난민 여성을 미친듯이 찾아 헤맸다. '비교적 체구가 작고 금발'인 여성이라면 더할 나위 없겠지만, 그렇다고 해서 '너무 체구가 작고 지나친 금발'은 좋지 않다고 했다. 그의 어머니가 신부 지원자들을 심사할 것이라고 했다. 또다른 구혼자인 샌디에이고의 J. M. 마이어스는 오클랜드 시장에게 편지를 보내 피부가 까무잡잡하며 농장에서 살 생각이 있는 점잖은 여성을 요청했다. J. 로건비엘이라는 또 한 명의 남자는 자신이 '갈색머리에 토실토실하고 일하기를 두려워하지 않는' 여성을 찾고 있으며 독일계 혈통이면 더욱 좋겠다는 수문을 퍼뜨렸다. 그는 또한 그 여성에게 일자리를 줄 수 있으며 급료는 한 달에 8달러, 만약 본인의 월급이 올라가면 한 달에 16달러를 줄 수 있다고 했다.

처음 샌프란시스코의 검시관 윌리엄 월시<sup>William Walsh</sup>는 '지진과 화재, 충격으로 인한 사망자 수'가 고작 428명이라고 보고했다. 하지만 이 수치는 오해의 소지가 있었다. 정부 관료들과 민간 관계자들은 투자자들이 겁먹고 손떼는 바람에 도시 재건사업의 진척이 느려지지 않을까 우려했다. 실제로 이 재해로 목숨을 잃은 사람은 3천 명 이상이었다. 샌안드레아스 단층이 엄청난 규모로 끊어지면서 진도 7.9의 지진이 발생해 북쪽으로는 오리건 주의 코퀼부터 남쪽의 애너하임, 그리고 동쪽으로는 네바다 주 중심부까지 흔들렸다. 높은 압력 아래에서 액화된 모래와 토사층이 파하로 강과 살리나스 강을 따라 지면을 뒤흔들었고, 소규모 화산처럼 갈라진 틈을 타고 부글거리며 표면으로 솟아올랐다. 수십만 명이 집을 잃었고 골든게이트 공원과 프리시디오 공원은 간이 텐트로 뒤덮였다. 난민들은 너무나 딱한 모습을 하고 있었으며, "그저 새장 하나만 들고 나타난 사람들도 있었다". 지진과 그로 인한 화재를 전부 합치면 샌프란시스코 시의 약 80퍼센트가 파괴되었다. 3일에 걸쳐 샌프란시스코에서 10제곱킬로미터가 넘는 면적이 불에 타서 사라졌다. 목격자들은 이 지진에 대해 "거칠게 앞뒤로 움직이다가 간헐적으로 큰 충격이 오는가 하면 섬뜩할 정도로 어지럽게 흔들렸다"고 증언했다. 한 전직 기자의 묘사에 따르면, 지진 발생 직후 45초 정도의 시간 동안 인간의 소리라고는 단 하나도 들리지 않았고, 비명조차 들리지 않았다. "모든 남자와 여자, 아이까지 망연자실해 말문을 잃은 것 같았다." 도로는 갈라져서 땅속이 들여다보였고, 시내 전차의 선로는 구부러져 위로 치솟은 채 "끔찍한 모습을 하고 있었으며, 그 아래쪽에는 깊은 틈이 크게 입을 벌리고 있었다. 자갈들은 프라이팬에 올려놓은 팝콘처럼 춤을 추었다. 한 목격자의 말을 빌리면 송전선들이 끊어져 땅에 떨어진 채 '파충류처럼 이리저리 몸을 비틀며 쉭쉭 소리를 냈다'고 한다". 헤이트 스트리트에 있는 동물 전시관에서는 사자들이 고양이처럼 바들바들 떨었다. 원숭이들은 몸을 웅크리고 한쪽 구석에 모여 있었다.

그리고 지진이 끝났다. 일 분도 채 지나지 않은 사이에.

스탠퍼드 대학교의 한 아파트에 누워 있던 윌리엄 제임스는 "침대가 흔들리기 시작하는 것을 느끼고" 자리에서 일어나 샌프란시스코행 기차를 탔다. "그것은 정말 이상한 광경이었습니다. 뚜껑이 열린 개미집에서 알과 유충을 구하기 위해 종종걸음을 치는 개미들처럼 모든 시민들이 거리로 나와 있었습니다."

지진으로 집을 잃은 사람들이 남은 유품을 챙기기 위해 조심스럽게 지진 현장을 헤매고 다니는 것처럼, 구혼자들도 잔해를 헤치며 돌아다녔다. 지진이 일어난 이후 일정 기간 동안 결혼한 커플의 수는, 그때까지 샌프란시스코에서 비슷한 시기에 결혼한 역대 커플 수를 경신했다. 카운티의 행정 담당 부서에 따르면, 4월 18일부터 5월 18일까지 418쌍이 결혼했는데 이는 한 달 동안의 최다 커플 결혼 기록을 열여덟 쌍이나 초과한 수치였다. 샌프란시스코의 혼인신고 담당 공무원 그랜트 '큐피드' 먼슨Grant 'Cupid' Munson은 혼인신고 없이 공원에서 목사들의 주례로 결혼식을 올린 커플들을 포함하면 실제 부부가 된 커플의 숫자는 700쌍이 넘을 것으로 추산했다. (먼슨은 "이러한 결혼식을 집행한 후 필요한 서류를 요청하는 목사들에게 둘러싸였다"고 기록되어 있다.) 지진 이후 열흘이 지난 4월 28일은 앨러미다 카운티의 혼인신고 담당 부서 역사상 가장 바쁜 날이었다. 지진 이후 열흘 동안 샌프란시스코와 앨러미다에서는 180쌍이 부부의 연을 맺었고, 이는 평상시의 네 배가 넘는 수치였다. 〈루이빌 쿠리어 저널〉은 이렇게 커플들이 "지진을 겪고 나서 결혼식을 올리는" 이상한 현상에 대해 논평하기도 했다.

〈오클랜드 트리뷴〉은 이런 기사를 실었다. "무너진 샌프란시스코 시청에서는 젊은 커플들이 혼인신고서를 발행하던 장소를 찾으려고 잔해 주위를 돌아다니는 흥미로운 광경이 펼쳐졌다. 이들은 일반적으로 무엇을 찾고 있는지 아무에게도 말하지 않았기 때문에, 수색에 상당한 어려움을 겪고 있었다." 일부 커플은 오랫동안 계획해왔던 결혼식을 앞당겼다. 이별했던 커플이 재결합하는 경우도 있었다. 어떤 사람들은 모든 것을 잃은 상태로 피난민 수용소에서 처음 만났다.

한 커플은 샌프란시스코를 떠나는 기차 안에서 만나 사랑에 빠졌고, 시애틀에 도착하기 전 약혼했다. 어떤 커플은 너무나 결혼을 서두른 나머지 신랑인 머티 설리번이 신부의 성밖에 모르는 상태였다. 지진이 발생한 지 3주 후, 설리번이 카운티 공무원과 대화를 나누는 과정에서 이 사소한 사실이 밝혀졌다.

"신부 이름이 뭡니까?" 공무원이 물었다. "혼인신고서에 있어요." 설리번의 대답이었다.

"성 말고 이름이 뭐냐고요?" 공무원이 다시 물었다. "신고서에 있다니까요. 내가 아는 건 그것뿐입니다." 설리번이 응수했다.

"프러포즈할 때 이름을 뭐라고 부르셨어요?" 공무원은 끈질기게 물었다. "그게 당신이랑 무슨 상관이요!" 설리번은 기어이 화를 냈다. 공무원은 할 수 없이 수그러들며 머티 설리번과 '웨일러 부인'의 혼인증명서를 발급했다.

그야말로 대지진이 만들어낸 특수한 상황이었다.

👥

미국인 중 약 15퍼센트는 평생 한 번 이상 자연재해나 인재를 겪게 된다. 사랑하는 사람의 갑작스러운 죽음이나 심각한 자동차 사고 등의 개인적인 트라우마를 포함하면 이 숫자는 3분의 2 이상으로 올라간다. 예상치 못한 재앙을 접한 사람들은 심리학자 로니 야노프-불먼Ronnie Janoff-Bulman이 말하는 '두 배의 불안감double dose of anxiety'을 경험하게 된다. 첫번째는 우리 자신의 안녕에 대한 장기적인 두려움이다. 갑자기 세상이 안전하지 않게 느껴지는 것이다. 두번째는 세상이 돌아가는 방식에 대한 모델이 무너지면서 오는 불확실성이다. '개념체계'에 위협이 가해지고 대격변이 일어나면서 불안감이 찾아오게 된다. 세상이 예전보다 덜 안전하게 느껴질 뿐만 아니라 일관성이라는 감각을 제공해주었던 가정들 자체가 도전을 받기도 한다.

야노프-불먼의 표현에 따르면, 많은 사람들이 트라우마를 겪은 후 "익숙하고 편안한 기존의 세계관이 사라지고 새로운 세계관을 구축해야 한다"는 현실을 접하게 된다. 이루어지지 않은 일련의 예언들에 대해 납득할 만한 설명을 찾기 위해 며칠, 심지어 몇 주씩 고민했던 최후의 심판 추종자들의 사례에서 살펴보았듯이 이는 결코 쉬운 일이 아니다. 단순히 스스로에게 "이제 세계관을 다시 구성할 때가 되었어"라고 되뇔 수 있는 문제가 아니다. 야노프-불먼은 트라우마를 겪은 이후의 불안정함에 대처해야 하는 이 어려움을, 자신의 이론에 맞지 않는 모호한 새로운 증거를 접했을 때 과학자들이 느끼는 좌절감과 불안감에 비유했다. 우리는 이 '강력한 데이터'를 어떻게든 처리해야 한다. 특히 생명의 위협을 느끼거나 신체적으로 나약한 존재라는 감정을 갖게 되는 경우, 우리가 이러한 모순을 어떻게 해결하는가에 대한 심리학 이론들은 100여 년 전 샌프란시스코에서 왜 그런 일이 일어났는지 이해하는 데 도움이 된다.

위협당했다는 기분만 들어도 확실성에 대한 욕구가 강해지는 경우가 많다. 2010년 한 연구에서는 단순히 미국인들에게 9.11테러를 상기시키기만 해도 그들의 종결욕구가 상승했음을 보여주었다. 실제로 실험심리학에서 참가자들에게 죽음에 대해 진지하게 생각해보게 하는 것은, 위협을 받은 후 자신의 세계관을 보다 굳건히 신뢰하게 되는 인간의 성향을 연구하기 위한 가장 보편적이고 믿을 수 있는 방법 중 하나다. 그러나 확실성에 대한 욕구를 자극하기 위해 반드시 죽음처럼 끔찍한 일을 언급할 필요는 없다. 꼭 위험하거나 비극적인 일이 아니더라도 종결욕구를 충분히 강화시킬 수 있다. 단지 우리가 세상을 바라보는 방식에 도전을 제기하기만 하면 되는 것이다.

예를 들어 우주에서 지구를 바라보면 확실성에 대한 욕구가 상승하는 것처럼 보인다. 실제로 우주비행사나 우주여행을 경험한 사람들의 회고담을 들어보면 이 책의 앞장에서 살펴본 것과 같은 심리학적 반응이 나타났음을 알 수 있다. 우주공간에 나가면 어떤 사람들은 새로운 설명을 찾게 되고, 기존에 종교적인 믿음을 가지고 있던 사람들은 믿음이 더욱 굳건해진다. 어느 쪽이든, 이들은 불확실성을 거부하며 보다 확실하고 명확한 견해를 추구했다. 언론인 프랭크 화이트Frank White는 '우주에서 일어날 수 있는 의식의 변화'에 초점을 맞춰 20명 이상의 우주비행사와 그 외의 '우주여행객'들을 인터뷰한 뒤 우주여행의 경험을 다룬 『조망 효과 The Overview Effect』라는 책을 집필했다.

화이트는 아폴로 9호의 우주비행사였던 러셀 슈바이카르트, 버즈 올드린 및 닐 암스트롱과 함께 달로 비행을 했던 마이클 콜린스, 마지막으로 달 표면을 걸었던 유진 서넌, 현재 플로리다 주 상원의원인 빌 넬슨 등의 사람들이 우주공간에서 경험한 비슷한 반응을 자세히 묘사했다. 이들은 단순히 눈앞에 보이는 광경에 놀랐던 것이 아니다. 각자가 큰 깨달음을 얻었다고 털어놓았다. 상당수가 열정적인 말투로 비슷한 유형의 도덕적 계시를 받았다고 설명했다. 우주에서 본 지구에는 국경도 없었고, 동족의식은 너무나 사소해 보였으며, 폭력적인 영역 분쟁도 어처구니없게 느껴졌다는 것이었다. 물론 우주공간에서 모든 우주비행사가 똑같은 반응을 보인 것은 아니다. 일부는 우주에서의 경험이 자기충족적 예언(발생하지 않을 수도 있었던 현상이 예언의 영향으로 인해 예언대로 된 현상—옮긴이)이었다고 느꼈다. 우주여행은 강렬하고 인생을 바꿔놓을 만한 경험이어야 하며, 실제로 그랬다고 말이다. 지구 밖에서 보는 광경이 결국은 평범하게 느껴졌다는 우주비행사들도 있었다. 하지만 우주여행이 자신에게 영적으로 영향을 미쳤다고 답한 사람들의 상당수는 우주여행으로 인해 삶이 송두리째 뒤바뀌기도 했다.

2014년 심리학자 피에르카를로 발데솔로Piercarlo Valdesolo와 제시 그레이엄Jesse Graham은 단순히 경이로운 경험을 시뮬레이션하기만 해도 확실성에 대한 욕구가 강해질 수 있음을 보여주었다. 우선 두 사람은 실험 참가자들 중 일부에게 우주, 산맥, 평야, 계곡 등의 근사한 광경이 등장하며 경탄을 자아내는 BBC의 〈플래닛 어스Planet Earth〉를 보여주었다. 그다음에 열두 자리로 된 숫자 몇 개를 보여주고 그중 (사람이) 의도적으로 만든 숫자와 컴퓨터가 생성해낸 숫자를 구별해보도록 요청했다. 사실 그 숫자들은 전부 컴퓨터가 무작위로 생성해낸 것이었다. 하지만 경외감을 불러일으키는 영상을 본 실험 참가자들은 평범한 영상을 본 대조군에 비해 의도적인 패턴을 가지고 있는 숫자가 더 많다고 답했다.

우주에 대한 영상을 보는 것처럼 전혀 무해한 일도 종결욕구를 강화할 수 있다. 자연재해가 일어나면 그 자체에 대한 경외심과 놀라움에, 신체적 안전에 대한 위협이 더해지면서 두려움이 커지고 모호성에 대처하기가 더욱 어려워진다. 재앙이 일어난 직후에는 '확실한 것들'이 절실해지기 마련이다.

1989년 9월 10일, 케이프베르데 군도 남쪽의 아프리카 해상에서 열대성 저기압이 발달해 허리케인 휴고$^{Hugo}$가 되었다. 허리케인은 과들루프와 세인트크루아를 넘어 서쪽으로 이동한 뒤, 세인트토머스를 지나 푸에르토리코의 끝자락을 에둘러 이동했다. 9월 22일에는 미국 사우스캐롤라이나 주 찰스턴에 상륙했다.

찰스턴 북쪽 불스 만에서의 풍속은 시속 217킬로미터에 달했다. 나무들이 뽑혀나가고 파편이 송전선을 끊어놓으면서 전기도 나가버렸다. 건물 지붕은 마치 요구르트 뚜껑처럼 쉽게 벗겨졌다. 높이 6미터가 넘는 파도가 머틀 해변을 덮쳤고, 매클렐런빌은 1.5미터 깊이의 바닷물과 진흙 아래 갇혔다. 다행히 때맞춘 경고 덕분에 사망자 수는 많지 않았다. 하지만 휴고는 주로 미국에서만 90억 달러의 경제적인 손실을 야기했으며, 당시까지 미국 역사상 가장 막대한 피해를 입힌 허리케인으로 기록되었다. 사우스캐롤라이나의 스물네 개 카운티가 재해 지역으로 선포되었다.

휴고는 샌프란시스코 지진과 마찬가지로 많은 가족들의 인생 경로를 완전히 바꿔놓았다. 2002년 펜실베이니아 주립대학교의 캐서린 코핸$^{Catherine Cohan}$과 UCLA의 스티브 콜$^{Steve Cole}$은 휴고가 커플에게 미친 영향을 조사했다. 두 사람은 허리케인 전후의 결혼, 이혼, 출생 관련 데이터를 취합해 분석했다. 그 결과, 사우스캐롤라이나의 평균 결혼 건수는 지속적으로 감소하고 있었으나 1990년에는 그러한 경향이 역전되었음이 드러났다. 게다가 두 사람은 단순히 결혼만 증가한 것이 아니라 이혼율과 출생률도 증가했음을 발견했다. 또한 이러한 변화는 허리케인 피해가 가장 극심했던 지역에서 훨씬 뚜렷하게 나타났다. 결혼 건수는 예상했던 것보다 대략 800건이 많았으며, 이혼 건수는 570건이 더 많았다. 또한 출생 건수도 예측치보다 780건 정도 높았다. 휴고는 말 그대로 세상에 새 생명을 탄생시켰던 것이다.

모든 자연재해가 이렇게 이상한 효과를 야기하는 것은 아니며, 그 이유 중 하나는 각 재앙마다 심리적으로 전혀 다른 영향을 미치기 때문이다. 2006년의 지진 후에는 1906년 샌프란시스코 지진 이후처럼 설명할 수 없는 일들이 일어나지 않았으며, 사상자가 발생하지 않은 토네이도와 40여 가족이 집을 잃은 토네이도의 영향이 전혀 다를 수밖에 없는 것도 같은 이치다. 그러니 최근의 자연재해에서는 앞에서 소개한 것과 비슷한 현상이 일어난 것으로 보인다. 2011년 쓰나미가 일본을 덮친 후 결혼식을 올린 커플의 수가 늘어났다는 보도가 있으며, 〈로이터〉에 따르면 그 이후 몇 달 동안 이혼 건수도 세 배로 증가했다고 한다. 허리케인 카트리나 이후 충동적인 연애를 하는 사람이 많아졌다는 기사도 있었다. "사람들이 마치 전시戰時처럼 정신 나간 행동을 하고 있습니다." 뉴올리언스 주민인 저널 시먼스는 〈데일리 비스트〉와의 인터뷰에서 이렇게 말했다. "알지도 못하는 사람들과 닥치는 대로 섹스를 하고 있어요. 정말 다들 제정신이 아닌 시기라고요." 시먼스 본인도 카트리나 재해가 발생한 지 2주 후에 이혼 서류를 접수했으며 새로운 연인을 찾아 '여기저기 돌아다니고' 있었다.

코핸은 자연재해란 주변을 재평가하게 하는 사건이라고 생각하게 되었다. 코핸은 나에게 이렇게 말했다. "자신의 곁에 있는 사람이 누구든,

그 사람을 다시 평가하게 됩니다." 자연재해가 일어나면 불확실성에 대한 기존의 감정이 더욱 불편하게 느껴지면서, 보다 분명한 판단을 내리게 된다. 종결욕구가 커진 상태에서, 혼란스럽지만 자신들의 관계를 다소 비관적으로 바라보고 있던 커플은 아마도 더욱 비관적인 생각을 갖게 되고 결국 이혼을 단행할 것이다. 반면 다소 불확실한 면은 있지만 관계에 대해 비교적 긍정적인 생각을 가지고 있던 사람들은 불안감을 걷어내고 결혼식을 올린다. 허리케인 휴고는 아마도 불확실한 기존의 연애감정을 증폭시키는 역할을 했을 것이다. 수십 년 전, 샌프란시스코 지진 이후에 처음 만난 커플들도 이와 마찬가지로 확실성에 대한 충동에 휩싸였던 것으로 보인다. 충격적인 사건(자연재해)으로 인해 불확실성을 느끼면 다른 영역에서의 모호한 일들을 더욱 참을 수 없게 된다. 따라서 일반적으로 명확한 것들이 더욱 큰 가치를 갖게 된다.

물론 자연재해와 우주여행은 극단적인 사례다. 하지만 이 사례들은 연구실에서 진행되는 심리 실험과 실제 세상에서 일어나는 사건 사이의 중요한 차이점 하나를 이해하도록 도와준다. 트래비스 프루가 보여주었듯이, 어떤 일에서 모호성을 접하면 우리는 전혀 관련없는 판단이나 믿음을 재차 확인하거나 새로운 패턴을 선택하게 된다. 예를 들어 프루의 카드 실험은 속임수 카드라는 단 하나의 불확실성을 테스트했다. 하지만 일상생활에서 접하는 대부분의 일들은 프루의 연구보다 훨씬 많은 변수가 연관되어 있다. 왜냐하면 연구실에서 진행하는 실험은 원인과 결과를 명확하게 도출해내는 것을 목표로 하기 때문이다. 실제 삶은 지극히 혼란스러우며 여러 가지 모호한 일들이 한꺼번에 일어난다. 불확실성이라는 감정에는 여러 가지 원인이 존재하는 경우가 많다. 지진은 물리적인 위협인 동시에 실존적인 위기이자 경제적 비극이 되기도 한다. 우주는 설명할 수 없는 감정과 약간의 두려움을 동시에 안겨준다.

불확실성이 쌓이면 결국 확실함을 추구하려는 의욕이 더욱 강해지기 마련이다. 이러한 성향은 엄청난 파급효과를 낳는다. 그것은 우리가 누구를 사랑하고 누구와 친해지는지, 그리고 누구를 고용하거나 해고하는지에 영향을 미친다. 또한 우리가 실수를 인정하는지 여부, 그리고 누군가에 대해 고정관념을 갖게 되는지(물론 바람직하지 않지만 인지적으로 보면 비교적 손쉽게 확실성을 얻을 수 있는 방법이다) 여부에 영향을 미치기도 한다. 불확실성은 우리가 아이디어를 평가하거나 설명을 받아들이는 방식을 바꾸어놓으며, 창의력을 저하시키는 동시에 설사 옳지 않다고 해도 특징한 행동에 더욱 확신을 깊도록 만든다. 우리는 잎에서 인지적인 종결은 열린 마음의 창문을 닫아버리는 것과 다소 비슷하다는 점을 살펴보았다. 다양한 압력이 쌓이면 이러한 창문은 단순히 닫혀버리기만 하는 것이 아니다. 쾅 소리를 내면서 굳게 잠겨버린다.

1980년대와 1990년대에 아리 크루글란스키와 동료들은 사소한 부담감이 추가적으로 가해질 경우, 모호성에 대한 사람들의 태도가 어떻게 변하는지 연구하기 시작했다. 과연 아주 미세한 스트레스도 불확실성을 감내하려는 심리에 영향을 미치게 될까? 이와 관련된 실험에서, 학자들은 실험 참가자들에게 배심원의 역할에 대한 시뮬레이션을 한다고 설명했다. 그다음 참가자들에게 판사의 지시사항과 사건의 개요를 전달했다. 항공기가 추락하고 화재가 일어난 후, 목재회사가 항공사에 소송을 제기한 사건이었다. 참가자 중 절반은 원고나 피고 중 한쪽을 지지하는 강력한 주장을 듣지 못했다. 나머지 절반은 한쪽에게 유리하게 작용하는 분명한 증거를 제시한 전문가의 법률 분석보고서를 읽었다. 실험 참가자들은 일단 자신의 생각을 밝힌 다음, 또다른 '배심원'과 함께 공동평결을 내리라는 요청을 받았다. 이 다른 '배심원'은 사실 연구원들의 조력자로, 실험 참가자들과 반대되는 의견을 낼 사람이었다. 여기서 중요한 변수 하나는 일부 참가자들이 논쟁을 벌이는 동안, 금방이라도 부서질 것 같은 프린터가 시끄러운 소리를 내며 작동하고 있었다는 점이다.

전문가의 분석을 읽지 못한 참가자들의 경우, 짜증나는 프린터가 존재할 때 상대적으로 불확실한 마음을 바꾸어 연구원들의 조력자가 내놓은 의견에 동조할 가능성이 높았다. 또한 프린터가 시끄럽게 작동할 경우 논쟁 시간 자체가 크게 단축되었다. 법률 분석보고서를 읽지 않은 참가자가 조용한 방에서 조력자와 논쟁을 벌였을 때, 두 사람이 합의에 이르기까지의 평균 시간은 5분 40초였다. 반면 프린터가 작동하고 있을 경우 합의에 이르는 시간은 3분 40초로 짧아졌다. 실험 참가자들이 모호성을 보다 빨리 해결해버렸던 것이다.

법률 분석보고서를 읽은 참가자들의 경우, 시끄러운 프린터로 인해 원래 가지고 있는 견해를 바꿀 가능성이 낮았다. 갈피를 잡지 못하고 있던 다른 쪽 참가자들과는 달리, 법률보고서를 읽은 사람들은 조력자의 의견에 동의할 가능성이 낮았으며 마음을 바꾸는 데에도 훨씬 시간이 오래 걸렸다. 법률 분석을 읽은 사람들은 읽지 못한 사람들만큼이나 불확실성을 탈피하고 싶어했지만, 상대방의 의견에 양보하기보다는 독단적으로 자신의 의견을 주장함으로써 돌파구를 찾았다.

양쪽 집단이 보여준 이러한 결과는 긴급$^{urgency}$ 성향과 영속$^{permanence}$ 성향을 반영한다. 크루글란스키와 도나 웹스터$^{Donna\ Webster}$의 표현에 따르면, 긴급 성향은 "최대한 빨리 종결지으려는 개인의 성향"을 나타내며 영속 성향은 "최대한 오래 (종결을) 유지하려는 개인의 성향"을 나타낸다. 추가적인 스트레스가 가해지면 사람들은 확실성을 보다 빨리, 보다 확고하게 손에 넣으려 한다.

한마디로 긴급한 상황에서는 융통성이 떨어진다는 의미다.

시끄러운 프린터를 울부짖는 아기나 화가 난 상사로 대체해보면, 이렇게 융통성 없는 성향이 실제 세상에서 어떻게 작용하는지 보다 쉽게 이해할 수 있을 것이다. 예를 들어 긴급성은 취업 면접을 할 때 심각한 골칫거리가 된다. 여러분이 소속 기업의 사장 후보를 평가하는 면접관 중 한 명이라고 생각해보자. 제인이라는 후보가 있다. 면접의 초반부에는 제인의 대답이 매우 좋은 인상을 준다. 능력 있고 세심하며 고객에게 정중하고 직원들을 배려하는 제인은 효과적인 리더처럼 비친다. 그러나 면접의 후반부에는 제인의 호감도가 다소 하락한다. 제인이 이전 회사에서 중요한 고객을 유치하지 못했고, 직원들의 문제에 무심했으며, 가끔씩 부주의한 모습을 보였다는 사실이 밝혀진다. 면접이 끝나고 여러분은 제인을 고용할 확률을 가늠해야 한다. 자, 이제 같은 인터뷰를 실시하되 딱 한 가지 중요한 차이점이 있다고 생각해보자. 두번째 버전에서는 제인이 면접 초반부에 탐탁지 않은 모습을 보이지만 후반부에는 좋은 인상을 준 채 끝난다.

이러한 가상의 사례를 시뮬레이션한 다양한 실험에서, 시간에 쫓긴 참가자들은 초기의 정보를 중요시하고 나중의 단서들은 무시했다. 시간은 크루글란스키와 그의 동료들이 실험 참가자들의 종결욕구를 강화하기 위해 채택한 또하나의 요소다. 한 실험에서는 참가자들에게 어떤 후보의 적격성을 1부터 10까지의 점수로 평가하도록 요청했다. 참가자들에게 자신의 판단을 충분히 고찰해볼 시간이 주어진 경우, 이들은 긍정적인 사실이 초반부에 드러나거나 나중에 드러나거나 상관없이 후보자에게 평균 5점의 점수를 주었다. 하지만 빠른 시간 내에 판단해야 할 경우, 좋은 첫인상을 준 지원자에게는 평균 7점을 주었고 초반부에 좋지 않은 인상을 준 후보자에게는 평균 3점을 주었다. (보통 끝마무리를 잘하는 것이 중요하다고 강조하는 경우가 많다는 점을 고려하면 이는 다소 놀라운 결과다.) 두 경우 모두, 실험 참가자들은 후보자에 대한 인상을 초반에 확립했을 뿐만 아니라 나중에 해당 후보자에 대해 그와 반대되는 정보를 입수하더라도 이를 무시했다. 다른 연구를 통해서도 유사한 압력을 받을 때 사람들은 초기의 인상을 고정관념으로 굳혀버린다는 사실이 드러났다. 예를 들면 일하는 여성이나 인종에 대한 고정관념이 여기에 해당된다. 피로감 또한 종결욕구를 강화하므로, 추가적으로 스트레스가 더해지면 긴급 성향이 나타나게 된다.

압박에 시달릴 때 융통성이 떨어지는 이러한 현상은 신뢰의 심리에 대한 최근의 실험에서도 나타난다. 타인에 대한 신뢰는 우리가 불확실성을 다루는 주요 방식 중 하나다. 사회적 상호작용을 하기 위해서는 항상 미지의 요소들을 계산해야 하기 때문이다. 신뢰를 사회생활이라는 바퀴에 기름칠을 하는 윤활유이자 고통스러운 마키아벨리식 계산에서 해방시켜주는 지름길이라고 생각해보자.

2014년 오슬로에 위치한 BI 노르웨이 경영대학원의 연구원들은 신뢰 및 가변적인 종결욕구에 대한 놀라운 일련의 실험 결과를 발표했다. 한 실험에서, 실험 참가자들은 고전적인 투자 게임을 약간 변형한 게임을 하게 되었다. 이 게임의 원래 버전에는 두 명의 플레이어가 필요하며, 이 두 명을 각각 투자자와 브로커라고 부른다. 투자자에게는 게임을 시작할 때 어느 정도의 돈을 주고 미지의 거래 상대자, 즉 브로커에게 그중 얼마든 자유롭게 이체할 수 있다고 설명한다. 투자자가 이체한 돈은 상대방에게 도달할 즈음 세 배로 불어난다. 그후 브로커는 이 돈의 전부 또는 일부를 다시 투자자에게 이체할 수 있으며, 아예 이체하지 않아도 상관없다. 브로커가 다시 보내는 돈에는 아무런 변화도 일어나지 않으며(20달러를 보내면 20달러를 받는다), 양쪽 플레이어는 사전에 이러한 게임 규칙을 듣는다. 투자자가 더 많은 돈을 이체할수록 그 돈을 잃을 위험이 커지지만, 위험을 무릅쓴 대가로 보다 많은 보상을 받을 확률도 높아진다. 노르웨이에서 실시한 실험에서는 모든 참가자들이 투자자가 되어 게임을 했으며, 일부 참가자들은 브로커가 누군지 알지 못했다(원래 게임과 동일한 조건). 그러나 다른 참가자들에게는 브로커가 "특히 가까이 지내는 좋은 친구"라고 말했다. 연구원들은 빠듯한 시간이라는 스트레스 요소를 도입해 참가자들의 종결욕구를 조절했으며, 참가자들에게 브로커의 신뢰도 역시 평가하도록 요청했다.

　　평균적으로 게임 참가자들은 자신이 받은 돈의 63퍼센트를 걸었다. 시간의 압박을 받지 않은 참가자들의 경우, 브로커가 아는 사람인지 여부는 이체하기로 결정하는 금액에 영향을 미치지 않았다. 브로커가 친한 친구라고 생각했을 때 참가자들은 평균적으로 약간 더 많은 돈을 보냈다(하지만 큰 차이가 나는 금액은 아니었다). 그러나 인위적으로 종결욕구를 높여놓은 참가자들의 경우, 브로커가 친한 친구라고 생각했을 때에는 받은 돈의 80퍼센트를 이체했지만 낯선 사람이라고 생각했을 때에는 받은 돈의 51퍼센트를 이체하는 데 그쳤다. 브로커의 신뢰도 평가에서도 비슷한 효과가 나타났다. 충분히 생각할 시간이 없을 때에는 가까운 친구에게 평소보다 더욱 큰 신뢰를 보였고 낯선 사람은 평소보다 더 신뢰하지 않았다. 허리케인 휴고가 휩쓸고 간 뒤 결혼하는 커플과 이혼하는 커플이 모두 많아진 것처럼, 신뢰도에 대한 판단도 양극단으로 갈라져 과도한 신뢰와 과도한 불신으로 이어졌다.

몇 년 전 학자들은 연애관계에서도 비슷한 경직성이 작용하는 것을 관찰했다. 기본적으로 '불확실성에 대한 과민성'이 높을수록 연인을 신뢰하는지 여부에서 극단적인 양상을 보였다. 일반적으로 불확실성을 싫어하는 남녀는 연인을 어느 정도 신뢰하는 것보다 연인을 전적으로 신뢰하거나 거의 신뢰하지 않는 쪽을 선호했다. (언뜻 생각하기에 이상하게 들릴지 모르겠지만, 신뢰와 불신은 확실성을 제공한다는 의미에서 마음을 편하게 한다.) 예상할 수 있는 바대로, 이런 사람들은 연인에 대한 상충되거나 모호한 정보도 기존에 가지고 있던 견해에 끼워맞추었다. 마음을 잠가버린 상태였던 것이다.

유감스럽게도 불확실한 시기에 필요한 것은 더욱 큰 유연성인데 말이다.

종결욕구가 높은 상태에서 집단이 내리는 결정은 개인과 비슷한 양상을 보인다. 오늘날의 급변하는 경제적·문화적 현실에 대처하기 위해 고군분투하는 과정에서, 어떤 집단은 억지스러운 음모론에 매달리는가 하면 어떤 집단은 내부의 핵심적인 신념에 의지하기도 한다. 9.11과 같은 극단적인 사건과 만성적인 문화적·경제적 불안정 때문에 현시대를 살아가는 사람들의 완전함에 대한 욕구는 계속해서 커질 전망이다. 그리고 우리가 신뢰하는 해석들이 오히려 영구적인 해를 끼치며 문제를 더욱 복잡하게 만들 수도 있다. 댄 애리얼리는 2008년 이렇게 말하기도 했다. "우리는 이러한 성향이 가장 위험하게 작용하는 시기에 이러한 경향을 보이게 될 것이다."

한 연구에 따르면, 시간의 압력을 받고 있을 때에는 기존에 합의된 사항에 이의를 제기하는 구성원들이 보다 빨리 소외되거나 무시당했다. 다른 연구에서도 소음 때문에 스트레스를 받는 환경에 있는 집단의 구성원들은 자신의 신념과 상충되는 모든 정보에 덜 관대한 태도를 보였다. 2003년의 한 실험에서는 종결욕구가 높은 집단의 경우 독단적인 의사결정 방식을 적극적으로 수용하고, 논의를 주도하는 경향이 있는 독재적인 리더를 선호한다는 사실이 드러났다.

부정적으로 작용할 경우가 더 많기는 하지만, 좋든 나쁘든 간에 2008년의 경제위기, ISIS, 에볼라 등과 같이 극심한 심리적 위협을 접한 인간이 본질적으로 추구하게 되는 것은 결단력이다. "나는 애매한 말을 하지 않소"라며 으스댄 것으로 유명한 조지 W. 부시의 지지율이 9.11 이후 30퍼센트 이상이나 치솟은 이유 중 하나도 바로 이것이다. 미국인들은 스스로의 정책에 확신을 가지고 있는 정부에 보다 높은 신뢰를 보이면서 종결을 추구했다. 부시의 지지율은 색깔로 지정되는 국토안보부의 테러 위협 경고 수준에 따라 오르내렸다. 국토안보부가 테러 위험도를 격상시키면 경제 문제에 대한 부시의 정책 수행능력 지지도까지 상승했다. 보다 급박한 위기를 눈앞에 둔 상태에서, 9.11을 겪은 미국인들은 테러와 관련없는 의구심에까지 신경을 쏟을 여유가 사라진 것이다.

2012년 크루글란스키와 에드워드 오리헤크Edward Orehek는 높은 종결 욕구가 "교전, 고문, 해외에서의 비밀감옥 사용, 국가 안보가 개인의 권리보다 더 중요하다는 개념에 대한 지지"와 관련이 있다고 지적했다. 전반적으로 우유부단함이 환영받지 못하는 환경에서는, 논란이 되는 문제가 생겼을 때 불확실한 중간 입장에 서 있는 사람들이 양쪽으로 몰려가기 때문에 양극단의 의견이 더욱 강조되기도 한다. 세상이 보다 예측하기 어려워지면 사람들은 성급한 결론을 내리거나 기존의 견해를 더욱 굳건히 고수할 가능성이 크다. 이것이 바로 모호한 상황을 탈피하기 위해 확실성을 추구하거나 불충분한 정보를 가지고 신뢰에 대한 경솔한 판단을 내릴 경우의 문제점이다. 다급하게 확실성에 집착하는 것은 알 수 없는 대상, 불안정한 상황에 대응하는 인간의 방어체계다. 그러나 격동의 시기에 필요한 것은 다름 아닌 융통성과 이성적인 재평가다.

2009년의 연구에서 밝혀진 바대로, 〈포천Fortune〉 500대 기업 중 50퍼센트 이상이 불황기나 하락 장세에 설립된 이유도 바로 이것이다. 또한 경제학자 프랭크 나이트Frank Knight의 "이익은 내재적이고 절대적인 사물의 예측 불가능성에서 창출된다"라는 유명한 발언도 같은 맥락에서 이해할 수 있다. 비록 불확실한 시대가 고통스럽기는 하지만, 동시에 불확실한 시대는 변화의 시대이기도 하다. 불확실한 시대가 불안정한 이유는 현상태에 위협을 가하기 때문이며, 또한 바로 그런 이유로 혁신과 문화적 부흥의 기회가 되기도 하는 것이다.

1929년 존 듀이는 주관적인 믿음을 벗어나 보다 확고한 지식을 추구하려는 인간의 자연스러운 욕구를 다룬『확실성의 탐구The Quest for Certainty』라는 책을 발표했다. 실험 심리학자들은 우리의 행동에 영향을 미치는 확실성에 대한 탐구가 평온하고 정적이라기보다는, 끊임없이 변화하는 밀물과 썰물처럼 충격적인 사건이나 무질서한 상황에 따라 상승과 하락을 반복한다는 사실을 보여주었다.

그러나 이러한 심리적인 성향을 인지하는 것만으로는 충분하지 않다. 단순히 채용 관련 결정을 할 때, 조직의 변화에 대처할 때, 정치적인 의견을 형성할 때, 또는 그 외의 결정을 내릴 때 충분한 시간을 가져야 힌다는 사실을 아는 것만으로는 문제가 해결되지 않는다. 불확실성의 감정 속에서 침착함을 유지하며 명확한 판단을 추구하면, 보다 이성적인 결정을 내리는 데 도움이 된다. 보다 오랜 기간 동안 불확실성을 감내한다면, 심지어 자신의 생각이 옳다고 거의 확신하는 상황에서도 이성적인 결정을 내릴 확률이 높아진다. 모호성이 있는 결정을 며칠 정도 미뤄둔 후, 나중에 기분이 달라졌을 때 다시 생각해보는 것도 현명한 방법이다. 하지만 이 책에서 이러한 조언을 읽고 심지어 이를 수용한다고 해도 거기에는 한계가 있다.

다양한 실험을 통해, 심리학자들은 사람들이 결정을 내리기 전에 신중한 판단을 하도록 주의를 줌으로써 긴급성의 문제를 방지하는 데 성공했다. 일반적으로 실험 대상자들에게는 평가를 내린 후 여러 사람 앞에서 그렇게 평가한 이유를 설명해야 한다고 말하거나, 판단한 내용을 나중에 후보자들의 실제 성과와 비교할 것이라고 말하거나, 평가한 내용을 전문가들의 평가와 대조해볼 것이라고 말함으로써 이러한 효과를 얻을 수 있었다. 예를 들어 군인들이 신병을 평가하는 실험에서, 참가자들은 자신들의 결정이 신병의 실제 배치에 영향을 미치며 잘못 판단을 내릴 경우 신병의 군 경력에 악영향을 미칠 수도 있다는 이야기를 들었다. 의학적인 의사결정과 관련된 연구에서는 연구원들이 잘못된 선택을 했을 때 어떤 부정적인 결과가 나타나는지 사전에 강조함으로써 긴급성의 영향을 상쇄시켰다. 물론 실험에 참가한 군인들이나 의사들은 아마도 성급한 결정을 내리면 안 된다는 사실을 이미 알고 있었을 것이다. 그러나 사람들이 뒤늦게 얻은 정보에 비추어 실제로 마음을 바꾸기 위해서는 실험 시작시 신중한 결정의 중요성을 다시 한번 상기시켜줄 필요가 있었다.

긴급성의 해로운 영향을 상쇄시키기 위해서는 두 가지 유형의 도구가 필요하다. 특정 시점에서 종결에 대한 상황적 욕구를 보다 잘 인식하게 해줄 도구, 그리고 적당한 순간에 의사결정의 결과가 눈에 잘 띄도록 해줄 도구다. 다음 장에서 자세히 살펴보겠지만, 종결에 대한 우리의 욕구는 불과 열다섯 개 정도의 질문만 사용해도 과학적으로 측정할 수 있다. 이러한 유형의 질문을 과정 중간 중간에 삽입해두면 유용한 추적도구이자 참조 포인트로 사용할 수 있다. 심지어 집단의 규모가 큰 경우에도, 불확실성에 대한 태도의 변화 양상을 파악해두면 집단이 의사결정을 내릴 때 어떤 시기가 위험한지 쉽게 확인할 수 있으므로 불확실성의 함정에 빠지지 않는 데 도움이 된다.

모호함에 대한 개인적인 태도 변화를 항상 염두에 두기 위한 방법은 그보다 더 간단하다. 의사결정을 내릴 때 해당 시점에서 자신의 스트레스 수준을 의식적으로 검토해보는 습관을 들이는 것이다. 조급한 기분이 드는가? 피곤한 상태인가? 개인적으로 문제를 안고 있는가? 다양한 종류의 불안감이 자신의 의사결정에 어떤 영향을 미쳤으며, 그러한 결정이 어떠한 결과로 이어졌는지를 일종의 공식처럼 만들어두는 것도 유용하다. 직원을 채용할 때 책임 소재를 파악할 수 있도록 일련의 방침을 마련해놓을 수도 있다. 직원 채용은 투자와 관련된 결정이며, 잘못된 결정을 내릴 경우 시간, 효율성, 기업의 사기에 엄청난 악영향을 미친다. 하지만 채용한 직원의 향후 성과를 바탕으로 관리자에게 보상하거나 처벌하는 공식적 체계를 마련해둔 기업은 찾아보기 힘들다. 이와 같은 장려책이 도입되면 지나치게 빠른 종결 과정이 늦춰지는 한편, 모호성을 감내하고 심지어 수용하는 기간이 늘어나는 효과를 얻을 수 있다.

다양한 사례로 증명되었듯이, 스트레스가 심하거나 질서가 와해되는 사건이 일어나면 우리가 불확실성에 대응하는 방식도 바뀐다. 신중하게 결정하던 사람이 성급한 결론을 내리거나, 부동층이었던 유권자가 특정 정당을 열렬히 지지하게 되기도 한다. 재앙이 일어난 후에는 심리적으로 긴급성이 발동되기 때문에, 초기에 제시되는 정보가 지나치게 강력한 영향력을 발휘한다는 사실에 특히 유의해야 한다. 독단적인 의견이나 결정도 사뭇 다른 형태로 다가올 수 있음을 스스로에게 상기시킬 방법을 찾아야 한다. 1906년의 샌프란시스코 시민들처럼 혼란스러운 사건을 이해하려고 노력할 때, 우리는 닥치는 대로 해답을 찾기 마련이다. 하지만 해답이 존재할 수도, 그렇지 않을 수도 있다는 사실을 끊임없이 주지시켜주는 수단이 필요하다. 그리고 무엇보다 걸려 있는 이해관계를 지속적으로 떠올려보아야 한다. 무턱대고 전쟁에 뛰어들면 끔찍한 참상이 벌어지겠지만, 서둘러 올리는 결혼식은 개인적인 비극이 될 수도, 그렇지 않을 수도 있다. 사실 긴급성이 긍정적인 방향으로 작용하는 경우도 있다. (앞으로 살펴볼 바와 같이) 비록 긴급성으로 인해 고정관념이 형성될 가능성이 크기는 하지만, 종결욕구가 높아지면 특정한 아이디어, 신념, 행동방침에 전념하는 성향이 강해지기도 한다. 주변에 괜찮은 사람들이 있다면, 이 과정에서 바람직한 행동방침이 마련되거나 우연히 좋은 사람을 만나게 되기도 한다.

1969년 4월 18일, 샌프란시스코 시장인 조지프 알리오토는 1906년 지진의 희생자들을 기리고 생존자들에게 경의를 표하기 위해 '반反지진 파티'를 열었다. 시민들은 지진이 일어난 정확한 순간을 기억하기 위해 새벽 다섯시가 되기 전 시청 앞에 모여들었다. 무려 5천 명의 시민들이 시청 앞에 모습을 드러냈다.

1930년대에 제작된 고전영화 〈샌프란시스코〉가 야외 스크린에 상영되었다. 화면 속에서는 클라크 게이블, 지넷 맥도널드, 스펜서 트레이시가 결연한 표정으로 잔해 속을 걸어다녔다. 모여든 시민들은 묵념의 시간을 가졌다. 브라더 안토니우스Brother Antoninus라는 필명의 시인이 「이 도시는 죽지 않는다The City Does Not Die」라는 시를 낭송했다. 밴드가 음악을 연주하는 가운데, 시민들은 일제히 〈샌프란시스코〉라는 노래를 제창했다. 시민들은 무료로 제공되는 도넛과 커피를 즐기며 미네스트로네 수프(야채와 파스타를 넣은 이탈리아식 수프—옮긴이)를 먹었다. 〈보스턴 글로브〉

가 보도한 대로 이것은 "유쾌한 축제"였다.

알리오토가 이렇게 대담한 반지진 파티를 연 것은 머지않아 샌안드레아스 단층이 다시 갈라지고 샌프란시스코가 바닷속으로 가라앉을 것이라는 어설픈 예언자들의 예측에 대응하기 위해서였다. 그는 발코니에서 이렇게 말했다. "저는 우리가 결코 신들을 시험하거나 분노케 하려고 이곳에 모인 것이 아니라는 점을 분명히 해두고 싶습니다. 우리는 비록 지진이 일어나는 나라에 살고 있지만, 어느 누구도 지나치게 두려움에 떨 필요는 없다는 것을 증명하기 위해 이곳에 모였습니다."

알리오토는 지진과 얽힌 개인적인 사연을 가지고 있었다. 그의 아버지인 주세페 알리오토는 생선 장수로, 지진이 일어난 날 아침 피셔맨스 워프에 있었다. 주세페로부터 멀리 떨어지지 않은 곳에는 역시 수산물 거래업에 종사하고 있으며 1892년 샌프란시스코로 건너온 시칠리아 출신의 라치오Lazio 가족이 있었다. 지진이 한창 일어나고 있을 때, 라치오 가족은 필버트 스트리트에 있는 집을 떠나 보유하고 있는 선박 중 하나에 대피한 상태였다. 달려가는 주세페의 모습을 본 라치오는 그 낯선 청년에게 소리를 질렀다. "뛰어요, 젊은이! 이쪽으로 뛰라고!(살타, 조바노토! 살타!Salta, giovanotto! Salta!)" 주세페는 배 위로 뛰어올랐고, 바로 그 순간 이상한 느낌이 그를 사로잡았다. 라치오의 아름다운 큰딸의 모습이 눈에 들어왔던 것이다. 물론 큰딸은 결혼하기에는 나이가 너무 어렸지만, 주세페는 그녀가 바로 자신이 찾던 사람임을 알 수 있었다.

라치오의 큰딸이 주세페에게 확고한 인상을 남겼던 모양인지, 8년 후 주세페는 실제로 도메니카 라치오와 결혼했다. 그녀는 바로 알리오토 시장의 어머니였다.

## "이익은 내재적이고 절대적인 사물의 예측 불가능성에서 창출된다" 불확실한 시대가 변화의 시대인 이유

불확실성이 쌓이면 확실함을 추구하려는 의욕이 더욱 강해지기 마련이다. 이러한 성향은 엄청난 파급효과를 낳는다. 그것은 우리가 누구를 사랑하고 누구와 친해지는지, 그리고 누구를 고용하거나 해고하는지에 영향을 미친다. 또한 우리가 실수를 인정하는지 여부, 그리고 누군가에 대해 고정관념을 갖게 되는지(물론 바람직하지 않지만 인지적으로 보면 비교적 손쉽게 확실성을 얻을 수 있는 방법이다) 여부에 영향을 미치기도 한다. 불확실성은 우리가 아이디어를 평가하거나 설명을 받아들이는 방식을 바꾸어놓으며, 창의력을 저하시키는 동시에 설사 옳지 않다고 해도 특정한 행동에 더욱 확신을 갖도록 만든다. 다급하게 확실성에 집착하는 것은 알 수 없는 대상, 불안정한 상황에 대응하는 인간의 방어체계다. 그러나 격동의 시기에 필요한 것은 다름 아닌 융통성과 이성적인 재평가다.

2009년의 연구에서 밝혀진 바대로, 〈포천〉 500대 기업 중 50퍼센트 이상이 불황기나 하락 장세에 설립된 이유도 바로 이것이다. 또한 경제학자 프랭크 나이트의 "이익은 내재적이고 절대적인 사물의 예측 불가능성에서 창출된다"라는 유명한 발언도 같은 맥락에서 이해할 수 있다. 비록 불확실한 시대가 고통스럽기는 하지만, 동시에 불확실한 시대는 변화의 시대이기도 하다. 불확실한 시대가 불안정한 이유는 현상태에 위협을 가하기 때문이며, 또한 바로 그런 이유로 혁신과 문화적 부흥의 기회가 되기도 하는 것이다.

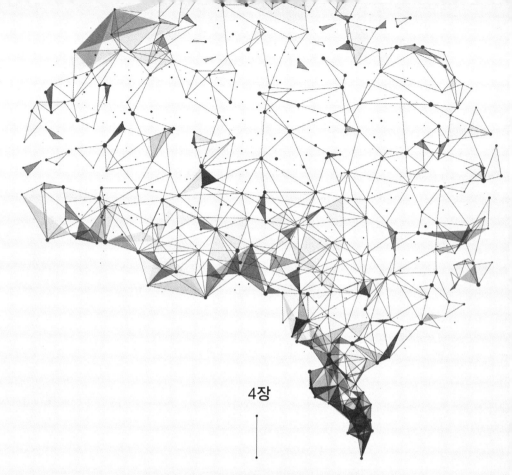

4장

# 당신의 종결욕구는
# 몇 점인가?

—

### '신중한 결정'과 '무모한 결정'을 가르는 그것

1993년 텍사스 웨이코 외곽에서 벌어진 교착 상태는 긴장감 넘치는 긴 포위작전 끝에 4월 19일 막을 내렸다. 종교 종파인 다윗파<sup>Branch Davidians</sup>는 '개미둑'이라는 애칭을 가지고 있는 마운트카멀 센터라는 목장에 은신하고 있었다. 이들의 지도자는 33세의 데이비드 코레시<sup>David Koresh</sup>로, 그의 본명은 버넌 하월<sup>Vernon Howell</sup>이었다. 코레시는 연방법을 위반하고 반자동식 무기를 전면 자동화기로 개조했다는 혐의를 받고 있었다. 그보다 몇 달 전, 한 UPS 운전사는 배송지가 마운트카멀로 되어 있는 소포에서 수류탄 케이스의 윤곽을 발견하기도 했다. 주류·담배·화기 및 폭발물 단속국<sup>ATF</sup>은 무기 배송과 판매에 대한 추가 증거를 확보했고, 결국 이 목장을 급습할 계획을 세웠다. 코레시에게는 아동 학대 및 성적 학대의 혐의도 걸려 있었다.

ATF 요원들은 2월 28일을 습격 날짜로 정했다. 상대가 예상치 못한 상황에서 급습하는 것이 무엇보다 중요했지만, ATF는 제대로 비밀을 유지하지 못했다. ATF는 28일 밤에 무려 150여 개의 호텔방을 예약해두었다. 또한 근처의 병원에 통보해 의료진을 대기시키고, 구급차 서비스에도 연락을 취했다. 당일 아침에는 이미 열 명의 기자들 및 카메라 기자들이 여섯 대의 차에 나눠 타고 마운트카멀 주위를 돌고 있었다. 이때 모여들었던 취재진 중 한 명이 짐 필러였다. 흰색 세비 블레이저를 운전하던 그는 길을 잃고 헤매다 현지 집배원에게 길을 물었다. 그 우편배달부는 다름 아닌 데이비드 코레시의 처남 데이비드 존스였고, 존스는 서둘러 차를 몰고 목장으로 돌아가 다윗파 신도들에게 심상치 않은 일이 벌어지고 있음을 알렸다. 목장 내에 침투해 있던 비밀요원은 ATF 책임자들에게 이제 코레시가 공습에 대해 알게 되었다고 경고했지만, ATF는 개의치 않고 계획대로 급습한다는 결정을 내렸다.

오전 열시가 채 되지 않았을 때, ATF의 작전팀은 구내를 수색하고 코레시를 체포하기 위해 영장을 들고 마운트카멀로 돌진했다. 방위군 헬리콥터 세 대가 동원되었다. ATF 요원들은 방탄조끼와 헬멧으로 무장하고 있었다. 정문 돌파 임무에 배치된 팀은 벽을 부수는 도구와 함께 개들을 쫓을 소화기를 들고 있었다. ATF에서는 이 진압작전이 좋은 홍보 기회가 될 것이라고 생각했다. 하지만 급습은 머지않아 예상치 못한 방향으로 흘러가기 시작했다. 총격전이 벌어졌다. 벽이 무너져내리고 창문이 깨지는 와중에, ATF 대원들은 섬광 수류탄을 던졌다. 사십 분이 지나도록 소강상태가 거의 없는 총격전이 계속되었다.

다윗파 신도 다섯 명과 ATF 요원 네 명이 목숨을 잃었다. 부상당한 대원은 열여섯 명에 달했다. 딕 리비스Dick Reavis는 『웨이코의 잿더미The Ashes of Waco』라는 책에서 "처참하게 패배한 연방 공습대원들이 사망한 동료들을 민간인 차량의 후드에 싣는 광경"이 어떻게 비디오테이프에 담겨 있는지 묘사했다. "부상당하고 피를 흘리는 대원들은 절뚝거리며 숨을 몰아쉬었고, 후퇴하는 전우들의 어깨에 팔을 두르고 있었다." 리비스는 이 책에서 정부측 표현을 빌리자면 "아동 성추행자이자 총기를 휘두르는 텍사스의 사이비 종교 미치광이들"인 이 다윗파 신자들이 미국 치안 당국과 군사 대결을 벌였고, 급기야는 승리를 거두었다고 적었다.

결국 FBI가 개입했다. 50일 동안 정부측 협상가들은 인명 피해를 최소한으로 줄이면서 포위 상태를 해결하려고 노력했다. 51일째 되는 날, 새벽 여섯시쯤 유압식 굴삭장비가 장착된 전투 공병 차량이 마운트카멜 구내에 구멍을 뚫고 최루가스를 채워넣기 시작했다. 브래들리 장갑차는 축구공만한 최루가스통이나 최루가스를 채운 페럿 수류탄을 쏘아올렸다. 안에 있는 다윗파 신자들은 가스 마스크를 착용하고 있었지만, FBI는 마스크가 제대로 작동하는 시간은 몇 시간에 불과하다는 사실을 알고 있었다. 확성기에서는 커다란 소리로 메시지가 흘러나왔다.

이것은 공격이 아니다. 발포하지 마라. 만약 그쪽에서 발포한다면 이쪽도 발포할 것이다. 우리는 생명에 지장이 없는 최루가스를 사용하고 있다. 즉시 밖으로 나와서 지시를 따르라. 아무도 다치지 않을 것이다. 관계 당국에 항복하라.

아침 열시가 되자 FBI가 마운트카멜에 가스를 살포한 지도 벌써 네

시간이 지난 상태였다. 하지만 다윗파 신자들은 여전히 항복할 기미를 보이지 않았다. 어쩌면 강한 바람 때문에 최루가스의 효과가 약해졌을지도 모른다. 그러다가 정오쯤 된 시간에 FBI는 목장의 남서쪽 모퉁이에서 연기가 피어오르는 광경을 포착했다. 한 남자가 지붕 위를 기어다니고 있었다. 목장에 불이 난 것이다. 현장 주변을 돌던 헬리콥터는 세 군데에서 불길이 솟아오르는 것을 발견했다. 망원경으로 건물 안을 들여다본 저격수들은 다윗파 신자들이 가연성 액체처럼 보이는 것을 뿌리고 있다고 보고했다. 화재가 일어나면 목장 안에 쌓여 있는 탄약들이 폭발할 것이 분명했다. 열두시 반이 되자 화재는 마운트카멀을 완전히 삼켜버렸다.

웨이코 사태는 국가적인 망신이었다. 70명 이상의 다윗파 신도들이 사망했고, 그중에는 아이들도 25명이나 포함되어 있었다. 음모론자들은 미국 정부가 이 끔찍한 비극의 배후에 있으며 정부요원들이 의도적으로 화재를 일으켰다고 주장했지만, 오디오테이프를 통해 불을 지른 것은 다윗파 신도들이었음이 밝혀졌다. 미국 정부가 어떤 실수를 했든, 결국 이러한 비극을 일으킨 원흉은 코레시였다. 코레시는 자신의 카리스마를 이용해 어른들과 아이들의 마음을 사로잡았고, 결국 많은 사람을 죽음으로 몰고 갔다. 이 일을 통해 미국인들은 사이비 종교의 악영향을 깨닫게 되었다. 하지만 웨이코에서 얻은 교훈은 이것뿐만이 아니다.

앞에서 살펴보았듯이, 확실성에 대한 우리의 욕망은 정체된 것이 아니다. 누구나 스트레스가 심한 상황에서는 욕구가 커지고, 보다 통제되고 편안한 상황에서는 욕구가 줄어든다. 그러나 그와 동시에, 개인마다 기본적으로 모호성과 무질서에 불편함을 느끼는 정도가 다르기 마련이다. 이러한 성향은 신중한 결정과 무모한 결정의 차이로 이어지기도 한다.

　도나 웹스터와 아리 크루글란스키가 1994년 발표한 종결욕구 척도는 확실성에 대한 기본적인 욕구의 개인차를 측정하기 위해 설계되었다. 물론 선천적으로 체계를 갈구하는 욕구가 강하다고 해서 항상 나쁜 것은 아니며, 종결욕구가 낮은 것도 항상 바람직하다고 할 수는 없다. 그뿐만 아니라 이 척도에서 높은 점수가 나왔다고 해서 반드시 정치적인 견해가 한쪽으로 치우친다는 의미도 아니다. 보수주의자와 진보주의자 모두 똑같이 독단적이고 방어적인 성향을 띨 수 있다. 이 척도는 여러분이 무엇을 믿는가보다는 그 믿음에 도전이 제기되었을 때 얼마나 불안감을 느끼는지를 나타낸다. 한 가지 유의할 점은, 보수적인 믿음은 본질적으로 진보주의적 믿음보다 체계가 잡혀 있고 흑백논리에 가까우며 권위적인 특징을 가지고 있다는 점이다. 예를 들어 여러분의 종결욕구가 기본적으로 높은 편이고 자신의 성향을 선택할 수 있는 입장이라고 생각해보자. 만약 여러분이 진보주의자와 보수주의자의 비율이 비슷한 곳에 살고 있다면, 아마도 보수적인 이데올로기 쪽으로 기울 가능성이 크다.

　원래 이 종결욕구 척도는 42개의 질문으로 구성되어 있었으나 2007년 41개로 수정되었다. 그러나 현재 이 척도가 매우 폭넓게 사용되고 있으며 학자들이 임의로 질문들을 몇 개씩 뽑아서 쓰기도 한다는 점을 고려해, 아르네 루츠Arne Roets와 알랭 판 힐Alain Van Hiel은 2010년 이 척도의 단축 버전을 발표했다. 열다섯 개의 질문으로 구성된 이 단축 버전은 처음에 웹스터와 크루글란스키가 제안한 다섯 개의 세부 영역에서 각각 세 개씩 질문을 선별해 모아놓은 것이다. 다섯 개의 세부 영역이란 질서와 체계에 대한 욕구, 모호성에 대한 불편함, 결단성, 예측 가능성에 대한 욕구, 마음의 폐쇄성을 지칭한다. 루츠와 판 힐이 1500명의 표본을 대상으로 실험해본 결과, 전체 척도와 단축 척도의 측정 결과는 큰 차이를 보이지 않았다. 독자 여러분도 테스트해보자. 아래의 각 문장에 1부터 6까지의 점수를 매기면 된다. 1은 전혀 동의하지 않음, 6은 전적으로 동의함을 나타낸다.

1. 나는 불확실한 상황을 좋아하지 않는다.
2. 니는 여러 가지 다른 방식으로 대답할 수 있는 질문을 싫어한다.
3. 내 기질에는 규칙적인 일과로 이루어진 질서정연한 삶이 잘 맞는다.
4. 내 인생에서 특정한 사건이 일어난 이유를 이해하지 못할 때 불편함을 느낀다.
5. 나는 집단의 다른 모든 사람들이 믿는 내용에 한 사람이 이의를 제기하면 짜증이 난다.
6. 나는 무엇을 기대할 수 있는지 알지 못한 채 어떤 상황에 처하는 것을 좋아하지 않는다.
7. 결정을 내리면 안도감을 느낀다.
8. 문제가 생기면 아주 빨리 해결책을 찾고 싶어하는 편이다.
9. 문제에 대한 해결책을 즉시 찾지 못할 경우, 금세 안달하고 짜증낸다.
10. 예상치 못한 행동을 하는 사람들과 같이 있는 것을 좋아하지 않는다.
11. 어떤 사람의 발언이 여러 가지 다른 의미를 가지고 있는 경우를 좋아

하지 않는다.

12. 반복되는 일상이 생기면 삶을 더 즐기게 된다.

13. 나는 명확하고 체계적인 삶을 즐긴다.

14. 나는 보통 스스로의 견해를 형성하기 전에 여러 가지 다른 의견을 구하지 않는다.

15. 나는 예상할 수 없는 상황을 싫어한다.

이제 점수를 다 매겼다면 전부 더하기만 하면 된다. 57점 이상이 나왔다면 (즉각적인) 종결욕구가 평균 이상인 것이다. 이 척도는 종결욕구의 개인적인 차이나 상황에 따른 차이를 측정하는 데 모두 사용될 수 있다. 점수는 기분에 따라 다소 올라가거나 내려갈 수 있지만, 개인에 따라 평균 점수의 범위도 달라지기 마련이다. 종결욕구가 크다는 것은 한마디로 비정상적인 것을 덮어버리고 모순을 해결하며 '단순화의 기적'을 성취하려는 선천적인 적극성이 다소 높게 설정되어 있다는 의미다.

노스웨스턴 대학교의 바비 천Bobby Cheon이 주도한 발달 연구에서는 종결욕구가 유전적인 요소와도 관련이 있다는 최초의 증거가 드러났다. 위협에 대한 감정적인 대응과 연관된 유전자(5-HTTLPR)의 짧은 대립형질(유전자 변형)을 하나 이상 가지고 있는 실험 대상자들은 모호성과 예상치 못한 상황에 큰 불편함을 느낀다고 대답했다. 5-HTTLPR의 짧은 대립형질을 최소한 하나 이상 가지고 있는 사람들은 뇌의 세로토닌 수치의 조절 효율성이 떨어지기 때문에 기분을 조절하는 것이 어려워 보인다. 2013년 천과 동료들은 5-HTTLPR이 높은 종결욕구와 지속적으로 연관되어 온 또하나의 성향, 즉 편견과도 연관되어 있다는 증거를 발표했으며, 2015년에는 5-HTTLPR의 짧은 대립형질을 최소한 하나 이상 가지고 있는 실험 대상자들이 보다 높은 종결욕구를 보였음을 확인했다.

2015년 폴란드의 심리학자들도 종결욕구가 신경인지적인 과정에 어떤 영향을 미치는지 직접적으로 조사해 추가적인 연구 결과를 제시했다. 종결욕구가 높은 사람이 복잡한 일을 접하면 인지적 처리의 초기 단계에 두뇌활동이 매우 활발해진다. 그렇다면 이것이 어떻게 오류로 이어지는가? 학자들은 종결욕구가 높을 경우 초기에 높은 집중력을 발휘하지만, 역설적이게도 그것 때문에 첫번째 충동에 저항하지 못하고 자신의 실수를 좀처럼 파악하지 못하게 될 가능성이 높다고 주장했다. 걸려 있는 이해관계가 크지 않은 상황에서는 이것도 별다른 문제가 되지 않을지 모른다. 히지만 스트레스가 극심한 상황에서는 중요한 정보를 놓칠 경우 참담한 결과로 이어질 수 있다.

종결욕구의 다양한 효과를 가장 잘 보여주는 사례 중 하나는 하이파 대학교의 우리 바-요세프Uri Bar-Joseph가 크루글란스키와 공동으로 발표했던 세심한 사례 연구다. 이스라엘의 제4차 중동전쟁을 다룬 두 사람의 상세한 논평은 웨이코 포위전이 도대체 왜 그토록 끔찍한 결과를 낳았는지에 대한 실마리도 제공해준다.

제4차 중동전쟁은 1973년 10월 6일 이집트와 시리아가 이스라엘을 기습하면서 시작되었다. 분쟁은 20일 동안 지속되다가 결국 이스라엘의 승리로 끝났다. 소련은 냉전시대의 동맹국인 이집트와 시리아를 지원했으며, 미국은 서둘러 이스라엘에 보급품을 보냈다. 분쟁의 양상이 점차 치열해지자 두 초강대국이 정면으로 충돌할 위기감마저 고조되고 있었다. 이 전쟁이 20일이나 지속된 이유 중 하나는 이스라엘이 갑작스러운 공격을 당했기 때문이다. 이집트 군대는 놀라울 정도의 효율성으로 수에즈 운하를 건너 시나이 반도로 침투했다. 한편 시리아는 골란 고원에 성공적인 공격을 감행했다. 선제공격을 받은 이스라엘군이 재정비를 하기까지는 며칠이라는 시간이 걸렸다.

이스라엘은 초기 공격에 그토록 무방비 상태여서는 안 되었다. 이스라엘의 정보기관은 이집트군이 단순한 군사훈련이 아니라 전쟁을 준비하고 있다는 충분한 증거를 수집한 상태였다. 10월 2일, 이스라엘의 군사정보위원회AMAN는 시리아측 전쟁 계획의 업데이트된 버전을 전달했다. AMAN은 1972년 초부터 수에즈 운하를 건너려는 이집트의 의도를 알고 있었다. 1973년이 되자 임박한 군사 공격에 대한 경고가 수백 건에 달했다. 제4차 중동전쟁을 조사한 아그라나트 위원회Agranat Commission는 군사 정보국이 기습 공격이 일어나기 전 '수많은 경고지표를 확보'하고 있었다는 결론을 내렸다. 이스라엘 비밀 정보기관 모사드Mossad의 즈비 자미르 국장은 1973년 4월 이집트가 군사력을 증강하고 있으며 그 어느 때보다 이스라엘에 공격을 감행할 충분한 역량을 갖추었다고 추정했다.

그렇다면 이스라엘은 왜 방심한 상태에서 공격을 당했을까? 바-요세프와 크루글란스키는 이 책임의 상당 부분을 두 명의 핵심 군부인사인 엘리 제이라 소장과 요나 밴드만 중령에게 돌린다. 제이라는 AMAN의 국장이었다. 밴드만은 이집트와 북아프리카에서 나오는 정보를 분석하는 AMAN 6국의 책임자였다. 둘 다 매우 똑똑한 사람들이었다. 하지만 두 사람에게는 지나친 자신감과 절대주의를 선호한다는 치명적인 공통점이 있었다. 바-요세프와 크루글란스키는 이렇게 적었다.

두 사람 모두 지극히 권위적이고 단호한 조직 관리 스타일을 보였다. 두 사람은 길게 이어지는 자유로운 토론을 좀처럼 참아내지 못했으며, 이를 '허튼소리'로 치부했다. 제이라는 제대로 준비하지 않고 회의에 참석한 것처럼 보이는 요원이 있을 경우 공개적으로 망신을 주었다. 또한 1973년 봄에 전쟁이 일어날 것 같다고 추정한 사람들은 승진 따위 기대도 하지 말라는 말을 최소한 한 번 이상 입 밖에 냈다. 밴드만은 AMAN 내에서 제이라만큼 영향력이 크지는 않았지만 (…) 자신이 작성한 문서에서 단한 단어, 심지어 쉼표 하나라도 바꾸려고 하면 철저하게 거부하는 것으로 유명했다.

제이라와 밴드만은 자신들의 성격 때문에 이집트나 시리아에 이스라엘을 공격할 역량이나 야심이 없다는 생각에 집착하게 된 것으로 보인다. 두 사람은 최소한 1972년부터 이러한 생각을 가지고 있었고, 그 이후 그와 반대되는 증거가 쌓여가는데도 불구하고 이 문제를 재고하려 하지 않았다. 선제공격이 있기 한 달 전인 1973년 9월, 두 사람은 이집트가 향후 5년간 시나이 사막의 일부를 점령하려는 시도를 하지 않을 거라고 자신 있게 주장했다. 제이라와 밴드만은 이를 너무나 확신한 나머지, AMAN 내에서 이집트와 시리아의 군사 의도와 관련해 이와 반대되는 분석 내용이 있을 경우 해당 부분을 의도적으로 제외하고 정책 입안자들에게 보고했다.

전쟁이 시작되기 24시간 전까지 밴드만은 이스라엘이 안전하다고 확신했다. 그는 이집트군이 탱크를 비롯한 중화기를 대규모로 이동시키는 것도 '통상적인 활동'이라고 표현했다. 한편 제이라는 골다 메이어 총리를 만나 왜 소련 사람들이 시급하게 시리아와 이집트에서 대피하고 있는지 설명했다. 제이라는 세 가지 혼란스러운 가설을 제시했다. 소련 사람들은 이스라엘이 이집트와 시리아를 공격할지도 모른다고 의심했을 가능성이 있다. 아니면 이집트와 시리아가 이스라엘을 공격하려는 의도를 갖고 있을 것이라 생각했을 수도 있다. 마지막으로 소련과 이집트, 소련과 시리아의 관계에 문제가 생겼을지도 모른다. 하지만 그다음에 제이라는 단순히 자신이 오래전부터 가지고 있던 견해로 돌아갔다. 비록 소련 사람들이 이집트와 시리아가 공격 계획을 세우고 있다고 생각했더라도, 그것은 "그들이 아랍인들을 잘 모르기" 때문이라고 메이어 총리에게 설명했다. 그의 확신이 잘못된 분석으로 이어졌던 것이다. 당시 소련 사람들은 이스라엘 공격에 대한 사전 정보를 입수한 상태였다.

제이라의 확실성에 대한 강한 욕구는 이보다 몇 달 전에 그가 몇몇 이스라엘 국회의원들에게 한 발언에서 더욱 명확하게 드러난다. 제이라는 놀랍게도 군 정보국의 국장DMI인 자신의 역할을 이렇게 설명했다.

(이스라엘 방위군의) 참모총장은 의사결정을 내려야 하며 그 결정은 명확해야 한다. 객관적으로 가능하기만 하다면, DMI가 참모총장에게 제공할 수 있는 최고의 지원은 최대한 명확하고 정밀한 추정 정보를 제공하는 것이다. 물론 추정이 명확하고 정밀할수록, 만에 하나 그 추정이 틀렸을

경우 명백하고 확실한 실수가 된다. 하지만 그것이 DMI가 짊어져야 할 리스크다.

제이라는 정보 분석가의 역할은 상부에 브리핑을 하기 전에 모든 의구심을 걸러내는 것이라고 생각하고 있었음이 분명하다. 물론 그렇게 되면 분석가의 의견이 전적으로 옳거나 전적으로 틀릴 수밖에 없다는 점은 본인도 인정했지만, 어느 경우에나 최소한 '정밀성'은 보장되기 마련이다. 대조적으로 제이라의 전임자는 여러 의견을 다양하게 고려하는 것으로 유명했다. 그는 상부에 보고할 때 자신의 의견과 그에 상반되는 견해를 나란히 제시했다. 제4차 중동전쟁의 경우, 제이라와 밴드만의 경직된 분석 태도는 엄청난 피해를 낳았다. 이스라엘은 2천 명 이상의 군사를 잃었으며 사상자들의 상당수가 전쟁 초기에 발생했다.

높은 종결욕구가 부정적인 영향을 미치는 상황은 비단 전쟁뿐만이 아니다. 비즈니스 협상에서도 협상 테이블에 앉은 당사자들은 누락되거나 상충되는 정보를 다루어야 하는 경우가 많다. 협상가들이 특정한 사실에 지나치게 큰 의미를 부여하거나 무리하게 해답을 찾으려고 할 경우 일반적으로 실수가 발생한다. 다양한 연구를 통해, 협상으로 좋은 거래를 얻어내기 위해서는 감정적으로 행동하거나 지나치게 많은 추정을 하지 않고, 사소한 정보 하나에 과도하게 집착하지 않으며, 혼란스럽고 모순되는 메시지를 다룰 수 있는 사람이 필요하다는 사실이 밝혀졌다. 동시에 압력이나 위협을 느낄 경우 불확실성이 더욱 불쾌하게 다가온다. 좋은 협상 결과를 이끌어내기 위해서는 모호성에 잘 대처해야 하는데, 위기 상황에서는 종결욕구가 높아지기 마련이다. 그렇다면 한창 위기가 벌어지고 있는 상황에서 협상할 때에는 어떤 어려움이 발생하는지 상상해보자.

게리 네스너Gary Noesner는 2012년 나와 처음 만났을 때 이렇게 말했다. "대부분의 사람들은 총소리를 들으면 누군가가 죽어가고 있다고 가정하지요." 나는 전직 FBI 인질 협상가인 게리 네스너에게 그가 관여했던 첫 번째 주요 대치 상황, 즉 1982년 10월의 사건에 대해 물었다.

사건은 정확히 10월 7일 밤 열시 사십분, 앰트랙Amtrak(미국의 철도 여객 수송 공사—옮긴이) 승객명단에 'W. 로드리게스'라고 기재된 한 남성이 플로리다 잭슨빌에서 뉴욕행 실버스타에 탑승하면서 시작되었다. 이 남성은 자신과 여동생 마리아, 그녀의 자녀들, 네 살이 거의 다 된 딸 줄리와 9개월 된 아들 후안을 위해 침대차 1등석을 예약했다. 로드리게스의 본명은 마리오 빌라보나Mario Villabona였다. 그는 29세의 콜롬비아 출신 마약 밀매업자였다.

10월 8일 금요일, 옆 침상에 탄 승객들은 마리오와 마리아가 스페인어로 시끄럽게 다투는 소리를 듣고 잠에서 깼다. 그다음에는 총소리가 들려왔다. 차장은 이 사건을 경찰에 신고했고, 경찰들은 노스캐롤라이나 주 롤리 역에서 기차가 도착하기를 기다리고 있었다. 경찰은 다른 승객들을 모두 대피시킨 후 마리오와 마리아, 아이들이 탄 차량을 분리해 옆쪽 선로로 이동시켰다. 마리오와 대화하기 위해 확성기를 사용했지만 아무런 응답도 없었다. 한 경찰이 기차간에 몰래 마이크와 스피커를 부착해 마리오와 대화를 시도했다. 정오가 약간 지난 시각에 경찰들은 네 발의 총소리를 들었다. 저녁 여덟시에 또 한 발이 울렸고, 다음날 오전 열한시 삼십칠분에 총소리 두 발이 더 들려왔다.

네스너는 콴티코에 있는 협상 교육관으로부터 전화를 받았다. 현지 경찰이 스페인어를 구사하는 협상가를 요청했다는 것이다. 네스너의 머릿속에 처음 떠오른 사람은 최근 FBI의 인질 협상 교육 과정을 마친 레이 아라스Ray Arras였다. 그렇게 하여 네스너와 아라스는 버지니아에서 함께 비행기를 타고 롤리로 날아갔으며, 마리오가 객실 문 사이로 총을 두 발 발포한 토요일 오후 여섯시경 기차역에 도착했다. 현지 경찰 책임자는 도청장치에서 나오는 소리를 바탕으로 마리아가 사망했을 것이라고 추정했다. 이들은 마리오가 미국에서 세 차례나 감옥에 투옥되었으며 콜롬비아로 돌아간다는 조건하에 가석방되었다는 사실을 알게 되었다. 기록에는 그가 매우 잔인한 성품을 가졌다고 쓰여 있었다.

경찰들은 아무 조치도 취하지 말아야 할 것인가? 아니면 차량을 습격해야 할 것인가? 그냥 기다리는 편이 나을까? 마리오가 인질들에게 총을 쏘았을까? 이들에게는 충분한 정보가 없었다. "내 이름은 레이다." 아라스가 확성기를 통해 스페인어로 이야기했다. "당신을 돕기 위해 여기 왔다. 아이들은 어떻게 지내고 있나?" 묵묵부답이었다. 다음날 아침 태양이 뜰 때쯤, 주변으로 퍼지는 악취를 통해 마리오의 여동생이 기차 안에서 실제로 사망했음을 알 수 있었다.

이 위기 상황을 해결하려는 사람들은 너무나 모호한 정보만 가지고 있었다. 명확한 동기조차 알 수 없었다. 마리오는 아마도 화가 머리끝까지 나서 여동생을 쏘았을 것이다. 그가 다음에 취할 행동도 예측이 불가능했다. 속사포 소리를 통해 당국은 그가 기관총을 소지하고 있음을 알고 있었다. 기차 안에 어린아이와 갓난아이가 있는 상황에서 공격을 감행한다는 것은 지나치게 위험했다. 앰트랙 기차는 두꺼운 강철로 제작되었으며 창문은 사실상 방탄유리나 다름없었다. 최선의 방법은 인내심을 가지고 마리오를 밖으로 유인해내는 것이었지만, 아이들이 탈수로 사망할 위험도 점차 커지고 있었다. 아라스는 안전하게 대치 상태를 끝내야 하며 아이들에게 음식과 물을 주는 것이 중요하다고 강조했다.

서서히 마리오는 레이 아라스에게 마음을 열기 시작했다. 그는 아라스에게 갓난아이는 간밤에 세상을 떠났다고 말했다. "오늘 아침에 일어났더니 새파랗게 질려서 딱딱해져 있었소." 뒤에서 여자아이가 배가 아프다며 칭얼대는 소리가 들려왔다.

아라스는 이렇게 물었다. "창문 쪽에서 만나서 줄리를 나에게 넘겨주겠소? 나는 무장을 하지 않고 가겠소." 네스너가 아라스를 말려야겠다고 생각하기도 전에 아라스는 기차로 다가가서 선의를 보여주기 위해 마리오의 손을 잡았고, 마리오는 줄리를 넘겨주었다. 아라스가 줄리의 목숨을 구했다고 해도 과언이 아니었다. 당시 아라스는 이미 서른 시간 넘게 협상을 벌이고 있는 상태였다. 다음날, 마리오는 한때 자신의 변호사였던 사람의 도움을 받아 조용히 항복했다.

네스너는 이렇게 말했다. "각 경찰 부서에 따라 다양한 견해를 가지고 있습니다. 하지만 내가 활발하게 협상 업무를 할 때 지켜본 바로는, 전략을 결정하는 사람들 중에서 총성만 듣고 자동으로 결론을 내리는 사람들이 있더군요. 총이 발사되었으니까 우리가 개입해 살상을 멈추어야 한다는 것이지요. 하지만 잠시 멈추고 생각을 해보아야 합니다. 잠깐,

어쩌면 저건 우연히 잘못 발사되거나 좌절감 때문에 천장을 향해 발사한 총소리일지도 몰라. 경고를 위한 총성이었는지도 모르지. 어떤 총소리였는지는 알 수 없어. 지금보다 더 위험한 상황으로 치달을 수 있는 조치를 취하기에는 정보가 충분하지 않다고." 2010년 발표한 『이기는 사람은 악마도 설득한다 Stalling for Time』라는 회고록에 네스너는 마리오 빌라보나의 사건과 아라스의 영웅적인 행동을 기록했다. 그는 이것을 자신이 목격한 FBI 요원의 가장 용감한 행동 중 하나였다고 묘사했다.

네스너는 2002년 30년간 근무한 FBI를 퇴직했다. 30년 중 23년간은 인질 협상가로 활약했으며, 퇴직하기 전 10년 동안은 FBI의 협상 책임자 직을 맡았다. 그는 커리어 전체에 걸쳐 미국 시민이 개입된 국제 납치사선을 100건 이상 담당했다. 테러리스트를 신문하고, 비행기 납치범과 협상을 벌였으며, 인질 대치극으로 발전한 감옥 폭동을 종결시키는가 하면, 우익 분리주의자들을 설득해 위기 상황을 극복했고, 심지어 국제적 외교위기의 해결을 돕기도 했다. 그 과정에서 FBI 협상가들의 교육체계를 개선했으며 FBI를 설득해 심리치료사들이 사용하는 적극적 경청 기술을 도입하도록 했다. 그는 비열한 범죄자나 자포자기 상태의 사람들과 어떻게 대화를 나누어야 생명을 구할 수 있는지 알고 있다.

그렇다고 해서 네스너가 우유부단하거나 마음이 약한 사람은 아니다. 회고록에서 가장 처음 되돌아본 사건에서, 그는 저격수가 정확히 조준할 수 있도록 인질범을 탁 트인 공간으로 유인하는 데 성공하기도 했다. 상황에 전혀 희망이 보이지 않을 때, 네스너는 조금의 거리낌도 없이 신속하고 단호한 조치를 취한다. 하지만 비교적 모호한 상황에서는 충분히 시간을 두고 판단하며 신중하게 위험을 가늠해보는 것이 중요하다고 믿는다. 성공적인 협상을 위해서는 마라톤에 필적할 만한 인내심이 필요한 경우가 많으며, 그와 아라스는 마리오의 사건에서 그러한 인내심을 보여주었다.

네스너는 뛰어난 협상가들이 최소한 한 가지 공통점을 가지고 있다고 말했다. "그들은 모두 삶의 불확실하고 모호한 회색지대에서 상당히 효과적으로 활약할 수 있는 사람들입니다."

인질극 상황에 휘말린 사람들이 전부 그러한 자제력을 발휘할 수 있는 것은 아니다. 1993년 7월 캘리포니아의 안티오크에서 벌어진 조엘 수자Joel Souza 사건을 생각해보자. 그는 자신의 두 아이에게 총을 겨누고 있었는데, 별거중인 아내와 한때 함께 살던 집의 위층 침실로 도망쳐 있었다. 숙련된 인질 협상가 마이클 슈나이더Michael Schneider는 몇 시간에 걸쳐 수자와 대화를 나누었다. 슈나이더는 심지어 수자를 설득하여 소총 네 개를 창밖으로 던지게 하는 데 성공하기도 했다. 그는 밖에 있는 경찰특공대SWAT 팀이 수자가 무장하지 않았다는 사실을 알 수 있도록, 항복할 때 셔츠를 벗으라고 충고했다. 대치 상황이 시작된 지 약 다섯 시간이 흘렀을 무렵 경찰 책임자가 현장에 도착했다. 책임자는 슈나이더에게 시간제한을 두자고 제안했다. 슈나이더는 책임자를 설득해 시간을 확보했지만, 그로부터 네 시간이 더 지나자 마침내 책임자는 더이상 기다릴 수 없다고 했다.

"이 빌어먹을 일에 진절머리가 났소. 십 분만 시간을 더 주고, 그사이에 나오지 않으면 우리가 들어갈 거요." 구 분 후, 수자는 두 아이를 죽이고 자신도 목숨을 끊었다. 그는 셔츠를 벗은 채 발견되었다. 네스너는 『이기는 사람은 악마도 설득한다』에서 이 사건을 자세히 소개하고 있다.

이상한 말처럼 들리겠지만, 경찰 책임자와 조엘 수자는 그 책임자가 생각하는 것보다 더 많은 공통점을 가지고 있을지도 모른다. 보수적인 경찰 관료의 심리구조 안에는 전형적인 지배적 행동 성향이 상당 부분 자리잡고 있는 경우가 많다. 비록 이들은 그 점을 깨달을 만큼 충분한 자의식을 갖추지 못했을 수도 있지만 말이다.

네스너의 말에 따르면, 위기 협상가는 한 번에 두 가지 협상을 동시에 진행해야 하는 입장에 처하기도 한다. 물론 첫번째는 인질을 잡고 있는 범인과 대화를 나누는 것이다. 하지만 가끔씩은 보다 인내심을 발휘하고 협상을 신뢰하도록 동료 경찰 관계자들까지 설득해야 하는 경우가 있다.

경찰학교에서 내가 여러 해 동안 가르쳤던 협상 교육 과정에서 가장 처음 등장하는 슬라이드가 자제력에 대한 것이다. 자신의 감정을 통제할 수 없다면 어떻게 타인의 감정을 통제할 수 있겠는가? 자제력은 협상가 본인에게만 중요한 것이 아니라 지휘관과 SWAT 팀의 리더, 그리고 다른 모든 사람에게도 영향을 미친다. 감정적인 반응에 행동이 좌우된다면 최선의 결정을 내리지 못할 가능성이 높다. 그렇다고 해서 협상가가 감정을 가져서는 안 된다는 의미는 아니다. 다만 어떤 대상에 대해 느끼는 감정보다는 원하는 결과를 바탕으로 의사결정을 내리려고 노력해야 한다.

위기 상황에서 냉정함을 유지할 수 있는 네스너의 능력은 단연 돋보였다. 1993년 2월의 마지막날, 텍사스에 도착하여 데이비드 코레시와 대화를 나누기 위해 전화를 받아들었을 때, 가장 엄격한 시험대에 오른 것도 바로 이 능력이었다.

"안녕하시오, 데이비드. 나는 게리라고 하오. 방금 이곳에 도착했소. 나는 당신과 당신 가족들이 이 상황에서 안전하고 무사하게 빠져나오도록 하고 싶소."

코레시는 이렇게 응수했다. "우리는 나갈 생각이 없소."

ATF가 다윗파 신자들과 처음 총격전을 벌인 날, 버지니아의 철물점에서 나오고 있던 네스너의 무선 호출기가 울렸다. 상사는 그에게 공항으로 향하라고 지시했다. 활주로에는 두 대의 FBI 전용기가 대기하고 있었다. 네스너가 탈 비행기는 크기가 작고 속도가 느린 프로펠러기였다. 큰 비행기는 FBI 엘리트 인질 구조팀HRT의 책임자인 딕 로저스Dick Rogers를 포함해 다른 FBI와 ATF의 고위 관계자들이 탑승할 비즈니스 제트기였다.

로저스의 별명은 '엄격한 병장'이었다. 그의 붉은 머리카락, 굳게 다문 입, 단호한 태도는 그 별명에 잘 어울렸다. 불과 몇 달 전 로저스는 사망자가 발생한 아이다호 북부 루비리지의 대치사건에서 현장을 지휘했다. 타락한 세상에서 탈출하고자 했던 전직 공장 노동자 랜디 위버Randy Weaver는 가족을 데리고 외딴곳으로 이주했다. 위버는 아리아 국민들Aryan Nations이라는 단체의 모임에 참석했으며, 1989년에는 ATF 정보원에게 총신이 짧은 산탄총 두 정을 판매했다. 그후 기소되었지만 재판에 모습을 드러내지 않았다. 1992년 여름이 끝날 무렵 연방 보안관은 루비리지에 위치한 위버의 오두막 근처에서 그를 체포하기로 했고, M16 소총으로 무장한 여섯 명의 대원들이 황무지로 돌진했다. 총격전이 일어났으며, 위버의 열네 살짜리 아들과 부관 한 명이 총에 맞아 숨을 거두었다.

로저스가 현장에 도착했을 때 위버는 오두막 안에 숨어 있었다. 로저스는 HRT 저격수들을 보내 사격하기 좋은 지점을 찾도록 지시했다. 나중에 이날의 사건을 조사한 미 법무부는 로저스가 사실상 "용의자가 투항 의사를 밝히기 전에 오두막 밖으로 모습을 드러내는 모든 무장한 남성에게는 발포할 수 있을 뿐만 아니라 반드시 발포해야 한다는 지시를 저격수들에게 내렸다"고 기록했다. 이러한 교전 규칙은 훗날 헌법에 위배된다는 비난을 받았다. FBI 헬리콥터 소리가 들려오자 위버가 오두막 밖으로 나왔고 저격수는 방아쇠를 당겼다. 결국 위버는 부상을 입었고 생후 10개월밖에 되지 않은 딸을 안고 있던 위버의 아내는 목숨을 잃었다.

네스너가 탄 소형 비행기는 한 번에 텍사스까지 날아가지 못하고 리틀록에 들러 연료를 보충해야 했다. 윗선의 누군가가 HRT 수장인 로저스는 즉시 현장에 도착해야 하지만, 협상팀의 책임자인 네스너는 그럴 필요가 없다고 생각했던 모양이다. 네스너는 밤 열시 정도에 웨이코 외곽에 위치한 전 공군기지에 도착했으며, 이 기지는 대책반의 임시 본부 역할을 할 예정이었다. 네스너는 서둘러 컴퓨터와 전화선을 설치하고 있는 기술자들을 지나쳐 샌안토니오 FBI 지국의 책임자이자 FBI측 현장 지휘관인 특별 수사관 제프 자마Jeff Jamar를 만났다. 신장이 195센티미터 정도인 자마는 네스너의 말에 따르면 "경기 당일의 프로 미식축구 선수" 같은 눈초리를 하고 있었다.

중요하게 고려해야 할 사항 중 하나는 협상팀이 로저스 및 작전팀과 어떻게 협조할 것인가였다. 네스너가 이에 대해 물어보자 자마는 로저스와의 조율 과정에서 자신이 중간자 역할을 하겠다고 말했다. 표준 규약과는 달리, 작전 지휘관과의 의사소통은 자마를 거쳐야 한다는 것이었다. 일반적으로 작전팀과 협상팀은 보다 직접적으로 협의를 진행한다.

네스너와 자마는 마운트카멜에서 약 13킬로미터 떨어진 곳에서 대기했다. 로저스는 작전팀 일부와 함께 다윗파의 목장 바로 바깥쪽에 있는 전방 지휘소에 진을 치고 있었다. 네스너가 기지에 도착했을 때 FBI 관계자들은 워싱턴으로부터 공식적인 지휘권 인계를 기다리고 있었기 때문에, 명목상으로는 ATF가 계속해서 현장을 책임지고 있었다. 제2차세계대전 당시의 군 막사처럼 보이는 곳으로 안내된 네스너의 눈에는 10여 명의 ATF 요원을 비롯한 여러 관계자들의 초췌한 모습이 들어왔다. 그중에는 총격전이 벌어진 이후 몇 시간 동안이나 코레시와 전화로 이야기하고 있던 ATF 감독관 짐 캐버너<sup>Jim Cavanaugh</sup>도 있었다.

네스너가 직면했던 가장 시급한 문제점 중 하나는, 마운트카멜 내부에 있는 두 개의 전화선에 보안장치가 제대로 되지 않아서 원치 않는 전화를 막을 수 없다는 것이었다. 코레시를 비롯해 안에 있는 다윗파 신자들은 누구에게든 마음대로 연락할 수 있었다. 〈커런트 어페어<sup>Current Affair</sup>〉나 CNN 등을 비롯한 뉴스기관들은 안에 있는 사람들과 인터뷰를 시도하며 협상을 방해하고 있었다. 코레시는 작별인사를 하기 위해 그의 어머니에게 전화를 걸었는데, 네스너는 이것을 막고 싶어했다. 하지만 외부와의 접촉이 꼭 나쁜 결과로만 이어지지는 않았다. 협상가들이 라디오 방송국에 요청해 성경 구절을 암송하게 하자, 코레시는 네 명의 아이들이 목장을 나갈 수 있도록 허락해주었다.

캐버너는 코레시에게 전화를 걸어 네스너를 소개한 다음 전화기를 넘겼다. 코레시는 총격전에서 부상을 입은 상태였으며 목소리는 지칠 대로 지쳐 있었다. 첫날밤을 보내면서 네스너와 코레시는 몇 시간마다 전화로 이야기를 나누었다. 네스너는 추가적인 유혈 사태가 일어날 필요는 없으며 아이들의 안전이 무엇보다 중요하다고 강조했다. FBI의 기록에는 네스너가 코레시에게서 정보를 얻어내려고 하는 모습이 담겨 있다.

**네스너** 그 안에 아이들이 몇 명이나 있소, 데이비드?

**코레시** 애들을 전부 잡으면 알게 될 거요.

**네스너** 알았소.

**코레시** 애들이 많다고, 알겠소?

**네스너** 아, 많다고? 우리가 특별히 준비해야 할 건 없소? 애들이 전부 걸을 수 있는 나이라든가 아니면……

**코레시** 아니오, 몇 명은 갓난아이나 마찬가지요.

**네스너** 갓난아이, 잘 알겠소.

또한 네스너는 대치 상태의 초반부에 스티브 슈나이더와도 이야기를 나누었다. 슈나이더는 다윗파 신자로, 포위작전이 벌어지는 내내 코레시의 대변인 겸 중재자 역할을 수행하고 있었다. 그는 네스너에게 마운트카멜 안에 있는 사람들이 '군용 탱크' 아니면 '일종의 장갑차'를 보았으며 상황이 더욱 심각해질까봐 걱정한다고 말했다. "도대체 이 사태가 어떻게 흘러가는 건지, 제3차세계대전이라도 일으키겠다는 거요?" 슈나이더가 물었다.

"절대 그런 차량들의 의미를 오해하지 마시오." 네스너는 그에게 말했다. "연방 정부가 이런 일에 대처하는 방식이……"

슈나이더는 루비리지 사건을 언급했다. "글쎄올시다, 위버라는 사람의 이야기를 비롯해서 여러 가지 이야기를 읽은 기억이 나오만……"

"맞소."

"예전에 말이오……"

"그 말이 맞소."

"……예전에 말이오, 당신도 알다시피 그런 걸 보면 사람이 불안해진다고." 슈나이더의 말이었다.

"맞는 말이오."

"수많은 관계자들이 단순히 자기 임무를 다하고 있을 뿐이라는 건 나도 알고 있지만 이해가 안 가는 점이……"

네스너는 이렇게 말했다. "하지만 이 점을 알아두시오. 위버 사건에서는 말이오, 협상이 시작된 순간부터는 단 한 발의 총알도 발사되지 않았고 다친 사람도 없었소…… 일단 대화를 나누기 시작한 뒤에는 더이상 사상자를 내지 않는 최선의 방향으로 나아가고 있었단 말이오."

이러한 대화에서 드러나는 아이러니는 마운트카멀에서 결국 일어나게 될 일에 대해 많은 것을 시사한다. 3월 1일 아침에는 협상을 통해 여덟 명의 아이들이 풀려났다. 협상가들은 코레시의 신뢰를 얻기 시작했지만, 작전팀은 협상팀과 정반대의 목적을 가지고 움직이는 것처럼 보였다. 물론 슈나이더는 루비리지의 작전을 망쳐버린 당사자인 로저스가 바로 그 순간 목장에서 불과 몇 미터 떨어진 전방 지휘소에 있다는 사실을 알지 못했다.

네스너는 최대한 많은 사람들을 안전하게 목장 밖으로 구출해내는 일에 착수했다. 그후 몇 주 동안, 그는 전화로 대화를 나누는 협상가가 아니라 전략 코디네이터로서 협상팀들 사이에 원활한 조율이 이루어지도록 노력했다. 이는 하루에 열여섯 시간 이상 근무한다는 의미였다. 각각 다섯 명으로 구성된 두 개의 협상팀이 열두 시간씩 교대로 근무했다. 협상가 옆에서 '코치'는 통화 내용을 들으며 필요한 경우 메모를 건네주었다. 세번째 팀원은 전화 시스템과 녹음기를 작동시켰다. 네번째 팀원은 논의의 요점을 정리해 기록했다. 이 네 명의 팀원과 다섯번째 협상가(협상팀 리더)를 제외하면, 협상이 진행되고 있는 동안 협상실 안에 들어갈 수 있는 사람은 네스너뿐이었다. 마운트카멀과의 대화는 스피커를 통해 옆방에 중계되었기 때문에 나머지 협상 팀원들과 다른 관계자들은 옆방에서 내용을 들을 수 있었다. 교대가 끝날 때마다 두 팀은 서로 보고를 주고받은 뒤 다음 통화를 준비했다.

포위작전 이틀째인 3월 1일 밤, 코레시는 네 명의 아이들을 더 내보냈다. 협상가들은 아이들을 만난 뒤 아직 목장 안에 있는 부모에게 전화를 걸어 밖으로 나온 아이들이 안전하며 제대로 보살핌을 받고 있다고 확인해주었다. 3월 2일 오후, 협상을 통해 열여덟 명의 아이들과 두 명의 어른이 추가로 풀려났다. 더욱 고무적인 것은 코레시가 만약 「요한계시록」에 대한 자신의 메시지를 전국에 방송해준다면 기꺼이 투항하겠다고 주장했다는 점이다. 협상가들은 코레시에게 자신들이 먼저 검토할 수 있도록 메시지를 테이프에 녹음해달라고 요청했다. 오후 한시 삼십이분 마침내 기독교 방송국에서 해당 내용이 방송되었다. 돌이켜보면 대치 상태의 중요한 분기점이 되었던 그 순간에, 다윗파 신도들은 평화롭게 투항할 준비가 되어 있었다. 마운트카멀 앞에 버스들이 정차했다. 동료 다윗파 신도들이 코레시를 들것에 실어 데리고 나올 예정이었고, 슈나이더는 전체 과정이 원활하게 진행되도록 협상가들과 계속 통화하고 있었다. HRT도 대기 상태였다.

"모든 사람이 짐을 챙겨 나갈 준비를 끝냈소." 슈나이더는 전화로 협상가에게 이렇게 말했다. 하지만 HRT는 아무런 움직임도 포착되지 않는다고 보고했다. 밖으로 나오는 사람은 없었다. 슈나이더는 코레시가 마운트카멀을 떠나기 전 마지막으로 설교를 한번 하고 싶어한다고 말했다. 모든 사람이 코레시가 약속을 지키기를 바라며 참을성 있게 기다렸다. 오후 여섯시경, 슈나이더는 협상가들에게 코레시가 마음을 바꾸었다는 소식을 전했다. 코레시가 마운트카멀을 떠나지 말라는 신의 계시를 받았다는 것이었다.

네스너는 온갖 유형의 사람들과 협상하는 데 잔뼈가 굵은 사람이었으며 과도한 반응은 금기라는 사실을 잘 알고 있었다. 중요한 것은 협상이 효과를 발휘하고 있다는 점이었다. 네스너와 협상팀은 계속해서 마운트카멀 내부에 있는 사람들을 안전하게 대피시키고 있었다. 하지만 그와 동시에 네스너는 코레시가 투항 계획을 백지화했다는 소식을 들으면, 로저스와 자마가 달갑지 않은 반응을 보일 것을 알고 있었다. 네스너가 자마의 사무실로 들어갔을 때 로저스는 이미 그곳에 와 있었다. 자마와 로저스는 소식을 듣고 격분했으며, 네스너는 당시의 상황을 이렇게 전했다.

"이 자식이 우리를 엿 먹이고 있어." 로저스가 말했다. "이제 본때를 보여줘야겠어."

"그렇게 하면 우리의 목표를 달성하는 데 도움이 안 될 거요." 네스너가 말했다. "코레시가 우리를 엿 먹이는지 여부는 문제가 아니오. 중요한 것은 사람들을 저기서 빼내야 한다는 점이오."

"내 부하들이 안에 들어가서 십오 분 내에 저곳을 장악할 수 있소." 로저스가 말했다.

"아직 그러기에는 시기상조요." 자마가 말했다. "하지만 나도 저 자식에게 따끔한 맛을 보여줘야 한다는 데는 동의하오."

네스너는 인내심을 가져야 한다고 호소했지만 두 사람은 귓등으로도 듣지 않았다. 네스너는 이렇게 말했다. "코레시가 투항하겠다는 약속을 어겼을 때에도 협상팀은 그다지 동요하지 않았습니다. 우리는 사람들이 약속한 대로 행동하지 않을 가능성이 있다는 점을 이해하고 있었기 때문이지요. 하지만 현장 지휘관은 달랐습니다. 내가 지휘관에게 그 소식을 전했을 때의 광경을 담은 비디오가 남아 있다면 참 볼만할 겁니다."

자마는 힘을 과시하기 위해 브래들리 장갑차를 마운트카멀 내부에 진입시키도록 지시했다. 그 시점부터 협상팀과 HRT는 점점 더 서로 대립각을 세우게 되었다. HRT 요원들은 협상팀이 수행하고 있는 전략을 제대로 인식하지 못하는 것처럼 보였다. 네스너는 교대가 끝난 후 HRT 팀원들에게 브리핑을 해주겠다고 제안했지만 로저스는 이를 거부했다. 네스너는 전략을 조율하기 위해 자신과 자마, 로저스가 정기적인 대면회의를 하는 것이 어떻겠냐고 제의했다. 자마는 그럴 필요가 없다고 했다.

3월 3일과 4일 두 명의 아이들이 더 풀려났고, 3월 5일 또 한 명이 풀려났다. 네스너를 비롯해 코레시와 직접 이야기를 나눈 핵심 협상가들은 친근감을 주기 위해 자신들의 모습을 비디오테이프에 담아서 전달했다. 비디오 안에서 협상가들은 각각 자신의 가족사진을 들고 있었다. 대치 상태가 시작된 지 9일째 되는 3월 8일, 코레시는 아내 레이철과 여러 아이들의 영상이 담긴 비디오테이프로 화답했다. 협상은 다시 진척되고 있는 것처럼 보였지만 바로 그날 밤 자마는 마운트카멀로 들어가는 모든 전력을 차단해버렸다. 마침 네스너는 신선한 우유를 마운트카멀에 배달하도록 준비해놓은 상태였고, 슈나이더는 왜 전기가 나갔느냐고 물었다. 이제 안에 있는 사람들이 어떻게 우유를 차갑게 보관하겠는가? 네스너는 자마를 찾아가서 항의했지만, 자마는 전기를 끊어버린 것이 왜 문제가 되냐고 응수했다.

자마는 3월 11일 협상실을 방문해 FBI가 발주한 M1 에이브럼스 탱크의 성능에 대한 이야기를 늘어놓았다. 그는 M1이 정지하지 않고 마운트카멀까지 전진할 수 있다는 사실에 신난 것처럼 보였다. 협상팀은 말문이 막혔지만, 이제는 너무나 빤한 패턴이 생겨버린 상태였다. 협상가들이 신뢰관계를 구축하고 보다 많은 사람들이 안전하게 대피할 수 있도록 해놓으면, 같은 편 동료들이 신뢰를 무너뜨렸다. 로저스는 목장에 고출력 조명을 쏘았다. 확성기에서는 귀를 찢을 듯한 이상한 소리들이 들려왔다. 죽어가는 토끼의 신음, 티베트의 독경 소리, 그리고 낸시 시나트라의 히트곡 〈부츠는 걸을 때 사용하는 거야These Boots Are Made for Walking〉까지. 네스너는 이러한 전략에 항의했으며, 자마는 나중에 이를 멈추겠다고 다짐했다. 하지만 결코 멈추지 않았다.

밝은 조명과 요란한 소음은 밤마다 계속되었다. 자마는 왜 멈추지 않았을까? 로저스를 돕고 있던 또 한 명의 특별 수사관은 밤에 교대근무를 하면서 다윗파 신도들을 괴롭히는 것 외에는 별다른 할 일이 없었던 모양이다. 네스너가 마침내 자마를 설득해 대립을 더욱 악화시킬 이 불필요한 짓을 멈추기까지는 며칠 밤이 더 걸렸다.

이러한 도발에도 불구하고 다윗파 신도들을 밖으로 대피시키는 작업은 계속되었다. 3월 19일에 두 명이 빠져나왔고, 21일에는 일곱 명이 그 뒤를 이었다. 바로 그날 HRT는 목장 주변에서 '장애물 제거작전'을 수행했으며, 근사하게 복원된 셰비 랜체로Chevy Ranchero 빈티지 차량을 박살냈다. 며칠 뒤 장애물 제거작전이 추가로 수행되었다. 슈나이더는 네스너가 이끄는 협상팀에 다윗파 신자들이 그토록 믿음직스럽게 협조하고 있는데도 왜 이런 일이 벌어지느냐고 물었다. 협상팀은 그들이 만족할 만한 대답을 내놓을 수 없었다.

3월 25일, 26일간의 현장근무 끝에 네스너는 협상팀 책임자로서의 임무를 교대하고 그곳을 떠났다. 그가 떠난 후 안에 있던 다윗파 신도들은 아무도 마운트카멜을 떠나지 못했다.

F. 스콧 피츠제럴드는 "일류 지성을 가늠하는 척도는 동시에 두 가지의 반대되는 생각을 품은 채 자신의 역할을 다할 수 있는 능력을 유지하는지 여부다"라고 썼다. 네스너의 관찰에 따르면 데이비드 코레시는 항복에 대해 두 가지 상반된 생각을 가지고 있었다. 하지만 피츠제럴드의 인용구는 코레시보다 오히려 딕 로저스와 제프 자마의 실책을 보다 극명하게 보여준다.

웨이코 포위작전은 코레시가 항복하겠다고 약속하고 그것을 지키지 않았을 때 급격하게 악화일로를 걸었다. 그 시점부터 로저스와 자마는 코레시를 믿을 수 없다는 판단을 내린 것이다. 타인의 양면성이라는 특별한 형태의 모호성을 접한 두 사람은 가장 쉽게 떠올릴 수 있는 설명을 받아들였으며, 이 경우에는 코레시가 자신들을 가지고 논다는 해석이었다. 이스라엘의 제이라와 밴드만이 제4차 중동전쟁을 암시하는 중요한 반대 증거를 부인했던 것처럼, 로저스와 자마는 코레시의 의도 자체가 불안정할 수도 있다는 가능성을 배제해버렸다. 네스너는 코레시가 마운트카멜을 떠나고 싶은 생각과 계속 머물고 싶은 생각을 동시에 가지고 있었음을 알고 있었다. 네스너는 자신이 코레시의 동기와 신념을 확실하게 파악했다고 추정하지 않았으며, 코레시와 대화를 나눌 때에도 직접적으로 그렇게 말했다. "당신 머리와 마음속에 들어 있는 것을 다 아는 척은 하지 않겠소, 데이비드." 네스너는 코레시의 계획이 유동적임을 알고 있었던 반면, 로저스와 자마는 한 가지 특정 상황에만 집착했다. 두 사람은 찰나의 한순간만을 선택해 불안정하고 가변적인 의도를 안정되고 비밀스러운 의도로 취급했다. 코레시가 무엇을 원하는가라는 질문에 대해 명확한 답은 없었다. 다른 많은 인질범들과 마찬가지로 코레시는 빠져나가는 방법을 알지 못하는 상황에 처해 있었다.

네스너는 이렇게 말했다. "내 경험에 비추어보면, 이러한 경우 거의 대부분의 사람들은 혼란스러워하며 양가감정을 갖게 됩니다. 마음 한쪽에서는 죽고 싶어하고, 다른 쪽에서는 살고 싶어하지요. 한편에는 항복하고 싶은 마음이, 다른 한편에는 항복하기 싫은 마음이 자리잡고 있습니다. 그리고 내가 경험한 바에 따르면, 경찰이나 군인들은 나쁜 사람을 상대할 때 그 사람이 하는 모든 행동, 모든 발언이 나쁘고 믿을 수 없다고 생각하는 경향이 있지요. 그 사람이 마음속에 특별한 목적이나 계획을 가지고 있다고 가정합니다."

로저스와 자마는 코레시가 의도적으로 자신들을 '골탕 먹이려 했기' 때문에 투항하겠다는 약속을 번복했다고 생각했다. 하지만 현실은 이 두 FBI 요원들이 생각했던 것보다 훨씬 더 복잡하고 미묘했다. 다윗파 신도들은 결국 밖으로 나올 만반의 준비를 갖춰놓은 상태였고, 심지어 스티브 슈나이더조차 코레시가 금세 항복하리라 믿었던 것으로 보이니까 말이다.

네스너는 로저스와 자마가 누군가를 다치게 하려 했다거나 필사적으로 복수에 매달렸다는 주장은 하지 않았다. 또한 그렇게 생각하지도 않는다. 다만 두 사람이 세상을 너무 단순하게 보았으며, "흑백논리에 따라 움직였다"고 생각할 뿐이다. 두 사람은 모호성에 대처하는 방법을 알지 못했다. 모순되는 정보를 접할 경우 일종의 인지 부조화와 비슷한 현상이 일어나며, 인지 부조화 상태와 동일한 함정에 빠질 위험성이 있다. 최근 실험에서 모순되는 의견을 고찰했던 실험 참가자들은 트래비스 프루의 연구에서 나타난 것과 같은 행동을 보였다. 즉, 패턴이 존재하지 않는 경우에도 모호한 사진에서 더 많은 패턴을 발견했으며, 자신의 신념을 더욱 열정적으로 표현했다.

뛰어난 협상가들은 양면성의 역할을 잘 이해하며 서로 상충하는 정보에서 섣불리 결론을 이끌어내지 않는다. 네스너와 마찬가지로, 이들은 시인 존 키츠를 유명해지게 한 다음의 성격적 특성을 가지고 있다.

즉시 이런 생각이 떠올랐다. 특히 문학계에서 큰 성공을 거두기 위해 필요한 자질, 셰익스피어가 그토록 풍부하게 보유하고 있었던 자질은 무엇일까? 바로 소극적 수용력Negative Capability이다. 이는 불확실하고 이해할 수 없으며 의심스러운 상황에서도 성급하게 사실과 이유를 추궁하지 않고 견딜 수 있는 능력이다.

소극적 수용력을 가지고 있다는 것은 스트레스가 심한 상황에서도 종결욕구가 낮다는 의미다. 이는 우유부단과는 다르다. 소극적 수용력은 복잡하고 끊임없이 변화하는 현실의 한 가지 측면만을 고수하거나 그에 집착하지 않음을 의미한다. 이것은 특별한 형태의 자제력이다. 조너선 셰이Jonathan Shay는 『베트남의 아킬레스Achilles in Vietnam』에서 전장의 용감한 군인들을 언급하며 이렇게 강조했다. "자제력의 한 요소는 어떤 상황에서나 항상 다양한 가능성에 인지적인 관심을 두는 것이다. 모든 자제력이 사라지면 인지적 세계가 단순화되어 하나의 측면에만 초점을 맞추게 된다."

자마와 로저스는 웨이코에서 벌어진 상황에 내재된 불확실성에 효과적으로 대응하지 못했다. 두 사람은 포위작전이 진행되는 동안 새로 임명된 법무장관 재닛 리노에게 브리핑하면서, 제이라 소장이 이스라엘의 정책 입안자들에게 보고할 때와 같은 실수를 저질렀다. 혼란스러운 전체 상황을 전부 전달하지 않았던 것이다. 그들은 본인들이 미리 정해놓은 결론에 부합하는 증거만 제시했다. 자마는 브리핑에 로저스를 데려갔지만 협상팀에서는 아무도 데려가지 않았다. 두 사람은 프레젠테이션에서 성적 학대의 혐의를 강조하며 즉각적인 조치가 필요하다고 주장했지만, 사실 그러한 성적 학대가 벌어지고 있다는 증거는 없었다.

한쪽으로 치우친 설명을 들은 리노는 최루가스 살포 계획을 승인했다. 네스너는 웨이코 사건에 대해 이렇게 말했다. "어쩌면 가장 실망스러운 점은 제가 상사를 설득하지 못했다는 것일지도 모릅니다." 외부와의 협상은 효과를 거두고 있었을지 모르지만, FBI 내에서의 설득 작업은 충분치 않았던 셈이다.

사건이 종결된 후, 미국 정부는 웨이코에서의 커다란 실패에서 교훈을 얻고자 했다. 존 댄포스John Danforth 전 미주리 주 상원의원이 마운트카멜을 삼켜버린 화재의 원인을 조사하기 위한 책임자로 임명되었다. 그의 보고서는 결국 정부측 과실이 없음을 확인해주었다. 로저스는 HRT 책임자 자리에서 물러났다. 그는 별달리 미안할 것도 없다는 테도로 이렇게 증언했다. "그날 장래를 점칠 수 있는 수정구슬이 작동하고 있었다면 아마도 그 안으로 최루가스를 투입하지 않았을 겁니다." 리노는 최루가스 투입의 승인을 자신이 내린 결정 중 가장 힘든 것이었다고 회상했지만, 그런 결정을 내리는 데 바탕이 된 FBI 브리핑을 비난하지는 않았다. 네스너는 화려하고 성공적인 자신의 커리어 전체에 걸쳐 인내심을 가지고 최대한 감정을 배제한 채 임하는 협상의 장점을 꾸준히 역설해왔으며, 심지어 오늘날까지도 이 방식의 중요성이 제대로 인정받지 못하고 있다고 말한다.

1996년 봄, FBI에게 웨이코에서 얻은 교훈을 증명할 기회가 찾아왔다. 프리멘Freemen이라는 급진적인 민병단체가 몬태나 주 조든 외곽에 있는 목장에 자리잡고 있었다. 프리멘은 지속적으로 현지 사법 당국을 도발하며 자신들은 미국 정부의 권한 밖이라고 주장했다. 이들은 세금을 내지 않았으며 운전면허도 취득하지 않았다. 금융, 메일, 인터넷뱅킹 사기를 저질렀으며, 연방법원 판사를 협박하기도 했다. ABC 뉴스팀이 이 집단을 인터뷰하기 위해 현지에 도착하자 프리멘은 총을 뽑았고 기자들의 카메라 장비를 훔쳤다.

FBI는 이 조직의 두 지도자인 리로이 슈바이처LeRoy Schweitzer와 댄 피터슨Dan Petersen의 혐의를 잡아 체포하는 데 성공했다. "당신들 똑똑히 지켜보는 게 좋을 거야, 웨이코보다 훨씬 고약한 상황이 닥칠 테니." 피터슨은 보석 심리에서 이렇게 기자들에게 소리를 질렀다. 하지만 사태는 그의 예상대로 흘러가지 않았다. 딕 로저스의 후임자인 로저 니슬리Roger Nisley는 협상팀과 효율적으로 협력했다. 현지 경찰은 FBI가 느슨한 경계선을 설치하도록 도왔다. 현장의 FBI 요원들은 위협적인 전투복이 아니라 평범한 사복을 입고 있었다. 이 요원들은 강의실의 미셸 토머스처럼 전반적인 압박감을 낮추고 있었던 것이다. 제3자 중재인을 동원하고, 신뢰를 구축하고, 시간과 인내심을 충분히 들인 끝에 81일 후 모든 상황이 종료되었다. 이는 미국 역사상 가장 길게 지속된 포위작전이었으며, 프리멘은 결국 투항했다. 단 한 발의 총알도 발사되지 않았다.

모호한 증거를 없애버리거나 상반되는 의도를 부인하려는, 위험하지만 자연스러운 욕구를 다스리는 것은 결코 쉽지 않다. 하지만 불가능한 것은 아니다. 올바른 첫번째 단계는 양면성이 대부분의 사람이 생각하는 것보다 훨씬 보편적인 마음의 상태라는 점을 인정하는 것이다. 정치적 양면성을 다룬 2005년의 책에서, 심리학자 크리스토퍼 아미티지 Christopher Armitage와 마크 코너Mark Conner는 이렇게 지적했다. "대다수 사람들은 특정한 이데올로기에 집착하지 않기 때문에, 원칙적으로 당면 문제의 다른 측면을 옹호하는 메시지에 개방적이다." 압박감이 높은 상황에서는 타인의 양면성을 다룰 때 보다 큰 불쾌감을 느끼기 마련이지만, 그렇다고 해서 실제로 존재하는 양면성이 사라지는 것은 아니다. 윗사람들은 무질서를 제대로 참아내지 못하는 사람이 극심한 위기나 장기적인 사태에 결정권을 가지지 못하도록 하는 편이 좋다. 종결욕구 척도는 스트레스가 심한 상황에 가장 취약한 사람들을 파악하기 위한 성격 평가 도구로 사용할 수 있다.◆

네스너가 잘 보여준 득별한 형태의 자제력은 우리가 일반적으로 생각하는 의지와는 다르다. 또한 만족 지연delaying gratification과도 관련이 없다. 이러한 유형의 자제력을 자신감에서 기인한 것으로 보기도 어렵다. 사실 자신감은 모순되는 상황을 접했을 때 오히려 부정적으로 작용하기도 한다. 제이라나 밴드만과 같이 종결욕구가 높은 사람들은 보다 강한 자신감을 보이며 본인이 틀렸을지도 모른다는 두려움을 그다지 느끼지 않는다. 또한 이러한 사람들은 행동을 다양한 방식으로 해석하거나 사물을 여러 가지 각도에서 바라볼 가능성이 가장 낮다. 놀랍게도 사람의 선천적인 종결욕구는 IQ와도 아무런 관계가 없다. 불확실성을 접했을 때 발휘하는 자제력은 학습에서 매우 중요한 변수이지만, 일반적인 지능

---

◆ 게리 네스너가 얼마나 너그러운 사람인가 하면, 그는 우리가 앞에서 살펴본 종결욕구 척도의 짧은 버전을 직접 작성해보는 데 동의했다. 그가 매긴 점수는 순서대로 1, 1, 3, 1, 1, 1, 1, 1, 1, 2, 2, 1, 1, 2, 1이었다. 전부 더하면 총점은 20점이다. 이것은 최하 점수보다 딱 5점 높은 수치다.

측정방식에서는 이 요소가 완전히 누락되어 있다. 사회 심리학자 밀턴 로키치Milton Rokeach는 열린 마음 및 닫힌 마음과 관련된 이론을 논의하면서, 이러한 누락이 얼마나 모순적인지 언급했다. 로키치는 이렇게 불평했다. "우리가 여기서 다루고 있는 것은 분명 지능으로 보이지만, 현재의 지능 테스트로는 측정되지 않는 종류의 지능이다." 그는 문제의 원인이 IQ 테스트에 있다고 생각했다.

조직에서는 네스너와 같은 사람을 보다 많이 채용하는 것뿐만 아니라 모호성을 존중하는 분위기를 조성할 수도 있다. 적당한 순간에 잘못된 결정의 결과를 강조하는 것이다. 또한 긴장감이 넘치는 상황에 보다 폭넓게 적용되는 또하나의 원칙은, 위기가 닥치면 다양한 설명과 결과를 체계적으로 고려해야 한다는 것이다. 이것이 바로 정보업계에서 말하는 레드팀red team(경쟁 조직의 시각에서 문제를 검토 및 분석한 뒤 새로운 해결책을 제시하는 조직 내의 독립적인 팀—옮긴이)이라는 개념의 바탕에 있는 원칙이다. 미 중앙정보국CIA의 분석가들이 파키스탄의 아보타바드에서 오사마 빈라덴의 소재를 정확히 파악했다고 생각했을 때, 별도의 분석팀은 정원에서 서성거리고 있는 사람이 빈라덴이 아니라 다른 사람일 이유를 전부 생각해내는 임무를 맡았다. 그러나 이러한 과정이 제대로 효과를 거두기 위해서는 조직에서 이 문제를 진지하게 취급해야 하며, 그저 마지못해 기계적으로 거치는 절차라면 별다른 효과를 발휘하지 못한다.

웨이코에서는 바로 이 부분이 결여되어 있었다. 네스너는 사실상 의사결정 과정에 제대로 참여한 적이 없었다. 그렇기 때문에 4월 19일 아침 장갑차가 마운트카멜 센터의 벽에 구멍을 뚫고 안쪽으로 최루가스를 살포했던 것이다. 또한 그렇기 때문에 FBI의 도청장치에 그날 아침 내내 다음과 같은 불길한 대화가 녹음되어 있었다.

"파블로, 아직 다 뿌리지 않았어?"

"연료를 준비해둬야 해."

"연료를 전부 다 뿌려둬야 제대로 시작될 거야."

"성냥 좀 건네줘."

"불 커졌어?"

"불이 퍼지게 하자고."

## 높은 종결욕구는 왜 무모한 결정으로 이어지는가?
## 협상을 성공으로 이끄는 '소극적 수용력'

확실성에 대한 우리의 욕망은 정체된 것이 아니다. 누구나 스트레스
가 심한 상황에서는 욕구가 커지고, 보다 통제되고 편안한 상황에서
는 욕구가 줄어든다. 그러나 그와 동시에, 개인마다 기본적으로 모호
성과 무질서에 불편함을 느끼는 정도가 다르기 마련이다. 이러한 성
향은 신중한 결정과 무모한 결정의 차이로 이어지기도 한다.

높은 종결욕구가 부정적인 영향을 미치는 상황은 비즈니스 협상에서
도 발생한다. 협상 테이블에 앉은 당사자들은 누락되거나 상충되는
정보를 다루어야 하는 경우가 많다. 협상가들이 특정한 사실에 지나
치게 큰 의미를 부여하거나 무리하게 해답을 찾으려고 할 경우 일반적
으로 실수가 발생한다. 다양한 연구를 통해, 협상으로 좋은 거래를 얻
어내기 위해서는 감정적으로 행동하거나 지나치게 많은 추정을 하지
않고, 사소한 정보 하나에 과도하게 집착하지 않으며, 혼란스럽고 모
순되는 메시지를 다룰 수 있는 사람이 필요하다는 사실이 밝혀졌다.

모호한 상황에서는 충분히 시간을 두고 판단하며 신중하게 위험을
가늠해보는 것이 중요하다. 성공적인 협상을 위해서는 마라톤에 필
적할 만한 인내심이 필요한 경우가 많다. 뛰어난 협상가들은 '소극적
수용력'이라는 성격적 특성을 갖고 있다. 소극적 수용력이란 "불확실
하고 이해할 수 없으며 의심스러운 상황에서도 성급하게 사실과 이
유를 추궁하지 않고 견딜 수 있는 능력"이다.

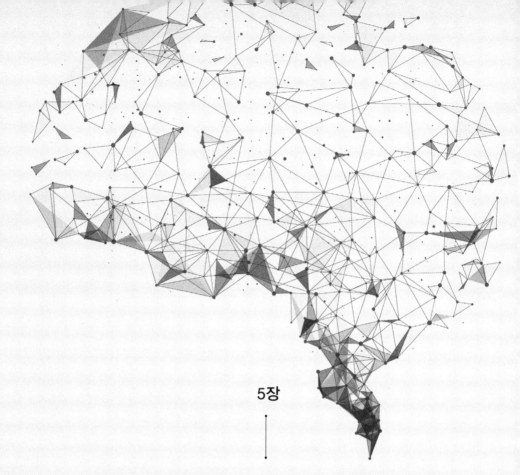

5장

# 때로는 알고 있다는 환상이
# **무지보다 위험하다**

—

## **첨단 기술과 도구의 배신**

## Overtested USA
### WHEN TO RESIST MOMENTUM

2004년 6월 말, 짧은 적갈색 머리에 안경을 쓴 52세의 한 여성이 몸에서 혹을 하나 발견했다. 그녀의 이름은 트리샤 토리Trisha Torrey로, 뉴욕 주 시러큐스 북쪽에 있는 볼드윈스빌에 거주하며 마케팅회사를 경영하고 있었다. 토리가 발견한 혹은 대략 골프공만한 크기에 단단했지만 아프지는 않았다. 토리의 주치의는 검사를 해야 그 혹의 정체를 알 수 있다고 했다. 그래서 토리에게 외과 전문의를 소개해주었고, 외과의는 그날 오후 혹의 조직을 떼어내 검사실로 보냈다.

일주일이 지났다. 아직도 검사 결과를 듣지 못한 토리는 외과의에게 직접 전화를 걸었다. 의사는 독립기념일 주말이라 긴 연휴가 끼어 있기 때문에 검사가 지연되고 있다고 설명했다. 조직 검사실의 일손이 모자란다는 것이었다. 그래서 토리는 또 한 주를 기다렸고, 마침내 외과의

가 전화를 걸어 결과를 알려주었다. 의사가 전해준 소식은 좋지 않았다. 토리의 병명은 피하지방층염양T세포림프종이라는 희귀암이라고 했다. SPTCL로 알려져 있는 이 암은 극도로 드물게 발생하기 때문에, 조직 검사실에서는 다른 검사실에 다시 한번 결과를 확인하도록 요청해놓은 상태였다. 의사는 최대한 빨리 암 전문의에게 예약하겠다고 약속했다. 화학치료를 받아야 하니까 말이다.

토리는 전화를 끊었다. 이러한 순간에 누구나 부질없이 시도하듯, 토리는 그 진단이 무슨 의미인지 이해하려고 했다. 인터넷에서 찾을 수 있는 정보에 따르면 SPTCL은 사망선고였다. 토리를 담당한 암 전문의 와이스(가명) 박사는 솔직했고 깜짝 놀랄 정도로 직설적이었다. 그는 토리가 화학치료를 받지 않을 경우 연말까지 살기 힘들 것이라고 했다. 와이스 박사는 토리를 검사실로 보내 CT 촬영과 혈액 검사를 받도록 했다. 결과는 음성이었다. 하지만 그는 여전히 첫번째 검사에서 나온 양성 결과가 새로운 검사 결과보다 정확하다고 주장했다. 그뿐만 아니라 토리의 의료기록에는 열성 홍조가 나타나고 식은땀을 흘린다고 되어 있는데, 홍조와 식은땀은 림프종의 전형적인 증상이라고 했다. "하지만 제 나이가 쉰둘입니다!" 토리는 이의를 제기했다. "쉰둘 정도 되면 여자들은 누구나 식은땀을 흘리고 홍조도 있다고요!" 와이스 박사는 토리의 증상이 폐경기와는 관련없다고 장담했다.

처음에 토리는 자신의 진단에 대해 많은 사람들에게 털어놓지 않았다. 의료보험에 가입되어 있기는 하지만 필요한 진료 및 검사 비용이 전부 보장되지는 않았다. 게다가 그 진단은 납득하기 어려웠다. 토리는 정기적으로 골프를 쳤고, 건강에 아무런 문제도 느끼지 않았다. 현실 부정

상태였던 것일까? 토리는 몇 주 동안 치료를 미뤘다. 하지만 너무나 많은 시간을 걱정하며 보내다보니 마케팅 사업에 영향이 나타나기 시작했다. 8월이 되자 토리는 화학치료에 대해 최종 결정을 내려야 했다. 그즈음 와이스 박사가 병가를 냈고 그의 동업자(베이트먼 박사라고 부르자)가 토리를 담당하게 되었다. 베이트먼 박사는 코리에게 즉시 치료를 시작하라고 재촉했다.

베이트먼 박사에게 진찰을 받고 나서 며칠 후, 토리는 거래처 사람들 몇 명과 함께 식사를 했다. 토리는 이렇게 회상한다. "그날 술을 너무 많이 마셨습니다." 알딸딸하게 취한 토리는 자기가 받은 진단과 다른 의사의 소견을 구하고 있다는 사실을 털어놓았다. 마침 함께 저녁식사를 하던 지인 중 한 명의 친구가 암 전문의였고, 지인은 다음날 그 전문의가 이미 SPTCL 환자를 치료하고 있다는 사실을 알게 되었다. (와이스와 베이트먼은 SPTCL 환자를 치료한 경험이 없었다.) 지인은 토리가 다음주에 자기 친구에게 진찰받을 수 있도록 예약을 도와주었다. 토리는 최대한 빨리 진료 절차를 진행하고 서류 이전 때문에 일정이 지연되는 것을 방지하기 위해 와이스와 베이트먼이 근무하는 병원에 자신의 의료기록을 요청했다.

토리는 의료기록을 받아서 새로운 의사를 찾아갈 날을 기다렸다. 그러다가 대다수 환자들이 하지 않는 일을 하게 되었다. 자신의 검사 결과를 신중하게 분석해보기로 한 것이다. 서류를 한 장씩 넘기며 기록을 꼼꼼히 읽었다. 새로운 의학용어를 찾아보는가 하면 구글에서 그리스 문자를 검색하는 방법도 배웠다. 진단의 바탕이 된 두 개의 검사 결과를 자세히 살펴보던 토리는 둘 중 어디에도 확정적인 소견이 보이지 않는다는 사실을 발견했다. 토리는 나에게 이렇게 말했다. "검사 결과 중 하나에는 '가장 의심된다'라고 적혀 있었고 나머지 하나에는 '가장 일치하는'이라고 되어 있더군요." 검사실에서는 단순히 법적 소송을 피하기 위해 이렇게 애매한 표현들은 사용하는 것일까? 아니면 이것이 실제로 높은 불확실성을 나타내는 것일까?

토리의 새로운 암 전문의는 생검조직을 미 국립암연구소의 저명한 병리학자 일레인 자페Elaine Jaffe에게 보냈다. 토리는 6개월의 시한부 선고 중 절반이 경과한 2004년 9월 20일, 정오가 가까워지는 시간에 검사 결과를 팩스로 받았다. 토리는 그 순간에 대해 이렇게 말했다. "저는 팩시밀리 바로 옆에 서 있었습니다. 처음에는 이해조차 잘되질 않았지요. 제가 예상한 대로 'SPTCL이 아니다'는 밀은 없있습니다. 기본적으로 악성종양의 징후는 보이지 않는다고 쓰여 있었지요." 토리는 암환자가 아니었다.

이 오진은 예상치 못하게 토리의 인생을 바꿔놓았다. 그후 몇 년 동안, 토리는 외상후스트레스장애PTSD 증상에 시달렸다. 적절치 못한 순간에 울음을 터뜨렸으며, 저녁 뉴스에서 단순히 암에 대한 언급을 들을 때는 물론이고, 전혀 관계없는 어려움을 겪고 있는 영화 속 인물을 보면서도 가끔씩 눈물을 흘렸다. 특히 떨쳐버리기 힘든 한 가지 사실이 있었다. 이 오진이 하마터면 발견되지 않을 뻔했다는 점이다. 만약 그랬다면 토리는 화학치료를 받고 머리카락이 빠졌을 것이다. 화학치료 때문에 몸이 쇠약해지고, 식사를 하지 못해 체중이 줄어들고, 노화현상도 훨씬 빨리 찾아왔을 것이다. 그리고 가장 울화가 치미는 일은, 만약 토리가 화학치료를 견뎌냈을 경우 담당 의사들이 본인 덕분에 이제 암이 치료되었다고 말했을 것이라는 점이다.

인터넷에서 약간의 검색을 해본 결과 토리는 자신에게 일어날 뻔했던 일이 실제로 다른 사람들에게도 일어났음을 알게 되었다. 화학치료 때문에 목숨을 잃은 한 여성의 남편이 개인적으로 부검을 실시한 결과 아내는 애초부터 암환자가 아니었다는 사실이 밝혀진 가슴 아픈 사례도 있었다.

오진은 어처구니없을 정도로 빈번하게 발생한다. 증상이 모호하게 나타나기 때문에 중요한 단서가 누락되거나 무시되는 경우가 지나치게 많다. 진단이 지연되거나 오진이 나오거나 진단에서 병증을 발견해내지 못하고 놓치는 경우는 전체 진단의 10~20퍼센트에 달한다. 미국에서는 진단에서 간과해버린 질병 때문에 불필요하게 발생하는 사망자 수가 해마다 4만 명에서 8만 명에 달한다는 추정치도 있다. 현대 의학에 대한 우리의 신뢰를 고려할 때 이러한 숫자는 다소 어리둥절하게 느껴질지도 모른다. 2014년 연구에 따르면 유방조영술을 통해 암이 발견돼 치료받은 유방암 환자 다섯 명 중 한 명은 사실 건강에 큰 문제가 없었다. 또다른 연구에서는 병리학자들이 조직 샘플을 정상, 암성, 전암성前癌性으로 분류할 때 잘못 판단할 확률이 거의 12퍼센트에 달한다는 것을 보여주었다. 흉부 X선을 판독하는 방사선 전문의들의 소견이 엇갈리는 경우가 전체의 20퍼센트에 달한다는 결과를 제시한 연구도 있다. 설상가상으로, 그 방사선 전문의 중 한 명에게 나중에 동일한 X선 사진을 다시 검토하도록 요청하자 자기 자신의 소견과도 모순되는 진단을 내릴 확률이 10퍼센트였다. 이 연구를 실시한 E. 제임스 포천James Potchen은 이렇게 적었다. "관측자들은 의사결정을 내릴 때 불확실성의 한계점을 다루는 특징적인 방식을 가지고 있다." 더욱 충격적인 것은, 가장 부정확한 판단을 내린 사람들 중 일부가 가장 강한 확신을 보였다는 점이다.

심지어 몇몇 의료 분야에서는 의사들의 진단 정확도가 개선되지 않았다는 증거도 있다. 1980년대 보스턴에 위치한 브리검 여성병원의 연구원들은 초음파, CT, 동위원소 스캔이 발명되기 전 사후 부검에서 발견된 진단 누락 사례를 비교했다. 그 결과 이러한 새로운 기술이 진단 정확도 개선에는 별다른 효과를 거두지 못한 것으로 드러났다. 1960년대, 1970년대, 1980년대 등 어느 시대를 살펴보아도, 적시에 발견되었다면 환자의 생명을 연장할 수 있었던 중요한 진단을 의사들이 놓칠 확률은 약 10퍼센트였다. 또한 이와는 별개로, 결정된 치료방식이 바뀌지는 않았겠지만 추가적으로 진단이 누락된 경우도 12퍼센트에 달했다. 1996년 실시된 부검에 대한 또하나의 연구에서, 빌헬름 키르히Wilhelm Kirch와 크리스틴 샤피Christine Schafii는 1959년, 1969년, 1979년, 1989년의 오진을 살펴보았다. 이들 전체 기간에 걸쳐 오진율은 꾸준히 7~12퍼센트에 머물렀으며, 위음성(부검을 통해 생전에 알려지지 않았던 진단이 발견된 경우)도 22~34퍼센트에 달했다. 물론 모든 사망자에게 무작위로 부검을 실시하는 것은 아니며, 실수를 감지해내는 기술도 시간이 흐름에 따라 점차 발달했다. 하지만 그렇다고 해도 이 오진 확률은 놀라운 숫자다. 또다른 환자들을 대상으로 실시한 조사를 살펴보면, CT 스캔이나 초음파를 사용해 맹장염을 진단하는 비율은 1980년대 초반 10퍼센트였지만 1990년대 말에는 30퍼센트로 상승했다. 하지만 오진율은 꾸준히 약 15퍼센트에 머물고 있다.

의료과학의 진보를 생각해볼 때, 도대체 의사들은 왜 아직도 그렇게 많은 실수를 하는 것일까? 우선 의사들은 점점 더 감당하기 어려운 양의 정보를 다루어야 한다. 그 어느 때보다 많은 지식과 도구가 갖춰져 있는 오늘날, 관건은 이 새로운 지식이 야기하는 복잡성과 불확실성에 대처하는 시스템을 개발하는 것이다. 여기서 문제는 정확히 어떤 상황에서 특정한 치료법이 적합한지에 대해 분명하게 밝혀진 바가 없다는 점이다. 충분한 연구가 존재하지 않는 탓이다. 의학연구원 데이비드 네일러David Naylor는 이렇게 표현했다. 새로운 기술이 "항상 철저한 연구를 통해 검증을 마칠 수 있다면" 문제는 훨씬 간단할 것이다. "현재 우리가 가지고 있는 데이터는 진단을 위한 지침으로 활용하기에 불충분한 경우가 많다." 네일러는 또한 여러 가지 기술을 결합할 경우 "불확실성이 기하급수적으로 증가"하는 결과를 낳는다고 지적한다. 두 가지 기술을 동원해 환자를 치료한다면 기술의 조합방식은 두 종류뿐이다. 하지만 다섯 가지 기술을 사용할 경우, 조합방식은 120개로 불어난다. 외과의사이자 작가인 아툴 가완디는 2002년 이보다 폭넓은 문제를 다음과 같이 요약했다.

환자를 그토록 고통스럽게 만들고, 의사의 입장을 그토록 난처하게 만들며, 의료체계를 뒷받침하고 있는 사회의 일원임을 그토록 성가시게 만드는 의학계의 커다란 고충은 다름 아닌 불확실성이다. 오늘날 우리가 인간과 질병, 그리고 진단 및 치료법에 대해 알고 있는 사실들을 감안해볼 때, 의료계에 얼마나 뿌리깊은 불확실성이 존재하는지 이해하기는 어려울지도 모른다. 그러나 의사로서 환자들을 치료하다보면 자신이 아는 것보다는 모르는 것 때문에 고충을 겪는 경우가 많다는 점을 깨닫게 된다. 의학의 기저 상태는 불확실성이다. 그리고 환자와 의사 모두에게, 지혜란 이 불확실성에 얼마나 잘 대처하느냐로 정의된다.

하지만 2011년 의대 교수인 베라 루서Vera Luther와 소니아 크랜들Sonia Crandall이 지적했듯이, "의료계의 문화는 모호성과 불확실성에 그다지 관대하지 않다". 다른 이들과 마찬가지로 루서와 크랜들은 특히 의학 교육 과정에서 반드시 모호성을 다루어야 한다고 주장하는데, 그 이유는 한마디로 모호성이 "엄청난 불안감, 좌절감, 환멸, 자기 회의감, 무능하다는 감정"을 야기하기 때문이다. 심지어 의사들 본인조차도 의사란 애매모호한 실들을 엮어 즉흥적으로 옷감을 짜내야 하는 예술가라고 생각하는 것을 달가워하지 않는다. 모두의 마음이 보다 편해지려면, 의료행위란 시계를 수리하는 것과 비슷하다고 생각하는 편이 낫다. 하지만 이론가 도널드 쇤의 말을 빌리자면 의료 분야에서 말하는 확실성이란 현실적으로 "늪을 내려다보고 있는 높고 단단한 땅"에 불과하다.

2011년 펴낸 과잉 진단에 대한 책에서, 길버트 웰치Gilbert Welch, 리사 슈워츠Lisa Schwartz, 스티븐 울로신Steven Woloshin은 자동차 경고등의 비유를 사용해 새로운 의료기술 때문에 생기는 또하나의 딜레마를 설명했다. 웰치의 첫번째 차인 1965년형 포드 페어레인 왜건에는 엔진의 상태를 감지하는 센서가 유압센서와 온도센서 두 개뿐이었다. 하지만 그의 1999년형 볼보는 전혀 다른 기계였다. 볼보에는 진단용 전자장치가 한 가득 장착되어 있었다. 유일한 문제는 경고등이 완벽하게 작동하지 않는 것이었다. 어떤 경고등은 큰 턱을 넘을 때마다 냉각 시스템에 뭔가 문제가 생겼다는 신호를 보냈다. 심지어 다른 센서가 제대로 작동하지 않을 때 작동하는 센서도 있었다. 웰치의 차를 수리하던 정비공은 대부분의 경고등은 무시하는 편이 낫다고 털어놓았다. 이들이 주장하려던 바는, 진단기술이 보다 정밀해질수록 현대 의학의 검사체계가 웰치의 볼보와 점점 더 많은 공통점을 갖게 된다는 점이며, 그에 따라 문제점들이 급격하게 증가한다는 것이다.

트리샤 토리는 자신의 오진과 관련해 열세 명의 의사에게 편지를 보냈다. 편지를 다 쓰고 보니 무려 열 장에 달했다. 토리는 각 의사가 자신의 오진에 어떤 역할을 했는지, 그리고 오진이 자신에게 어떤 영향을 미쳤는지 자세히 기록했다. 토리는 이런 문제가 발생한 원인 중 하나는 전형적인 탐욕이라고 생각했다. 미국에서 의사들이 개인적으로 환자에게 약을 판매할 수 있도록 허용된 극소수의 의료 분야 중 하나가 바로 종양학이다. 그토록 많은 암 전문의들이 자체적으로 정맥주사 주입센터를 운영하고 있는 이유 중 하나도 여기서 찾을 수 있다. 토리는 와이스와 베이트먼의 진단에 대한 확신 이면에는 최소한 부분적으로나마 경제적인 이유가 자리잡고 있었을 것이라 생각했다.

2004년 말이 되자 토리는 미국의 의료 상황에 대해 점점 열렬한 관심을 갖게 되었다. 그녀는 닥치는 대로 뉴스 기사를 읽었다. 매년 9만 8천 명에 달하는 미국인이 의료과실로 사망한다는 의학연구소의 보고서도 접하게 되었다. 토리는 의료 문제에 대한 블로그를 운영하기 시작했다. 그녀는 몇 가지 의료 관련 뉴스를 읽은 후 자신의 생각을 공유했다. 특정 시점이 되자 심지어 본인의 이야기를 블로그에 자세히 털어놓기도 했다. 그 블로그를 발견한 〈시러큐스 포스트-스탠더드〉는 토리에 대한 기사를 실었다. 머지않아 제약업계 사람들로부터 환자의 관점에 대해 강연해달라는 요청도 들어왔다. 토리는 환자 주도권 강화empowered-patient 운동에 참여하며 다른 사람들이 의료 관련 문제를 해결해나갈 수 있도록 돕기도 했다. 토리는 나에게 이렇게 말했다. 문제는 "아무도 우리가 현재의 의료체계를 최대한 활용할 수 있는 요령을 배울 것이라 기대하거나 배울 수 있노록 노와주시 않는나는 점입니다".

환자 주도권 강화 운동은 환자-의사 관계에 지각변동이 일어남을 의미한다. 1970년대부터 1980년대까지, 대다수 환자들은 의사를 절대적인 권위자로 생각하는 경향이 있었다. 사람들은 의사의 지시에 이의를 제기하지 않았고 그냥 단순히 지시사항을 따랐다. 의사가 환자에게 정확한 진단명과 처방한 약에 대한 정보를 전달하지 않는 경우도 있었다. 환자들은 자신의 의료기록을 볼 수 없었다. 1984년에 발표된 기념비적인 저서 『의사와 환자의 조용한 세상The Silent World of Doctor and Patient』에서, 제이 카츠Jay Katz 는 환자들을 의학적인 의사결정에서 배제하는 것이 얼마나 비윤리적인지 강조했다. 1990년대에 들어서자 의과대학에서는 의사들에게 환자의 자율성을 존중하도록 교육하기 시작했다. 인터넷이 폭발적으로 보급되면서 환자들은 처음으로 의학 정보를 손쉽게 접할 수 있었다. 2005년 실시된 한 설문조사에 따르면, 암 진단을 받은 환자의 대략 절반 정도가 의사로부터 여러 가지 치료 옵션에 대한 설명을 들었다고 대답했다. 이 환자들 중 3분의 1은 스스로 치료방법을 선택했다. 전반적으로 보면 이는 매우 중요한 변화다. 정보를 갖게 된 환자들은 자신의 특별한 상황에 비추어 올바른 판단을 내릴 가능성이 높다. 하지만 환자 주도권 강화 운동은 현재 의사와 환자 모두가 접하고 있는 의학적 결정을 더욱 복잡하게 만들기도 한다.

이제 의사뿐만 아니라 환자도 모호성이 어떻게 이성적인 분석의 방해물이 될 수 있는지 인식해야 한다. 1차 진료를 받기 위해 병원을 찾은 환자 중에서, 진찰과 검사를 실시한 후에도 원인을 파악할 수 없거나 모호한 증상을 호소하는 환자는 무려 3분의 2에 달한다. 환자가 의사에게 애매한 증상을 늘어놓게 되면, 당연한 일이지만 의사와 환자 사이의 관계에 좋지 않은 영향을 미친다. 이 문제를 가장 적나라하게 보여주는 실험 중 하나는 로체스터 대학교의 데이비드 시번David Seaburn이 이끄는 연구팀이 2005년 발표한 연구다. 시번과 동료들은 1차 진료를 담당하는 의사들이 혼란스러운 의학적 증상을 호소하는 환자를 어떻게 치료했는지 살펴보고자 했다. 연구원들은 배우들에게 상세한 대본을 주고 여러 차례 테스트 인터뷰를 실시하며 이들이 구체적인 증상을 설명하도록 훈련시켰다. 그다음에는 근처의 의사 명단을 확보한 뒤, 환자로 분한 배우들이 두 명씩 예고 없이 각 의사를 방문하도록 했다. 배우들의 병원 방문은 비밀리에 녹음되었다.

각 의사는 전형적인 위식도역류질환의 증상을 호소하는 남성 또는 여성 환자 한 명을 진찰했다. 이 첫번째 '환자'는 의사에게 밤마다 가슴에 통증을 느낀다고 말했다. 제산제를 먹으면 다소 증상이 완화되기도 하며, 먹는 음식에 따라 통증이 다른 양상으로 나타난다고 말하기도 했다. 각 의사를 찾아간 두번째 환자는 첫번째 환자와는 달리 증상을 애매하게 설명했다. 다소 불확실한 표현을 사용하면서 약간의 감정적 스트레스, 어지러움, 피곤함, 가슴 통증을 토로했다. 시번과 동료들은 이러한 환자와 의사의 대화를 자세히 기록한 뒤 이를 세부적으로 분류했다.

모호한 증세를 호소하는 두번째 환자에 대한 스물세 차례의 진찰 양상을 파악한 결과 분명한 패턴이 드러났다. 의사가 모호한 증상을 그냥 무시해버릴 확률은 22퍼센트였다. 예를 들어 환자가 '평범한 가슴 통증이라는 애매한 증상'을 토로하면, 의사가 "환자분의 통증은 위식도역류질환 때문입니다"라는 '사실'을 제시해주는 식이었다. 나중에 의사와 환자 사이의 대화를 분석한 연구원들은 이러한 진찰을 "의사가 주도"했다고 묘사했다. 주도권을 쥐고 있는 것은 의사였으며, 환자가 제공하는 정보는 그다지 많지 않았다. 환자의 역할은 수동적이었으며 '주도권 강화'와는 정반대의 양상을 띠었다.

하지만 시번의 연구에서는 또하나의 심각한 문제가 드러났다. 이러한 의사들 중 상당수는 단순히 모호한 증상을 무시하기만 하는 것이 아니었다. 77퍼센트의 사례에서, 의사들은 증상이 불분명하다는 점을 인식했으며 후속 조치를 제안했다. 예를 들어 시번의 연구에 예시로 실린다음 대화를 살펴보자.

환자    무슨 문제인 것 같습니까?
의사 B  통증의 원인이 무엇인지 확실히 모르겠군요. 내시경 검사를 해서 궤양이나 종양이 있는지 확인해봐야 할 것 같습니다.

더 많은 정보를 얻기 위해 검사를 지시하는 것은 딱히 우려스러운 일처럼 생각되지 않는다. 이들의 잘못을 보여주는 딱 한 가지 사소한 점만 빼고 말이다. 의사가 애매한 증상을 호소한 환자로부터 더 많은 정보를 얻어내려고 노력한 사례는 세 건에 불과했다. 스물세 번의 진찰 중에서 고작 세 건에서만 의사가 증상을 명확히 하기 위해 계속 환자에게 추가적인 질문을 던졌던 것이다.

검사를 지시하면 모호성에 대해 더이상 생각하지 않아도 된다. 최소한 이 연구에서, 검사는 의사에게 환자의 증상 때문에 골머리를 썩는 상황을 너무나 쉽게 피할 수 있는 도피처가 되어주었다. 리사 샌더스는『위대한, 그러나 위험한 진단Every Patient Tells a Story』이라는 책에서 성급하게 진찰을 종료하려는 의사들의 성향을 확인해주었다. "의학계에서 압도적으로 많이 일어나는 진단 오류는 성급한 진찰 종료다. 의사들은 일단 주요 증상의 대부분 또는 전부에 들어맞는 진단을 발견하면 '다른 가능성은 없을까?'라는 자문도 해보지 않은 채 진찰을 중단한다." 시번의 연구에서도 드러났듯이, 여기에 첨단 기술까지 개입하면 이 딜레마는 점입가경의 양상을 띤다.

2011년 〈뉴욕 타임스〉는 유명한 스포츠 의학 전문의이자 정형외과 의사인 제임스 앤드루스James Andrews가 실시한 유사 실험을 보도했다. 앤드루스는 드루 브리스, 페이턴 매닝, 에밋 스미스, 찰스 바클리, 마이클 조든, 로저 클레멘스, 잭 니클라우스 등의 스포츠 스타들을 치료해왔다.

MRI 검사가 의사들에게 잘못된 결과를 제시해줄 수도 있다고 생각한 앤드루스는 서른한 명의 프로야구 투수들을 선별해 MRI 검사를 실시했다. 서른한 명의 투수들 중 스물일곱 명의 MRI에서 비정상적인 회전근 손상이 발견되었다. 어깨 연골의 상태가 비정상적인 투수도 스물여덟 명이나 되었다. 문제는 이 투수들이 전부 건강했다는 점이다. 앤드루스는 일부러 부상을 입은 적이 없으며 통증을 호소하지도 않은 선수들을 선별했다. MRI는 비정상 여부를 감별해내는 데에는 무척이나 효과적이지만, 그러한 이상이 실제로 문제를 야기하는지 밝혀내는 데 항상 유용한 것은 아니다.

"투수의 공을 던지는 쪽 어깨를 수술하기 위한 구실이 필요하다면 MRI를 찍으면 됩니다." 앤드루스의 말이다. 이 이야기는 지극히 감도가 높은 진단 검사의 중요한 단점을 잘 보여준다. 투수들은 다른 모든 사람과 마찬가지로 다양한 신체적 결함을 가지고 있다. 이러한 결함의 대다수는 건강에 전혀 영향을 미치지 않지만, 검사를 실시하면 지나치게 민감한 경고등이 켜지고 만다.

환자들은 사실상 진단 검사에 파묻히고 있는 실정이다. 하지만 CT, MRI, PET 영상 검사 건수가 계속해서 늘어나는 반면, 이러한 검사의 필요성을 뒷받침해줄 결과는 찾아보기 어렵다. 2007년에 발간된 『과잉 치료Overtreated』라는 책에서, (뉴 아메리카New America에서 나와 함께 활동하는 동료이자) 보건정책 전문가인 섀넌 브라운리Shannon Brownlee는 이렇게 주장했다. "검사 결과의 절반 정도가 올바른 판단을 내릴 수 있도록 의사를 도와준다면, 나머지 절반은 상황을 모호하게 만들고 의사를 잘못된 길로 오도한다."

시번과 동료들은 검사를 지시하는 것이 불확실한 증상에 대한 손쉬운 대처방법이며, 의사들은 이를 통해 단기적으로 진찰이 종결되었다는 잘못된 느낌을 받게 된다는 점을 보여주었다. 하지만 만약 경고등이 제대로 작동하지 않아 검사 결과 자체가 불확실하게 나올 경우, 이는 끝없는 검사로 이어질 수 있지 않을까? 수니타 사ᴿSunita Sah, 피에르 엘리아스ᴾPierre Elias, 댄 애리얼리가 실시한 2013년의 실험은 실제로 그것이 가능함을 보여주었다.

사는 모호한 검사 결과가 나올 경우 의사들이 다른 검사를 지시할 가능성이 있다고 추정했다. 전립선암을 진단하기 위한 전립선특이항원ᴾSA 검사에서 확실한 진단을 내릴 수 없는 결과가 나올 경우, 또하나의 보다 위험한 검사로 이어지지 않을까? 사와 엘리아스, 애리얼리는 40세에서 75세 사이의 남성을 700명 이상 모집해 무작위로 네 개의 실험 조건 중 하나를 할당했다. 첫번째 집단에게는 전립선 조직 검사의 위험성과 장점에 대한 정보를 제공했다. 그다음에 실험 참가자들에게 조직 검사를 받을지, 그리고 그 결정에 대해 어느 정도 확신하는지 물었다. 다른 세 집단에게도 조직 검사의 위험성과 장점을 설명해주었지만, 이들에게는 그와 동시에 PSA 선별 검사(이 선별 검사는 조직 검사의 필요성 여부를 알려준다)의 배경 정보도 제공한 후 '정상' '높음' '결론을 내릴 수 없음'이라는 세 가지 PSA 검사 결과 중 하나를 상상하도록 요청했다. 실험 참가자들에게는 '결론을 내릴 수 없음'이라는 검사 결과가 "암인지 아닌지를 판단하는 데 아무런 참고가 되지 않는다"는 이야기를 해주었다. 그런 다음 이 남성들은 가상의 전립선 조직 검사를 받을 것인지 여부를 결정해야 했다.

이론상으로 '결론을 내릴 수 없음'이라는 PSA 결과는 위험한 조직 검사 실시 여부에 긍정적으로든 부정적으로든 별다른 영향을 미치지 않아야 한다. 하지만 사와 동료들이 분석한 결과는 이와 달랐다. PSA 선별 검사 결과를 받지 않은 실험 참가자들 중 전립선 조직 검사를 선택한 사람은 25퍼센트에 불과했다. 하지만 '결론을 내릴 수 없음'이라는 PSA 검사 결과를 받은 사람들은 40퍼센트가 조직 검사를 선택했다. 해당 결과는 "아무런 참고가 되지 않는다"는 명확한 설명을 제시했다는 점을 고려할 때 상당히 큰 증가폭이라 할 수 있다. 무언가를 알지 못한다는 생각 자체가 사람들을 전전긍긍 상태로 몰아넣고, 보다 위험한 테스트를 선택하도록 만든 것이다.

전립선 조직 검사는 단순히 위험할 뿐만 아니라 비용이 많이 들기 때문에 조직 검사를 받겠다고 선택한 사람 수가 증가했다는 것은 상당히 주목할 만하다. 사는 이 현상을 "조사의 모멘텀"이라고 묘사했다. 이 사례뿐만 아니라 다른 유사한 사례에서도 무언가를 조사했지만 모호한 결과를 얻을 경우, 특히 스트레스가 심할 때, 모호한 상황을 싫어하는 우리는 보다 명확하고 불안감을 해소시키는 해답을 찾을지도 모른다는 희망을 안고 더욱 위험한 진단 검사를 선택하게 된다.

이렇게 자체적인 모멘텀 때문에 "모호한 결과를 받았을 때 잠재적으로 과도한 추가 진단 검사"를 받게 된다는 것이 사의 설명이다. 사는 미국에서 과도한 검사가 진행되는 데에는 다른 여러 가지 원인도 작용하고 있다는 사실을 부인하지 않았다. 경제적인 동기가 상당 부분을 차지하는 것이 분명하며, 의사가 잠재적인 의료소송을 방지하기 위해 환자를 과도하게 치료하는 자기방어적 의료라는 요인도 배제할 수 없다. 하지만 사의 말에 따르면, 결론을 내릴 수 없는 검사 결과, 모호함을 피하려는 성향, 검사에 대한 과도한 신뢰 때문에 자체적인 모멘텀이 일어나 연속적인 검사로 이어지는 것이 중요하고도 간과되기 쉬운 원인이다. 이와 같은 맥락에서, 2013년 데버러 그레이디Deborah Grady는 미국 보훈부VA 의료센터에서 부적절하게 심근관류 검사를 실시한 사례가 약 20퍼센트에 달한다는 증거를 인용했다. 이 비율은 다른 의료기관과 대략 비슷한 수치다. 하지만 의학저널 〈자마 인터널 메디신JAMA Internal Medicine〉(예전 〈아카이브 오브 인터널 메디신Archives of Internal Medicine〉)의 편집자 그레이디는 VA 의사들이 월급제로 일하고 있으며 의료과실 소송을 당하는 경우도 드물다는 점을 지적한다. 보훈부 의료센터의 과도한 검사 비율이 타 의료기관과 비슷하게 나타난다는 사실은, 과도한 검사에 경제적인 동기나 자기방어적 의료보다 훨씬 뿌리깊은 원인이 있음을 시사한다.

지난 몇 년간, 불확실한 검사 결과가 더욱 위험한 추가적 검사나 치료로 이어진 사례가 의학저널에 실리는 빈도가 늘어나고 있다. 한 사례에서는 가벼운 천식을 앓고 있는 오십대 남성이 탈장 수술을 받게 되었다. 수술 전 검사 결과는 정상이었지만, 남성의 나이와 천식 병력을 고려해 추가적인 예방조치로 흉부 X선 검사를 실시했다. X선 검사 결과, 폐에서 7밀리미터 크기의 작은 혹이 발견되었고 방사선 전문의는 CT 검사를 지시했다. CT 검사에서는 폐에 생긴 혹이 나타나지 않았지만, 남성의 우측 부신에서 다른 혹이 확인되었다. 그러자 방사선 전문의는 해당 부위를 집중적으로 촬영하도록 또 한번의 CT 검사를 요청했다. 신장 부위를 CT 촬영한 결과 그 혹은 큰 문제가 되지 않는다는 것이 드러났다. 이 남성은 수차례의 검사 때문에 마침내 수술을 받게 될 때까지 탈장의 고통을 6개월이나 더 견뎌내야 했다. 물론 그사이에 암에 걸렸을지도 모른다며 걱정했음은 말할 것도 없다. 이 사례가 특히 심각한 것은 애초에 이 남성과 비슷한 상태의 환자들에게 수술 전 X선 검사를 실시해야 할 이유가 확실치 않기 때문이다. 목적도 불분명한 이 검사 때문에 결국 두 차례의 추가적인 검사가 실시되었으며, 이는 사, 엘리아스, 애리얼리가 제시한 '조사의 모멘텀'의 개념에 완벽하게 부합하는 사례다.

의료 전문가들은 과도한 검사의 문제와 다양한 원인을 인식하고 있으며, 이를 개선하기 위해 노력하고 있다. 최근의 한 추정치에 따르면 미국에서 과도한 치료 때문에 연간 2천억 달러 정도가 낭비되고 있다고 한다. 의사들을 대상으로 실시한 2014년의 설문조사에서는 불필요한 검사와 시술이 심각한 의료 문제라고 대답한 응답자가 73퍼센트에 달했다. 이들에게 왜 가끔씩 그런 실수가 발생하는지 묻자 36퍼센트는 "그저 안전을 위해서"라고 답했다. 물론 의료와 관련된 불확실성에는 특히 많은 감정이 개입된다. 환자의 건강이라는 중요한 문제가 걸려 있으며, 고집스럽게 검사를 주장해 긍정적인 결과를 얻은 경우도 분명 존재한다. 따라서 직감적으로 '만약을 대비해' 실시하는 검사를 무조건 죄악처럼 취급해서는 안 된다. 하지만 위험과 보상을 더욱 명확히 따져보고 환자에 대한 배려와 과도한 치료 사이에서 효과적인 균형점을 찾아야 하는 것만은 분명하다.

이러한 노력에 앞장서고 있는 〈자마 인터널 메디신〉은 2010년 '적을 수록 좋다Less Is More' 시리즈를 게재하기 시작했으며, 이 시리즈에서는 의학적 조치를 줄여야 보다 나은 결과를 얻을 수 있는 사례를 자세하게 소개했다. 이 시리즈의 편집자들은 진단 검사를 매우 중요한 문제 영역으로 꼽았다. 하나의 검사에서 비정상이지만 건강에는 악영향을 미치지 않는 소견이 발견될 경우 더 많은 검사로 이어질 수 있으며, 검사나 시술이 하나씩 추가될 때마다 환자는 심리적 부담을 느낄 뿐만 아니라 합병증이나 방사선 노출로 인한 위험까지 짊어지게 된다. 〈자마 인터널 메디신〉의 편집자들이 2011년 언급했듯이, "(아무리 비침입성 검사라 해도) 세상에 무해한 검사는 존재하지 않으며, 검사를 적게 할수록 더 좋은 경우가 많다".

의사들이 보다 현명한 선택을 하도록 돕는 것이 무척이나 어렵다는 사실은 환자 주도권 강화 운동의 한계점을 보여주기도 한다. 좋은 의도와 순수한 마음을 가진 의사들이 언제, 어떻게 특정한 검사를 실시해야 하는지 좀처럼 결정을 내릴 수 없다면, 어떻게 환자들의 상태가 나아지리라 기대할 수 있겠는가? 트리샤 토리조차 2007년부터는 환자 주도권 강화 운동의 단점을 깨닫기 시작했다. 토리는 자신의 치료방법에 대해 더욱 큰 결정권을 갖고 싶다고 말하는 몇몇 사람들을 만났지만, 이들은 이미 너무나 건강이 좋지 않아 그럴 수 없는 상태였다. 의료체계를 보다 효과적으로 활용하는 방법을 익힘으로써 가장 큰 혜택을 입을 수 있는 사람들은 정작 그에 필요한 시간이나 재원이 없는 경우가 많았다. 또한 심리 상태가 자신의 치료 관련 결정을 전적으로 책임지기에 부적합한 환자들도 적지 않았다.

모호성이 효과적인 진단과 치료에 어떻게 방해가 될 수 있는지에 대한 인식을 고취하는 것에서 한 발짝 더 나아가, 가장 간단하면서도 손쉬운 해결책은 환자와 의사 모두에게 올바른 정보를 제공하는 것이다. 예를 들어 미네소타에서는 헬스파트너스HealthPartners라는 비영리 의료협동 조합이 MRI와 CT 검사가 15~18퍼센트 정도 증가했다는 사실을 발견했다. 그래서 이들은 의사가 검사를 지시할 때마다 환자의 전산 의료기록에 전국 표준 방사선 검사지침이 표시되도록 하는 프로그램을 시작했다. 2년 남짓한 기간 동안 이 프로그램 덕분에 대략 2만 건의 불필요한 검사를 피할 수 있었으며 절약된 비용은 1400만 달러에 달했다. '적을수록 좋다'는 캠페인을 점진적으로 강화하기 위해, 〈자마 인터널 메디신〉은 미국의사연맹의 '의사가 하지 말아야 할 진료 다섯 가지'를 게재해 의사가 널 개입할수록 환사의 상태가 비악적으로 개선되는 주요 영역들을 강조했다. 이 목록은 온라인으로 확인할 수 있으며 상당히 놀라운 금기들이 여럿 포함되어 있다. 예를 들어 아이들이 기침약이나 감기약을 먹으면 안 된다는 사실을 알고 있었는가? 처방전 없이 살 수 있는 이러한 약들이 기침을 줄인다거나 감기를 빨리 낫게 해준다는 증거는 사실상 거의 없다. 하지만 미국 어린이들 열 명 중 한 명은 일주일이 멀다 하고 이러한 약을 먹는다. 이와 같은 활동은 우리 사회가 이미 깨닫기 시작한 중요한 교훈들을 다시 한번 일깨워준다. 예를 들어 빈번한 유방 X선 검사가 항상 필요한 것은 아니며, 일부 약의 경우 효과보다 위험이 더 큰 경우도 있다는 사실을 말이다.

다른 권장사항들도 과도한 검사가 만연하는 현상을 직접적으로 지적하고 있다. 아이들이 머리를 가볍게 다쳤을 때 무조건 진단 검사를 지시하지 마라, 21세 미만의 여성들에게 자궁경부 세포 검사를 실시하지 마라, 관상동맥심장질환의 위험이 낮은 환자들에게는 매년 심전도 검사를 실시할 필요가 없다. 그리고 특별한 위험신호가 없는 한, 허리 통증이 처음 발생한 후 6주 내에는 방사선 촬영 검사를 피하라. 미국 내과의사협회가 설립한 비영리단체 ABIM재단은 '현명한 선택Choosing Wisely'이라는 캠페인에 착수했다. 이 캠페인은 다양한 의료 분야의 전문학회에 요청해 의사들과 환자들이 의문을 제기해야 할 검사나 시술 다섯 가지 목록을 취합하고 있다. 현재까지 65개 이상의 학회에서 325가지가 넘는 과도한 테스트와 시술 목록을 제공했다.

이러한 노력은 커다란 성공을 거두었으며, 이에 고무된 캐나다 의학협회도 2014년 봄 '현명한 선택 캐나다'를 시작했다. 이들은 보다 적은 검사를 선택하는 것이 무조건 일정 비율만큼 검사를 줄여야 한다는 의미가 아님을 강조한다. 그보다는 많을수록 좋다는 보편적인 개념에 의문을 제기하고, 아무리 기술이 발달했다고 하더라도 검사가 항상 문제에 대한 최선의 해결책은 아니라는 인식을 고취하는 것이 목적이다. 검사에 지나치게 의존하다가 역효과가 나타나는 사례는 너무나 흔하다. 2013년 레지던트들을 대상으로 실시한 연구에서는 의사가 컴퓨터 모니터를 보는 시간이 환자의 얼굴을 보는 시간의 세 배 이상이라는 사실이 드러났다. 하지만 단순히 환자와 대화만 나누어도 진단을 내릴 수 있는 경우가 많다. 기술이 주는 '확실성'이 매력적으로 느껴지기는 하겠지만, 일반적으로 무턱대고 환자를 검사하는 것보다는 상태를 직접 살펴보며 진찰하는 편이 더 현명한 법이다.

새로운 기술이 불확실성에서 벗어날 수 있는 지름길을 제공해주는 것처럼 보이는 분야는 비단 의학뿐이 아니다. 신흥 기술은 만병통치약으로 칭송받는 경우가 많으며, 특히 '개발도상국'에서는 이러한 현상이 더욱 분명하게 나타난다. 36개국에 2백만 대가 넘는 노트북을 배포한 '모든 아이에게 컴퓨터를One Laptop per Child'(MIT 교수진이 세운 비영리단체이자 아이들에게 컴퓨터를 보급하려는 프로젝트―옮긴이) 프로그램은 이를 보여주는 극단적인 사례다. 가난한 나라에서 자라나는 아이들의 재능 개발에 가장 큰 장애물이 (국가체계의 뿌리깊은 취약성이 아니라) 정보에 대한 접근성 부족이라고 생각하면 마음은 편할지 모른다. 이 프로그램에 대한 한 연구에서는 컴퓨터를 받은 페루 학생들의 경우 일반적인 인지능력이 약간 개선되었을 뿐, 학교 출석률이 높아지거나, 숙제에 더 많은 시간을 할애하거나, 수리 및 언어능력이 향상되지는 않았음이 드러났다. 마찬가지로 MOOC(온라인 대중공개강좌)를 통한 무료 온라인 교육은 사회의 진보를 위한 유용한 도구로 평가받아왔다. 그러나 어떤 빈곤 퇴치 프로그램이나 사회사업에도 특단의 해결책이란 존재하지 않는다.

의료기술, 특히 촬영기술은 과거에 눈으로 볼 수 없었던 인체의 숨겨진 영역을 볼 수 있도록 해주기 때문에 의학적인 딜레마에 처했을 때 특히 매력적인 해결책일지도 모른다. 우리는 마침내 사람의 몸속에서 어떤 일이 일어나고 있는지 살펴볼 수 있는 창문을 발견했다는 기분을 느낀다. 그 창문을 통해 보이는 광경이 아무리 흐릿하다 해도 말이다. 그러나 사람의 몸과 마음은 단순히 컴퓨터에 연결해 무슨 문제가 생겼는지 판단할 수 있는 기계가 아니다. (비록 앞에서 자동차 경고등의 비유를 소개하기는 했지만.) 인간의 몸이 자동차 부품처럼 한 치의 오차도 없이 간단한 인과관계에 따라 움직이지 않는 것은 물론이다.

인체를 기계처럼 생각하게 되면 첨단 기술을 활용하는 또하나의 분야에서 심각한 문제가 발생한다. 신경법학Neurolaw은 두뇌 촬영 결과를 형사법에 적용하는 분야다. 두뇌의 이상을 보여주는 뇌신경 촬영 증거는 수많은 살인자들이 사형선고를 피하는 데 결정적인 역할을 했다. 듀크 대학교 법학대학원의 니타 파라하니Nita Farahany가 구축한 데이터베이스에 따르면, 2004년부터 2012년 사이에 신경과학적 증거가 고려된 사건은 최소 1600건에 달한다. 샌디에이고의 한 피고측 변호사는 심지어 PET 스캔을 의뢰인의 도덕적 결백의 증거로 제시하며 이렇게 자랑하기도 했다. "이 근사한 색의 이미지는 확대할 수 있습니다…… 이 이미지는 피고의 두뇌에 비정상적인 부분이 있음을 보여주었지요. 배심원들이 눈을 떼지 못하더군요."

과학자들이 두뇌 스캔을 사용해 많은 사실을 알아내고 있다는 데에는 의문의 여지가 없다. 이 책에서도 이렇게 놀라운 발견 몇 가지를 다루었다. 그러나 두뇌를 촬영한 사진은 신체 나머지 부분의 사진과 마찬가지로 항상 단순한 인과관계를 나타내지는 않는다. 폐에 생긴 혹처럼, 두뇌에 비정상적인 부분이 있다고 해서 반드시 무언가가 잘못되었다는 의미는 아니다. 메릴랜드 대학교의 어맨다 푸스틸니크Amanda Pustilnik는 신경법학의 역사를 다루면서 신경법학을 골상학, 체사레 롬브로소가 제창한 생물학적 범죄학, 그리고 정신외과학(뇌수술로 정신적 장애를 치료하는 것—옮긴이)에 비교했다. 푸스틸니크는 이렇게 적었다. 이러한 학문들의 이론이나 관례는 전부 "폭력의 원인이 뇌에 자리잡고 있다는 전제에서 출발한다". 그러나 폭력의 원인은 건강이 나빠지는 원인과 마찬가지로 보통 신체 내에서 발생하지 않는다. 그저 신체를 통과할 뿐이며, 이러한 원인이 남기는 흔적은 무척이나 감지하기 힘들고 모호한 경우가 대부분이다.

캘리포니아 대학교 어바인 캠퍼스의 신경과학자 제임스 팰런James Fallon은 사이코패스 살인자들의 두뇌 검사 결과를 연구했다. 그는 두뇌 검사 결과를 범죄사건에 적용하는 것에 회의적이다. 팰런은 나에게 이렇게 말했다. "신경촬영 결과를 결정적인 증거로 사용하는 것은 아직 시기상조입니다. 검사 결과를 너무나 다양한 방향으로 해석할 수 있기 때문이지요." 운명의 상난인지, 비정상적인 두뇌의 이미지와 대조할 정상 두뇌의 이미지가 필요했던 탓에 팰런이 직접 PET 검사를 받은 적이 있다. 놀랍게도 그의 전두전엽 검사 결과는 그가 오랫동안 연구해온 사이코패스 살인자들과 똑같은 모양이었다. 그는 이러한 모순에 주목했다. 팰런이 평생 아무도 해친 적이 없다는 사실은 문제의 핵심이 아니었다. 문제는 폭력과는 거리가 먼 사람의 뇌 검사 결과가 폭력적인 사람의 검사 결과와 별다른 차이점을 보이지 않았다는 점이다.

의사, 과학자, 정책 입안자 들이 첨단 기술 및 도구에 열광하고 열정을 보인다 해도 이들을 비난할 수는 없다. 다만 이렇게 무언가를 보는 새로운 방식이 생겼다고 해서 반드시 예전보다 명확하게 볼 수 있는 것은 아니며, 때로는 알고 있다는 환상이 무지보다 더 위험할 수도 있다.

2013년 4월 트리샤 토리는 또하나의 정체를 알 수 없는 골프공 크기의 혹을 발견했다. 이번에는 엉덩이 아래쪽의 피부 바로 밑이었다. 혹은 동그랗고 돌처럼 딱딱했으며 첫번째와는 달리 통증이 있었는데, 아마도 보다 민감한 신경이나 근육 가까이 위치하고 있었기 때문일 것이다. 잠깐 동안이기는 하지만, 토리는 몇 년 만에 처음으로 외상후스트레스장애 증상을 다시 겪기 시작했고 극심한 공포에 시달렸다. 그러다가 첫번째 혹 이후로 자신이 얼마나 많이 변했는지 스스로에게 되뇌었다. 지난번에도 암이 아니었는데 이번이라고 암이라는 법은 없잖아?

이때 토리는 제니 브라운Jennie Brown(본명) 박사라는 다른 주치의를 두고 있었다. CT 촬영에서는 이 혹이 암이 아닐 것이라는 소견이 나왔지만, 브라운 박사는 결장에 작은 종양이 생겨나는 경우도 있다는 이야기를 해주었다. 의사는 만약을 대비해 토리를 일반외과에 보내고 싶어했다.

하지만 토리는 수동적으로 의사의 지시를 따르지 않았다. "저는 이렇게 말했습니다. '아뇨, 안 가겠어요. 아무 조치도 취하지 않으면 무슨 일이 생기는지 한번 보죠.'" 그리고 토리는 이렇게 덧붙였다. "게다가 외과에 가면 의사가 저에게 수술을 받아야 한다고 하겠죠. 안 그래요?" 브라운 박사는 웃음을 터뜨렸다. "그건 부인하기 어렵네요." 그 모든 일을 거치면서, 놀랍게도 토리는 단 한 번도 그 혹에 대한 정확한 진단을 받은 적이 없었다. 토리는 이렇게 말했다. "아는 사람이 없더군요. 아무도 그게 무슨 혹인지 말을 못하더라고요." 하지만 토리는 그 혹이 어쩌면 별로 해롭지 않은 것이며 그냥 사라질지도 모른다고 생각했다. 그래서 브라운 박사에게 수술 대신 먼저 시도해볼 수 있는 다른 치료법이 없는지 물어보았다. 의사는 3주간 복용할 항생제를 처방해주었고 두 사람은 그동안 혹의 추이를 관찰했다.

3주가 지날 즈음 혹은 온데간데없이 사라졌다.

## 알고 있다는 환상이 무지보다 더 위험한 이유, 첨단 기술과 도구의 배신

도대체 의사들은 왜 아직도 그렇게 많은 실수를 하는 것일까? 우선 의사들은 점점 더 감당하기 어려운 양의 정보를 다루어야 한다. 그 어느 때보다 많은 지식과 도구가 갖춰져 있는 오늘날, 관건은 이 새로운 지식이 야기하는 복잡성과 불확실성에 대처하는 시스템을 개발하는 것이다. 여기서 문제는 정확히 어떤 상황에서 특정한 치료법이 적합한지에 대해 분명하게 밝혀진 바가 없다는 점이다.

새로운 기술이 불확실성에서 벗어날 수 있는 지름길을 제공해주는 것처럼 보이는 분야는 비단 의학뿐이 아니다. 신흥 기술은 만병통치약으로 칭송받는 경우가 많으며, 특히 '개발도상국'에서는 이러한 현상이 더욱 분명하게 나타난다. 36개국에 2백만 대가 넘는 노트북을 배포한 '모든 아이에게 컴퓨터를' 프로그램은 이를 보여주는 극단적인 사례다. 가난한 나라에서 자라나는 아이들의 재능 개발에 가장 큰 장애물이 (국가체계의 뿌리깊은 취약성이 아니라) 정보에 대한 접근성 부족이라고 생각하면 마음은 편할지 모른다. 이 프로그램에 대한 한 연구에서는 컴퓨터를 받은 페루 학생들의 경우 일반적인 인지능력이 약간 개선되었을 뿐, 학교 출석률이 높아지거나, 숙제에 더 많은 시간을 할애하거나, 수리 및 언어능력이 향상되지는 않았음이 드러났다.

의사, 과학자, 정책 입안자 들이 첨단 기술 및 도구에 열광하고 열정을 보인다 해도 이들을 비난할 수는 없다. 다만 이렇게 무언가를 보는 새로운 방식이 생겼다고 해서 반드시 예전보다 명확하게 볼 수 있는 것은 아니며, 때로는 알고 있다는 환상이 무지보다 더 위험할 수도 있다.

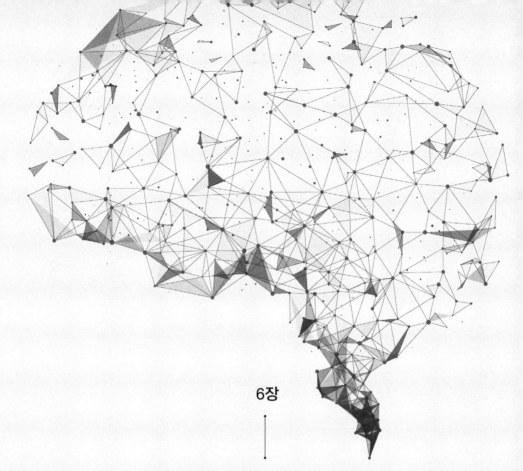

# 6장

# 모호성을 견뎌내는
# CEO의 능력이
# 기업의 성공을 결정한다

—

## 미래예측을 포기함으로써 미래경영에 성공한 기업

The Hemline Hassle
A STRATEGY OF IGNORANCE

턱 가운데가 움푹 파인 〈우먼스 웨어 데일리Women's Wear Daily, WWD〉의 편집자 존 페어차일드John Fairchild는 한때 아무도 거들떠보지 않던 팸플릿을 패션업계에서 가장 권위 있는 간행물 중 하나로 바꿔놓은 일등공신이다. 비평가들은 WWD를 '골칫거리 타블로이드'이자 패션의 '흠집 내기 바이블'이라고 조롱했지만, 디자이너들은 그 영향력을 인정하고 두려워했다. 〈베니티 페어Vanity Fair〉는 페어차일드를 '패션 간행물계의 시민 케인'이라고 묘사하기도 했다. 그러나 1970년대 초반에 페어차일드는 곤경에 처해 있었다. 그는 자신과 WWD의 명성을 걸고, 1970년은 무릎에서 10센티미터 정도 내려오는 미디스커트의 해가 될 것이라는 대담한 예측을 했다. 시간이 점점 흘러가는 가운데, 미디스커트 유행에 대한 페어차일드의 예언은 빗나간 것처럼 보였다.

런던과 파리에서는 미디스커트가 유행하고 있었다. 그러나 미국에서는 미디스커트가 좀처럼 붐을 일으키지 못했고, 〈라이프〉는 1970년 3월에 "치마 길이를 둘러싼 거대한 전쟁"이라는 표지 기사를 실었다. 페어차일드를 비롯해 미디스커트 유행에 경제적 이해관계가 걸려 있는 사람들에게 가장 큰 장애물은 미니스커트에 대한 미국인들의 고집스러운 사랑이었다. 〈라이프〉는 "가장 골치 아픈 상황에 처한 것은 바로 지금 가을 상품에 대한 결정을 내려야 하기 때문에 재고 처리와 관련해 심각한 위험을 감수하게 될 대규모 의류 제조업체들이다"라고 보도했다. 신중한 디자이너들은 가을 컬렉션의 5퍼센트를 미디스커트에 할애했다. 보다 과감한 디자이너들은 40퍼센트 이상을 염두에 두었다. 초여름에 접어들자 맨해튼에 위치한 본위트 델러 백화점은 재고의 95퍼센트를 미디스커트로 채우기로 결정했다. 이러한 상황에서 회의적인 뉴스는 도움이 되지 않았고, 〈라이프〉에 관련 기사가 실리고 불과 며칠 후 〈뉴스위크〉도 이 치마 길이 전쟁에 대한 표지 기사를 게재했다. 〈뉴스위크〉는 기사에서 미디스커트를 싫어하는 사람들의 말을 인용했으며, 거기에는 "그런 디자인을 내놓고도 괜찮을 것이라 생각한 디자이너들은 부끄러운 줄 알아야 한다"고 불평한 폴 뉴먼도 포함되어 있었다. 이와 반대되는 의견을 내놓은 사람은 프랑스의 조르주 퐁피두 대통령으로, 그는 얌전하고 우아한 미디스커트가 "사랑에 신비로움을 더해준다"고 생각했다.

유명 디자이너들은 미니스커트 유행이 얼마 남지 않았다고 주장했다. 코코 샤넬은 하루빨리 미니스커트를 없애버리고 싶어 안달이었다. 샤넬은 미니스커트를 "여성이 남성을 유혹하기 위해 채택한 무기 중 가장 어리석은 것"이라고 불렀으며, 짧은 치마를 "외설적이며, 살을 노출시키는 옷에 불과"하다고 일축했다. 미니스커트는 1964년 영국 디자이너 메리 퀸트에 의해 대중화되었다. 1966년이 되자 짧은 치마는 디스코텍이나 이국적인 부티크에서 미국의 사무실 및 대학 캠퍼스로 퍼져나갔다. 1960년대 이전에는 젊은 여성들이 어머니 세대와 비슷한 옷을 입었다. 하지만 비틀스 열풍, 최초의 여성 우주비행사, 1964년의 공민권법 제정을 지켜보았으며 피임약을 사용하게 된 세대는 자신들만의 패션 취향을 가지고 있었다. 거들이 사라지고 치마의 길이는 짧아졌으며, 따분한 회색 대신 생동감 있는 색상이 사용되었고, 옷감의 재단 역시 보다 대담하고 자유로우며 여성의 매력을 강조하기 시작했다.

이제 의복은 유머감각까지 전달하게 되었다. 디자이너들은 똑딱이나 지퍼를 사용해 옷에 매력을 더했다. 이러한 변화가 일어나자 보수적인 기존 디자이너들은 위상에 타격을 입었다. 새로운 시대를 상징하며 본인의 말마따나 '거리에서' 탄생한 미니스커트를 무시한 사람은 샤넬뿐이 아니었다. 1967년 고급 백화점인 버그도프 굿맨의 한 우수 여성 판매원은 심지어 "엉덩이가 다 보이는 옷을 입으며 으스대는 사람들은 패션에 대해 아무것도 모른다"고 단언하기도 했다. 유명 디자이너 노먼 노렐은 다소 완곡한 표현을 사용해 이렇게 불평했다. "우아함은 사라졌습니다. 디자이너로서 흥미로우면서도 좌절감을 느끼고 있습니다."

문제는 치마가 얼마나 아래로 내려가느냐가 아니라 얼마나 무릎 위로 높이 올라가느냐였다. 행정관리학회에서 실시한 설문조사에서는 직장인의 52퍼센트가 무릎 위로 5~8센티미터 정도 올라가는 치마는 괜찮다고 답했다. 하지만 치마 길이는 계속 짧아졌다. 1960년대가 끝날 무렵에는 미니스커트의 길이가 무릎 위 15센티미터까지 올라가 있었다. 샌프란시스코 출신의 한 디자이너는 태연하게 이런 설명을 했다. "이제 마이크로미니, 마이크로-마이크로, '세상에 맙소사' '이봐요, 경찰 아저씨' 스커트까지 등장했습니다." 치마 길이는 더이상 올라갈 수 없는 수준이 되었다. 한편 미니스커트를 비롯해 예쁘기는 하지만 똑똑하게 보이지는 않는 옷차림이 여성에게 도움이 되기보다는 오히려 역효과를 가져온다고 생각하는 여성들도 늘어나기 시작했다. 새로운 것을 좇는 패션업계에서 다시 한번 긴 치마를 가지고 실험할 시기가 무르익은 것 같았다. 1970년에 접어들자 유명 디자이너들은 기회가 열렸음을 감지했다.

물론 미디스커트가 갑자기 등장한 것은 아니었다. 1960년대 후반 이미 디자이너들은 여러 가지 실험을 하며 긴 치마의 귀환을 위한 초석을 다지고 있었다. 1968년 〈뉴욕 타임스〉는 '이제 대담한 패션이란 종아리 중간 길이를 의미한다'라는 제목의 머리기사를 실었다. 기사에 따르면, 아무리 다른 여자들의 미니스커트 차림을 좋아하는 남편이라 해도 아내는 미디스커트를 입는 편을 선호한다는 것이다. 1969년 가을로 접어들자 글로리아 기니스Gloria Guinness 같은 패셔니스타들은 이미 옷장 전체를 미디스커트로 바꿔놓았다. 기니스는 한 인터뷰에서 이렇게 덧붙였다. "파리의 똑똑한 여성들은 전부 미디 길이의 치마를 입어요." 미디스커트가 바지 정장을 대체하는 것처럼 보였고, 미디스커트 패션을 완성하는 데 필요한 모자도 다시 유행할 가능성이 있었다. 미니스커트와 잘 어울리는 풍성한 헤어스타일은 마침내 자취를 감추게 될 전망이었다. 본위트 텔러는 미니스커트를 선반에 그냥 쌓아두었다. 미디스커트의 전면적인 유행은 시간문제인 것처럼 보였다.

따라서 1970년 1월 페어차일드가 미디스커트, 다른 말로 롱게트

longuette를 올해의 새로운 유행으로 선언한 것은 근거 없는 예측이 아니었다. 디오르, 지방시, 생로랑은 쿠튀르 콜렉션에서 긴 치마를 선보이고 있었다. 이렇게 미디스커트 유행을 독려하는 움직임에는 경제적인 배경도 작용하고 있었다. 경기가 좋지 않은데다 인건비와 자재비가 상승하면서 고급 양장점들의 수익이 하락하고 있었다. 미디스커트가 유행해 너도나도 구매하게 되면 섬유 생산업체와 직물 공급업체의 스커트 매출은 두 배로 늘어나고 뉴욕 7번가의 비즈니스는 30퍼센트 이상 성장할 가능성도 있었다.

워싱턴 D.C.의 상점에 미디스커트가 등장한 것은 2월이었다. 하지만 시기가 좋다고는 할 수 없었다. 이미 봄이 가까이 다가와 있었고, 미디스커트는 겨울의 가장 추운 시기를 놓쳤던 것이다. 〈워싱턴 포스트〉는 지체 없이 "치마 길이가 내려가면서 수익도 폭락하고 있다"는 상인들의 불만을 보도했다. 또한 디자이너들과 유럽 여성들이 긴 치마에 열광한 반면, 미국인들은 패션업계가 자신들에게 미니스커트가 한물갔다는 생각을 강제로 주입하고 있다고 느꼈다. 또한 소비자들은 옷장 전체를 미디스커트로 바꿔 넣을 생각이 없었다.

다양한 시위단체가 이를 고리타분한 기존 디자이너들의 패션 독재라고 여겼으며, 강하게 반발했다. 로스앤젤레스에서는 줄리 레딩 허트너 Juli Reding Hutner가 '여성스러움과 재정을 지키는 모임Preservation of Our Femininity and Finances, POOFF'이라는 단체를 설립했다. 불과 일주일 만에 이 단체의 회원은 열아홉 명에서 천 명으로 급증했다. "그들이 우리의 다리와 눈에 옷감을 두르도록 내버려두지 않을 겁니다"라는 것이 허트너의 주장이었다. '미디스커트를 올리자'라는 자동차 범퍼 스티커가 등장했고, 로스앤젤레스의 샘 요티 시장은 3월 한 주를 전부 POOFF 주간으로 지정하는 데 동의했다. POOFF는 백화점 바깥쪽에 반미디스커트 청원을 위한 부스를 세웠다.

허트너는 이렇게 예상했다. "가을 무렵이 되면 우리가 승리를 거둘 겁니다."

남성들도 자체적인 항의단체를 조직했다. 투자은행에서 근무하는 닐 나이텔Neil Kneitel은 귀여운 무릎을 좋아하는 남성들의 모임Society of Males Who Appreciate Cute Knees, SMACK을 만들었다. 네브래스카의 벨뷰에서는 쇼핑센터에서 반미디스커트 시위가 벌어지기도 했다. 뉴욕에서는 한 국제 취재기자 위원회International Council of Legmen 회원이 모든 의회 의원에게 빗발치는 서신을 보냈다. 허를 찔린 미디스커트 옹호자들은 이렇게 이상하고 갑작스러운 반미디스커트 정서가 일어난 것은 언론 탓이라며 비난했다. 과거에 패션을 다뤄본 적이 없던 기자들도 앞다투어 미디스커트와 미니스커트의 주도권 다툼에 대한 기사를 실었다. 데이비드 프로스트David Frost는 특별 TV 프로그램을 통해 이 문제를 다루기도 했다. 디자이너 도널드 브룩스Donald Brooks는 침착하게 "여성들은 본인들이 깨닫든 아니든 간에 변화를 위한 준비가 되어 있습니다"라고 주장했다. 제프리 빈Geoffrey Beene도 뜻을 같이하며 이렇게 덧붙였다. "이제 진지한 패션을 만날 때입니다."

앞서 우리는 사람들이 이미 발생했던 혼란스러운 일에 어떻게 대처했는지 살펴보았다. 하지만 미래 역시 당연히 불확실하다. 우리는 사실과 데이터를 보유하고 있다. 그중 일부는 매우 확실하고 명확하지만, 이들이 어떻게 조합돼 미래의 시나리오로 펼쳐질지 예측하기는 어려운 경우가 많다. 트렌드와 첨단 기술은 일반적으로 쉽게 식별할 수 있는 규칙에 따라 전개되지 않는다.

이 책에서는 모호한 정보를 접하면서 야기되는 마음의 상태를 '불확실성'이라는 용어로 지칭해왔다. 하지만 예측을 할 때에는 불확실성이라는 감정을 불러일으키는 또하나의 원인이 존재하며, 그 원인은 바로 위험이다. '위험한 선택'이란, 결과는 알 수 없지만 성공 확률은 알려진 경우를 지칭한다. 동전 던지기를 생각해보자. 앞면이나 뒷면이 나올 확률은 확실하게 알고 있지만, 막상 지금 던졌을 때 앞면이 나올지 뒷면이 나올지는 알 수 없다. 한편 이번 장에서 중점적으로 다루고 있는 '모호한 선택'은 결과를 결정하는 규칙이 명확하지 않기 때문에 성공 확률 자체를 알 수 없는 경우다.

대니얼 엘즈버그Daniel Ellsberg의 유명한 생각 실험은 이러한 차이를 분명하게 보여준다. 검은 공과 빨간 공이 들어 있는 두 개의 항아리 중 하나에서 공을 꺼내야 한다고 생각해보자. 각 항아리에는 공이 100개씩 들어 있다. 빨간 공을 꺼내면 100달러를 받게 된다. 검은 공을 꺼내면 한 푼도 받지 못한다. 하지만 이 두 개의 항아리가 완전히 똑같은 것은 아니다. 1번 항아리에는 0~100개의 빨간 공과 0~100개의 검은 공이 들어 있다. 우리가 알고 있는 사실은 두 가지 공을 합쳐 총 100개가 들어 있다는 것뿐이다. 2번 항아리에는 50개의 검은 공과 50개의 빨간 공이 들어 있다. 엘즈버그는 사람들에게 1번과 2번 중 어느 항아리에서 공을 꺼내는 쪽을 선호하는지 물어볼 경우 대부분의 사람들이 2번 항아리를 선택한다는 사실을 알게 되었다. 우리가 아는 한 양쪽 항아리에서 빨간 공이나 검은 공을 꺼낼 확률은 같지만, 대다수 사람들은 색깔 비율을 알 수 없는 항아리보다 확실히 알고 있는 항아리에서 공을 뽑겠다고 대답했다. 이것은 모호성을 피하려는 성향을 잘 보여준다.

이렇게 계산할 수 있는 확률을 선호하는 성향이 얼마나 깊숙이 뿌리내리고 있는지 보여주는 것은 엘즈버그의 항아리 실험을 약간 변형해 히말라야원숭이에게 재현한 2010년의 한 실험이다(이 실험에서는 주스를 사용했다). 듀크 대학교의 벤저민 헤이든Benjamin Hayden이 주도한 이 실험에서 연구원들은 원숭이 역시 불확실한 확률보다는 확실한 확률을 선호한다는 사실을 발견했으며, 그러한 선호도가 합리적이지 않은 경우에도 마찬가지였다. 침팬지와 보노보도 같은 선호도를 보였다. 예일 대학교의 이팻 레비Ifat Levy가 진행한 최근의 연구에서는 부분적인 모호성만 존재하는 경우에도 실험 참가자가 불확실한 상황을 피하려는 성향을 보였다. 한 실험 참가자는 34달러를 받을 수 있는 50퍼센트의 확률이 성립할 가능성 자체가 4분의 1인 경우(불확실함)와 5달러를 받을 수 있는 50퍼센트의 확률(확실함) 중에서 후자를 선호했다.

뇌과학 분야의 증거는 단순히 위험한 확률보다 모호한 확률을 접할 때 편도체와 안와전두피질이 더욱 활발하게 움직인다는 것을 보여주었으며, 이를 통해 모호성이 근본적으로 보다 감정적일 수도 있다는 가능성을 제시했다. 실험 참가자들이 특정 카드를 뽑았는지 여부에 대해 내기를 걸 때도 같은 결과가 나타났으며, 실험 참가자들에게 특정한 날에 뉴욕의 온도와 타지키스탄의 온도 중 어느 쪽이 높을 것인지 내기를 걸도록 했던 기발한 연구에서도 결과는 같았다. 정확한 확률이 존재하더라도 그것을 알지 못할 경우, 우리는 해당 결정을 모호한 것으로 취급한다. 실제 상황에서는 모든 확률을 전부 파악하고 중요한 결정을 내릴 수 있는 경우가 거의 없으며, 결과에 대한 가능성이 상대적으로 명확하다 해도 우리가 그 정보를 찾는 방법을 항상 알고 있는 것은 아니다. 우리가 불확실한 확률을 기반으로 하여 예측하는 방식은 다양한 개인적인 결정에 영향을 미친다. 비즈니스에서는 모호한 확률을 제대로 다루지 못할 경우 엄청난 불이익이 따르기도 한다.

심지어 파산을 맞을 수도 있는 것이다.

현재 딜로이트에서 근무하고 있는 비즈니스 저자이자 전략가인 마이클 레이너Michael Raynor는 2007년 책 『위대한 전략의 함정The Strategy Paradox』에서 놀라운 사실을 소개했다. 그는 가장 뛰어난 실적을 올리는 기업들이 "간신히 생존하고 있는 기업보다는 모욕적인 파산 사태를 맞은 기업과 더 많은 공통점을 가지고 있다"는 사실을 발견한 것이다. 레이너는 파산한 기업들이 대박을 친 기업들과 같은 특징을 가지고 있었음을 보여주었다. 시장에 따라서는 엄청난 성공의 반대가 처절한 실패가 아닌, 평범함이 되기도 한다.

레이너는 핵심 연구를 진행하면서 현재 운영되고 있는 수천 개 기업의 비즈니스 전략을 검토했다. 가장 큰 수익을 올리는 전략은 전력투구 전략, 즉 미래에 대해 돌이킬 수 없는 재정적 도박을 거는 것이다. 재고의 95퍼센트를 미디스커트로 채운 본위트 텔러의 과감한 행보를 생각해보자. 이러한 전력투구 전략이 성공을 거둘 경우, 다른 기업이 이를 따라잡기까지 어느 정도 시간이 필요하기 때문에 엄청난 이익을 올릴 수 있다. 미디스커트가 크게 유행했다면, 재고가 바닥난 경쟁업체들이 재주문한 제품을 기다리며 발을 동동 구를 때 본위트 텔러는 이미 넉넉한 재고를 확보해놓은 상태일 것이다. 경쟁업체에 제품이 다시 입고되었을 즈음에는 이미 본위트 텔러의 제품이 모두 팔려나간 후다. 레이너의 연구는 전력투구 전략이 엄청난 성공을 거두거나 처참한 실패로 끝난다는 것을 보여주었다. 전력투구 전략을 적극적으로 추진한 기업들은 가장 많은 수익을 올리거나 가장 많은 손해를 보았다. 그의 주장에 따르면 "성공 가능성이 가장 높은 선략은 실패 가능성도 가장 높기 때문에" 획기적인 성공은 사실상 운에 달려 있는 경우가 많다.

인터넷의 발달이나 MP3 포맷의 폭넓은 보급처럼 전혀 예상치 못한 사건들로 인해, 가장 현명한 기업이라기보다는 가장 운좋은 기업이 시장의 승자로 우뚝 서는 사례도 적지 않다. 전쟁, 유가, 자연재해, 화재를 일으켜 반도체 공장을 태워버리는 번개 등, 비즈니스의 사활을 판가름할 수 있는 미지의 일들은 헤아릴 수 없다. 특히 소매업계에서는 생산한 제품이 선반에 진열되기까지 상당한 시간이 걸린다는 점이 모호성의 큰 부분을 차지하고 있다. 대부분의 업계에서 고객이 원하는 것을 파악하기란 상당히 어렵다. 고객이 6개월 후 무엇을 원할지 파악하는 것은 더더욱 어렵다. 독창적인 제품을 판매하든 기존 제품의 저렴한 버전을 판매하든 상관없이, 주문 관련 결정 때문에 재고에 문제가 생기는 일은 두려울 정도로 비일비재하다. 제품을 너무 적게 생산해 고객이 더 많은 제품을 찾는데도 속절없이 매출 기회를 놓칠 수도 있다. 더 심각한 것은 제품을 지나치게 많이 생산해 재고가 남아도는 상황이다.

시스코Cisco는 '공급망 참사'로 인해 22억 달러의 손실을 대손상각 처리했으며, 〈뉴요커〉의 설명에 따르면 이는 "도저히 판매할 수도, 사용할 수도 없는 원자재, 부품, 제품에 20억 달러를 소비했다"는 의미다. 또한 시스코는 전체 직원의 18퍼센트에 달하는 8천 명 이상의 직원을 해고했다. 2013년 유통업체 타깃Target 오스트레일리아는 판매되지 않은 겨울용품을 포함해 1억 달러에 달하는 재고로 심각한 매출 타격을 입었다. 이러한 잉여 재고를 청산하는 가장 손쉬운 방법은 할인 판매를 하거나, 덤핑 처리하거나, 폐기하는 것이다. 어떤 기업은 심지어 팔리지 않은 보드게임, 장난감, 스포츠 카드 등의 '기한이 지난 재고' 폐기를 전문으로 하고 있다며 광고를 하기도 했다. 어떤 방식으로 처리하든, 기업은 막대한 손실을 입게 된다.

그뿐만 아니라 어쩔 수 없이 재고를 할인해서 판매하면 그 할인 판매를 광고하기 위해 더욱 많은 손실을 감수해야 할 수도 있다. 세계 최대와인회사 중 하나인 트레저리 와인 에스테이츠Treasury Wine Estates는 최근오래 묵어서 못 쓰게 된 3천 5백만 달러 어치의 와인을 폐기하고, 무려4천만 달러에 상당하는 할인과 리베이트를 진행하겠다고 발표했다. 이소식에 기업의 주가는 12퍼센트나 하락했다.

재고 관리에 손쉬운 정답은 없다. 유행은 도무지 예측 불가능한 형태로 찾아왔다가 사라진다. 2006년에는 TMX 엘모 인형이 돌풍을 일으키면서 마텔Mattel의 수익이 상승했다. 그래서 마텔은 다음해 크리스마스 시즌에도 다시 한번 높은 매출을 올리고자 했다. 토이저러스Toys "R" Us는 한 가족당 두 명까지만 인형을 살 수 있다는 안내판을 세웠다. 하지만 인형은 좀처럼 팔리지 않은 채 계속 판매대에 쌓여 있었다. 2007년 12월 한 시장 분석가는 이 인형의 새로운 버전인 TMX 엑스트라extra 스페셜 에디션을 익세스 인벤토리 엘모eXcess Inventory Elmo(재고가 많이 남았다는 의미―옮긴이)라고 불러야 한다는 농담을 하기도 했다.

특히 기성복 시장에서는 공급 부족과 과잉 사이의 적절한 균형을 유지하기가 상당히 까다롭다. 예를 들어 2012년 초 애버크롬비 앤드 피치Abercrombie&Fitch, A&F는 과도한 재고로 골머리를 앓고 있었다. 창고에 너무나 많은 옷이 쌓여 있어 대규모 프로모션을 진행해야 했다. 같은 해 전반기에 기존 매장 매출은 8퍼센트나 하락했다. A&F는 2012년 말까지 이에 대한 조정 작업을 했고, 생산량을 감소시켜 전체 재고를 전년도 대비 35퍼센트나 줄였다. 하지만 2013년 회계 1분기가 되자 A&F가 지나친 조정 작업을 했다는 사실이 분명하게 드러났다. 이번에는 수요를 충족시킬 만큼 충분한 옷을 생산하지 않은 것이 문제였다. 매출은 기대치보다 17퍼센트나 아래를 밑돌았다. A&F에 따르면 손실의 절반 이상이 재고 문제 때문에 발생했다.

변덕스러운 고객의 수요를 예측하는 작업을 더욱 까다롭게 만드는 요소가 공급망 관리 분야에서 채찍 효과라고 부르는 골치 아픈 현상이다. 채찍 효과는 소비자 수요 변화가 소비자(채찍을 휘두르는 주체)에서 출발해 소매업체, 도매업체, 생산업체, 그리고 원자재와 부품 공급업체에 이르기까지 공급망 위쪽으로 거슬러올라갈수록 어떻게 증폭되는지 설명한다. 예를 들어 몇 년 전 프록터 앤드 갬블P&G은 케이마트Kmart나 세이프웨이Safeway 등의 소매점에서 팸퍼스 기저귀 매출이 약간씩 변동하고 있음을 알아챘다. 그러나 유통업체에서 들어온 주문서를 살펴본 경영진은 놀라울 정도로 많은 변동이 일어나고 있음을 알게 되었다. 그뿐만 아니라 P&G가 3M을 비롯한 공급업체에 발주한 주문서를 검토한 결과, 변동 폭은 더욱 두드러지게 나타났다. 휼렛 패커드HP도 자사의 공급망에서 동일한 패턴을 발견했다. 주요 재판매업체에서의 프린터 매출은 소폭의 변동을 보이고 있었으나 재판매업체의 주문은 그보다 더욱 큰 폭으로 변동했고, HP의 프린터 담당 사업부에서 집적 회로 사업부로 발주하는 주문은 한층 더 급격하게 오르락내리락했다.

채찍 효과 때문에 소비자 수요가 정상적으로 오르내리는 상황에서도 재정적으로 끔찍한 결과가 생기기도 한다. 1997년 스탠퍼드 대학교의 하우 리Hau Lee와 그 동료들은 식료품업계에서 이렇게 예측할 수 없는 변화가 일어났을 때의 결과를 다음과 같이 설명했다.

왜곡된 정보 때문에 수요의 불확실성과 변동 폭이 커졌고, 공장 창고부터 제조업체의 셔틀 창고, 제조업체의 납품 창고, 유통업체의 중앙 창고, 유통업체의 지역 창고, 소매점의 재고 창고까지, 공급망의 모든 주체가 재고를 쌓아두게 되었다.

수요가 변동하면 공급망을 한 단계 올라갈 때마다 완충 재고라는 명목으로 여분의 식료품 재고가 약간씩 추가된다. 필리핀 라살 대학교의 경영학 교수 아이다 벨라스코Aida Velasco는 최신 유행 패션과 브랜드 제품의 경우, 채찍 효과로 인해 원자재 공급업체가 실제 소비자 수요 변화의 열 배에 달하는 변동을 겪을 수 있다고 추정했다. 예를 들어 어떤 기업이 가죽 재킷 판매량을 100개에서 다섯 개 정도 더 팔거나 덜 파는 수준이라고 예측할 경우, 원자재 공급업체는 최대 150개를 생산할 수 있는 가죽을 공급할 준비를 해두어야 한다. 이는 엄청난 양의 가죽이다. 2012년 4천 개 이상의 미국 기업을 조사한 연구에서는 채찍 효과를 경험했다고 답한 기업이 65퍼센트에 달했다.

과도한 재고의 근본 원인은 모호한 확률에 대한 과잉 반응에서 찾을 수 있는 경우가 많다. 최신 유행 패션 분야와 같이 변덕스러운 업계에서조차, 기업들은 미래에 대해 실제보다 훨씬 더 많은 것을 예측할 수 있다고 추정하는 경향이 있다.

1970년 가을 패션 시즌이 다가오면서 존 페어차일드의 대담한 패션 예측은 본격적인 시험대에 올랐다. 9월이 되자 미니스커트와 미디스커트의 주도권 싸움은 심각한 재정적 우려사항으로 변모했다. 명성뿐만 아니라 막대한 돈이 걸려 있는 문제였다. "이봐요, 이건 재미있는 게임이 아닙니다." 블루밍데일스 백화점의 패션 코디네이터 캐서린 머피Katherine Murphy는 기자에게 버럭 화를 냈다. "우리는 수백만 달러 규모의 사업을 운영하고 있는데다 은행을 방문할 때 웃음이 나오지 않는 상황입니다. 미니스커트 유행이 끝날 것이라는 가정하에 이번 시즌을 전부 계획했다고요."

비평가들은 미디스커트가 촌스러운데다 '노티 나는' 스타일이며(비평가가 즐겨 사용하는 독설이다), 미디스커트를 입은 여성은 '감자 포대'나

'브리오슈'(프랑스 빵으로 눈사람 형태가 가장 유명하다―옮긴이) '찻주전자 보온용 덮개'처럼 보인다고 했다. 또한 이렇게 보수적인 스타일은 도시 여성보다 '지붕이 달린 마차를 타고 다니는 여성'에게 더 잘 어울린다는 의견도 있었다. 비용에 민감한 여성들은 미디스커트를 입을 때에는 여러 가지 액세서리가 필요하기 때문에 추가적인 지출이 발생한다며 불평했다. 한 여기자는 9월에 삭스 피프스 애버뉴 백화점을 방문해 미디스커트를 제대로 갖춰입는 데 필요한 실제 비용을 자세하게 기록했다. 미디스커트 23달러, 스웨터 15달러, 벨트 14달러, 모자 7달러, 그리고 부츠에 최소 28달러. 이즈음, 워싱턴 D.C.의 '디자이너들의 독재와 맞서 싸우는 모임Fight Against Dictating Designers, FADD', 뉴욕의 '긴 치마에 반대하는 남녀 연합Girls/Guys Against More Skirt, GAMS'도 대의명분에 동참하면서 반미디스커트 운동은 더욱 활기를 띠고 있었다.

이렇게 맹비난이 쏟아지는 상황에서도 〈우먼스 웨어 데일리〉와 페어차일드는 입장을 바꾸지 않았다. 이들은 "미국 여성들의 전반적인 패션이 바뀔 것이며 완고한 미니스커트 옹호자들은 패션계에서 배제될 것"이라는 대담한 예측을 고수했고, 철회할 생각이 추호도 없었다. 〈우먼스 웨어 데일리〉는 심지어 짧은 치마를 입었다는 이유로 재키 오나시스를 '과거 유행의 망령'이라고 신랄하게 조롱하기까지 했다. 또한 사교계 여성들의 사진 여러 장을 나란히 게재하고는, 미디스커트를 입지 않은 여성은 "계속 치마를 올려 입는 탓에" 안타깝게도 "패션 사다리에서 미끄러져 내려오고" 있다고 적었다.

영향력 있는 〈우먼스 웨어 데일리〉가 이렇게 단언하는데도 불구하고, 미디스커트에 수백만 달러를 투자한 본위트 텔러의 사장 윌리엄 파인<sup>William Fine</sup>은 점점 초조함을 느끼고 있었다. 그는 매장 직원들이 의무적으로 미디스커트를 입도록 했으며, 전전긍긍한 나머지 9월에는 미디스커트 전략에 대해 매일 십오 분씩 회의를 갖도록 판매 직원들에게 지시를 내렸다. 지시문에는 이렇게 쓰여 있었다. "향후 4주에 따라 가을 시즌의 성패가 결정될 겁니다. 본위트 텔러를 아낀다면 딱 한 가지의 선택밖에 없습니다. 함께 힘을 합쳐 '성공'시킵시다."

10월이 찾아왔고, 파인에게는 안타까운 일이지만 결론은 이미 나와 있었다. 한 기자는 "7번가에서 여러 사람의 목이 잘려나가는 소리가 들렸다"는 기사를 썼다. 〈뉴요커〉는 미니스커트를 입은 여성이 미디스커트를 입은 판매원 여성의 목을 조르는 광경을 묘사한 풍자만화를 실었다. 판매원은 헐떡거리며 이렇게 말하고 있었다. "손님, 제 말을 믿으세요. 가게에 미니스커트가 있다면 당연히 미니스커트를 보여드리겠죠." 한 의류업체 사장은 〈월스트리트 저널〉에 "미디스커트는 죽었다"고 선언했다. 캘리포니아 베벌리힐스에 위치한 삭스 피프스 애버뉴에서는 옷 수선 건수가 사상 최대치를 기록했다. 여성들이 치마를 구입한 뒤 기장을 짧게 수선해달라고 요청했던 것이다. 로널드 레이건 주지사를 위한 모금 행사에 참석한 450명의 여성 중 미디스커트를 입은 사람은 세 명에 불과했다.

"사망: 미디스커트, 미국 여성들에게 철저히 거부당하다." 〈프레스노 비<sup>Fresno Bee</sup>〉는 부고 기사의 형식을 차용한 재미있는 기사를 싣기도 했다. 심지어 〈우먼스 웨어 데일리〉를 옹호하던 〈보스턴 글로브〉 기자조차 패배를 인정했다. 이 기자는 디자이너들이 미디스커트의 처참한 실패에 분노하면서 7번가에는 "씁쓸함이 감돌고 있다"고 보도했다. 일리노이 주의 글렌 엘린Glen Ellyn이라는 매장은 미디스커트의 모의장례식을 열기도 했다. 검은색 커튼을 드리운 이 매장은 "엉겅퀴와 맨드레이크 뿌리로 장식"되어 있었다. 또한 미디스커트와 〈우먼스 웨어 데일리〉 몇 부가 들어 있는 관도 전시되어 있었다. 문상객들은 블러디 메리를 마셨다.

미니스커트와 미디스커트를 둘러싼 이 비극은 지금까지도 패션 역사에 생생한 기록으로 남아 전설처럼 전해진다. 본위트 텔러는 막대한 손실을 감수해야 했다. 대형 고가 의류 생산업체 중 하나였던 맬컴 스타 주식회사Malcolm Starr Inc.는 "엄청난 재고에 파묻힌 후" 파산했다. 이로부터 거의 3년이 지난 1973년 5월까지도 의류 제조업체들은 긴 치마의 재고를 전부 처분하지 못한 상태였다. 한 구매자의 말마따나 "모두 한꺼번에 망해버렸던" 그 잔인한 가을을 기억하며, 백화점들은 점점 더 도박을 꺼리게 되었다.

미국에서 치마 길이를 둘러싸고 그토록 치열한 힘겨루기가 벌어지던 것과 거의 비슷한 시기에, 한 유럽 사업가는 패션 소동을 야기한 유행 예측과 공급망 문제의 영향을 받지 않는 의류업체를 세우려 하고 있었다. 이 사업가의 성공과 패션 예측의 위험성에 대처한 독창적인 방식은 한 미국 슈퍼마켓에서 얻은 통찰력에서 기원을 찾아볼 수 있다. 모든 것은 피글리 위글리Piggly Wiggly라는 슈퍼마켓 체인의 혁신적인 운영방식에서 시작되었다.

피글리 위글리의 창업자 클래런스 손더스Clarence Saunders는 19세의 나이에 도매 식료품업체에 일자리를 얻었다. 손더스는 그 일에 타고난 재능을 발휘했고, 1916년에는 오랫동안 다듬은 본인의 계획을 실행에 옮겼다. 손더스는 새로운 유형의 식료품 매장을 열겠다는 포부를 가지고 있었다. 20세기 초반에는 대다수 식료품점이 오늘날의 정육점과 다소 비슷한 형태였다. 점원들은 상품을 전시해놓은 카운터 뒤에 서 있었고 고객은 그냥 점원에게 원하는 품목을 요청했다. 요청을 받은 가게 점원은 뒤쪽 선반에서 상품을 꺼내왔으며, 대부분의 경우 한 번에 한 품목씩 가져왔다. 필요한 경우에는 점원이 커피를 갈아주거나 치즈를 잘라서 무게를 달아주기도 했다. 점원이 구매한 상품의 가격을 전부 합치면 고객은 현금으로 물건값을 지불하거나 외상장부에 달아두었다. 구매자는 상품을 식접 집을 수 없었으며, 상품의 가격을 분명하게 기입해두지 않은 가게도 많았다. 일부 고객은 전화로 주문한 뒤 약간의 수수료를 내고 집으로 배달받기도 했다.

손더스는 이러한 방식을 완전히 바꿔놓으려는 생각이었다. 그는 판매 직원이 고객이 요청한 물건을 꺼내주는 것은 엄청난 노동력 낭비라고 생각했다. 가게는 붐비는 시간대에 대비해 여러 명의 판매 및 배달 담당 직원을 고용해야 했다. 손님이 없을 때에는 직원들이 아무 일도 하지 않으면서 똑같은 시급을 받았다. 손더스는 이 문제를 해결할 묘안을 생각해냈다. 어차피 물건을 직접 고르도록 해도 손님들은 별다른 불만을 가질 것 같지 않았다. 그는 10월 고객이 직접 쇼핑하는 이상하고 새로운 매장에 대한 첫번째 특허를 신청했다. 특허로 제출된 매장의 디자인은 거대한 M과 비슷한 모양을 하고 있었으며, 입구는 왼쪽 아래, 출구는 오른쪽 아래에 있는 형태였다. 손더스의 매장에는 복도가 있었다. 고객들이 걸어다니면서 통조림이나 신선한 식품을 직접 선택할 수 있는 길을 만들어두었던 것이다. 과거의 가게에서는 점원이 카운터 뒤쪽에 있는 거대한 밀가루통에서 밀가루를 덜어주었지만, 손더스는 손님이 바로 집어갈 수 있도록 밀가루를 소분해 패키지에 담아 팔았다. 오래된 식료품점을 새로운 형태의 피글리 위글리로 개조하자 동일한 공간에서 영업하면서도 운영비용을 15퍼센트에서 4퍼센트로 낮출 수 있었다.

피글리 위글리는 창고를 매장으로 전환해, 상품과 고객 사이의 장벽을 없애고 공급망에서 점원이 물건을 가져다주는 단계를 없애버렸다. 더이상 뒤쪽 창고는 존재하지 않았다. 1950년대 후반이 되자 손님이 직접 쇼핑하는 손더스의 매장 개념이 표준으로 자리잡았고, 오노 다이치라는 이름의 토요타 소속 엔지니어가 1956년 미국을 방문했을 때 가장 깊은 인상을 받은 것도 바로 이러한 미국의 슈퍼마켓 모델이었다. 토요타는 이미 미국 슈퍼마켓에서 얻은 아이디어를 생산 시스템에 적용하기 시작한 상태였지만, 그래도 오노는 이 셀프서비스 모델이 거둔 큰 성공에 감탄을 금치 못했다. 이론상으로 창고(및 중간 직원)를 없앰으로써 고객이 구매하는 물건을 직접 선택하지 못하는 불확실성을 낮출 수 있다.

훗날 오노는 이 슈퍼마켓 모델과 일본에서 전통적으로 두부를 사는 방식을 비교했다. 오노의 설명에 따르면, 일본에서는 아침에 두부 판매상이 정해진 경로를 따라 이동하며 피리를 불어 자신이 왔음을 알린다. 신선한 두부를 바로 집 앞까지 가져다주는 것이다. 하지만 항상 두부를 살 수 있는 것은 아니다. 두부가 다 팔려버리면 서둘러 가게로 달려가야 했다. 반면에 약간의 파가 필요해서 집으로 배달을 부탁할 경우, 파 두 줄기가 필요하다고 해서 그만큼만 주문할 수는 없다. 적어도 한 단은 주문해야 한다. 오노는 이렇게 적었다. "'어차피 주문하는 김에 무도 좀 사는 게 좋겠어'라고 생각하게 되기 때문에 결국 이것은 비경제적인 쇼핑이 되고 맙니다." 항상 두부가 필요한 사람들은 P&G와 거래하는 유통업체처럼 만약을 대비해 약간의 여분을 추가해 주문한다. 미래의 알 수 없는 상황에 대처하기 위해 조금 더 많이 주문해두는 것이다.

모호성을 회피하기 위해 재고를 쌓아두는 것은 채찍 효과를 야기하는 요인 중 하나다. 사실 모든 유형의 구매는 다양한 정신적 갈등으로 인한 불안을 잠재우는 역할을 하기도 한다. 누구나 인생에서 취사선택을 해야 하는 골치 아픈 상황에 처할 때마다 경제력을 동원해 그 상황을 빠져나가고 싶어한다. 바지를 두 벌 사고 싶은데 한 벌을 살 수 있는 돈밖에 없다든가, 주택 대출금을 갚아야 하는데도 불구하고 휴가를 떠나고 싶은 생각이 간절한 경우도 있다. 또는 직장에서의 성공과 가족을 꾸린다는 두 가지 목표를 달성할 만한 시간이 충분하지 않을 수도 있다. 돈을 지불함으로써 내면적인 갈등을 해소할 수 있는 것은 부유한 사람들뿐이며, 경제적으로 넉넉지 않은 사람들은 이러한 갈등이 야기하는 스트레스와 씨름을 벌여야 한다. 이러한 비유를 적용하면, P&G의 구매 담당자들은 불확실성을 피하기 위해 필요한 것보다 약간 더 많은 양을 구매하는 부유한 쇼핑객들과 비슷하다. 이들은 보험에 가입해 마음의 평화를 얻는 것과 마찬가지로, 물건을 사들이면서 미지에 대한 불안감을 달랬다. 사실 모호성을 피하고자 하는 성향 때문에 위험에 대비하기 위한 보험료가 필요 이상으로 상승하기도 한다. 예를 들어 가입자들은 불행한 일이 닥칠 확률이 보다 명확하게 제시돼 있는 생명보험과 비교할 때, 상대적으로 예측이 불가능한 재난보험에 기꺼이 필요 이상으로 많은 돈을 지불한다.

　오노는 슈퍼마켓을 소비자가 필요한 물건만, 필요한 양만큼, 필요한 바로 그 시간에 구입할 수 있는 장소로 보았다. 구매 과정에서 더 많은 통제권을 발휘할 수 있게 된 소비자들은 더이상 집에 물건을 쌓아둘 필요가 없었다. 슈퍼마켓은 공급망을 단순화함으로써 불확실성을 줄였다. 토요타도 이와 마찬가지로 고객이 특정한 자동차를 주문했을 때에만 자동차 부품을 추가 주문함으로써 공급망의 비효율성을 줄이기 위해 노력했다. 오노의 설명에 따르면 이는 "부품 열 개가 팔리면 그냥 부품 열 개만 제조하는 것이다". 오노는 더이상 수요를 예측하려 하지 않았으며, 그 대신 토요타가 실제로 판매한 분량만큼만 재고를 보충한다는 단순한 규칙을 도입했다. 예측에 따라 생산하는 것이 아니라 고객의 구매 결정에 따라 생산하는 형태다.

　토요타는 생산과 구매를 긴밀하게 연결함으로써 끝없이 변하는 고객의 선호도를 예측하려는 노력과 불가피한 예측 실패로 인한 비용 지출을 피할 수 있었다. 토요타는 점진적으로 미지의 구매자를 위해 자동차를 생산하는 방식에서 주문형 생산 시스템으로 전환하기 시작했다. 이러한 시스템이 완벽하게 자리잡기까지는 수십 년이 걸렸지만, 이 전략 덕분에 토요타는 세계에서 가장 효율성이 뛰어난 자동차 생산업체 중 하나가 되었다. 이러한 생산방식은 적기 생산 시스템just-in-time system이라는 이름으로 불리게 되었다. 특이하게도, 1990년대 초반 한 의류 제조업체가 이 시스템을 자사에 도입하기 위해 토요타 컨설턴트들을 고용했다.

아만시오 오르테가 가오나는 4형제 중 막내였다. 그는 인구 60명 정도의 작은 스페인 마을에 거주하는 가난한 집안에서 태어났다. 그의 아버지는 철도 노동자였고, 아만시오가 어렸을 때 가족들은 여기저기 이사를 다닌 끝에 스페인 북서쪽 해안의 도시 라코루냐에 터전을 잡았다. 주기적으로 안개와 옅은 구름이 덮이는 라코루냐는 죽음의 해안이라는 의미의 코스타 다 모르테라는 바위투성이 해안 근처에 위치하고 있었다. 이런 이름이 붙은 이유는 이 지역의 역사에 난파선들의 무시무시한 이야기가 수없이 전해져내려오기 때문이다. 그뿐만 아니라 라코루냐의 신화에서는 흑마술과 마법에 대한 설화도 찾아볼 수 있다.

오르테가는 어머니가 식료품점에서 외상 거래를 거절당한 후, 12세의 나이에 학교를 중퇴하기로 결심했다. 훗날 그는 어머니가 물건을 사지 못하는 광경을 목격한 순간, 즉시 자신이 어떻게 해야 하는지 깨달았다고 회상했다. 오르테가는 더이상 학교에 가지 않았고 근처의 셔츠 제조업체에 일자리를 구했으며, 그의 공식 교육은 여기서 끝났다. 이때부터 그는 평생을 패션업계에 몸담게 된다.

전해지는 이야기에 따르면 그로부터 몇 년 후의 어느 날, 오르테가와 약혼녀는 한 가게의 쇼윈도에서 근사한 실크 네글리제를 보았다. 하지만 그 네글리제에는 어마어마한 가격이 붙어 있었다. 그즈음 이미 뛰어난 재단기술을 가지고 있었던 오르테가는 정가와는 비교할 수도 없이 적은 비용으로 비슷한 네글리제를 만들어냈다. 약혼자는 무척이나 좋아했으며, 머지않아 오르테가는 본인의 의류 제조사업을 시작하게 되었다.

오르테가의 궁극적인 성공 여부는 오노 다이치가 고민했던 것과 똑같은 문제를 해결하는 데 달려 있었다. 그가 과연 공급망에서 골치 아픈 고리를 몇 개나 없애버릴 수 있을까? 오노와 마찬가지로 오르테가는 고객의 수요를 예측하는 데에는 관심이 없었다. 그의 목표는 빠르게 대응하는 시스템을 완벽하게 구축하는 것이었다. 그는 재고를 쌓아두지 않고 옷을 만드는 방법을 찾고 있었으며, 본인의 말에 따르면 이것은 "다섯 손가락을 공장에, 나머지 다섯 손가락을 고객 쪽에 두는 방식"이다.

오르테가는 도매상에게 물건을 판매한 후 옷이 매장에 진열돼 고객이 구매하는 시점이 되면, 결국 가격이 도매가의 두 배 이상으로 상승한다는 사실을 알고 있었다. 매장은 인건비나 운영비용을 충당하고 팔리지 않는 품목으로 인한 손실 위험을 분산시키기 위해 최대 80퍼센트에 달하는 마진을 추가한다. 오르테가는 소매 마진을 30퍼센트나 40퍼센트 정도 줄이는 것은 그다지 어려운 일이 아니라고 생각했다. 일단 본인이 소매업계에 뛰어들어 옷을 직접 유통하면 해결되는 문제였다. 또한 오르테가는 보다 장기적으로 지나치게 번거롭고 허술한 공급망을 간소화하고자 했으며, 이는 평생에 걸친 프로젝트가 되었다. 당시 의류 제조는 본질적으로 의류를 매장에서 판매하는 것과 별개의 비즈니스였다. 매장에서는 고객이 사지 않는 옷을 주문하거나 팔리는 상품의 수요를 잘못 추정하는 일이 주기적으로 발생했다. 오르테가는 고객과 생산자 사이에 보다 직접적인 피드백 시스템을 만드는 것이 해결책이라고 믿었다.

오르테가는 1970년대부터 자신의 사업에 48시간 규칙을 적용했다. 소매매장에서 유통센터로 주문이 들어가면 이틀 이내에 납품되어야 했다. 그는 의류가 생선이나 요구르트처럼 부패하기 쉬운 상품이라고 생각했다. 그의 말에 따르면 신선한 생선은 너도나도 사가려고 하지만, 시기를 놓치면 금세 변질되어버리고 만다. 물론 신속하게 납품한다고 해도 제품의 종류가 부족하다면 문제 해결에 큰 도움이 되지 않으므로, 오르테가의 소매매장은 다른 의류매장들보다 훨씬 다양한 구색을 갖추도록 했다. 오르테가의 매장은 몇 주마다 재고를 완전히 교체했다. 듣도 보도 못한 운영방식이었다. 이는 경쟁사보다 최대 다섯 배나 많은 의류를 생산한다는 의미였다.

더욱 많은 스타일을 신속히 생산하게 되자 심지어 오르테가도 내다보지 못한 장점이 발견되었다. 이제 각 스타일은 보다 소량씩 생산되었다. 소량 생산과 빠른 회전 덕분에 오르테가의 매장에서 판매하는 옷들은 일시적인 희소성을 갖게 되었다. 고객들은 다른 사람들과 똑같은 옷을 입지 않아도 되며, 만약 어떤 옷이 마음에 든다면 그 자리에서 바로 사야 한다는 사실을 깨닫게 되었다. 며칠 뒤에는 그 옷이 매장에 없을지도 모르니까 말이다. 하지만 이렇게 다양한 스타일을 신속하게 공급하는 방식의 다른 두 가지 중요한 장점은 오르테가도 분명히 알고 있었다. 하나는 변화하는 트렌드에 보다 유연하게 대처할 수 있다는 점이다. 나머지 하나는 소량 생산 덕분에 인기 없는 제품을 내놓았을 때의 위험이 줄어든다는 점이다. 특정 스타일이 잘 팔리지 않더라도 손해는 크지 않다. 잘 팔리는 스타일은 즉시 생산량을 증가시키고, 먼지만 쌓이는 상품들은 마찬가지로 즉시 단종시킨다. 이 모든 것을 가능케 하기 위해 오르테가는 과거 기성복 비즈니스에서 찾아볼 수 없었던 물류 시스템을 구축했다. 오르테가의 '패스트 패션' 브랜드는 의류업계에 혁명을 일으켰다.

뉴욕 시 5번가 북쪽의 50번 스트리트는 패션계의 오래된 체계를 뿌리째 뒤흔든 엄청난 변화를 상징한다. 52번 스트리트의 모퉁이에는 오르테가의 기업을 대표하는 매장 자라<sup>Zara</sup>가 있다. 51번 스트리트에는 패스트 패션업계에서 자라의 주요 경쟁사인 H&M이 들어서 있다. 자라와 일본의 패스트 패션 브랜드 유니클로 사이에 끼어 있는 것은 애버크롬비 앤드 피치<sup>A&F</sup>의 브랜드인 홀리스터<sup>Hollister</sup> 매장이다. 2014년 3월, A&F는 홀리스터를 H&M, 자라, 유니클로 등의 브랜드와 경쟁할 수 있는 패스트 패션 브랜드로 재정립할 방법을 모색하고 있었다. 여기에서 멀지 않은 곳에는 5번가를 따라 위엄 있는 베르사체 매장이 위치하고 있으며, 자라의 맞은편에는 선망의 대상인 살바토레 페라가모, 에르메네질도 제냐, 롤렉스 매장이 늘어서 있다.

자라는 고가 의류를 생산하는 경쟁사들을 포함해 어디서든 디자인 아이디어를 얻는다. 전 세계에 퍼져 있는 수백 명의 트렌드 전문가들이 패션과 비즈니스 지역, 클럽, 술집, 대학 캠퍼스에서 발품을 팔며 최신 스타일을 파악한다. 주요 라인, 색상, 자재는 예측하는 것이 아니라 바로 그 시점에 고객들이 실제로 구매하고 있는 제품에서 차용한다. 자라의 디자인 중 상당수가 고급 의류업체가 내놓아 좋은 반응을 얻은 스타일을 취사선택해 보다 저렴한 가격에 재현한 것이다. 지난 10년간 자라의 공급망이 엄청난 성공을 거두면서 뉴욕의 패션 거리가 완전히 재편되었으며, 패스트 패션 브랜드는 한때 최고급 쿠튀르 브랜드의 성지로 여겨졌던 지역에까지 침투했다.

전 세계적으로 보면 현재 자라는 최소한 하루에 한 개 이상의 신규 매장을 오픈한다. 미국에서는 상대적으로 보편화되지 않았지만(수익의 대부분은 유럽 시장에서 나온다), 뉴욕 5번가에 있는 자라의 매장은 루이지애나 구입지(1803년에 미국이 프랑스로부터 사들인 미국 중부의 광대한 지역—옮긴이)의 가격을 현재의 화폐 단위로 환산한 것보다 더 비싸며, 이는 맨손으로 시작했던 오르테가가 얼마나 큰 성공을 거두었는지 보여주는 놀라운 증거다. 오르테가는 1975년 첫번째 자라 매장을 열 때『그리스인 조르바』에서 영감을 얻어 이 브랜드에 조르바Zorba라는 이름을 붙이려고 했다. 이미 조르바라는 이름의 주형까지 만들어놓은 상태였다. 그러나 매장에서 고작 몇 블록 떨어진 곳에 조르바라는 술집이 있었기 때문에 오르테가는 글자를 여러 가지로 조합해보다가 결국 자리라는 이름을 사용하기로 결정했다(스페인어 발음은 '싸라Thara'이다). 자라는 스페인에서 포르투갈로 진출했으며, 그다음에는 유럽 전역, 결국은 전 세계로 뻗어나갔다. 사세는 확장되었지만 기업의 중심 이념은 변하지 않았다. 스타일을 보다 빨리, 보다 유연하게, 보다 소량씩 디자인해 납품한다. 트렌드를 예측하지 않고, 고객이 원하는 것에 반응한다.

소매업체가 제품 생산과 판매 사이에 지체되는 시간을 절반으로 줄일 수 있었다면, 자라는 예측하는 데 필요한 시간마저 절반으로 줄였다. 오르테가는 생산 라인 전체를 보유함으로써 디자인에서 판매까지의 소요 시간을 2주로 단축했고, 이는 타의 추종을 불허하는 빠른 생산 주기다. 오르테가는 고급 패션 스타일을 눈 깜짝할 사이에, 부담 없는 가격으로 생산할 수 있었다. 2000년 오르테가의 지주회사인 인디텍스Inditex는 무려 240억 달러의 매출을 기록했다. 토요타와 마찬가지로 자라는 생산을 고객의 구매와 직접 연계시켰다. 그리고 미국의 슈퍼마켓과 마찬가지로, 오르테가는 공급망의 한 고리를 끊어냄으로써 재고를 비축해둘 필요성 자체를 없애버렸다. 실제로 오르테가의 매장에는 창고가 없다. 매장 자체가 창고인 것이다.

오르테가는 사전에 결정해두는 스타일의 개수를 최대한 줄임으로써 예측이 철저하게 빗나가는 상황을 피한다. 6개월 전에 해당 시즌 재고의 40~60퍼센트를 확보해두는 다른 소매업체와는 달리, 자라의 사전 재고 확보 비율은 15~25퍼센트 정도에 불과하다. 시즌이 시작될 때 다른 패션 체인은 새로운 유행에 대처할 운신의 폭이 20퍼센트에 불과한 반면, 자라는 아직 전체 스타일의 최대 50퍼센트를 디자인할 수 있다. 인디텍스가 그토록 빨리 대응할 수 있는 이유 중 하나는 생산의 60퍼센트 이상이 스페인, 포르투갈, 또는 터키나 모로코 등의 주변 국가에서 이루어지기 때문이다. 자체 생산 역량의 85퍼센트가 해당 시즌의 의류 생산에 할애되어 있다.

오르테가는 코바동가 오시어Covadonga O'Shea라는 기자에게 이렇게 말했다. "우리는 잘 팔리지 않을 경우 어떤 생산 라인이라도 완전히 원상복구시킬 능력을 가지고 있습니다. 전체 컬렉션을 새로운 색상으로 염색하거나 고작 며칠 안에 다른 스타일을 만들어낼 수도 있지요." 자라의 디자이너들은 실패한다고 해도 신속하게 수습하며 많은 손실을 내지 않는다. 오르테가는 실제로 디자이너들이 가끔씩 실패할 것이라 추정한다. 이러한 예상 자체를 비즈니스 모델에 이미 적용해둔 것이다. 인디텍스의 디자이너들은 1년에 3만 개 이상의 스타일을 만들어내며 그중 1만 8천 개는 자라 매장에서 판매할 제품들이다. 특정 제품이 잘 팔릴 경우,

디자이너들은 해당 스타일을 약간 변형한 3~4개의 스타일을 만들어 바로 생산에 착수할 준비가 되어 있다.

자라의 전설적인 유연성에 대한 이야기는 안개가 자욱하게 낀 라코루냐의 전설처럼 신비롭게 들린다. 잘 알려진 사례 중 하나는 9.11테러 사건 이후 자라가 보여준 유연한 대응이다. 테러 공격 이후, 승마를 테마로 한 자라의 가을 컬렉션은 한순간에 뉴욕 시의 암울한 분위기와 어울리지 않게 되었다. 다른 매장들은 팔리지 않는 제품 때문에 골머리를 앓고 있었지만 자라는 고작 2주 만에 보다 얌전하고 어두운 색상의 제품들로 교체하는 데 성공했다.

2006년 10월, 훗날 아카데미 의상디자인상을 수상한 〈마리 앙투아네트〉라는 영화가 공개되자 자라는 즉시 황금색 버튼, 크롭트 칼라(깃을 짧게 하여 목에 세울 수 있게 만든 것―옮긴이), 벨벳 모티브를 도입했다. 마돈나가 스페인 투어의 마지막 콘서트를 할 즈음, 십대 팬들은 이미 마돈나가 스페인 투어의 첫번째 공연에서 입었던 의상을 구입할 수 있었다. 펠리페 황태자(현재는 스페인의 왕)가 2003년 약혼을 발표했을 때, 황태자의 약혼녀는 눈에 확 띄는 흰색 바지 정장을 입고 있었다. 그로부터 몇 주 지나지 않아 유럽 전역의 여성들은 패스트 패션 덕분에 이 정장을 입고 다니게 되었다. 한쪽 어깨가 드러나는 칵테일 드레스가 갑자기 유행을 타면, 오르테가의 민첩한 공급망은 눈 깜짝할 사이에 매장에 해당 디자인을 구비해둔다. 몇 주 후 해당 스타일의 유행이 지나가더라도 문제가 되지 않는다. 2001년 자라가 내놓은 카키색 치마는 고작 몇 시간 내에 품절되는 엄청난 인기를 끌었다. 처음에 자라는 시장을 테스트해보기 위해 해당 치마를 딱 2천 8백 벌만 매장에 내놓았다. 하루도 지나지 않아 이 치마의 반응이 폭발적이라는 사실을 알게 된 자라는 재빨리 변형된 스타일을 생산해 출하했다. 만약 이 치마가 인기를 끌지 못했다 해도 많은 손실이 발생하지는 않았을 것이다.

자라의 패스트 패션이라는 접근방식 때문에 소비자들의 쇼핑방식도 바뀌어 충동구매가 늘어나고 있는 것으로 보인다. 매장에 전시된 스타일이 항상 바뀌기 때문에 고객들이 전보다 자주 매장을 방문한다. 이렇게 희소성을 조장하는 매장 분위기는 그만한 성과를 거두었다. 한 연구에 따르면 자라의 스페인 고객들은 1년에 평균 열일곱 번 매장을 방문하며, 경쟁사 매장 방문 수는 세 번에 불과하다. 또한 자라는 모든 디자인을 사이즈별로 3~5벌씩만 만들어내는 소량 생산방식을 채택하고 있기 때문에 재고의 15~20퍼센트만 할인 판매를 하며, 평균 할인율도 15퍼센트에 불과하다. 대조적으로 인디텍스의 유럽 경쟁사들은 재고의 30~40퍼센트를 30퍼센트 할인된 가격에 팔 수밖에 없다.

컬럼비아 경영대학원 교수 넬슨 프레이먼Nelson Fraiman은 오르테가의 성공을 제품이 아닌 프로세스의 혁신이라며 높이 평가한다. 인디텍스의 빠른 대응 속도는 물류체계를 완벽하게 구축해두었기 때문에 가능하다. 라코루냐 외곽의 자라 중앙 물류센터는 생산공장들 사이에 위치하고 있으며, 200킬로미터가 넘는 길이의 지하경로를 통해 공장들과 연결되어 있다. 넓이 1만 1240평에 달하는 물류센터 건물 안에서는 5층 높이까지 뻗어 있는 컨베이어벨트가 400개 이상의 투하장치를 통해 의류를 골판지 상자에 담은 후 포장한다. 이 시스템은 일주일에 250만 벌 이상의 의류를 유통할 수 있다. '큐브The Cube'라는 별명이 붙어 있는 길 건너편의 인디텍스 본사에서는 시장 분석 전문가와 디자이너들이 탁 트인 거대한 공간에서 긴밀하게 협력한다. 디자인한 날 바로 그 자리에서 의류의 시제품이 완성되기도 하는데, 이는 다소 비용은 들지만 매우 주효한 장점이다.

경쟁사들은 오르테가의 모델과 경쟁하기 위해 최선을 다해왔다. 2012년 에스프리Esprit가 인디텍스의 전 물류 및 운영 책임자를 신임 CEO로 영입한다고 발표하자 에스프리의 주가는 28퍼센트나 상승했다. 프라다, 루이뷔통을 비롯한 다른 고급 패션기업들도 1년에 두 번이 아니라 4~6번의 컬렉션을 선보이기 시작했다. 파타고니아는 1년에 생산하는 스타일의 수를 두 배로 증가시켰다. 베네통은 일주일에 한 번씩 매장에 새로운 스타일을 납품하기 시작했다. 유니클로와 포레버21(미국의 패스트 패션 브랜드)은 신상품을 매장에 전시하기까지의 기간을 6주로 단축해 자라의 2주 기준에 점점 가까이 다가가고 있다. 그러나 오르테가가 인디텍스의 공급망을 구축하는 데에는 수십 년이라는 시간이 걸렸다. 하룻밤에 이를 그대로 모방할 수는 없다. 예를 들어 갭Gap과 H&M에는 자라와 같은 대규모 중앙 생산시설이 없다. 그렇기 때문에 유연성은 떨어질 수밖에 없다. 갭의 한 임원은 이렇게 한탄한다. "우리 회사를 인디텍스처럼 조직할 수 있다면 얼마나 좋겠습니까. 하지만 그러려면 아예 회사 문을 닫고 처음부터 다시 시작해야 합니다."

오르테가는 자기만족이 "무언가 중요한 것을 성취하고자 하는 사람에게는 끔찍한 함정"이라고 말했다. 그는 낙관론을 "매우 부정적인 감정"이라고 지칭하기도 했다. 오르테가는 이제 인디텍스의 경영에 활발히 관여하지 않지만, 책임자 자리에 있을 때에도 칭찬받는 일을 그다지 달가워하지 않았다. 브랜드 팬들이 자라의 디자인에 대해 열렬한 칭찬을 쏟아내면 오르테가는 그들의 말을 가로막은 채 자라의 스타일에서 마음에 들지 않는 부분이 있는지 물어보았다. 그는 절대 이미 알고 있는 사실에 만족하지 않았다. 디자이너들과 최대한 가까이서 일하고자 말 그대로 건물 복도를 여기저기 돌아다녔던 오르테가는 사업 초기부터 자신에게는 물리적인 사무실이 필요 없다고 판단했다. 이것이 2012년 멕시코 재벌 카를로스 슬림 엘루, 빌 게이츠의 뒤를 이어 워런 버핏과 함께 세계에서 세번째로 부유한 사람의 칭호를 얻은 사람의 사업방식이다. 이즈음, 인디텍스는 세계 최대의 의류 소매업체로 우뚝 서게 되었다.

급변하는 시장에서 경쟁하는 소규모 기업의 경우, 모호성을 감내하는 CEO의 능력은 기업의 성공에 결정적인 역할을 한다. 1990년대 후반 스웨덴에서 실시한 연구에 따르면 모호성을 견뎌내는 능력은 뛰어난 재무 성과로 이어지는 가장 중요한 변수 중 하나였다. 이 연구원들은 CEO의 자신감 수준도 살펴보았다. 자신감은 기업의 수익성과 생산성에 아무런 영향을 미치지 못했지만, 고객 만족도는 다소 향상시키는 효과가 있는 것으로 나타났다. 그러나 자라의 성공에는 예측할 수 없는 대상에 대한 아만시오 오르테가의 개인적인 태도보다 훨씬 더 많은 것이 개입돼 있다. 물론 CEO가 겸손하고 융통성 있는 성격을 가지고 있을 수는 있다. 그러나 알지 못한다는 사실에 입각해 새로운 비즈니스 모델을 구축하는 것은 전혀 다른 문제다.

오르테가는 트렌드를 예측한다는 명목하에 돈을 받는 전문가들은 너무나 형편없는데다 심지어 자신들이 아무것도 모른다는 사실조차 깨닫지 못하고 있기 때문에, 아예 유행을 예측할 수 없다고 시인함으로써 세계 최대의 패션 소매업체를 구축할 수 있음을 패션업계에 보여주었다. 자라가 놀라운 성공을 거둘 수 있었던 것은, 우리가 아주 가까운 미래에 어떤 일이 일어날지조차 제대로 알지 못하는 경우가 많다는 사실을 오르테가가 노골적으로 인정했기 때문이다.

물론 패션은 앞으로도 예측할 수 없이 변화할 것이다. 2013년 5월에는 미디스커트가 거침없이 다시 유행의 최전선에 등장할 조짐을 보였다. 영국 최대의 온라인 패션몰은 전년도 동기간 대비 미디스커트의 매출이 200퍼센트 상승했다고 보고했다. 패션 전문 기자인 리즈 존스<sup>Liz Jones</sup>는 가을이 되면 미디스커트가 더욱 크게 유행할 것이리 예측했으며, 2013년 12월이 되자 존스의 예측이 적중한 것 같았다. 또다른 칼럼니스트는 빅토리아 베컴, 니콜 셰르징거 등의 스타들 덕분에 미디스커트가 "올겨울 필수 패션 아이템"이 되었다고 적었다. 〈메일 온라인<sup>Mail Online</sup>〉은 "이제 공식적으로 보다 얌전한 미디스커트가 미니스커트를 대신하게 되었다"며 호들갑을 떨었다. 아스다<sup>ASDA</sup>의 의류 브랜드 조지<sup>George</sup>의 미디스커트 매출은 2012년의 '연말 파티 시즌' 동안 174퍼센트나 상승했다.

조지의 대변인은 이렇게 단언했다. "이제 미니스커트의 시대는 끝났습니다."

지금까지 2부에서는 모호성을 해결하려는 욕구가 매우 깊숙이 뿌리박혀 있으며, 다면적인 특성을 가지고 있을 뿐만 아니라 위험한 방향으로 작용하는 경우도 많다는 점을 살펴보았다. 스트레스가 심해지면 우리는 심리적인 압박감 때문에 모순되는 증거를 부인하거나 무시한 채, 애매한 상황을 확실하고 명확한 상황이라고 인지하게 된다. 불안감으로 인해 불쾌감을 느끼면 해당 불안감과 전혀 관련없는 다른 영역의 특정한 생각과 신념에 집착하기도 한다. 또한 무언가 잘못되었다고 느끼면 모순되는 생각이나 해결되지 않은 사건에서 그 불균형의 원인을 찾으려고 노력하기도 한다. 의사결정을 할 때에는 그 의사결정의 결과와 자신의 현재 종결욕구를 인식해야 한다. 그렇게 함으로써 당황한 나머지 허겁지겁 새로운 해결책을 움켜쥐거나 지나치게 기존의 해결책에 집착하는 일을 피할 수 있다.

또한 2부에서는 인간의 자연스러운 양면성을 의도된 이중성으로 잘못 해석하기가 얼마나 쉬운지도 살펴보았다. 직원이든, 상사든, 고객이든, 친구든 관계없이 누군가의 의도를 파악하려고 할 때에는, 양면성이 일반적으로 생각하는 것보다 훨씬 자연스러운 마음 상태라는 사실을 반드시 염두에 두어야 한다. 특정한 대상을 원하는 마음과 원하지 않는 마음이 동시에 존재하는 경우는 너무나 흔하기 때문에, 우리는 심지어 이것을 인간 의식의 기본 상태라고 여겨야 할지도 모른다. 타인의 의도를 해석할 때에는 스트레스가 심한 상황 때문에 자연스러운 인간의 양면성이 무시되는 경우가 많다는 점을 고려해야 한다. 집단으로 범위를 넓혀

보면, 압력이 심한 상황에서 지속적으로 모호한 상황을 다루어야 하는 조직의 경우 종결욕구가 낮은 사람들을 의사결정에서 중요한 역할을 하는 자리에 배치하는 것이 바람직하다.

우리는 또한 보다 많은 정보를 손에 넣었다고 해서 항상 모호성을 해결할 수 있는 것은 아니라는 점을 깨달아야 한다. 의학 분야를 다룬 사례에서 살펴보았듯이, 때로는 보다 자세한 정보를 찾는 행위 자체에 위험성이 도사리고 있다. 인간의 건강 문제와 관련된 모호성은 결코 기술을 동원해 전부 해결할 수 있는 성질의 것이 아니며, 이는 빈곤 문제에 대한 특단의 묘책이 없는 것과 마찬가지다. 한마디로 너무나 많은 변수가 존재하기 때문이다. 하지만 의사들은 추가적인 검사를 자제하고자 노력할 수 있으며, 환자 역시 의사가 과도한 검사를 하지 않도록 도울 수 있다. '의사가 하지 말아야 할 진료 다섯 가지' 등과 같은 목록은 적은 진료가 오히려 바람직한 경우에 과도한 검사를 하지 않도록 도와주는 중요한 수단이다.

종결욕구는 강력한 힘을 가지고 있다. 이는 일상생활에 너무나 깊숙이 뿌리박고 있기 때문에 종결욕구가 어떻게 작용하는지 인지하는 것만으로는 충분치 않다. 종결욕구의 위험에 대처한다는 것은, 가장 중요한 순간에 상황을 빨리 해결해버리고자 하는 타고난 성향에 굴복하지 않도록 적절한 체계와 절차를 구축하는 것을 의미한다. 뛰어난 협상가들은 유동적이고 불완전하며 모순처럼 보이는 정보를 접할 때 침착함을 유지한다. 결정을 내려야 하는 시점에 적절한 암시를 주면 종결욕구를 낮추는 데 도움이 된다. 예측하려고 노력하기보다는 변화에 신속하게 대처하는 수단을 마련함으로써, 미래를 알 수 없다는 인식을 활용해 보다 현명하게 세상을 헤쳐나갈 수도 있다. 모호성 때문에 반드시 괴로움과 불쾌함을 느낄 필요는 없다. 앞으로 살펴보겠지만, 적절한 조건하에서라면 불확실성을 포용하는 것이 사실상 혁신의 기회로 이어지기도 한다. 모호성은 창의적인 해결책에 대한 영감을 주며, 심지어 우리가 더 좋은 사람이 되도록 도와주기도 한다.

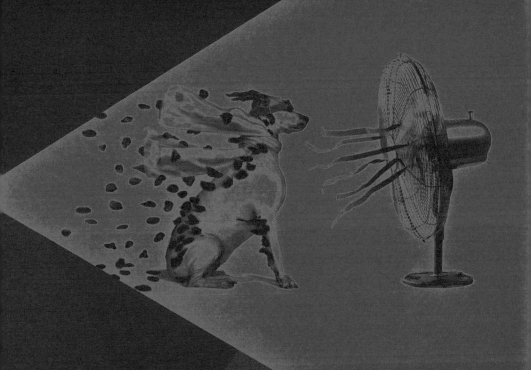

3부

예측 불가능과 복잡성,
혼란은 어떻게 혁신이 되는가

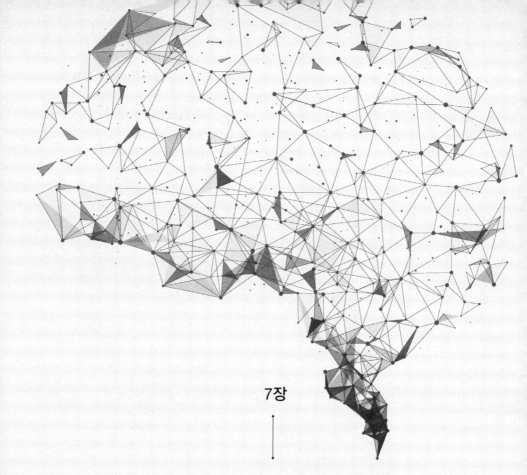

# 7장

# 미지의 영역에 대한
# 과감한 모험

—

## 실패함으로써 성공한 '두카티'와 '픽사'

# Building a Better Ducati
## THE USES OF UNCERTAINTY

이탈리아 모터사이클 제조업체 두카티<sup>Ducati</sup>에 2004년은 '그랑프리 모터사이클 레이싱'의 최상위 클래스인 모토GP에서 큰 성공을 거둔 해로 기록될 전망이었다. 두카티는 2003년 GP3 모터사이클로 경쟁사들의 찬사를 받았으며, 공식 경주팀을 이끄는 리비오 수포<sup>Livio Suppo</sup>는 새로운 모델 GP4가 세 군데의 트랙에서 GP3보다 빠른 기록을 세웠다고 보고했던 것이다.

모토GP 모터사이클은 첨단 기술이 집약된 시제품으로, 몇 대만 한정 제작된다. 혼다, 두카티, 가와사키, 스즈키, 야마하, 아프릴리아를 비롯한 모터사이클 제조업체의 공식 경주팀은 각각 두 명의 레이서를 참가시키며, 전 세계를 무대로 하는 R&D 대결을 위해 천문학적인 돈을 투자한다. 개인 자격으로 참가하는 팀들도 전년도 모델을 구매해 경주에 참여할 수 있지만 경쟁적으로 불리한 입장에 놓일 수밖에 없다.

모토GP 모터사이클은 직선 주로에서 시속 320킬로미터 이상의 속도를 내기 때문에 레이서는 대담할 뿐 아니라 극도로 민첩해야 한다. 230마력의 엔진으로 움직이는 136킬로그램의 기계를 몰고 급커브를 돌고 있다고 생각해보자. 모터사이클은 60도로 기울어져 있다. 무릎은 트랙 바닥을 스치고, 주위에는 여러분보다 한 수 앞서거나, 더 큰 위험을 무릅쓰거나, 노골적으로 위협하여 치명적인 실수를 유발하려는 경쟁자들이 사방팔방 도사리고 있다. 충돌 사고가 날 경우, 운이 좋다면 캥거루 가죽, 방호복, 헬멧만으로 몸을 보호한 채 포장도로 너머의 자갈밭(또는 '고양이 모래'라고 부른다)까지 미끄러지고 만다. 이렇게 레이서들이 여러 바퀴를 돌며 평균 110킬로미터 정도의 트랙을 완주하는 데에는 40~45분 정도가 걸린다.

승리를 위해서는 팀 전체의 노력이 필요하다. 일부 트랙은 마찰이 심하거나, 커브가 급격하거나, 직선 주로가 길기 때문에 제조업체들은 각 레이스를 앞두고 해당 트랙의 특성에 맞춰 모터사이클을 조정한다. 간혹 성적이 좋지 않은 팀이 시즌 중반에 설계를 크게 바꾸는 경우도 발생하지만, 일반적으로 모터사이클의 조정이란 서스펜션, 섀시, 바퀴의 축간거리 등을 센티미터 단위가 아닌 밀리미터 단위로 미세하게 조정하는 것을 의미한다. 경주가 끝난 후에는 분석가들이 랩 타임과 최고 속도, 타이어 온도, 연료 소모, 엔진 속도에 대한 정밀한 데이터를 수집한다. 레이서는 엔지니어들과 긴밀히 협력해 문제점을 파악하고 시즌 내내 모터사이클을 개선한다.

두카티의 2004년 팀은 한마디로 말해서 많은 기업들과 마찬가지로 여러 가지 요소를 저울질하고 문제점을 해결하며 해결책을 도출해야 하는 입장에 처해 있었다. 경주팀에서는 R&D가 중심적인 역할을 하기 때문에 모토GP는 세 개의 그랑프리 챔피언 타이틀을 수여한다. 하나는 레이서에게, 또하나는 팀에게, 그리고 세번째는 제조업체에게. 제조업체에 돌아가는 챔피언 타이틀은 기업 공식팀의 점수와 개인 참가팀의 성적을 합산해 결정된다. 기계 정비 전문가가 레이서보다 더 강한 자존심을 내세우기도 하며, 두카티의 엔지니어가 레이서를 모터사이클의 '가장 값비싼 센서'라고 지칭하는 것도 R&D가 팀에서 핵심적인 부분을 차지하기 때문이다.

2004년 4월 시즌이 시작되었을 때, 두카티 팀의 열렬한 팬들인 두카티스티Ducatisti는 전에 없이 낙관적이었다. 현 세계 챔피언인 발렌티노 로시Valentino Rossi가 수백만 달러의 계약을 체결하며 정상급 팀인 혼다를 떠나 성적이 신통치 않은 야마하로 이적했기 때문에, 팬들은 로시의 이적이 두카티에게 기회가 되지 않을까 하는 희망에 부풀어 있었다. 두카티의 두 레이서 중 한 명인 로리스 카피로시Loris Capirossi는 2004년 "가장 치열한 경쟁이 벌어질 것"이라고 열변을 토했으며, 같은 팀 동료인 트로이 베일리스Troy Bayliss가 이번 시즌에 큰 두각을 나타낼 것이라는 예측도 있었다.

〈시드니 모닝 헤럴드〉의 보도에 따르면 남아프리카에서 벌어진 첫번째 레이스에서는 "예상했던 두카티의 도전을 찾아볼 수 없었다". 카피로시는 6위로 결승선을 통과했으며 베일리스는 14위였다. 스페인 그랑프리의 성적은 더욱 처참했으며, 프랑스의 르망에서도 두 사람의 순위는 그다지 나을 것이 없었다. 시즌 초반 너무나 형편없는 성적을 내자 두카티 팀은 시즌 중간에 엔진을 다른 것으로 교체해야 한다고 생각했다. 9월이 되자 베일리스는 곰곰이 시즌을 돌아보며 이렇게 말했다. 올해는 "이상한 해입니다, 정말로요". 또한 10월에는 기자들에게 두카티의 GP4가 충분한 속도를 내지 못하는데다 도저히 로시를 이길 수 없다고 말했다. "도대체 이유를 모르겠습니다. 저는 엔지니어가 아니니까요…… 모터사이클이 '오늘 사고가 날 것 같은데'라는 말을 걸어오면 금방 알아챕니다. 저는 경험 많은 레이서인데다가 바보 같은 충돌 사고를 일으키지는 않으니까요." 카피로시는 시즌 통합 9위를 기록했으며, 베일리스는 열여섯 번의 레이스 중 여덟 번을 완주조차 하지 못했다. 시즌 초반에는 베일리스가 네 번 연속으로 레이스를 중간에 포기하는 일도 있었으며, 그중 세 번은 충돌로 끝났다.

2011년 하버드 대학교의 프란체스카 지노[Francesca Gino]와 게리 피사노[Gary Pisano]는 '실패'라는 주제만을 다룬 〈하버드 비즈니스 리뷰〉 특별호에서 두카티의 2004년 모토GP 시즌에 초점을 맞춘 기사를 실었다. 전반적인 주제를 살펴보면 이 특별호에서는 당시에 상대적으로 생소했던 '실패가 이익으로 이어진다'는 개념을 다루고 있었다. 이를 보다 일반적으로 공식화해보면, 실패로 인해 상황이 계획대로 흘러가지 않을 때 우리는 기존에 확실하다고 생각했던 문제들을 다시 검토하게 된다는 논지였다. 실패가 발생하면 이해하고 있다고 생각한 원인들에 강제로 모호성을 부여하게 된다는 것이다.

2004년에서 2007년까지 두카티 팀이 보여준 행보는 이 논지에 잘 부합한다. 2004년 시즌 굴욕을 당한 두카티는 2005년과 2006년 시즌에 점진적으로 성적이 향상되었고, 2007년에는 급기야 두카티의 레이서가 그랑프리 챔피언 타이틀을 획득했다. 이는 30여 년 만에 처음으로 일본 이외의 제조업체가 만든 모터사이클을 타고 챔피언 자리에 오른 것이었다. 2007년 시즌이 끝날 무렵 로시는 더욱 빠른 모터사이클을 만들어주지 않으면 야마하를 그만두겠다고 위협했다. 두카티의 수포는 이것을 아이디어의 승리라고 표현했다.

하지만 지노와 피사노는 두카티의 사례를 소개하면서, 이 특별호 지면의 대부분을 채운 실패에서 성공을 일궈낸 전형적인 이야기에 초점을 맞추지 않았다. 두 사람은 더욱 복잡하고 보다 흥미로운 패턴을 찾아냈던 것이다.

두카티의 모토GP 입성은 사실 2003년에 시작되었다. 이는 주도면밀하게 계획된 것이었다. 1만 9천 시간 정도의 엔지니어링 노력이 GP3에 투입되었고, 그후에도 1000시간 이상의 통제형 도로 시뮬레이션과 120시간의 윈드 터널(공기의 흐름이 미치는 영향을 시험하기 위한 터널형 인공장치—옮긴이) 테스트를 실시했으며, 전 세계의 경주용 트랙을 돌며 40일가량의 테스트를 거쳤다. "2003년 시즌은 대체적으로 2004년 시즌을 위한 준비 과정이 될 겁니다." CEO인 클라우디오 도메니칼리Claudio Domenicali의 말이었다. 2003년은 두카티에게 배움의 해가 될 예정이었다.

그러나 두카티는 초반부터 자체적인 기대치를 상회하는 성적을 올렸다. 3월에 벌어진 테스트 예선에서, 카피로시는 당시 그랑프리 모터사이클 기록인 시속 328킬로미터를 끊었고 베일리스가 그 뒤를 이었다. 로시는 두카티의 성과에 대해 "놀라운 기록이다"라고 언급했다. 한 기자는 "두카티가 단순히 다른 팀들을 따라잡는 해 이상의 시즌을 보낼 수도 있다는 것을 보여줌으로써" 경쟁자들에게 "심리적 타격"을 안겼다고 적었다.

두카티의 놀라운 성공은 시즌 첫번째 경기인 스즈카 일본 그랑프리에서도 계속되었다. 카피로시는 3위로 결승선을 통과해 시상대에 올랐고 베일리스는 5위를 기록했다. "우리가 바란 결과는 시즌 전체에 걸쳐 시상대에 한 번 오르는 것이었는데, 이제 꿈꾸던 계획보다 앞서나가게 되었습니다." 두카티 대변인의 말이었다. "우리는 매우 기뻐하고 있으며 침착하게 좋은 기세를 이어나가기 위해 노력할 것입니다. 절대 지나치게 흥분해서는 안 됩니다. 테스트 이후 자체적으로는 언제든 다른 팀들과 경쟁할 수 있다고 확신했지만, 현재로서는 레이스에 상당한 파란을 몰고 온 셈이군요." 스페인에서 베일리스는 또 한번 3위 안에 드는 기염을 토했다.

시즌 여섯번째 레이스에서 카피로시는 선두에 우뚝 섰다.

두카티는 업계를 깜짝 놀라게 했다. 그러나 지노와 피사노가 세심하게 관찰한 바에 따르면, 2004년 시즌에 두카티가 실패를 맛본 원인은 2003년의 예상치 못한 성공에서 찾을 수 있는 것으로 보인다. 두카티는 몇 차례의 승리를 거둔 후에야 실패를 했으며, 일단 한 번 실패하고 나서야 다시 개선의 행보를 보이기 시작했다. 놀랍게도 이러한 흐름은 최근 여러 경영서와 비즈니스 관련 기사에 단골로 등장하지만 보통은 별도로 소개되는 두 가지 개념을 합친 것이다. 실패는 긍정적으로 작용할 수 있다는 것, 그리고 성공도 해로울 수 있다는 것.

이 두 가지 개념이 약간 이상하게 보인다면, 둘을 조합할 경우 더더욱 이상하게 보이기 마련이다. 어떻게 실패가 항상 좋은 것이고 성취가 항상 나쁠 수 있단 말인가? 승리가 항상 실패로 이어지는 것은 아니며, 실패가 항상 승리라는 결실을 맺는 것도 아니다. 그리고 이 두 가지 이야기가 맞다면 기업들은 두카티가 경험한 대로 끊임없는 성공-실패-성공 주기에 갇혀 있어야 한다. 하지만 현실에서는 계속해서 성공을 누리는 기업이 있는가 하면 실패에서 벗어나지 못하는 기업도 있다.

그렇다면 실제로는 어떤 일이 일어나고 있는 것일까?

두카티의 모토GP 도전을 종합적으로 살펴보면 세번째 이야기가 등장하는데, 사실 여기에서는 성공도, 실패도 그다지 중요한 역할을 하지 않는다.

이 책의 앞부분에서는 트라우마나 관련없는 불안감, 많은 이해관계가 걸려 있는 협상, 결론을 내릴 수 없는 의료 검사 결과, 급변하는 비즈니스 환경 등으로 야기된 종결욕구가 얼마나 위험한지를 살펴보았다. 2부에서는 압력을 받는 상황, 즉 어쩔 수 없이 모호성에 대응해야 하며 불확실성을 피해야 한다는 강박관념을 느끼는 상황에서 실수를 피하는 법에 초점을 맞추었다. 이제 3부에서는 불확실성이 유용한 역할을 할 수 있는 사례를 중점적으로 살펴보도록 한다. 모호성을 무시함으로써 일어날 수 있는 피해를 최소화하는 방법을 탐색하기보다는, 모호성을 활용하거나 심지어는 일부러 적용하기도 하고, 항상 모호성에 적절히 대처할 수 있도록 훈련함으로써 얻을 수 있는 장점을 최대화하는 방법을 알아보는 것이다. 교사들은 학생들이 분명한 정답이 없는 문제를 보다 잘 풀 수 있도록 어떻게 도울 수 있을까? 실패와 성공에 대응하는 최선의 방법은 무엇일까? 모호성을 받아들이고 그에 익숙해짐으로써 불확실성이라는 마음의 상태를 수용하면, 왜 혁신에 도움이 되는 것일까?

앞에서 살펴본 자라의 전략은 어떤 의류가 잘 팔릴지 알지 못하기 때문에 생기는 피해를 최소화하는 것이다. 이러한 전략은 자라가 경쟁사보다 훨씬 다양한 디자인을 선보일 뿐만 아니라 불과 몇 주 안에 인기 상품과 비슷한 제품을 만들어낼 수 있기 때문에 가능하다. 하지만 자라는 참신한 제품을 만들어내지는 않는다. 자라의 공급망은 혁신적이지만, 자라 매장에서 파는 옷들은 그다지 독창적이라고 할 수 없다. 반면 모토GP 엔지니어들이 많은 이해관계가 걸려 있는 대회에 모터사이클을 참가시킬 수 있는 기회는 1년에 딱 열여덟 번뿐이다. 각 트랙에서 수천 대의 모터사이클을 경쟁시킨 후 가장 빠른 기록을 낸 모터사이클을 선택할수는 없다. 또한 제멋대로 경쟁사의 디자인을 차용한 뒤 성능을 확인할수도 없다. 따라서 두카티는 오직 혁신을 통해서만 이제까지 경주 트랙을 달린 모터사이클 중 최고의 제품을 개발해야 한다는 과제를 안고 있었다. 자라의 전략을 사용해 모토GP 모터사이클을 개발하는 것은 불가능했으며, 마찬가지로 만약 애플이 시장 출시 기간을 2주로 단축시켰다면 아이폰은 결코 탄생하지 못했을 것이다.

근래에는 실패가 높은 평가를 받는다. 실패한 벤처기업 경력은 실리콘밸리 기업인들 사이에서 일종의 명예훈장같이 취급되고 있으며 거기에는 그럴 만한 이유가 있다. 실패는 과정의 일부이자, '시행착오'에서 발생하는 오류인 것이다. 독창성을 추구하기 위해서는 미지의 영역으로 과감히 모험을 하고, 불확실성을 감내하며, 실수에서 교훈을 얻어야 한다. 또한 제품이 혁신적일수록 해당 제품의 성공 가능성은 가늠하기 어렵다. 피사노는 이렇게 말한다. "혁신을 위해서는 모호한 영역에 발을 들여놓을 수밖에 없습니다." 몇몇 과학 분야에서는 실험의 실패율이 70퍼센트 이상에 달하기도 한다. 새로 출시된 식품의 70~80퍼센트는 실패작으로 빛을 보지 못한다. 벤처 투자가, 영화 제작자, 책 편집자, 비디오게임 프로그래머, 제약 연구원들은 모두 엄청나게 높은 평균 실패율을 접한다. 실패는 발견과 창의성의 핵심이며, 컬럼비아 경영대학원의 리타 건서 맥그래스<sup>Rita Gunther McGrath</sup>가 지적했듯이 불확실한 시기에는 "성공보다 실패가 더 빈번하게 일어난다". 오늘날에는 불안정한 경제적 상황과 치열한 경쟁이 벌어지는 글로벌 시장 때문에 정상의 자리를 고수하기가 그 어느 때보다 어려워졌다. 〈이코노미스트〉의 2011년 보도에 따르면, 기업들이 S&P 500지수에 올라 있는 평균 시간은 1937년 평균 시간의 5분의 1에 불과하다.

2012년 교육 전문가 토니 와그너<sup>Tony Wagner</sup>는 "(미국) 경제의 장기적인 건전성과 완전한 경제 회복"은 "훨씬 더 많은 혁신"을 장려하는 방식을 찾아내느냐 여부에 달려 있다고 강조했다. 와그너의 말에 따르면, 토머스 프리드먼<sup>Thomas Friedman</sup>과 마이클 맨들바움<sup>Michael Mandelbaum</sup>은 자동화 또는 아웃소싱의 시대가 도래하면 안전하게 일자리를 지킬 수 있는 것은 혁신가와 기업가뿐이라는 주장을 폈다. 예를 들어 냉장고 사용설명서를 터키에 있는 영어 교사가 저렴한 가격으로 능숙하게 편집할 수 있고 세무서류 작성을 알고리즘이 대신해줄 수 있다면, 성공하고 번창하는 사람들은 새로운 경제적 기회를 창출하는 사람들일 가능성이 크다.

미래의 근로자들은 혁신과 불가분의 관계인 불확실성 및 실패에 대처해야 한다. 안타깝게도 오늘날의 학생들은 너무나도 준비가 부족한 상태다.

스포츠에 비유하면 이 문제의 근원을 보다 쉽게 이해할 수 있다. 대부분의 골프 선수들이 골프연습장에서 연습하는 방식을 상상해보자. 클럽을 고르고 몇 차례 연습 스윙을 해본 뒤, 긴 바구니를 기울여 공을 몇 개 쏟아낸 다음 클럽으로 치기 시작한다. 어느 정도 연습하다가 클럽을 바꿔서 다시 한번 그만큼 공을 친다. 골퍼들은 이렇게 기계적으로 공을 치는 것을 골프공 '때리기'라고 부르며, 몇 년 전 밥 크리스티나<sup>Bob Christina</sup>라는 한 스포츠 심리학자는 이 연습이 실제 토너먼트 경기의 재현과는 거리가 멀다는 점에 생각이 미쳤다. 연습 환경이 예측 불가능한 실제 경기의 환경과 너무나 달랐던 것이다. 18홀 골프 경기에 참여하려면 창의력을 발휘해야 한다. 실제 경기에서는 같은 클럽으로 똑같은 샷을 연속해서 두 번 하지 않는다. 클럽을 바꾸고, 코스의 경사도 변하고, 공은 항상 홀을 기준으로 다른 위치에 놓여 있다. 크리스티나는 골프연습장에서 보다 효율적으로 연습하는 방법은 끊임없이 등장하는 새로운 문제에 대처하는 훈련을 하는 것이라 보았다.

물론 골프연습장도 나름대로의 유용성은 있다. 기본적인 기술을 습득하기 위해서는 반복만큼 좋은 훈련방법이 없다. 초보자라면 공을 한 바구니씩 쳐야 한다. 골퍼들도 기본적인 역학을 배우고 나서야 비로소 적용할 수 있으며, 이는 물리학을 공부하는 학생이 기본적인 방정식을 암기해야 그것을 응용할 수 있는 것과 마찬가지다. 하지만 크리스티나는 기술을 학습하는 것과는 다른 종류의 학습이 존재한다고 주장했으며, 이 두번째 학습을 '전이 훈련<sup>transfer practice</sup>'이라고 불렀다. 기술을 익히는 것이 전부가 아니라 갖가지 경기 상황에 대처하는 훈련을 해야 한다고 강조했던 것이다. 물론 선수들이 다양한 조건을 갖춘 여러 골프 코스에서 연습할 수 있다면 가장 이상적이겠지만, 이는 여러 가지 측면에서 현실적이라고 할 수 없다. 그 대신, 크리스티나는 골프연습장을 골퍼들이 단순히 기계적으로 공을 치는 법을 배우는 장소가 아니라 그때그때 상황에 맞게 대처할 수 있도록 준비하는 훈련장으로 변신시켰다.

15년 전에는 전이 훈련이라는 개념이 골프 강사들에게 널리 알려져 있지 않았다. 2002년 크리스티나가 〈골프 매거진〉에서 선정한 톱 100 PGA 및 LPGA 강사들에게 전이 훈련의 장점을 처음으로 소개했을 때, 그의 말에 따르면 "너무 조용해 머리핀 떨어지는 소리까지 들릴 정도였다". 이제는 전이 훈련이 보편화되었다. 요즘 크리스티나는 노스캐롤라이나 대학교 그린즈버러 캠퍼스 남자 골프팀의 보조 코치로 일하며, 건장한 골퍼들이 자신의 기술을 적용할 수 있도록 돕는 데 대부분의 시간을 보낸다. 그는 애정을 담아 이것을 자신의 은퇴 생활이라고 부른다. 학생들이 클럽을 바꾸고, 거리를 조절하고, 다양한 시나리오에서 연습하면서 예측할 수 없는 실제 골프 코스를 간접적으로나마 체험해볼 수 있도록 지도한다.

또한 크리스티나는 다른 형태로도 학생들을 돕는다. 바로 도와주지 않음으로써 도와주는 것이다. 첼로든, 미적분학이든, 볼링이든, 우리는 보통 무언가를 배우려고 강사를 고용할 때 자세히 살펴봐주고 끊임없이 조언을 해주는 대가로 돈을 지불한다고 생각한다. 하지만 크리스티나는 피드백을 자제함으로써 골퍼들이 대회를 준비할 수 있도록 돕는데, 초기에는 많은 학생들뿐만 아니라 심지어 동료 강사들조차 이를 납득하지 못했다. 골퍼는 샷을 할 때마다 몸에 느껴지는 것, 볼이 움직이는 방식, 클럽이 볼을 치면서 나는 소리 등을 통해 비언어적 피드백을 받는다. 크리스티나는 골퍼들이 이러한 유형의 피드백에 귀기울이기를 바랐기 때문에 자신은 피드백을 자제했다. 그는 골퍼들이 코치의 계속되는 피드백에 맞춰 조정할 경우 연습중에는 좋은 기록을 내지만, 코치의 피드백에 지나치게 의존하면 나중에 실제 경기를 치르며 스스로 생각해야 할 때 역효과가 날 수 있음을 알고 있었다. 크리스티나는 결국 프로 선수들을 훈련하기 위한 LPGA와 PGA 교육 과정의 개정 작업을 도와달라는 요청을 받았다. 그는 최고의 골프 강사들이 선수를 교육하는 방식을 바꿔놓았던 것이다.

고등 교육기관들도 크리스티나가 해결한 것과 유사한 문제를 접하고 있다. 대학 졸업생들이 뛰어드는 노동 시장은 점점 더 창의력, 불확실성을 탐구하는 능력, 실패에서 교훈을 얻는 역량을 중시하고 있다. 그러나 여전히 학생들이 효과적으로 독창성을 발휘할 수 있도록 돕기보다는 기계적인 기술 적용만 강조하는 구식 골프 강사처럼 행동하는 대학교수들이 적지 않다. 몇 년 전 창의력 전문가 켄 로빈슨Ken Robinson이 "현재의 교육 시스템은 (…) 지금과는 전혀 다른 시대를 위해 설계, 구상, 구축되었다"라고 주장한 일은 유명하다. 또 한 명의 교육 개혁 전문가 수가타 미트라Sugata Mitra는 한 걸음 더 나아가 서구의 교육 시스템이 너무나 시대에 뒤떨어졌다고 주장했다. 학생들에게 암기식 학습만을 강조하는 것은 과거의 세상에서나 통용되었을 뿐, 이제 그런 세상은 더이상 존재하지 않는다.

그렇다면 이를 어떻게 개선할 수 있을까?

오늘날 교육자의 골프연습장은 지난 600년간 고등 교육기관에서 표준 학습방식의 역할을 해왔던 대학 강의다. 일반적인 대학 강의실에서 학생들은 가지런히 여러 열로 늘어선 의자에 앉아 교수를 마주보게 된다. 교수는 명확하고 단정적인 어투를 사용해 교재의 내용을 설명한다. 강의의 구성은 일반적으로 학생들이 모호한 문제를 해결할 수 있도록 돕는 것과는 거리가 멀다. 교수들은 논리에 허점을 남겨두어 학생들이 그 부분을 채우도록 하거나, 모순을 제시해 해결을 독려하거나, 잠시 강의를 멈추고 학생들에게 방금 들은 내용을 되새겨보도록 하지 않는다. 대다수 교수들이 학생의 참여를 독려하기 위해 질문을 던지지만, 그것도 형식적인 질문인 경우가 대부분이다. 그렇기 때문에 교수들은 초조해지거나 인내심이 다하여 자신이 던진 질문에 스스로 대답하기 마련이다. 한 연구에서 교수들은 질문을 던지고 나서 본인이 다시 말을 하기 시작하기까지 경과되는 시간을 대략 10초로 추정했다. 그러나 실제 평균 경과 시간은 2초였다. 별도의 연구에서는 교수들이 학생에게 던지는 질문에 대한 놀라운 비율이 밝혀지기도 했다. 한 교수가 학생들에게 84개의 질문을 던졌지만, 그중에서 학생들이 대답한 것은 두 개에 불과했다.

1971년 발표된 도널드 블라이Donald Bligh의 『강의의 효용은 무엇인가What's the Use of Lectures?』는 이 전통적인 교육방식의 단점을 적나라하게 보여주었다. 일반적인 형태의 강의는 흥미를 자극하거나, 개념적이고 적극적인 사고를 장려하거나, 학생들의 생각을 바꿔놓거나, 동료 학생들을 존중하면서 다른 의견을 제시하는 방법을 배우는 데 그다지 도움이 되지 않는다(학생들끼리 주제에 대한 토론을 벌이지 않기 때문이다). 강의는 그냥 교과서를 읽는 것 정도의 효과밖에 거두지 못하는 경우가 많다. 강의는 철저히 사실을 전달한다. 물론 그 역할 자체에는 문제가 없다. 중세 시대부터 강의는 선생님이 자료를 큰 소리로 읽어주는 것을 의미했기 때문이다. 교육 전문가 도미니크 루크스Dominik Lukeš는 이렇게 적었다. "문제는 강의가 아니라 정보를 받는 것이 학습의 핵심요소라는 사고방식이다."

현재 여러분이 아주 잘하는 일을 어떻게 배웠는지 생각해보자. 그 일을 하는 방법을 누군가에게 들으면서 배웠는가? 아니면 혼자서 또는 누군가의 도움을 받아 직접 해보면서 익혔는가? 모든 사람이 정보에 쉽게 접근할 수 있게 되면서, 기존과 같은 형대의 강의는 앞으로 더욱 가치가 떨어질 것으로 보인다.

보다 중요한 것은, 전통적인 강의에서 강조하는 문제 접근방식이 대학 졸업생들이 직면할 현실과 대척점에 서 있다는 점이다. 돌파구가 될 만한 혁신적인 개발을 하는 과정에서 실수나 오류, 행운이 꼭 필요하다는 점을 강조하는 강사를 만나본 적이 있는가? 일단 성과를 이룬 다음에는 그 성과에 도달하기까지의 복잡하고 어수선한 과정이 미화되는 경우가 많다는 이야기를 강사에게서 들어본 적이 있는가? 사업가들의 실제 실패 확률과 맞먹는, 실패 확률 80퍼센트의 강의 과제를 받아본 적이 있는가? 강의 시간에 정답이 없는 문제를 접해본 적이 있는가? 실패했다는 기분이 들 때 이를 극복하는 방법을 연습해보았는가?

모호성의 교육적 가치를 연구한 인지과학자 클레어 쿡Clair Cook은 학생들이 불확실성에 적절히 대처할 수 있도록 돕는 것이 오늘날에 특히 중요하다는 데 뜻을 같이한다. "직장에서 가장 중시되는 기술은 정답이 하나가 아닌 문제에 효과적으로 접근할 수 있는 기술입니다." 사회에서는 명확한 해결책이 없는 문제를 다룰 수 있는 졸업생을 필요로 하는데도, 교육자들은 학생들이 미지의 일들을 헤쳐나갈 능력을 갖추도록 지원하는 일에 손놓고 있는 실정이다.

물론 일부 교육자들은 실패율이 높은 혁신적인 분야에 몸담고 있는 사람들이 접하는 것과 유사한 과제에 대처하도록 학생들을 훈련한다. 또한 오랫동안 학생들이 애매한 과제들을 해결할 수 있도록 도와야 한다고 생각해온 교육자들도 있다. 이들이 가르치는 분야는 누가 봐도 높은 수준의 창의력을 요구하기 때문이다. 어섬션 대학교의 짐 랭Jim Lang이 후자에 해당한다. 랭은 어섬션 대학교의 종신 교수직을 맡고 있는 동시에, 동 대학 우수교육센터Center for Teaching Excellence의 창립 이사이자 〈크로니클 오브 하이어 에듀케이션Chronicle of Higher Education〉의 칼럼니스트이기도 하다. 덕분에 랭은 교육자이자 연구원, 그리고 언론인이라는 매우 드물고도 유용한 입장에 서게 되었다. 랭은 새로운 연구를 진행할 때 강의실에서 가장 실용적인 방식을 찾아내기도 한다.

랭이 강의하는 과목은 창의적 논픽션creative nonfiction이다. 그는 학생들을 깜짝 놀라게 하려고 노력하며, 본인의 표현에 따르면 강의 내내 학생들을 약간 어리둥절한 상태로 유지시키려고 한다. 랭은 한 칼럼에서 자신의 목표가 "학생들이 도로의 반대 방향에서 주행하도록 만드는 것"이라고 적었다. 미셸 토머스는 학습과 관계없는 불안요소를 강의실 환경에서 전부 없애버리기 위해 신경썼지만, 랭은 밥 크리스티나처럼 의도적으로 학습과 관련된 불안감 요소를 강의에 도입한다. 랭은 나에게 이렇게 말했다. "학생들이 강의실에 들어올 때마다 이런 생각을 했으면 합니다. '도대체 오늘은 뭘 하는 거지?'" 내가 참관한 강의의 학생들은 자신이 쓴 에세이를 여러 구획으로 나눈 다음, 서사구조로 여러 가지 실험을 해보고 있었다. 랭은 학생들이 스스로 해답을 찾아내는 데 도움이 되는 약간의 지침만 제공했다. 랭의 강의실은 오늘날 전 세계 대부분의 사람들이 언제든 찾아볼 수 있는 사실을 배워가는 공간이 아니라 사고력의 시험장이다. 강의 내내 학생들이 약간 어색함을 느끼도록 함으로써, 랭은 학생들이 강의실에서 배운 내용을 바깥세상에 나가서 정말 중요한 순간에 적절하게 응용할 수 있도록 준비키시고 있었다.

2012년 교육 콘퍼런스에서, 랭을 비롯한 교육 전문가들은 학생들이 불확실성 및 그와 관련된 모든 요소에 직극직으로 대처하도록 준비시키는 교육방식의 목록을 작성했다. 이들은 대부분의 방법이 다음 세 가지 범주 중 하나에 해당한다는 사실을 발견했다.

1. 학생들에게 실수를 찾아내거나 파악하도록 지시한다.
2. 학생들이 익숙지 않은 입장을 대변해 주장을 펼치도록 한다.
3. 학생들에게 성공할 수 없는 과제를 맡긴다.

콘퍼런스에 참가한 어떤 수학 교사는 랭에게 가끔씩 과제로 내주는 문제에 일부러 실수를 끼워넣고는 학생들에게 찾아보라고 한다고 말했다. 한 건축학 교수는 자신이 칠판에 계산할 때 종종 실수를 하면, 이제 학생들이 알아서 틀린 부분을 눈여겨보고 있다가 정정한다고 말했다. 어떤 화학 교사는 학생들에게 실패할 수밖에 없는 실험을 할당한다고 언급했는데, 사실 이러한 실험은 학생들이 실제 세상에서 접하게 되는 문제의 특징을 정확히 반영하지만 교육도구로는 거의 사용되지 않는다. 싱가포르 사범대학의 과학교육연구소에서 연구원으로 일하는 마누 카푸르Manu Kapur는 이 마지막 교육방식에 대해 "생산적인 실패를 위해 고안되었다"는 표현을 사용했다. 카푸르의 실험에서는 피드백을 별로 받지 않고 자연스럽게 실패를 경험한 학생들이 골퍼들처럼 끊임없는 피드백과 많은 도움을 받은 학생들보다 나중에 실시한 시험에서 훨씬 더 좋은 성적을 거두었으며, 개인 교습에서도 보다 많은 내용을 배워가는 것으로 드러났다.

불확실성에 대비할 수 있도록 학생들을 교육하는 방식의 일환으로서 실패의 효용에 주목하고 있는 것은 랭과 그 동료들뿐만이 아니다. 현재 텍사스 사우스웨스턴 대학교 총장인 에드워드 버거Edward Burger는 학기 전체에 걸친 소위 "실패의 질"에 따라 학생들의 성적을 매기곤 했다. 윌리엄스 대학교, 콜로라도 대학교 볼더 캠퍼스, 베일러 대학교에 수학 교수로 몸담았던 버거는, 실패를 기회로 새롭게 정의함으로써 실패에 대한 부정적인 인식을 어느 정도 없애고 학생들이 실수에서 더 많은 교훈을 얻도록 할 수 있다는 사실을 발견했다. 또한 이렇게 함으로써 학생들은 보다 적극적으로 위험을 감수하고 토론에 참가하게 되었다. 버거는 일부러 학생들에게 논문의 초안을 최대한 빨리, 형편없이 쓰는 과제를 내주었다. 그는 일찌감치 실패하게 될 경우 학생들이 시간을 들여 자신의 실수를 분석할 수밖에 없음을 알고 있었다. 노스웨스턴 대학교에서 영화 제작 강의를 하는 앤 소벨Anne Sobel은 더 나아가서 학생들의 혁신을 장려하기 위한 최선의 방식은, 일반적인 학점 평가를 벗어나 실험을 두려워하지 않고 실패를 감내하며 철저한 계산하에 위험을 감수하는 학생들의 적극성에 좋은 점수를 주는 것이라고 주장했다.

학생들이 모호한 문제에 대비할 수 있도록 돕는 또하나의 방법은 모호성과 관련된 감정에 보다 직접적으로 초점을 맞추는 것이다. 혼란스러운 상황에 적응하는 역량, 자신이 틀렸다는 사실을 인정하는 능력, 회복력, 기꺼이 위험을 무릅쓰려는 의지는 대체적으로 감정적인 기술에 해당한다. 학생들은 실패뿐만 아니라 혼란도 혁신의 일부라는 점을 이해해야 한다. 하버드 대학교 물리학 교수 에릭 머주어Eric Mazur는 심지어 강의 계획서에 혼란을 받아들이는 것과 관련된 항목을 추가하기도 했다. "혼란에 빠지면 매우 당황스러운 기분이 들기도 하며, 특히 좋은 성과를 내야 한다는 압력에 시달리고 있을 때에는 말할 것도 없다." 히지만 머주어는 "혼란을 실패나 이해를 방해하는 장애물이 아닌, 학습의 기회로 생각"하도록 학생들을 독려한다. 미셸 토머스가 익히 알고 있는 바와 같이, 모호성을 피하려고 노력하는가, 아니면 헤쳐나가려고 노력하는가를 결정하는 요소 중 하나는 우리가 위협을 느끼는지 여부다. 모호성을 접할 때 느끼는 감정은 스트레스에 매우 민감하므로, 학생들에게 혼란을 느껴도 괜찮다고 안심시키는 것은 매우 중요한 출발점이다.

캘리포니아 대학교 샌디에이고 캠퍼스의 심리학자 피오트르 빈키엘만Piotr Winkielman은 토머스가 자유자재로 조정하는 이 접근 vs 회피 사이의 전환에 대한 연구를 실시했다. "아이들의 경우에는 갈등이 분명하게 눈에 보입니다." 빈키엘만은 나와의 인터뷰에서 이렇게 말했다. "아이들은 익숙한 것을 좋아합니다. 아침 일찍 일어나면 익숙한 장난감이나 인형, 또는 어른에게 달려가지요. 하지만 동시에 아이들은 매우 빨리 싫증을 내기도 합니다. 따라서 익숙함을 선호하면서도 금세 싫증을 내고 새로운 것을 찾아나서는 재미있는 성향을 보입니다. 하지만 아이들이 새로운 대상에 흥미를 보이는 것은 안전한 환경에 있을 때뿐입니다." 2010년 마리케 드 브리스Marieke de Vries, 빈키엘만, 그리고 다른 연구자들이 실시한 연구를 통해 어른에게서도 유사한 현상이 확인되었다. 어른들도 기분이 나쁠 때에는 익숙한 것에서 위안을 찾았다. 반면 기분이 좋은 경우, 익숙함이 내뿜는 따뜻한 빛에서 따분함을 느끼면서 눈에 익은 대상에 대한 흥미를 잃어버렸다. 새로운 것이 위협적으로 느껴지는 경우는 인간이 방어적인 심리 상태에 있을 때뿐이다. 낙관적인 기분이라면 혼란스러운 생각도 흥미로운 생각으로 바뀌게 된다. 실패와 혼란은 단순히 자연스러운 상태일 뿐만 아니라 없어서는 안 될 요소라고 새롭게 정의함으로써, 교사들은 불확실성에 대한 학생들의 감정적 태도를 바꿔놓는 데 큰 효과를 거둘 수 있다.

이상적인 상황이라면, 실패로 인한 불확실성이든 혼란으로 인한 불확실성이든 관계없이 학생들은 불확실하다는 느낌을 계속 생각하라는 신호로 받아들여야 한다. "세상이 무언가 잘못되어가기 시작하면 사람들은 더욱 활발하게 움직이기 마련입니다." 노터데임 대학교의 심리학자 시드니 드멜로Sidney D'Mello의 말이다. 그의 말에 따르면 학생들은 모호성을 부인하기보다는 혼란을 "보다 심층적인 이해를 위해 정보에 주목해야 한다는 신호"로 취급하는 것이 바람직하다.

두카티가 2004년 시즌의 실패를 딛고 놀라운 성공을 거둔 것은 바로 이러한 방식으로 의사결정 과정을 바라볼 수 있었기 때문이었다. 실패는 두카티 엔지니어들이 기존에 당연하게 생각했던 부분을 다시 한번 면밀히 검토해야 한다는 경종이었으며, 이들은 그것을 실천했다. 하지만 모든 실패가 문제점에 대한 심도 깊은 이해로 이어지지는 않으며, 그 이유는 우리에게 더욱 유용한 교훈을 제공해준다.

2014년 크리스토퍼 마이어스<sup>Christopher Myers</sup>와 그 동료들은(프란체스카 지노도 포함되어 있었다) 사람들이 실패에서 교훈을 얻을 때와 그렇지 않을 때를 조사한 일련의 실험을 발표했다. 이들의 연구는 왜 실패가 유용한 결과로 이어질 수 있는 반면 승리가 부정적인 영향을 미치기도 하는지에 대한 실마리를 던져준다. 마이어스를 비롯한 학자들은 중요한 변수가 '책임의 모호성', 즉 '결과의 원인이 분명하지 않은 정도'라고 주장했다.

　한 연구에서, 연구원들은 실험 대상자들에게 자동차 레이스 경주팀에 소속되어 있다고 상상하도록 했다. 개스킷(기름이 새어 나오지 않도록 파이프나 엔진 등의 사이에 끼우는 마개—옮긴이) 오작동 때문에 엔진이 고장날 위험이 있는 상태에서, 실험 대상자들은 다가오는 경주에 참가할 것인지 여부를 결정해야 했다. 참가자들에게는 경주 도중 개스킷에 문제가 발생한 횟수는 임의의 수였으며, 개스킷이 고장나지 않은 경우가 몇 번인지를 알아보려면 '추가적인 정보'를 얻기 위해 링크를 클릭해야 한다고 말했다(실험은 온라인으로 진행되었다). 링크를 클릭하면 그야말로 암울한 통계가 눈앞에 펼쳐졌다. 개스킷이 고장날 확률은 99.99퍼센트였던 것이다. 경주 참가 여부를 선택한 후, 실험 대상자들은 이 문제가 1986년 공중에서 폭발해버린 우주왕복선 챌린저호의 엔지니어들이 직면했던 상황과 동일하다는 이야기를 들었다. 실험 대상자의 79퍼센트가 경주에 참가하는 쪽을 선택하는 실수를 저질렀으며, 추가적인 정보를 찾아보지 않았던 것이 가장 큰 이유였다.

마이어스와 동료들은 실험 대상자들에게 그런 결정을 내리게 된 주요 요인과 이유를 물어보았다. 바로 여기서 책임의 모호성이 작용했다. 잘못된 선택을 한 사람들은 링크를 클릭해야만 실패율을 볼 수 있게 해둠으로써 중요한 정보를 공개하지 않은 실험자들을 비난했다. 또한 경주용 자동차의 엔진 오작동은 우주왕복선에서 발행한 O링(고무 패킹—옮긴이) 오작동만큼 위험하지 않다며 변명하는 사람들도 있었다.

이제 실험은 2부로 돌입해, 연구원들은 그다음주 같은 실험 대상자들에게 또하나의 과제를 보냈다. 이번에는 보안 분석가의 입장이 되어 잠재적인 테러 위협을 파악하는 것이었다. 자동차 경주 문제와 마찬가지로, 올바른 답변을 하기 위해서는 적극적으로 추가적인 정보를 찾아야 했다. 자동차 경주 문제에서 실수한 것이 자신의 책임이라고 대답했던 사람들은 과연 이번에 더 좋은 성과를 올렸을까? 실제로 자동차 경주 문제에서 실수한 원인이 자신에게 있다고 생각했던 사람들이 테러 위협을 올바르게 판단할 확률은 40퍼센트였다. 외부 요인을 탓했던 사람들이 올바른 판단을 내릴 확률은 15퍼센트에 머물렀다.

이 연구는 두카티가 2004년의 실패 이후 어떤 교훈을 얻었는지 잘 보여준다. 우선 두카티의 엔지니어들은 실수했다는 사실을 인정할 수밖에 없었다. GP4가 기대치만큼 성능을 내지 못했기 때문에 원인을 파악해야 했던 것이다. 또한 이들은 디자인과 관련된 의사결정도 형편없었다는 사실을 발견했다. 디자인 작업을 너무 늦게 시작하는 바람에 테스트와 실험을 해볼 시간을 충분히 확보하지 못했다. 두카티는 이러한 문제점을 개선해 2005년 시즌 개막을 1년 이상 앞둔 2004년 3월부터 2005년 모델인 GP5를 디자인하기 시작했다. 또한 디자인 작업 자체도 더 빨리 끝냈다. GP6의 경우 2006년 시즌이 시작되기 1년 반 전에 개발에 착수했다.

두카티 엔지니어들이 깨달은 또하나의 사실은 보다 손쉽게 변경할 수 있는 모터사이클 디자인이 필요하다는 점이었다. GP3와 GP4는 모두 전면 일체형 시스템으로, 주요 부품의 디자인이 서로 긴밀히 연계되어 있었다. 이론상으로 일체형 시스템은 전반적인 성능을 최적화할 수 있다는 장점을 가지고 있지만, 그와 동시에 융통성이 부족해 하나의 부품을 바꾸려면 다른 부품들까지 전부 다시 디자인해야 하므로 비용뿐 아니라 상당한 시간이 낭비된다는 단점이 있다. 두카티는 2005년 시즌을 대비해 한 번에 한 가지 구성요소씩 교체하고 테스트해볼 수 있는 모듈형 디자인으로 전환했다. 마지막으로 두카티 엔지니어들은 레이서의 피드백을 해석하는 방법을 배웠다. 2003년 시즌에는 꾸준히 성적이 좋았기 때문에, 엔지니어들은 나쁜 성적이 나올 경우 레이서들이 편견을 가지고 모터사이클을 분석할 수도 있다는 점을 이해하지 못했다. 2004년 시즌의 우여곡절을 겪고 나서야 레이서의 기분이 모터사이클에 대한 피드백에 영향을 미친다는 사실을 깨닫게 되었다.

다시 앞에 소개한 실험으로 돌아가서, 마이어스와 동료들은 자동차 경주 개스킷 문제에서 올바른 선택을 한 21퍼센트의 실험 대상자에게도 같은 과제를 전달했다. 첫번째 과제에서 자동차 경주에 참가하지 않기로 결정한 것이 자신의 뛰어난 판단력 덕분이었다고 대답한 사람들은,

두번째 과제에서 테러 위험을 올바르게 파악할 확률이 약간 더 낮았다. 경주 참가를 선택한 후 다른 사람 탓을 한 것이 실수였다면, 참가하지 않기를 선택한 후 지나치게 자기만족을 한 것 역시 잘못이었다.

마찬가지로 두카티 팀도 2003년 시즌에 일찌감치 좋은 성적을 거두자 더이상 무언가를 배우려 하지 않았다. 이미 모든 문제에 대한 해결책을 찾아냈다고 생각한데다 좋은 성적을 자신들의 공으로 돌렸기 때문이다. 2003년 7월 런던의 〈인디펜던트〉가 보도한 바에 따르면, 좋은 성적을 거두자 두카티 경주팀의 어조와 강조하는 바도 완전히 바뀌었다. "프로젝트팀과 모터사이클 모두 첫번째 시즌이므로 올해는 단지 경험을 쌓고자 합니다." 로리스 카피로시가 당시에 했던 말이다. "하지만 시즌을 시작할 때 우리 모터사이클의 성능이 뛰어나다는 사실을 알게 되었고, 이제 우리 팀은 경주에서 우승에 도전할 수 있게 되었습니다." 두카티의 기술 책임자인 코라도 체키넬리Corrado Cecchinelli는 2003년 시즌의 성공 때문에 내부적으로 경주 분석을 제대로 하지 않았다고 털어놓았다. "무슨 문제가 있는지 파악하고자 할 때에는 데이터를 살펴보기 마련입니다. 하지만 성적이 잘 나오는 이유를 파악하려 할 때에는 데이터를 보지 않지요." 체키넬리는 말을 이었다. "경험을 쌓는 해라고 생각했던 2003년 시즌의 성적이 지나치게 좋았습니다. 그래서 우리는 경주를 하고 난 다음 그냥 휴식을 취했지요. 데이터를 분석할 필요가 없었거든요. 당시에는 정보를 수집하는 것이 별로 중요하지 않았습니다." 디자인 변경과 수정이 효과를 발휘하는 것처럼 보이자, 두카티 엔지니어들은 더이상 의문을 제기하지 않았다.

GP4가 실패한 이유는 두카티 팀이 배우는 것보다는 이기는 것에 초점을 맞추었기 때문이다. 필리포 프레치오시Filippo Preziosi는 이렇게 말했다. "우리는 2003년 시즌의 좋은 성적 때문에 자신만만한 상태였고, 도박을 걸었습니다. 2004년 시즌을 준비하면서 모터사이클의 몇 가지를 변경했지요." 915개에 달하는 GP4의 부품 중에서 GP3와 전혀 다른 부품이 60퍼센트 이상이었다. 디자이너들은 의사결정 과정에서 너무나 자신만만했던 나머지 GP4가 GP3보다 더 뛰어난 성능을 낼 것이라 믿어 의심치 않았다. 이것이 두카티의 악몽 같은 2004년 시즌 시작으로 이어졌다.

게리 피사노는 별도의 연구를 통해 실패율이 높으며 혁신이 큰 비중을 차지하는 다양한 기업들을 살펴보았으며, 여기서도 같은 패턴을 발견했다. "기업들은 사업이 제대로 운영되지 않을 때 원인을 살피는 경우가 많습니다. 하지만 성공을 거두고 있을 때에는 긴장을 풀고 방심하기 마련이지요. 더이상 무언가를 배우려 하지 않습니다." 예상치 못한 성공을 거둔 기업은 과도한 자신감을 갖게 되며 창의력도 저하된다.

전반적으로 볼 때 두카티의 행보는 사람들이 성공할 때보다 실패할 때 인과관계의 모호성에 주목하고 분석할 확률이 높다는 점을 보여준다. 그러나 '모호성'이라는 정의에 걸맞게, 우리가 인지하는 것보다 더 많은 인과관계의 모호성이 존재하는 경우가 대부분이다. 만약 그렇지 않다면 성공이 해롭게 작용하지는 않을 테니 말이다. 인과관계가 모두 드러나 있다면 성공은 곧 정답을 찾았다는 의미가 된다. 하지만 그렇지 않으므로, 중요한 것은 성공을 했느냐 실패를 했느냐가 아니라 배우려는 자세를 버리지 않고, 계속해서 모호성을 탐구하며, 불확실성을 새로운 발견의 기회로 보는지 여부다. 성공의 이유는 실패의 이유만큼이나 애매하기 마련이지만, 사실 일반적으로 성공의 이유를 찾아내기가 더 어렵다. 성공할 경우 굳이 그 이유를 확인해볼 확률이 낮기 때문이다.

"100퍼센트 확신을 가지고 본인이 결과에 전적으로 책임이 있다거나 전혀 책임이 없다고 말할 수 있는 사례는 지극히 드뭅니다." 크리스토퍼 마이어는 자신의 연구에 대해 이렇게 말한다. "성공을 하는가 아니면 실패를 하는가, 그리고 결과의 원인을 어떻게 판단하느냐에 따라 그 일로 얻은 교훈을 향후에 적용하는 방식이 달라집니다." 자기 본위적 편향 hedonic bias이라는 현상에 대한 다양한 연구는, 사람들이 실제로 성공할 경우 본인의 공으로 돌리고 실패할 경우 타인의 탓으로 돌리는 경향이 있음을 보여주었다. 운동선수들은 승리를 거두면 자신의 노력과 기술 덕분이라고 생각하지만 패배할 경우 운이 나빴다고 여긴다. 교사들은 성적이 좋지 않은 경우 학생들의 역량 부족을 탓하지만, 성적이 좋으면 자신의 교육적 재능이 뛰어난 증거라고 여긴다. 정치인들은 선거에서 승리를 거두면 개인의 능력 때문이라고 생각하지만 패배하면 소속 정당의 탓으로 돌린다. 하지만 좋지 않은 결과의 원인이 불분명한 경우에는 배울 것이 많이 남아 있다는 사실을 받아들이느냐에 따라 향후의 개선 여부가 결정된다. 순순히 인정하고 싶지는 않겠지만 성공의 원인을 파악할 수 없을 경우에도, 마찬가지로 아직 배울 점이 많다는 사실을 받아들여야 미래의 실패를 방지할 수 있다.

1992년 듀크 대학교의 심 싯킨Sim Sitkin은 실패의 유용성과 성공으로 인한 문제점에 대한 유명한 분석 결과를 발표했다. 싯킨은 이렇게 적었다. 한편으로는 "오류가 기존의 인식, 사고, 행동방식이 송두리째 흔들리며 새로운 방식을 수용하게 되는 '해동' 과정을 촉발하게 된다". 동시에 그는 성공하게 되면 조직은 현실에 안주하고 탐구하려는 의욕이 사라지며, 경직되는 성향을 보인다고 했다. 싯킨은 기업에 새롭고 예상치 못한 상황에 적절히 대처하도록 직원들을 교육하며 직원들의 사소한 실수를 장려하도록 권장했다.

한편 마이어스의 연구와 두카티의 이야기에서 또하나의 전략을 도출해낼 수 있다. 만약 실패가 성공으로 이어지는 경우가 많으며 성과를 올린 후 실책이 발생하는 경우도 그만큼이나 빈번하다면, 지노와 피사노가 강조한 대로 기업들은 성공했을 때에도 실패했을 때와 마찬가지로 철저한 검토 작업을 추진해야 한다. 의사결정이 적중했을 때에도, 아니 적중했을 때일수록 더더욱, 애매모호한 원인을 찾아내야 한다. 성공을 거둔 후 불확실성을 수용한다는 것은, 예상치 못한 요인이 성공에 어떤 역할을 했는지 끊임없이 의문을 제기해야 한다는 의미다. 기업들은 이런 질문을 던져야 한다. 상품의 어떤 측면이 크게 히트했는지 잘못 해석하고 있는 것은 아닐까? 생산 과정의 어느 부분을 개선할 수 있을까? 성공 때문에 간과되기 쉽지만 향후의 의사결정에 영향을 미칠 수 있는 문제들은 무엇일까? 운은 성공에 어느 정도 영향을 미쳤을까?

다큐멘터리 〈픽사 스토리The Pixar Story〉에서, 애니메이션 영화 제작사 픽사의 공동 창업자인 스티브 잡스는 초기에 번창하던 기업이 성공 때문에 망가지는 경우가 얼마나 빈번한지 언급했다. 잡스의 말에 따르면 경영진이 이미 알고 있는 것에 대해 더이상 의문을 제기하지 않을 경우 위험성이 커진다. 기업이 "최초에 내놓은 제품이 크게 성공을 거두지만 그 제품이 왜 그렇게 성공했는지를 제대로 이해하지 못할 때 문제가 발생한다. 기업은 야심이 커지고 보다 대담해지며, 이런 상태에서 내놓는 두번째 제품은 실패한다". 잡스는 픽사가 아니라 엄청난 성공을 거둔 컴퓨터 기업 애플에서의 경험을 이야기하고 있는 것이었다. 이 회사가 본격적으로 내놓은 첫번째 제품 애플II는 일반 소비자가 구매할 수 있는 최초의 마이크로컴퓨터 중 하나로 큰 인기를 모았다. 하지만 애플III는 시장에서 외면당하고 말았다. 잡스는 애플에서의 이 경험을 픽사의 상황에 적용해 "두번째 작품에서 좋은 성과를 낸다면 안정적인 궤도에 오를 수 있을 것"이라고 믿었다.

물론 픽사는 뛰어난 성과를 올렸다. 성공작보다 실패작의 비율이 훨씬 높은 업계에서, 픽사는 열네 작품을 연속으로 흥행 1위에 올려놓는 기염을 토했다. 이것이 가능했던 이유는 픽사가 계속해서 의문을 제기하고 실패하지 않기 위해 노력했기 때문이다. 픽사는 매번 작품이 성공하면 세밀한 사후 분석을 실시한다. 창립 초기 픽사의 공동 창업자 에드 캣멀은 직원들이 성공을 자축하며 다음 프로젝트로 넘어가고 싶어하는 성향이 있다는 사실을 알게 되었다. 그래서 직원들이 혹시 실수는 없었는지, 개선할 수 있는 부분은 없는지 보다 면밀하게 살피도록 장려할 참신한 방법을 찾아야 했다. 캣멀은 『창의성을 지휘하라<sup>Creativity, Inc.</sup>』라는 책에서 소위 "숨겨진 요소"를 끊임없이 탐구하는 것이 얼마나 중요한지 자세히 설명했다. 문을 비유로 들면서, 문 저편에는 "여러분이 알지도 못하고 알 수도 없는 모든 것들의 세계" "자각하고 있는 것보다 훨씬 더 큰" 방대한 세계가 펼쳐져 있다고 했다. 그는 또한 창의적인 문화를 조성하려면 이러한 미지의 요소들을 이해하고 발견하는 방법을 적극적으로 찾아야 하며, 이러한 과제는 "성공을 거두고 있을 때일수록 더욱 실천하기 어렵다. (…) 성공은 자신이 올바른 방향으로 나아가고 있다는 확신을 주기 때문이다"라고 주장했다.

픽사는 성공에 대해 모든 것을 통달하고 있다는 자신감이 얼마나 위험한지 잘 이해하고 있었다. 〈인크레더블The Incredibles〉을 감독한 브래드 버드는 처음 일을 맡았을 때 접한 픽사의 기업문화를 이렇게 설명한다. "네 작품을 연달아서 성공시켰다면 어떤 회사든 변화에 소극적인 태도를 보일 겁니다. 하지만 픽사는 정반대였습니다. 픽사 사람들은 이렇게 말했지요. '이봐, 우리 작품이 네 번 연속 흥행했어. 우리가 자기 복제를 하거나 지나친 자기만족에 빠질 위험성이 충분하다고.'" 픽사는 '얼이붙은' 확실성을 재고해보는 과정의 장점을 깨닫고 이를 성공 사례에 적극적으로 활용했다. 다른 기업들은 실패했을 때에만 확실하다고 생각했던 요소들을 되돌아보게 된다.

혁신에서 불확실성이 차지하는 역할을 더욱 극명하게 보여주는 사례는 과학 분야다. 과학적 전통의 가장 뛰어난 자산은 결국 끊임없는 자기반성과 의구심이다. 최소한 과학계에서는 불확실성을 수용하는 것이 과학을 정의하는 특징이라고 여긴다. 이는 결코 단점이 아니다. 과학철학의 두 거장인 카를 포퍼와 토머스 쿤은 이 점을 각각 서로 다른 방식으로 강조했다. 포퍼는 지적 정직성intellectual honesty이란 세상에 대한 이론을 증명하기보다는 반박하기 위해 노력하는 것을 의미한다고 생각했다. 쿤은 모순이 쌓이고 쌓여 지배적인 이론이 와해될 때 과학이 한 단계 발전한다고 보았다. 두 관점 모두, 새로운 발상이나 발견을 위해서는 불확실성을 수용하는 과정이 선행되어야 한다고 본다. 기상과학자 탬신 에드워즈Tamsin Edwards는 최근 불확실성은 "과학의 엔진이다"라고 언급하기도 했다.

〈네이처〉의 편집자들은 과학이 "비관적인 태도로 앞이 보이지 않는 수많은 골목으로 들어서거나 잘못된 길을 헤매며 가설을 하나씩 탐구하지 않았다면, 과학은 금세 종말을 맞았을 것이다"라고 했다. 그렇기 때문에 위대한 심리학적 통찰은 축적되기 마련이며, 과학 저널(및 과학 저자들)은 항상 의심하고 의문을 제기해야 한다. 과학 정신의 심장부에 있는 개방성은 오류에 대한 지적을 기분 나쁘게 받아들이지 않으며, 성공을 잠정적인 것으로 간주하고, 냉정하고 품위 있게 비판을 환영한다는 의미다.

표면적으로, 잡스 같은 경영자나 픽사 같은 기업이 보여주는 자신감과 불확실성을 수용할 필요성 사이에는 모순이 존재하는 것처럼 보이기도 한다. 혁신에는 대담성과 자신감이 필수적이지만, 그와 동시에 불확실성을 감내하는 역량도 필요하다. 언뜻 정반대처럼 보이는 이러한 특성들을 어떻게 조화시킬 것인가? 사업을 시작하거나, 할리우드에서 꿈을 좇거나, 새로운 제품을 출시할 정도의 자신감을 갖추면서 그와 동시에 어떻게 의구심을 기를 수 있을까? 그것도 성공을 거둔 후에?

이 문제에 대한 해답을 제시해주는 한 가지 사실은, 오랫동안 지속되는 지식은 끊임없이 제기되는 의문을 견뎌냈기 때문에 그 자리를 지키고 있다는 점이다. 분야를 막론하고 우리는 아이디어와 성공이 끊임없이 도전받도록 허용함으로써 진정한 자신감을 얻게 된다. 존 스튜어트 밀은 이런 글을 남겼다. 우리는 가장 중요한 신념에 대해 "보호장치에 의존하기보다는, 그 신념이 근거가 없음을 증명하도록 전 세계에 항시적인 초대장을 보내야 한다".

모토GP 경주에서 승리를 거둔 모든 엔지니어의 과제는, 과연 포상을 받은 후에도 계속 초대장을 보내면서 배우려는 자세를 유지하는지 여부다.

## 알지도 못하고 알 수도 없는 모든 것들의 세계, 불확실성의 활용법

만약 실패가 성공으로 이어지는 경우가 많으며 성과를 올린 후 실책이 발생하는 경우도 그만큼 빈번하다면, 기업들은 성공했을 때에도 실패했을 때와 마찬가지로 철저한 검토 작업을 추진해야 한다. 의사 결정이 적중했을 때에도, 아니 적중했을 때일수록 더더욱, 애매모호한 원인을 찾아내야 한다. 성공을 거둔 후 불확실성을 수용한다는 것은, 예상치 못한 요인이 성공에 어떤 역할을 했는지 끊임없이 의문을 제기해야 한다는 의미다. 기업들은 이런 질문을 던져야 한다. 상품의 어떤 측면이 크게 히트했는지 잘못 해석하고 있는 것은 아닐까? 생산 과정의 어느 부분을 개선할 수 있을까? 성공 때문에 간과되기 쉽지만 향후의 의사결정에 영향을 미칠 수 있는 문제들은 무엇일까? 운은 성공에 어느 정도 영향을 미쳤을까?

다큐멘터리 〈픽사 스토리〉에서, 픽사의 공동 창업자인 스티브 잡스는 초기에 번창하던 기업이 성공 때문에 망가지는 경우가 얼마나 빈번한지 언급했다. 잡스의 말에 따르면 경영진이 이미 알고 있는 것에 대해 더이상 의문을 제기하지 않을 경우 위험성이 커진다. 기업이 "최초에 내놓은 제품이 크게 성공을 거두지만 그 제품이 왜 그렇게 성공했는지를 제대로 이해하지 못할 때 문제가 발생한다. 기업은 야심이 커지고 보다 대담해지며, 이런 상태에서 내놓는 두번째 제품은 실패한다".

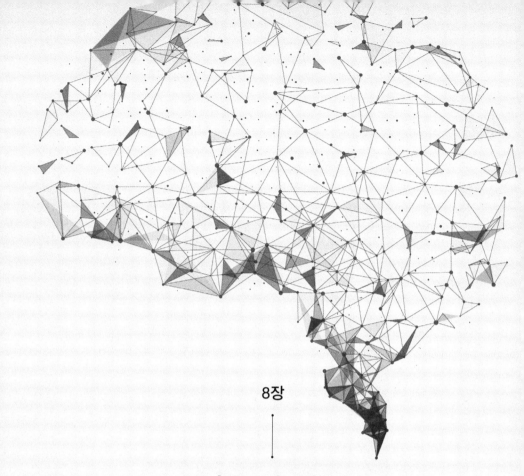

8장

# 퍼즐의 달인

—

## '구성요소 분해'와 '유사점 찾기', 숨은 해답을 구하는 몇 가지 기술

기본 기능을 갖춘 휴대폰이 본격적으로 보급되기 전, 전 세계의 이주 노동자들은 장시간 버스를 타고 고향 마을로 돌아가서 가족에게 직접 돈을 전달해야 했다. 이러한 여정은 시간이 많이 소요될 뿐만 아니라 비용도 많이 들었다. 다른 사람에게 돈을 전달해달라고 부탁할 수도 있었지만, 부탁받은 사람이 중간에 돈을 써버릴지도 모른다는 위험을 감수해야 했다. 기본적인 금융 서비스를 이용할 수 있는 사람은 많지 않았다. 은행 계좌조차 없는 사람이 많았지만, 이들은 점차 휴대폰이라는 물건을 손에 넣게 되었다. 1998년 필리핀 소비자들은 휴대폰 사용 시간 재충전 기능의 유용성을 알고 있었다. 선불 서비스 이용자들은 가까운 가게에서 통화카드를 산 다음, 고유한 여러 자리의 숫자 코드가 숨겨져 있는 불투명한 은박 부분을 긁어내고 해당 코드를 휴대폰에 입력했다.

필리핀 사람들은 이러한 코드를 사용해서 돈을 이체할 수 있다는 사실을 깨달았다. 사실 활성화 코드가 무엇인가. 특정한 금액에 해당하는 고유한 숫자다. 선불 통화카드는 디지털 화폐의 역할을 할 수 있었다. 통화카드를 사서 자기 전화에 코드를 입력하지 않고, 다른 지역에 있는 사랑하는 사람이나 친구에게 문자로 코드를 보내기만 하면 된다. 그다음에는 아직 사용하지 않은 카드를 폐기해버리는 것이다. 이제 친구는 특정 금액에 해당하는 코드를 받은 셈이다. 따라서 이 코드를 자기 휴대폰에 입력해 돈을 절약할 수 있다. 한 단계 더 나아가면, 그 친구가 받은 코드를 사용해 다른 사람에게 돈을 지불하거나 적당한 수수료를 떼고 현금으로 교환할 수도 있다. 선불 통화코드를 휴대폰의 문자 기능(일반적으로 단문메시지 서비스를 의미하는 SMS로 전송됨)과 결합하면 길모퉁이에서 사탕, 담배, 음료수를 취급하는 허름한 가게도 순식간에 웨스턴 유니언Western Union 은행으로 변신한다.

이것은 획기적인 발상이었다. 아무리 오지에 있는 마을이라도 선불 통화카드를 파는 구멍가게가 하나쯤은 있었다. 2003년 12월 필리핀 최대 통신사는 이 획기적인 발상을 상용화해 파사로드PasaLoad 서비스를 출시했다(그와 동시에 일단 코드를 한 차례 전화기에 입력하면 통화 시간을 다른 사람에게 양도할 수 없다는 선불카드의 단점도 해결했다). 보츠와나, 가나, 우간다의 연구원들은 자국 사람들이 선불 통화카드를 어떻게 가상 화폐로 활용하고 있는지 소개했다. 2004년에는 모잠비크의 한 통신사가 선불 통화 시간을 교환할 수 있도록 했으며, 2007년에는 케냐의 사파리콤Safaricom이 휴대폰을 사용해 돈을 예치, 이체, 인출할 수 있는 M-PESA 서비스를 출시했다. 기존의 선불카드 판매업자에게 공식 M-

PESA 취급업체의 라이선스를 부여함으로써, 이 서비스는 머지않아 케냐에서 자금 이체에 가장 많이 사용되는 수단으로 떠올랐다. 그도 그럴 것이, M-PESA를 취급하는 업체가 은행보다 50배는 많았기 때문이다. 2013년 M-PESA는 케냐에 1700만 명 이상의 고객을 보유했으며, 이는 케냐 성인 인구의 3분의 2가 넘는다.

이제 봇물이 터진 셈이다. 선불 통화카드가 가상 화폐의 역할을 할 수 있다면, 문자메시지도 단순한 휴대폰 부가 기능뿐만 아니라 더 중요한 다른 역할을 할 수 있을지 모르는 일이다. 2011년 5월 코카콜라의 국제 홍보 책임자인 개빈 메로트라Gavin Mehrotra는 모바일 광고의 경우 "SMS가 최우선순위"라고 선언해, 듣고 있던 베테랑 마케팅 전문가들을 충격으로 몰아넣었다. 메로트라가 SMS를 강조한 데에는 그만한 이유가 있다. 2013년 말의 한 추정치에 따르면, 전 세계적으로 57억 8천만 명에 달하는 사용자를 보유한 SMS는 세계에서 가장 인기 있는 양방향 통신 플랫폼이다. 따라서 SMS는 단순히 문자, 광고, 송금뿐만 아니라 부유한 국가 사람들이 인터넷을 통해 시작한 다른 많은 작업들도 할 수 있는 실용적인 수단이다.

필리핀의 글로리아 마카파갈 아로요Gloria Macapagal Arroyo 대통령은 재빨리 다양한 SMS 기반 정부 서비스를 마련했다. 2001년에는 본인 이름의 머리글자를 따서 TXTGMA라는 민원 서비스를 개시했다. 범죄, 공무원 부정부패, 매연을 내뿜는 차량의 신고를 장려하기 위한 SMS 서비스도 개설되었다. 2008년이 되자 필리핀 정부는 시민들이 54개에 달하는 정부기관에 문자메시지를 보낼 수 있는 지원체계를 갖추었다. 한 연구에 따르면, 필리핀 시민의 87퍼센트가 정부와 이런 형태로 소통하는 것을 선호했으며 인터넷 사용을 선호한 비율 11퍼센트와는 큰 차이를 보였다. 가나와 바레인, 인도네시아 정부도 문자 기능을 데이터 채널로 활용한 여러 가지 서비스를 선보였다. 이제 말레이시아와 라오스에서는 국민들에게 홍수 경보 문자메시지를 보낼 수 있다. 인도 사람들은 뇌물을 노리는 중개인을 거치지 않고 SMS를 통해 신청한 여권의 처리 상태를 직접 확인할 수 있다.

SMS의 활용 가능성은 무궁무진하다. 사람들에게 농업, 교육, 보건 정보를 제공할 수도 있다. 모바일 머니로 SMS를 통해 제품을 판매할 수도 있다. SMS로 세금을 납부하는 서비스도 머지않아 등장할 것이다. 나이지리아의 한 기업은 모바일로 결제할 수 있는 펌프 자판기에서 깨끗한 물을 판매했다. 케냐에서는 자동 강수량 측정치를 기반으로 하여 농작물 보험금을 모바일로 직접 전송한다.

과연 누가 이러한 혁신을 주도하고 있는가? 2014년 카네기 멜런 대학교의 연구원들은 혁신적인 모바일 금융 서비스(현재는 전 세계적으로 수십억 달러 규모에 달하는 산업이 되었다)의 무려 85퍼센트가 신흥 시장에서 개발되고 있으며, 최소한 그중 절반은 사용자들이 고안한 것이라는 조사 결과를 발표했다. 평범한 사람들이 새로운 애플리케이션을 개발하고, 통신사들의 역할은 이를 따라잡는 것으로 축소되었다. 무슨 영문인지 다국적 기업들이 모바일 기술의 여러 가지 새로운 가능성을 전혀 눈치채지 못한 것 같은 상황이다. 마치 브루너와 포스트먼의 실험에 참가한 사람들이 빨간색 하트와 검은색 스페이드를 기대하고 있었던 탓에 눈앞에 있는 속임수 카드를 놓친 것처럼 말이다.

앞에서 살펴보았던 바와 같이 모호성을 탐구하는 과정의 한 가지 중요한 장점은, 성공했을 때 필요 이상으로 스스로에게 공을 돌리지 않고 무언가 교훈을 얻을 수 있도록 도와준다는 점이다. 하지만 특정한 객체의 기능에 의도적으로 모호성을 도입해 눈에 보이지 않는 사각지대를 노출시켜주는 체계적인 방법이 있다면 어떨까? 발명을 예로 들자면, 이주노동자들이 휴대폰 통화카드와 SMS 기능을 전혀 예상치 못한 방식으로 사용하기 시작했듯이 일부러 어떤 장비를 통상적인 사용법과는 전혀 다른 관점에서 보려고 노력한다면? 모바일 머니의 탄생에 대한 이야기는 선입견을 버리고 기존 도구의 새로운 활용법을 발견하면 상업적으로 혁신적인 변화를 일으킬 수 있음을 보여준다. 놀랍게도 모바일 머니의 이야기, 그리고 SMS 기능의 다양한 활용 가능성을 인지한 것이 얼마나 중요한 역할을 했는지에 대한 이야기는 알렉산더 그레이엄 벨이 최초로 전화의 특허를 신청했던 당시의 이야기와 많은 유사점을 보인다. 이것은 일반적으로 획기적인 발명이 어떻게 탄생하느냐에 대한 이야기이다.

전보가 보급되기 전 기차역은 소매치기들의 단골 작업장소였다. 정보를 전달하는 가장 빠른 방법이 기차였기 때문에 소매치기들은 경찰에게 현행범으로 잡히지 않는 이상 항상 한 발자국 앞서나갈 수 있었다. 한 역에서 도둑질을 하고 기차에 올라타면 경찰 당국이 다음 역에 있는 사람들에게 경고해줄 방법이 없었다. 그러나 1844년 패딩턴과 슬라우를 연결하는 기차에서 일어난 사건이 이를 전부 바꿔놓았다. 철도국에서는 통근자들이 기차선로를 따라 설치된 전신선을 사용해 미리 연락을 취해놓음으로써 목적지에 도착할 때 말이 준비되어 있도록 할 수 있다며 광고했다. 패딩턴-슬라우 사이의 전보는 단순히 기차 서비스를 홍보하는 근사한 방식이었을 뿐, 그 이상의 의미는 없었다. 전보를 사용해 범죄를 퇴치할 수 있다는 생각은 그 누구의 머릿속에도 떠오르지 않았다.

그러다가 놀랍게도, 패딩턴에서 슬라우로 보낸 암호 메시지를 사용해 소매치기를 체포하는 사건이 발생했다. 1844년 8월 당일의 전보 기록에는 기차가 역에 도착한 후 한 경찰이 피들러 딕Fiddler Dick이라는 민망한 이름(Dick은 남자의 성기를 가리키는 속어이며 Fiddler는 주무른다는 의미다—옮긴이)을 가진 어리둥절한 도둑을 체포한 사건이 자세히 묘사되어 있다. 경찰은 소매치기의 줄 달린 시계에서 한 여성이 도둑맞은 1파운드짜리 금화를 발견했다. 다른 수상한 사람들, 즉 공범자들은 "남의 눈을 피해 기차역 주위를 서성거리며" "전보에 대한 거친 욕설을 내뱉었다". 전보가 경찰에게 날개를 달아주리라고 누가 상상이나 했겠는가?

그후 30년 이상에 걸쳐 전보는 미국 전역으로 확대되었다. 1848년에는 전신선이 설치된 구간이 3200킬로미터 정도에 불과했다. 1852년이 되자 전신선의 길이는 열 배 이상으로 늘어났다. 10년 후, 전보는 기업, 경찰, 기자 들에게 없어서는 안 될 통신수단이 되었다. 1872년 웨스턴 유니언은 번호가 붙은 전신 암호장을 사용해 몇몇 도시 사이에 최대 100달러를 송금하는 방법을 찾아냈다. 머지않아 이 은행은 한도액을 6000달러로 상향 조정했으며, 금세 연간 전신 송금액이 약 250만 달러, 거래 건수가 거의 4만 건에 달하게 되었다. 전보는 당시 생활의 중심 역할을 하게 되었다.

당시의 발명가들에게 명예와 부를 얻을 수 있는 가장 유망한 분야 중 하나는 전보의 비용 효율성을 높이는 새로운 방법을 찾아내는 것이었다. 1858년 찰스 휘트스톤Charles Wheatstone은 사전에 구멍을 뚫어놓은 테이프를 자동 모스부호 송신기에 입력하는 기술로 특허를 받았다. 휘트스톤 자동 전보를 사용하면 가장 뛰어난 모스 키 기사가 수작업으로 메시지를 입력하는 것보다 열 배나 빠르게 메시지를 전송할 수 있었다. 또하나의 중요한 혁신적 발명은 '2중 전신'으로, 하나의 전선을 통해 서로 반대 방향에서 두 개의 메시지를 동시에 보낼 수 있도록 함으로써 기존 전신선의 효율성을 두 배로 향상하는 기술이었다. 1874년 토머스 에디슨은 '4중 전신'을 발명했다. 이로써 하나의 전선을 통해 양쪽 방향에서 각각 두 개씩, 총 네 개의 메시지를 동시에 전송할 수 있게 되었다. 웨스턴 유니언은 에디슨의 장비 덕분에 연간 50만 달러는 너끈히 절약할 수 있었을 것이다.

이렇게 엄청난 이해관계가 걸려 있는 경쟁이 한창 벌어지고 있는 와중에, 엘리샤 그레이Elisha Gray와 알렉산더 그레이엄 벨이라는 두 명의 발명가가 있었다. 1874년 그레이는 이미 널리 인정받는 발명가이자 웨스턴 일렉트릭Western Electric의 전신前身인 한 전기장비 제조업체의 공동 창업자였다. 아직 이십대였던 벨은 첫번째 큰 성공 기회를 간절히 찾고 있는 젊은 청년이었다. 그레이와 벨은 다양한 신호음 또는 주파수로 메시지를 전송할 수 있는 '고조파' 전신기를 제작하는 데 관심을 가지고 있었다. 두 사람은 고조파 장비가 완성될 경우 하나의 전신선을 통해 더욱 많은 메시지를 보낼 수 있을 것이라 생각했다. 그레이는 열여섯 개의 메시지를 동시에 전송할 수 있는 장비를 설계하고 있었다.

1875년 6월 2일, 벨이 자신의 장비를 만지고 있는 와중에 금속 리드

하나가 중간에 걸려버렸다. 그의 조수가 걸린 것을 빼내자 전선의 반대쪽 끝에서 팅 하고 퉁기는 소리가 났다. 9개월 후인 1876년 3월, 벨은 이 획기적인 발견을 바탕으로 하여 인간의 음성을 전송하는 데 성공했다. 이 새로운 발명품 '말하는 전보'의 특허 신청 제목은 '전신의 개선'이었다.

그레이는 전화 발명에서 벨보다 한발 앞서 있었다고 한다. 그가 결정적인 발견을 한 것은 1874년 초의 일로, 이는 훗날 욕조 실험이라는 이름으로 불리게 되었다. 그레이의 조카는 어린아이들을 재미있게 해주려고 그레이의 전기장비로 욕실에서 '전기 충격' 놀이를 하고 있었다. 두 개의 전선이 유도 코일에 부착되어 있는 장비였다. 전선 하나는 물기가 없는 욕조의 아연 내벽에 접촉시켰고, 나머지 하나는 그레이의 조카가 들고 있었다. 조카가 아연 내벽에 손을 대면 전기회로가 닫히는 셈이 되므로 약간의 전기 충격을 느낄 수 있었다. 하지만 그레이는 다소 이상한 점을 알아챘다. 손을 아연 내벽에 문지르면 소리가 났는데, 유도 코일이 내는 것과 같은 높이의 소리였다. 그레이가 코일에서 나는 소리의 높이를 바꾸자 손을 문지를 때 나는 소리도 바뀌었다. 무슨 영문인지는 몰라도 전선을 통해 정확한 소리가 전달되고 있었다. 머지않아 그레이는 인간의 목소리를 전기 진동으로 변환하는 방법만 찾아낸다면 전신선을 통해 인간의 말을 전송하는 것도 가능하다는 사실을 깨달았다. 하지만 그는 소리를 전송해서 도대체 무슨 이득이 있을지 상상이 가질 않았다. 그래서 그 대신 전보의 기능을 개선하는 데 힘을 쏟았다.

벨에게 자금을 대주던 가드너 허버드Gardiner Hubbard도 고조파 다중 전신에 몰두하라며 벨에게 잔소리를 퍼부었다. 허버드는 그레이나 웨스턴 유니언의 경영자들과 마찬가지로 전화는 집중을 방해하는 장애물이라 생각했다. 허버드는 벨에게 이렇게 말했다. "제발 그 전화에 대한 생각은 머릿속에서 지워버리고 음악 전보나 개발하라고. 성공하면 자네는 백만장자가 될 거야." 하지만 벨은 전화를 포기할 수 없었으며, 훗날 이렇게 회상했다. "다중 전신에 온 신경을 집중하려고 노력해보았지만, 내 머릿속은 (음성을 전송한다는 생각으로) 가득차 있었다." 그레이는 담당 특허 변호사에게 벨은 상업적 가치가 전혀 없는 프로젝트에 귀중한 시간을 낭비하고 있다고 말했다. "현재로서는 아무런 이익을 기대할 수 없는 일에 내 시간과 돈을 투자할 생각이 없소."

그럼에도 불구하고 그레이는 1876년 2월 14일 특허권 보호 신청을 냈다. 이것은 앞으로 출원할 특허에 대한 권리를 주장하기 위한 문서다. 벨도 같은 날 특허 출원을 했으며, 그레이는 궁극적으로 벨의 특허에 대항하기 위해 정식 특허 출원을 할 기회가 있었다. 그러나 그레이의 변호사는 그 일이 싸울 만한 가치가 없다고 조언했다.

1876년 6월이 되자 그레이는 필라델피아에서 열린 독립 100주년 국제박람회에서 연구의 결실을 자랑스럽게 공개할 준비가 되어 있었다. 그는 심사위원들 앞에서 하나의 전선을 사용해 여덟 개의 메시지를 보낼 수 있음을 증명했다. 하지만 벨 역시 필라델피아에 와 있었고, 자전기磁電氣를 사용한 전화로 햄릿의 독백 중 일부를 낭독함으로써 박람회의 화제를 독차지했다. 그레이는 벨의 시연 이후 화가 머리끝까지 나서 즉시 변호사에게 특허권 보호 신청의 사본을 요청했다. 하지만 그레이는 여전히 변호사에게 벨의 장비는 별로 중요한 것이 아니라고 주장했다. "나는 필라델피아와 뉴욕 사이의 8중 전신을 개발하고 있소. 한쪽 방향에서 네 개씩, 총 여덟 개의 메시지를 동시에 전달하지. 벨도 자기가 만든 장비를 가지고 한번 그렇게 해보라고 하시오." 또한 그레이는 다른 담당 변호사에게 이렇게 덧붙였다. "벨이 만든 말하는 전보 말이오. 과학용 장난감으로 과학계에서나 관심을 받을 거요. 신기하기는 하니까 말이오. 하지만 우리는 이미 정해진 시간 동안 전선에 대고 말하는 것보다 훨씬 많은 일을 할 수 있소."

투자자인 허버드도 1876년 내내 벨을 설득하려 했으며, 심지어 국제박람회가 끝난 이후에도 다중 전신에 집중하도록 호소했다. 허버드는 일단 벨이 전보에서 크게 한번 성공을 거두면 연간 수입이 보장되므로, 그다음에 전화를 만지작거려도 충분할 것이라 생각했다. 처음에는 벨도 망설였지만 10월이 되자 허버드의 요청을 무시하기로 굳게 결심했다. 4년 후, 세계적으로 3만여 대의 전화가 보급되었다. 벨의 특허는 미국 역사상 가장 많은 이익을 낸 특허 중 하나다.

벨이 거둔 성과는 단순히 기술적인 것이 아니었다. 사실 그레이가 벨보다 1년도 더 전에 똑같은 깨달음을 얻었기 때문이다. 하지만 그레이는 전신선의 기능이 전보를 보내는 것 하나뿐이라는 생각에 갇혀 있었다. 벨의 진정한 통찰력은 구상에 있었다. 그는 '말하는 전보'가 단순히 신기한 장치 이상의 역할을 할 수 있는지 머릿속에 그려보았던 것이다.

전화의 발명과 휴대폰 SMS 기능의 창의적인 활용 사례의 근간에는 동일한 패턴이 숨어 있다. 일반적으로 혁신은 발명가가 기존 기술에서 간과되었던 기능이 상당한 잠재력을 가지고 있음을 깨달을 때 일어난다. 용도가 명확해 보였던 어떤 대상이 사실은 다양한 기능을 가지고 있음을 발명가가 간파할 때 혁신이 일어나는 것이다. 전보의 경우, 이 새로운 시스템이 소매치기를 검거하는 데 큰 역할을 했을 때 바로 그러한 깨달음의 순간이 찾아왔다. 전화의 경우, 벨이 멀리 떨어져 있는 누군가에게 말을 하는 것은 정보를 전달하는 속도 이상의 부차적인 장점을 가지고 있음을 이해했을 때 변화가 시작되었다. 모바일 머니의 경우, 필리핀 사람들이 통화카드가 사실은 숫자 코드로 된 현금이며 문자메시지를 이용해 돈을 이체할 수 있다는 사실을 깨닫는 순간이 혁신의 시작이었다. 이러한 모든 일이 일어나기 위해서는 특정 대상에 대한 암묵적이고 확고한 기존의 가정에서 벗어나야 한다. 현대의 한 심리학자 겸 발명가가 보여주었듯이, 이러한 통찰력을 얻기 위해서는 퍼즐을 풀 때와 유사한 사고방식이 필요하다.

1766년 런던의 한 지도 제작자는 지도를 얇은 마호가니 판에 붙인 다음 세공용 톱으로 각 국가를 모양대로 잘라냄으로써 이를테면 세계 최초의 지그소 퍼즐을 만들었다. 아이들의 지리 학습을 도와주기 위한 용도였다. 앤 윌리엄스Anne Williams는 최근에 펴낸 지그소 퍼즐의 역사에 대한 책에서 지그소가 얼마나 이상하고도 흥미로운 취미인지 설명한다. 근사한 사진을 가져다가 산산조각으로 분해한 다음 조각들을 마구 섞어서 엉망진창으로 만든다. 그다음에는 그림을 다시 맞추기 위해 헤아릴 수 없는 시간 동안 피로한 눈을 비벼가면서 퍼즐 조각을 잡고 씨름하며, 여러 단계에 걸쳐 전략을 바꾸기도 한다. 우선 가장자리부터 먼저 맞춘 다음, 특정한 색이나 눈에 띄는 패턴을 찾는다. 퍼즐이 거의 완성되어가면 불쑥 튀어나온 부분이 한 개인 것과 두 개인 것 등등, 모양을 기준으로 하여 빠진 조각들을 나열해놓기도 한다. 퍼즐을 맞추는 과정에서 예상치 못한 반전에 맞닥뜨리기도 하는데, 이를테면 손이라고 생각했던 것이 발이라든가, 구름처럼 보였던 것이 노인의 머리카락이라든가, 지난 3일 동안 퍼즐 조각을 거꾸로 보고 있었다는 사실을 깨닫는 순간이다.

앞에서 살펴보았던 앱솔루트의 광고는 두 조각으로 구성된 퍼즐과도 같다. 이 광고는 사물의 이치를 찾으려는 인간의 왕성한 욕구에 시동을 건다. 그러나 퍼즐은 대부분 모순을 해결하거나 빈 곳을 채우려는 충동을 자극하는 것 이상의 역할을 한다. 두뇌 퍼즐을 풀기 위해서는 종결을 지으려는 마음의 자연스러운 성향을 억눌러야 하는 경우가 많다. 이러한 퍼즐은 반사적으로 튀어나오는 가정과 싸우면서 풀어나가야 한다. 잘 짜인 십자말풀이 퍼즐을 풀기 위해서는 단어의 다양한 의미를 찬찬히 살펴보아야 한다. 'fire'라는 단서가 주어졌다면, 어떤 단어의 동의어를 찾아야 할까? 흥분시키다? 발사하다? 해고하다? 아니면 정열? 마찬가지로, 뛰어난 추리소설은 범인에 대한 독자의 가정을 역으로 이용해 진짜 범인을 코앞에 숨겨둔다. 열렬한 퍼즐 팬과 지그소 애호가, 추리소설 마니아들은 모호성의 요소를 줄이고자 하는 스스로의 성향에 도전하면서 각별한 즐거움을 느낀다. 미지의 영역에서 오랜 시간 동안 느긋하게 머물며 재미를 느끼는 것이다. 물론 종국에는 해답을 기대하며 실제로 해답을 알고 싶어하지만 말이다. 지그소 퍼즐의 독특한 매력은 바로 여기에 있을지 모른다. 퍼즐을 푸는 것도 어느 정도는 모호성을 없애버리려는 마음에 저항하는 행위라 할 수 있다.

미술을 배우는 학생들도 이와 유사한 어려움을 접하게 된다. 마음이 고정관념 및 이미 머릿속에 들어 있는 단어 연상에 의존하듯이, 눈은 사물을 원형原型으로 단순화시킨다. 미술 수업에서 교실을 가득 메운 학생들에게 컵과 컵받침을 스케치해보도록 시키면, 대부분은 전형적인 컵과 컵받침의 그림을 내놓기 마련이다. 어떤 미술 교사라도 똑같은 이야기를 할 것이다. 심지어 미술 초급반 학생들의 눈앞에 실제로 컵과 컵받침을 가져다놓아도, 개중 몇 명은 자신의 머릿속에 있는 컵과 컵받침을 그린다. 물론 눈에 보이는 대상을 그대로 그리는 학생들도 있지만 말이다.

앙리 마티스는 토마토를 먹을 경우 세상의 다른 모든 사람들과 마찬가지로 토마토를 바라보지만, 토마토를 그릴 때에는 다른 방식으로 바라본다는 말을 한 적이 있다. 토마토든, 컵과 컵받침이든, 어떤 대상을 정확하게 그리거나 채색하려면 그 대상을 난생처음 보는 것처럼 바라보며 독특한 색상 또는 색조의 조합으로 인식해야 한다. 그렇게 해야만 대상을 충실하게 재현해 그릴 수 있다. 프리드리히 니체는 우리가 자연을 관찰하는 방식에서도 똑같은 현상이 일어난다는 점을 발견했다. "우리는 나무를 볼 때 나무의 잎, 가지, 색, 형태를 있는 그대로 온전하게 인식하는 경우가 거의 없다. 즉흥적으로 그 나무와 어느 정도 비슷한 것을 머릿속에 그려내는 편이 훨씬 더 수월하기 때문이다." 사실 당연한 일이다. 세상이 얼마나 복잡한지를 감안하면 우리의 마음은 과감하게 추측을 할 수밖에 없다. 캘리포니아 대학교 버클리 캠퍼스의 심리학자들은 이런 주장을 펴기도 했다. 모든 유기체가 기본적으로 갖춘 기능은 "주변 환경을 몇 가지 범주로 나누어 분류하는 기능이며, 이 과정에서 서로 다른 자극이 동일하게 취급되기도 한다". 우리는 슈퍼마켓에서 토마토를 보면 단순히 토마토라고 인지할 뿐, 독특한 색상과 색조를 가진 불규칙한 타원 형태에 집착하지 않는다. 만약 그렇다면 세상을 제대로 살아나갈 수 없을 것이다.

또한 우리는 마음속의 분류에 따라 세상의 질서를 파악하며, 어떤 학자의 표현을 빌리자면 우리가 접하는 사물이 특정한 범주에 가까울 경우 일종의 자석이 작용해 "해당 사물을 원형 근처로 끌어당긴다". 1부에서 살펴본 모든 내용을 고려할 때, 질서를 정립하려는 이 성향은 충분히 예측할 수 있는 바이다. 세상을 살아나가기 위해서는 복잡한 일들을 단순화할 수밖에 없다. 하지만 무언가를 해결한다는 것, 즉 마음속의 상자에 넣어버린다는 것은 더이상 그 일에 대해 깊이 생각하지 않는다는 의미이기도 하다. 인지는 종결을 의미하며, 인지와 동시에 생각하고, 탐색하고, 귀기울이는 행위도 끝난다. 복숭아를 그리든, 강의를 듣든, 다른 사람의 양면적인 마음이니 동요하는 생각을 성급하게 단정짓고 진열장에 장식된 나비 표본처럼 옴짝달싹 못하게 낙인찍어버리든, 모두 마찬가지다. 특히 발명가의 입장에서는 단순화에 대한 인간의 욕구가 성가시게 느껴지기도 한다. 그 이유는 우리가 사물을 인지할 때 무의식적으로 그에 대한 가정을 하기 때문이다. 그 사물의 보편적인 기능 역시 대부분 자동으로 인지하게 된다.

독일 심리학자 카를 던커는 자신이 기능적 고착functional fixedness이라고 명명한 이 개념을 검증하고 문제 해결의 본질을 탐구하기 위해 실험을 실시했다. 던커는 식탁 위에 작은 양초 세 개와 성냥 몇 개, 압정, 두꺼운 종이 상자 세 개를 올려놓았다. 그리고 실험 참가자들에게 양초 세 개를 눈높이에 맞춰 나란히 문에 고정시키라는 과제를 주었다("시각적 실험을 위해서"라고 설명했다). 실험 참가자들 중 일부가 탁자로 다가갔을 때 상자 세 개가 비어 있었다. 나머지 참가자들의 경우 상자가 전부 채워져 있었다. 첫번째 상자에는 성냥, 두번째는 양초, 세번째는 압정. 나중에 생각해보면 해답은 지극히 간단해 보인다. 우선 상자를 비운 다음 압정으로 문에 고정시키고 상자 안에 초를 세워놓는 것이다. 하지만 무언가가 들어 있는 상자를 본 실험 참가자들은 빈 상자를 접한 참가자들에 비해 이 퍼즐을 해결할 확률이 50퍼센트 이상 낮았다.

그렇다면 이들은 왜 그렇게 정답 찾기가 까다로웠을까?

던커는 이들의 경우 일단 압정, 성냥, 양초를 담아두는 용기라는 상자의 기능을 인지한 탓에, 상자를 양초의 받침대로도 사용할 수 있다는 다른 활용법이 좀처럼 눈에 들어오지 않았다는 사실을 알게 되었다. SMS 기능을 문자메시지에만 사용하는 경우처럼, 상자도 딱 하나의 기능밖에 없는 것처럼 보였다. 심지어 눈앞에서 상자가 빤히 자신들을 바라보고 있는데도 그 상자를 다른 용도로 활용할 수 있다는 생각을 해낸 사람은 거의 없었다.

다음에서는 오도 가도 못하는 트럭, 책상 램프, 세 개의 전구 문제라는 세 가지 논리 퍼즐을 소개한다. 퍼즐을 직접 풀어보아도 좋고 그냥 읽어보아도 좋다.

1. 트럭 운전사가 배달 트럭을 몰고 고가도로 아래를 달리다가 갑자기 끼익 소리를 내며 멈춰 섰다. 운전사가 다른 생각을 하다가 부주의하게 트럭 높이와 거의 비슷한 고가도로 아래로 들어섰던 것이다. 트럭

의 위쪽이 한 치의 틈도 없이 고가도로에 맞물려 있는 바람에 앞으로도, 뒤로도 갈 수가 없었다. 어떻게 하면 이 운전사가 트럭의 윗부분과 고가도로에 손상을 미치지 않고 혼자서 트럭을 빼낸 후 다시 운전해서 갈 수 있을까?

2. 무슨 영문인지 책상 램프의 밑면이 나사로 벽에 박혀 있다. 벽이나 램프를 망가뜨리지 않고 벽에서 램프를 빼내야 한다. 방에는 여러분 외에 아무도 없으며, 주머니도 비어 있다. 여러분은 방을 나갈 수 없으며 다른 사람이 도구를 가져다줄 수도 없다. 어떻게 램프를 벽에서 빼낼 것인가?

3. 방에는 전구가 세 개 있다. 방 밖에는 세 개의 스위치가 있으며 전부 꺼짐 상태다. 스위치가 있는 곳에서는 진구를 볼 수 없다. 전구가 있는 방에는 창문이 없으며 주변으로 빛이 전혀 새지 않는 단단한 문이 하나 있을 뿐이다. 어떤 스위치가 어떤 전구와 연결되어 있는지 어떻게 알 수 있을까? 문은 한 번만 열 수 있으며, 일단 문을 열고 나면 스위치의 위치를 바꿀 수 없다. 방에 달려 있는 것은 평범한 전구이며 여러분 외에는 아무도 없다. 어떻게 스위치와 전구의 관계를 파악할 수 있을까?

이러한 수수께끼는 까다로운 십자말풀이 단서처럼 다루는 것이 가장 좋다. 우선 본능적으로 튀어나오는 대답이 어떤 것인지 확인한 후 그것을 제외해야 한다. 그다음에는 보다 깊이 파고들면서 다른 해답의 가능성을 찾아내야 한다. 오도 가도 못하는 트럭 문제에서, 사람들은 보통 트럭의 위쪽만을 생각한다. 이것이 관심을 다른 곳으로 돌리는 역할을 하는 것이다. 해결책은 타이어의 바람을 약간 빼서 고가도로 아래를 통과하거나 후진해서 뒤로 빠져나오는 것이다. 그뿐만 아니라 다른 해결책도 있다. 트럭의 운전석 뒤쪽이 고가도로 아래에 걸려 있다고 가정할 때, 그 안에 들어 있는 짐의 무게를 앞바퀴 축 쪽으로 이동시키면 된다. 첫번째 해결책의 경우에는 트럭의 높이를 올려준다는 타이어의 또다른 기능에 착안해야 한다. 두 가지 해결책 모두, 실제로 고가도로에 걸려 있는 트럭의 윗부분에 대해서는 더이상 생각하지 말아야 한다.

두번째 문제는 좀더 까다롭다. 만약 램프가 나사 한 개로 벽에 박혀 있다면 나사를 고정한 상태에서 램프의 밑면을 돌리면 된다. 램프를 고정시키고 있는 나사가 두 개라면, 약간 더 창의력을 발휘해 전기 플러그를 사용해야 한다. 램프의 플러그를 뽑아서 금속 단자 하나를 스크루드라이버로 쓰면 된다. 첫번째의 경우 나사가 아니라 램프를 돌려야 하고, 두번째 경우에는 플러그가 단순한 '플러그' 이상의 역할을 하게 된다는 점이 핵심이다.

퍼즐 애호가들이 가장 까다롭게 여기는 것이 바로 마지막 문제다. 벽에 달린 스위치와 전구라는 말을 들으면, 우리는 스위치를 켜고 방에 불이 들어오는 광경을 상상할 수밖에 없다. 일단 머리에 떠오르는 것은 스위치 두 개를 올려서 전구 두 개에 불이 들어오게 한 다음 문을 열고 둘 중 어떤 스위치가 어떤 전구에 연결되어 있는지 어떻게든 찾아보는 방법이다. 그러나 이 방법으로는 문제가 해결되지 않는다. 그 대신, 문을 열기 전에 스위치를 최대한 여러 번 올렸다 내렸다 해보면 어떨까? 불이 들어온다는 전구의 기능을 잠시 머릿속에서 접어두면, 불이 들어올 때 전구가 뜨거워진다는 사실에 생각이 미칠지도 모른다. 스위치 중 하나를 오 분간 껐다 켰다 반복한 다음 꺼놓고, 두번째 스위치를 켠 다음 문을 연다. 이제 불빛과 열이라는 두 가지 지표가 갖춰진 셈이다.

2005년 매사추세츠 대학교의 심리학자 토니 매카프리Tony McCaffrey는 카를 던커의 연구를 바탕으로 하여 이러한 유형의 논리 문제를 해결할 수 있는 과학적 방식을 고안하는 작업에 착수했다. 매카프리와 동료들은 최근의 발명 백 건과 대략 천 건에 달하는 역사적 발명을 검토한 결과 하나의 패턴을 발견했다. 거의 모든 혁신적인 발명은 방금 살펴본 논리 퍼즐들과 매우 비슷한 진행 과정을 거친다는 것이다.

매카프리는 거의 모든 발명이 두 단계의 과정으로 구성되어 있음을 발견했다. 첫번째는 대상의 잘 알려지지 않은 특징을 눈여겨보는 것이다. 누번째 단계는 그 특징을 기반으로 해결책을 만드는 것이다. 매카프리는 이 두 단계 과정을 바탕으로 기능적 고착을 극복할 수 있는 체계적이고 매우 효과적인 방법을 처음으로 개발했다. 그는 구성요소 분해기술generic parts technique이라는 이름의 이 방법을 〈심리과학Psychological Science〉 2012년 호에 소개했다. "(사물의) 각 구성요소에 대해 기능과는 관련없는 설명을 달아야 한다." 명시적으로 기능을 지정하지 않고 사물의 각 구성요소를 묘사하게 되면, 원형을 기반으로 한 분류체계에서 벗어날 수밖에 없다. 예를 들어 트럭에 타이어가 달려 있다고 보는 것이 아니라, '공기가 가득찬 고무 튜브 위에 금속 상자가 얹혀 있으며, 그 안에 물건을 넣어 운반하는 장치'라는 새로운 관점에서 트럭을 바라보는 것이다. 매카프리의 기술을 사용하기 위해서는 사물의 각 구성요소마다 두 가지의 질문을 던지면서 도표를 만들어야 한다. 우선 "이 구성요소를 더 작은 단위로 분해할 수 있는가?" 만약 그렇다면 도표에 또하나의 계층구조를 추가한다. 두번째는 "이 설명이 용도를 암시하는가?" 만약 그렇다면 보다 포괄적인 방식으로 설명해야 한다. 예를 들어 찻주전자의 구성요소들을 전혀 용도를 암시하지 않을 때까지 분해하기 위해서는 우선 손잡이, 뚜껑, 주전자 몸통, 주둥이 등의 목록을 작성해야 한다. 다음에 이 구성요소들을 더욱 잘게 분해하는 것이다.

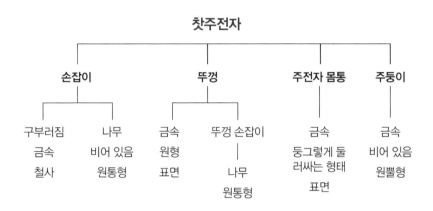

매카프리는 연구를 진행하면서 실험 참가자들에게 앞에서 살펴본 것과 비슷한 논리 퍼즐을 제시한 후, 그중 일부에게는 구성요소 분해기술을 설명해주었다. 매카프리가 실제로 사용한 문제 중 하나를 소개한다. 구성요소 분해기술을 활용하면 이 문제를 풀 수 있을 것이다.

두 개의 고리를 연결하여 위쪽 고리를 잡아서 들어올리면 아래쪽 고리도 단단히 묶인 채 따라 올라오도록 해야 한다. 각 고리는 무게 1.36킬로그램, 지름 15센티미터이며 강철로 만들어져 있다. 고리에 손상을 입혀서는 안 된다. 고리 외에는 길고 가느다란 양초 하나와 어디든 그으면 불이 켜지는 긴 나무 성냥 하나, 길이와 너비, 높이가 각각 5센티미터인 강철 정육면체 블록이 하나 있다. 이 고리 두 개를 어떻게 연결하겠는가?

구성요소 분해기술을 알고 있다면 이 문제를 푸는 것은 조금 더 쉬워진다. 우선 양초를 녹이는 방법은 효과가 없음을 깨닫는다. 하지만 양초를 여러 구성요소로 분해하면 밀랍과 심지가 생긴다. 둘 다 용도를 의미하는 말이다. 이 구성요소에 용도와 관계없는 설명을 붙여보면 초는 매카프리의 말마따나 "원통 모양의 지질脂質"이며 심지는 끈, 더 나아가서 "꼬아서 만든 기다란 섬유 가닥"이다. 이제 해답은 분명하다. 강철 블록으로 양초를 부순 후, 심지에서 밀랍을 긁어낸 뒤 그 끈으로 고리 두 개를 묶는 것이다. 구성요소 분해기술을 배운 실험 참가자들이 문제를 해결할 확률은 67퍼센트나 높았다.

사물의 새로운 활용법을 찾아내는 것은 이런 논리 퍼즐 문제를 풀거나 발명가들의 사고방식을 이해하는 데에만 도움이 되는 것이 아니다. 매카프리가 가장 즐겨 인용하는 사례에서도 볼 수 있듯이, 이를 통해 응급 상황에서 생명을 구할 수도 있다. 뉴스 보도에 따르면 타이태닉호를 침몰시킨 빙산은 높이 120미터에 너비도 수백 미터에 달했다. 배를 그 옆으로 댄 다음 빙산을 뗏목으로 사용할 만한 시간은 충분했다. 하지만 선장은 아마 그 빙산을 배를 침몰시키는 존재라고 보았을 뿐, 바다에 뜨는 물체라고는 보지 않았을 것이다. 매카프리는 이렇게 말한다. "무언가를 빙산이라고 부르게 되면, '세상에 저건 물에 뜨잖아. 구명보트 역할을 할 수도 있겠어'라는 생각은 아예 머리에 떠오르지도 않을 겁니다."

"퍼즐을 보면 왜 당황스러운 기분이 들까요?" 매카프리는 점심을 함께 하면서 나에게 이런 질문을 던진 후 잠시 뜸을 들였다. "퍼즐은 우리를 귀찮게 합니다. 그리고 정체성에 당혹감을 느끼게 하지요." 그가 덧붙인 수수께끼 같은 말이다. 매카프리는 7년 전 사십대의 나이로 인지 심리학 박사 학위를 받았다. 그의 논문은 사소한 세부 사항이 범인을 가리키는 단서에 반증을 제시하는 아서 코넌 도일의 범죄 현장 퍼즐에서 영감을 얻은 것이었다. 매카프리는 퍼즐을 풀기 위해서는 일상적인 가정을 의도적으로 재고해보아야 한다고 생각한다.

"저는 무언가에서 새로운 의미를 발견하면서 깨달음을 얻는 순간을 무척 좋아합니다." 매카프리는 창문 방충망을 수리하기 위해 약 5킬로미터 떨어져 있는 철물점으로 가져갈 때의 이야기를 들려주었다. 일단 방충망을 떼어냈지만, 아무리 이리저리 각도를 바꾸어봐도 도저히 차 안에 들어가지를 않았다. 차 지붕에 묶으면 어떨까 하는 생각도 해보았지만, 아래쪽으로 공기가 유입되기 때문에 운전하는 동안 방충망이 날아가버릴지도 몰랐다. 그러다가 마침내 해결책을 찾아냈다. 방충망을 자동차 지붕에 묶는 것이 아니라 앞유리에 놓는 것이다. 매카프리는 와이퍼 날의 장력을 이용해 방충망을 앞유리에 고정시킴으로써 바람에 날아가지 않도록 했다. 앞유리에 방충망이 놓여 있어도 방충망을 통해 앞을 볼 수 있기 때문에 시야에는 전혀 문제가 없었다. 그는 이 상태로 고속도로 5킬로미터를 주행했다.

매카프리는 인지 심리학 박사 학위를 받기 전에 이미 컴퓨터 공학, 철학, 신학 분야에서 세 개의 석사 학위를 가지고 있었다. 11년간 예수회 수사로 활동했으며, 그중 몇 년간은 초등학교에서 교편을 잡았다. 발명의 심리학에 본격적으로 관심을 가지게 된 것도 그때였다. "학생들에게 퍼즐 문제를 냈습니다. 언어 퍼즐, 기계 퍼즐, 수학 퍼즐 등등 종류도 다양했습니다. 학생들이 어디서 막히는지 관찰하면서, 어떻게 하면 구체적인 힌트가 아닌 일반적인 전략을 가르쳐줌으로써 막힌 부분을 풀도록 도와줄 수 있을까 생각했지요. 몇 년 동안 이런 생각을 하다보니 창의력 향상을 돕는 방법에 대한 이론을 세우게 되었습니다."

매카프리는 구성요소 분해기술을 발표한 후 국립과학재단<sup>National</sup> Science Foundation의 연구 지원금을 받았으며, 그 이후 발명도구 키트를 개발하는 한편 관련 비즈니스를 운영하고 있다. 구성요소 분해기술은 단지 시작에 불과하다. 매카프리는 무엇보다도 진짜 발명가들을 돕고 싶어한다.

"안타까운 것은 제가 몸담고 있는 분야의 과거 연구에서는 진짜 복잡한 문제의 해결에 도움이 되는 보편적인 이론을 찾아볼 수 없다는 점입니다."

따라서 보편적인 방법을 도출하기 위해 매카프리가 도구 키트에 포함시킨 또하나의 전략이 바로 특징 스펙트럼 기술<sup>feature-spectrum technique</sup>이다. 그는 우산, 손전등, 안경, 단추, 베개, 양초, 손목시계와 같은 열네 개의 평범한 물건을 제시하고 실험 참가자들에게 해당 물건의 특징을 최대한 많이 적어보도록 요청해 이 전략을 개발했다. 여기서 특징이란 해당 물건에 대해 일반적으로 연상되는 것을 의미하며, 물론 물건의 기능도 포함된다. 해당 물건의 재료와 같은 물리적인 성질뿐만 아니라 그 물건이 보통 어떤 경우에 사용되는지, 대체적으로 어느 장소에서 사용되는지, 움직이는지, 사용하기 위해서는 어떤 힘이 필요한지 등의 기능적 성질도 모두 특징에 해당한다. 매카프리는 열네 가지 물건에 대한 응답자들의 답변을 전부 취합한 뒤, 모든 유형의 물질 특성에 대해 32가지 항목으로 구성된 분류 시스템을 만들었다(현재는 이를 50가지 항목으로 확대했다). 매카프리는 또한 사람들이 어떤 물건의 어떤 항목을 무시하는 경향이 있는지도 파악했다.

예를 들어 양초의 모든 일반적인 특징을 나열하도록 요청하자, 실험 참가자들은 당연히 양초는 원통 모양이며 밀랍으로 만들어져 있다고 적었다. 또한 양초는 빛을 발한다, 불이 켜진 양초에서는 불꽃이 타오른다, 양초는 향기가 나기도 한다, 좋은 분위기를 조성한다, 탄다, 녹는다, 따뜻하다, 명절에 사용한다, 장식용으로 사용한다 등의 특징을 적은 사람들도 있었다. 매카프리는 다양한 물건의 특징 목록을 모아서 분석한 결과, 사람들은 물건의 32가지 특징 항목 중 21가지 항목을 간과하는 경향이 있다는 것을 발견했다. 그는 실험을 하기 전 사람들이 물건의 특징 중 3분의 1 정도를 간과할 것이라 예측했지만, 실제로 간과되는 비율은 그보다 훨씬 높은 3분의 2에 달했다. 매카프리는 발명가들 역시 특정 제품을 개선하거나 변화를 주기 위해 극도로 좁은 범위의 특징에만 주목하고 있을 가능성이 높다는 것을 알게 되었다.

그후 그는 이 연구에서 얻은 데이터를 기반으로 하여 새로운 양초를 발명하는 일종의 사고 실험을 실시했다. "앉아 있다가 갑자기 이런 생각이 들었습니다. '두 시간 동안 얼마나 많은 디자인을 생각해낼 수 있는지 알아볼까.'" 그는 양초의 특징에 대한 여러 사람들의 목록을 비교하는 간단한 그래프를 그린 뒤, 이를 32개 항목으로 구성된 특징 분류법에 맞춰 보았다. 이 방법을 통해 사람들이 양초를 생각할 때 정확히 어떤 특징들을 간과하는지 파악할 수 있었다.

"첫번째로 움직임에 주목해보았습니다. 양초의 움직임에 대한 이야기를 쓴 사람은 아무도 없었지요. 항목 자체가 텅 비어 있었습니다. '양초는 움직이지 않는다'와 같은 문장조차도 찾아볼 수 없었는데, 양초는 움직이지 않는다는 특징 자체가 누구의 머릿속에도 떠오르지 않았기 때문입니다! 물론 불꽃이 일렁이면서 움직인다는 사실을 알아챈 사람들이 있을지 몰라도 그 이야기 역시 아무도 쓰지 않았더라고요. 그래서 저는 움직이는 양초를 만들어봐야겠다는 생각을 했습니다."

매카프리는 움직이는 양초를 만들기 위해 사람들이 완진히 간과한 양초의 또 한 가지 특징 분야에 주목했다. 바로 무게였다. 타버리면 무게가 가벼워진다는 양초의 특징을 적은 사람은 한 명도 없었다. 양초의 무게가 줄어드는 것을 이용해 움직이는 양초를 만들 수 있을까? 한쪽에는 추가, 다른 한쪽에는 양초가 놓여 있는 '정의의 저울' 같은 장치를 만든다면? 매카프리는 이 아이디어를 보다 근사하게 마무리하기 위해 촛불 끄는 도구를 추가했다. 그는 이 디자인에 저절로 꺼지는 양초라는 이름을 붙였다.

이 장치에서는 저울의 한쪽에 놓여 있는 추의 무게를 변경함으로써 양초가 타는 시간을 조절할 수 있다. 예를 들어 잠든 사이에 양초가 알아서 꺼지도록 타는 시간을 한 시간으로 설정해놓을 수 있다. 매카프리는 두 시간에 걸쳐 열 가지의 양초 디자인을 고안해냈다. 심지어 저절로 꺼지는 양초라는 아이디어를 양초 제조업체인 필그림 캔들<sup>Pilgrim Candle</sup>에 보

여주기도 했는데, 이 제조업체에서는 그것과 약간이라도 닮은 디자인조차 본 적이 없다고 확인해주었다.

매카프리는 또한 퍼즐을 풀기 위한 전략을 실생활에서 맞닥뜨리는 문제에 적용하는 과정에서, 대부분의 발명과 논리 퍼즐 문제 사이의 한 가지 중요한 차이점을 깨닫게 되었다. 발명가의 경우 일반적으로 해결책을 도출하는 데 필요한 재료들이 전부 눈앞에 준비되어 있지 않다. 전 세계의 어떤 재료든 활용할 수 있는 상황이므로, 발명가들은 어마어마하게 다양한 가능성 중에서 올바른 요소만 포착하여 선별해내야 한다. 이는 퍼즐 문제를 푸는 일과는 전혀 다르다. 또한 매카프리는 대부분의 발명이 전혀 다른 영역의 해결책을 당면 문제에 도입함으로써 탄생한다는 사실을 알고 있었다.

그는 이렇게 적었다. "대략적으로 추산해보면, 새로운 해결책의 거의 90퍼센트는 사실상 이미 존재하는 해결책을 적용한 것에 불과하며, 그것도 문제를 해결하는 사람의 전문 영역을 벗어난 분야에서 차용하는 경우가 많다." 매카프리는 최근에 스키 제품과 관련해 문제가 발생한 스포츠용품 제조업체의 이야기를 예로 들었다. 이 업체가 제조한 스키의 날은 빠른 속도로 급하게 턴을 할 때 공중으로 약간 뜨기 때문에 스키 타는 사람이 넘어질 가능성이 컸다. 이 업체는 스키의 진동을 줄이는 방법을 찾아야 했다. 결국 이들은 바이올린 제조 과정에서 해결책을 찾았다. 바이올린 제작자들은 일부 바이올린의 진동을 줄이기 위해 얇은 금속 격자판을 삽입한다. 스키 제조업체는 이 격자판을 자사의 스키에 도입했다.

매카프리는 다른 분야에서 유용한 아이디어를 얻어내는 과정을 체계화하는 방법을 찾기 위해 '유사점 찾기analogy finder' 기술을 고안했다. 이 기술을 가장 효과적으로 설명하는 방법은 최근에 이 기술을 사용해 찾아낸 실제 해결책을 소개하는 것이다. 얼마 전 한 재료 과학업체가 매카프리에게 문제를 상담해왔다. 이 업체의 디자이너들은 눌어붙지 않는 표면 재료인 테플론letflon에 코팅을 부착하고자 했다. 매카프리는 이유를 묻지 않았다. 업체가 의도한 용도 때문에 해결책을 찾을 때 불필요한 편견이 생기는 것을 원치 않아서였다. 유사점 찾기 기술은 앞에서 소개한 다른 기술과 마찬가지로 일반적인 설명과 연관관계에 숨어 있는 편견을 밝혀내는 것을 바탕으로 한다. 이 경우에는 업체가 설명한 목표가 편견으로 작용했다. "테플론에 코팅을 부착한다." 매카프리는 특허 출원 사례들을 검토하면서 '부착한다'라는 말이 (1)직접 맞닿아 있는 (2)두 개의 표면 사이에 일어나는 (3)화학적 과정을 의미한다는 점을 발견했다. 이러한 추정이 다른 분야에서 해결책을 탐색하지 못하도록 한계를 긋고 있는 셈이었다.

유사점 찾기 전략에서는 일종의 광범위한 유의어類義語 기술을 사용해 이러한 추정을 없애버린다. 연구 문헌이나 특허 자료 데이터베이스에서 '부착하다'라는 단어만 검색하는 것이 아니라 조인다, 연결한다 등의 유의어도 함께 검색하는 것이다. 매카프리는 이렇게 설명한다. "이것은 기본적으로 자신에게 필요한 것을 설명하기 위한 단어 기술입니다. 예를 들어 스키의 떨림을 줄이려는 경우를 생각해봅시다. 자신이 사용한 단어 자체에 얽매이다보면, 같은 현상에 '진동 감소' '움직임 경감' '격동 완화' 등의 다른 표현을 사용한 모든 발명들을 간과하게 됩니다." 매카프리의 연구에 따르면, 일반적으로 사람들은 '조이다'와 같은 단어의 유의어를 대략 여덟 개 정도 생각해낸다. "괜찮은 유의어 사전에는 '조이다'의 유의어가 61개 실려 있고, 심지어 유의어가 80개, 120개나 되는 동사들도 있습니다. 따라서 동일한 목표를 설명하기 위한 방식은 무척이나 다양한데도 사람들은 지극히 제한된 표현만 사용합니다. 유의어 기술은 이 한계를 없애고 표현방식을 넓힘으로써 다양한 방법으로 설명된 동일한 목표를 탐색할 수 있게 해줍니다."

테플론에 코팅을 부착하는 문제의 경우, '조인다'라는 유의어를 찾아내면서 결정적인 전환점이 찾아왔다. 조인다는 '부착하다'라는 말처럼 화학 과정을 의미하지 않는다. 비결은 이중 표면이 아니라 삼중 표면을 사용하는 것이었다. 테플론층의 아래쪽에 자석 표면을 놓으면 금속 성분이 포함된 코팅이 반대쪽에 있는 자석의 인력 때문에 테플론층에 단단히 '부착'된다. 답은 샌드위치에 있었다.

1880년 4월 1일, 알렉산더 벨과 25세의 조수 찰스 테인터는 워싱턴 D. C.의 L스트리트에 위치한 연구실 창문에서 인근 프랭클린 학교 지붕까지,

200미터 떨어진 거리에서 무선 전화를 테스트하고 있었다. 테인터가 말했다. "벨 선생님, 제 말이 들리시면 창문 쪽으로 와서 모자를 흔들어주세요." 벨의 전기를 집필한 로버트 브루스Robert Bruce는 훗날 벨이 얼마나 그 순간을 흐뭇하게 기억하고 있는지 묘사했다. "물론 저는 힘차게 손을 흔들었습니다. 평생 몇 번 찾아오지 않는 열정이 가득 넘치더군요." 벨과 테인터의 '광선 전화photophone'는 음성을 태양 광선에 실어 전송하는 것으로, 지속파 라디오를 통해 최초로 인간의 목소리를 방송한 것으로 인정받고 있는 전기공학자 레지널드 페센든보다 20년이나 먼저 무선 통화를 실현해낸 것이었다.

이 광선 전화는 벨에게 안도감을 주었으며, 벨은 '관련된 원칙'이라는 측면에서 광선 전화를 자신의 가장 뛰어난 발명품으로 꼽았다. 1879년 4월 아내에게 보낸 서신에서, 벨은 사람들이 사실상 우연히 전화를 발견하게 된 사람으로 자신을 기억할까봐 걱정된다고 털어놓았다. "나는 심지어 친구들조차도 내가 우연히 발명하게 되었으며 나에게는 그 이상 기대할 바가 없다고 생각하는 것을 참을 수가 없소."

벨은 다양한 분야에서 풍부한 상상력을 발휘했다. 그는 침대에 들기 전에 백과사전 항목들을 읽기도 했다. "백과사전은 밤에 보기 좋은 훌륭한 읽을거리다. 각 항목이 그다지 길지 않으며 사고의 주제가 끊임없이 바뀌는데다, 항상 이전에는 알지 못했던 사실을 배우게 되니 말이다." 이러한 호기심의 원동력은 세상에는 언제나 골똘히 생각할 문제가 무수히 존재한다는 긍정적인 고집이었다. 벨의 사위 데이비드 페어차일드는 이렇게 회상했다.

장인은 (…) 설명하기 힘들 정도로 통이 크다는 느낌을 주는 사람이었으며, 활력이 넘치고 다정했기 때문에 하찮은 생각들은 장인의 날카로운 시선 아래에서 사라져버렸다. 장인과 함께 있으면, 항상 우주에는 재미있는 일이 너무나 많으며 관찰하거나 생각해볼 흥미로운 문제들이 무수히 존재하기 때문에 소문이나 사소한 담론에 빠져 시간을 낭비하는 것은 죄악이나 다름없다는 생각이 들었다.

페어차일드는 손자가 잠자리에 들기 전 벨에게 키스하면서 풍선을 가져다주었던 순간을 회상했다. "근사하지 않나!" 벨은 페어차일드 쪽으로 돌아서면서 말했다. "풍선이 떠오르는 걸 좀 보게!" 페어차일드는 이렇게 기억했다. "장인은 의문을 품는 일에 거의 열정과도 같은 태도를 보였다." 벨의 독창성은 궁금함을 느끼는 그의 비상한 능력을 바탕으로 하고 있었다. 정신 분석가이자 철학자인 에리히 프롬의 말대로, "궁금함을 느끼는 능력은 예술이든, 과학이든, 분야를 막론하고 실로 모든 창작의 대전제이다."

벨의 오랜 라이벌인 토머스 에디슨은 벨보다 덜 낭만적인 인물이었다. 에디슨은 정규 교육을 고작 몇 개월밖에 받지 않았으며 노력과 인내심, 실험의 중요성을 강조했다. 에디슨이 보유하고 있는 1093건의 미국 특허 기록은 아직도 깨지지 않고 있다. 에디슨은 여러 가지 프로젝트를 동시다발적으로 진행하는 것을 좋아했으며, 각 프로젝트가 서로 영향을 미치도록 했다. 폴 이즈리얼Paul Israel은 자신이 집필한 에디슨 전기에서 에디슨이 가지고 있던 또하나의 독특한 특징을 다음과 같이 묘사했다.

이와 관련된 특징은 특정 장치의 디자인에서 거의 무한대에 가까운 변형을 생각해내는 에디슨의 성향이었다. 훗날 웨스턴 유니언의 변호사인 에드워드 디커슨Edward Dickerson은 에디슨이 "만화경 같은 비범한 두뇌"의 소유자라고 말했다. "에디슨이 머리를 움직이면 만화경 속의 세상처럼 다양한 조합이 튀어나오며, 그중 대부분은 특허 출원이 가능하다."

전화가 발명되고 그리 오랜 시간이 지나지 않았을 때 에디슨은 백열전구의 근간이 되는 원칙에 대해 특허를 신청했다. 톰 스탠디지Tom Standage의 『빅토리아 시대의 인터넷The Victorian Internet』에 따르면, 불꽃을 사용해 가스램프에 불을 붙이는 것을 비롯해 전기를 사용한 새로운 혁신적 발견들도 처음에는 "단순히 전신의 파생물에 불과한 것"으로 간주되었다. 하지만 에디슨의 발명품이나 전기를 사용하여 전차와 엘리베이터에 전원을 공급하는 일 등과 같이 다른 혁신적인 발전으로 인해 사람들은 새로운 현실을 깨닫게 되었다. 전신은 기본적인 분류 항목이 아니었다. 전신은 전기를 활용하는 한 가지 방법에 불과했다.

기존의 개념적인 분류에서 벗어나는 것, 그리고 다른 영역에서 해결책을 도입하는 것은 혁신의 핵심적인 요소로 보인다. 물론 예술 창작에서도 이 두 가지가 중요한 역할을 한다. 작가이자 문학이론가인 존 가드너는 두 가지 예술 형태가 혼합되는 것을 "장르의 경계 넘나들기genre crossing"라고 불렀다. 그는 새로운 예술 형태가 탄생하기 위한 주요 수단 중 하나가 바로 이 장르의 경계 넘나들기라는 주장을 폈다. 예를 들어 작곡가가 참신한 것을 찾고 있다면, "영화나 연극의 움직임 등과 같이 다른 예술의 구조를 차용해볼 수 있다". 거슈윈과 스트라빈스키는 재즈와 클래식 음악을 조화시켰다. 셰익스피어는 블랙 코미디에서 희극과 비극을 결합했다. 에드거 앨런 포는 수수께끼에 대한 흥미와 실제 범죄 이야기를 조합해 추리소설이라는 형태를 만들어냈다. 프란츠 카프카는 훗날 포의 작품을 도치시켜 주인공 K를 수수께끼를 풀지 못하는 탐정으로 설정함으로써 무척이나 역동적이면서도 인상적인 작품들을 남겼다. 예술가나 작가가 토니 매카프리와 비슷한 기술을 개발해 이전에는 간과되었던 조합을 밝혀냈다면 어떻게 되었을까? 또는 다른 전문가들이 자신의 추정이 해결책 찾기에 얼마나 장애요소가 되고 있는지 체계적으로 살펴보았다면?

나는 매카프리에게 독창적인 사람을 정의하는 특징이 무엇이라고 생각하는지 물었다. 우연히도 그는 얼마 전 뉴저지에 위치한 토머스 에디슨 박물관에 다녀왔다고 했다. 그는 끈질기게 모든 대상에 의문을 제기하는 에디슨의 자세에 매우 깊은 인상을 받았다. 이것은 어떻게 작동하는가? 이 일을 하는 다른 방법이 있을까? 꼭 이런 식으로 진행되어야 할까? 매카프리가 보기에 성공하는 발명가는 두 가지 특징을 갖추고 있다. 첫번째는 폭넓은 시야다. 발명의 90퍼센트가 다른 분야의 해결책과 유사한 것이라면, 발명가들은 모든 분야를 아우르며 해결책을 도출해야 한다. 두번째로 발명가들은 사물을 심도 깊게 이해하려고 노력한다. 취미처럼 조금씩 여기저기 발을 담그지 않는다. 발명가들은 사물이 작동하는 방식을 진지하게 이해하고자 하며, 당연해 보이는 질문을 던지는 데 주저하지 않는다. 매카프리는 이렇게 말한다. "발명가들은 폭넓게, 그리고 깊게 생각합니다. 전문가들은 깊게 생각하지만 폭넓게 바라보지는 않지요. 애호가들은 폭넓게 생각하지만 깊이 들어가지는 않습니다.

발명가는 둘 다 해야 합니다."

매카프리와 이야기를 나누고 있노라니, 그의 도구 키트에 포함된 여러 가지 발명 촉진기술을 관통하는 중심 맥락이 자연스럽게 눈에 들어왔다. 우리가 일상에서 사용하는 말에 여러 가지 제한요소가 숨겨져 있다는 점이다. 성공적인 발명가는 타이어란 공기가 가득차 있는 튜브이고, 심지라는 말이 용도를 암시하며, 양초는 움직일 수 있고, '부착하다'는 화학적 과정을 나타낸다는 점을 이해하며, 일상적인 언어에 감춰져 있는 편협한 추정에서 탈피하기 위해 끊임없이 노력한다. 보다 광범위하게 말하면 이것은 기존의 연관관계에 의구심을 품는다는 의미다. 아무리 권위 있게 보이는 기준이라도 지속적으로 의문을 제기하면 예상치 못한 수확을 얻을 수 있다는 뜻이기도 하다.

창의력은 여름밤의 개똥벌레처럼 병 속에 가둘 수 없다. 번득이는 통찰력을 공장의 조립 라인에서 생산할 수 있다면 그것은 더이상 번득이는 통찰력이 아니다. 그러나 우리가 간과했던 해결책을 밝혀내는 방법을 개발함으로써, 매카프리 및 그와 비슷한 기업인들은 오래된 문제에 대한 새로운 해결책을 찾을 확률을 높이는 데 의미 있는 진보를 이루었다. 아무리 사소한 통찰력이라도 사람들의 삶을 개선하는 데 큰 역할을 할 수 있다.

최근 브라질에서는 한 기계공이 물(과 표백제)을 가득 채운 1리터 또는 2리터짜리 병이 전구 역할을 할 수 있다는 사실을 발견했다. 물은 빛을 굴절시키기 때문에 투명한 물병의 위쪽으로 들어온 햇빛은 산지사방으로 퍼져나간다. 물병을 지붕에 난 구멍에 끼우면 그 집의 실내는 지붕에 단순히 구멍 한 개가 뚫려 있었을 때보다 훨씬 밝아진다. 물병은 50~60와트 전구와 비슷한 강도의 빛을 발산하며, 이 방법을 사용하면 전기요금을 크게 절약하거나 전기가 공급되지 않는 가정을 환하게 밝힐 수 있다. 2012년 아이티 정부는 모바일 제조업체 디지셀Digicel과 손잡고 휴대폰을 통해 보조금을 지급하는 놀라운 혁신 프로그램을 시작했다. 티 망망 셰리Ti Manman Cheri라고 부르는 이 프로그램은 아이들을 학교에 보내는 여성들에게 매달 일정한 급료를 송금한다. 이 프로그램 덕분에 아이티의 극빈층에게 꼭 필요한 보조금을 제공할 수 있었다. 이 모든 것이 선불 통화카드에서 시작되었다.

컨선 월드와이드Concern Worldwide라는 한 국제 인도주의 단체는 아이티의 디지셀과는 달리 수혜자들에게 일일이 휴대폰을 나누어주지 않고도 지원금을 전달하는 창의적인 방법을 보여주었다. 2008년 케냐에서 실시된 시범 프로그램에서, 이 단체는 M-PESA 인프라를 활용해 케리오 계곡에 있는 3천 명 이상의 시민에게 보조금을 지급했다. 물론 휴대폰이 없는 사람도 있었지만, 컨선 월드와이드는 꼭 모든 사람에게 휴대폰을 지급할 필요가 없다는 사실을 알고 있었다. 하나의 휴대폰을 열 명이 공동으로 사용할 수 있었기 때문이다. 수혜자들에게 필요한 것은 SIM카드, 즉 휴대폰에 끼웠다 뺐다 할 수 있는 작은 플라스틱 칩뿐이었다. SIM 카드에는 가입자의 고유한 ID 번호가 저장된 회로가 내장되어 있었다.

컨선 월드와이드는 훗날 나이로비에서 진행한 프로그램에서도 같은 방법을 사용했다. 이 프로그램의 수혜자이자 다섯 아이의 어머니인 이렌 오코스는 이 시스템의 이용방식을 다음과 같이 설명했다. "M-PESA 를 취급하는 사람을 찾아갑니다. 제 SIM카드를 건네주고 끼워넣습니 다…… 그 사람의 휴대폰에 말이죠." 오코스는 간단하게 "M-PESA 판매 자의 휴대폰을 사용할 수 있었다. 그다음에는 비밀 PIN을 입력하고 돈 을 수령하기만 하면 된다. 컨선 월드와이드의 관계자들은 심지어 휴대 폰이 없더라도 안전하게 돈을 받을 수 있다는 점에 착안했다. SIM카드 가 일반적으로 생각하는 것보다 다양한 기능을 가지고 있다는 사실을 깨 달은 것이다. 여러 가지 활용방법이 있겠지만, 우선 SIM카드는 직불카 드로도 사용할 수 있으며 전기조차 들어오지 않는 길모퉁이의 허름한 구 멍가게도 SIM카드만 있으면 ATM으로 변신한다.

## 새로운 해결책은 사실 '이미' 존재하고 있다
## 기존 도구의 새로운 활용법

매사추세츠 대학교의 심리학자 토니 매카프리는 "대체적으로 추산해보면, 새로운 해결책의 거의 90퍼센트는 사실상 이미 존재하는 해결책을 적용한 것에 불과하며, 그것도 문제를 해결하는 사람의 전문 영역을 벗어난 분야에서 차용하는 경우가 많다"고 주장한다. 기존의 개념적인 분류에서 벗어나는 것, 그리고 다른 영역에서 해결책을 도입하는 것은 혁신의 핵심적인 요소로 보인다. 예술 창작에서도 이 두 가지가 중요한 역할을 한다. 존 가드너는 두 가지 예술 형태가 혼합되는 것을 "장르의 경계 넘나들기"라고 불렀다.

매카프리가 보기에 성공하는 발명가는 두 가지 특징을 갖추고 있다. 첫번째는 폭넓은 시야다. 발명의 90퍼센트가 다른 분야의 해결책과 유사한 것이라면, 발명가들은 모든 분야를 아우르며 해결책을 도출해야 한다. 두번째로 발명가들은 사물을 심도 깊게 이해하려고 노력한다. 취미처럼 조금씩 여기저기 발을 담그지 않는다. 발명가들은 진지하게 사물이 작동하는 방식을 이해하고자 하며, 당연하게 보이는 질문을 던지는 데 주저하지 않는다. 매카프리는 이렇게 말한다. "발명가들은 폭넓게, 그리고 깊게 생각합니다. 전문가들은 깊게 생각하지만 폭넓게 바라보지는 않지요. 애호가들은 폭넓게 생각하지만 깊이 들어가지는 않습니다. 발명가는 둘 다 해야 합니다."

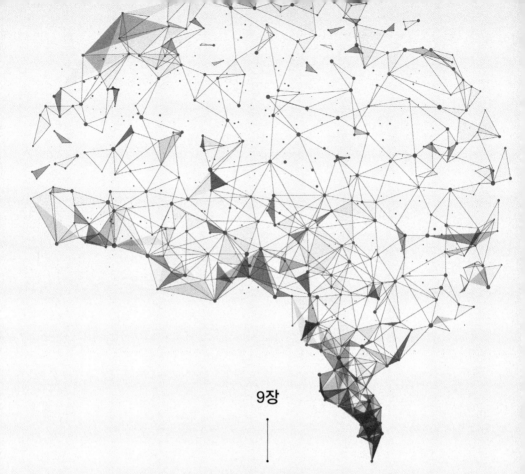

# 9장

# 상상력은
# 모호성이 승리를 거둘 때,
# **탄생한다**

—

## 2개 국어 사용자와 예술적 창의성

예루살렘은 장벽과 경계의 도시다. 성벽으로 둘러싸인 역사적 중심부, 즉 구시가 자체가 아르메니아인 구역, 기독교인 구역, 유대인 구역, 무슬림 구역 등의 들쑥날쑥한 구역으로 나뉘어 있다. 이러한 구역은 오래된 관례에 따라 더욱 세분화된다. 신시가의 경우 구시가만큼 극명한 언어적, 문화적 차이가 겉으로 드러나지는 않는다. 예를 들어 예루살렘 남부의 파트 지역에 있는 유대인 거주 지역의 경계를 나타내는 것은 보다 미세한 차이다. 야코브 파트 거리에서 오른쪽으로 돌아 벌 로커 로드를 따라 걸어가면 야자수와 레몬나무, 장미와 옥상 정원이 있는 주거 지역이 나타난다. 베이지색 벽돌로 된 4층짜리 건물들이 들어서 있으며 그중 상당수는 벽과 문에 화려한 장식이 되어 있다. 간혹 덩치가 큰 8층짜리 아파트 건물도 보인다. 건물 바깥쪽을 보면 에어컨 근처에 널려 있는 알

록달록한 옷들이 눈에 들어온다. 자홍색 부겐빌레아꽃들이 사이프러스 나무를 타고 피어 있다.

벌 로크 로드의 초입 아래쪽에는 아-나트르 거리가 있으며, 이 거리를 따라가다보면 베이트 사파파라는 아랍인 거주 지역이 나온다. 아-나트르 거리는 금세 아-사파 거리로 바뀌며, 1949년 휴전협정 당시의 녹색선Green Line 바로 북쪽에 위치한 알 카다일 로드를 지나간다. 베이트 사파파에서는 이상할 정도로 높은 건물을 찾아볼 수 없다. 예루살렘의 아랍인 거주 지역에서는 건물 규정이 더욱 복잡하다. 전반적으로 건물들이 나지막하다는 점을 제외하면 주택 자체는 파트 지역의 집들과 비슷해 보인다. 갈색 먼지 속에는 올리브나무들이 서 있다. 아이들은 축구장에서 뛰어놀고 있다. 내가 예루살렘을 방문했을 때에는 베이트 사파파를 통과해 요르단 강 서안지구 남쪽에 있는 이스라엘 유대인 정착촌, 예루살렘 중심부, 그리고 해안가의 텔아비브까지 연결되는 논란 많은 고속도로의 건설이 착공된 상태였다. 대법원은 2014년 1월 이스라엘의 고속도로 건설 권리를 인정했다. 베이트 사파파 주민들은 고속도로 건설이 자신들을 억지로 그 땅에서 몰아내려는 계획의 일환이라고 생각한다.

예루살렘은 역사를 통틀어 단일 종교를 믿었던 적이 없다. 예루살렘 거주민들은 예루살렘 그 자체의 의미에 대해서도 전혀 다른 견해를 가지고 있다. 포위와 공격, 영토의 탈환과 재탈환, 인종과 종교 분쟁의 역사로 얼룩진 이 땅에서는 한쪽으로 편향된 이야기가 솔깃하게 들리며 위안을 주기도 한다. 아랍인과 유대인은 일반적으로 단절된 삶을 살아가며 예루살렘에 있는 대부분의 학교는 아랍인 학생들 또는 유대인 학생들을 가르칠 뿐, 양쪽을 다 받지는 않는다.

하지만 현재 파트 지역의 작은 공원에 있는 버스정류장 건너편, 붉은 벽돌로 된 길을 따라 서 있는 한 학교는 중립에 대한 대담한 실험을 실시하고 있다. 이 학교의 이름은 손을 맞잡는다는 뜻의 핸드 인 핸드Hand in Hand로, 이스라엘에는 이 예루살렘 학교를 포함해 총 다섯 군데의 핸드 인 핸드 학교가 있다. 핸드 인 핸드는 통합 학교로, 각 반은 가능한 한 같은 수의 유대인과 아랍인 학생들로 구성된다. 이곳의 학생들은 예루살렘의 일상과도 같은 모순과 심각한 모호성을 접하는 것 이상을 배운다. 아이들은 각자 확실하다고 주장하는 두 가지 신념 사이의 간극에서 머무르며, 세상에 대해 이야기하는 두 가지 방식을 익히게 된다. 학교에 등교할 때마다 표면상으로는 완전히 반대되는 예루살렘에 대한 두 가지 견해를 받아들이며 그 모순을 수용한다. 이 학교의 수업에서는 두 명의 교사가 한 팀이 되어 아이들을 가르친다. 한 명은 아랍어로 수업을 하며 다른 한 명은 히브리어를 사용한다. 핸드 인 핸드의 학생들은 2개 국어를 구사한다.

2개 국어 사용의 영향을 연구하는 것은 까다롭기로 악명 높다. 우선 두 가지 언어를 사용하는 사람이라 해도 반드시 양쪽 언어의 구사력이 동일한 것은 아니며, 각 언어를 사용하는 빈도도 다른 경우가 많다. 서로 다른 언어는 독특한 방식으로 중첩되며, 2개 국어를 사용하는 사람이 각 문화를 경험하는 정도도 다르기 때문에 양쪽의 균형이 맞지 않을 수도 있다. 이탈리아어와 루마니아어는 아랍어와 노르웨이어보다 언어적으로 훨씬 깊은 연관이 있다. 또한 2개 국어를 사용하는 아이가 파리와 로

마에서 자라나는 것과, 모스크바와 부에노스아이레스에서 성장하는 것은 완전히 다르다. 그러나 이러한 복잡한 요소를 헤치고, 심리학자들은 2개 국어 구사와 창의력 사이에 명백한 상관관계가 있음을 발견했다. 한 문헌 조사에 따르면, 2개 국어를 구사하는 사람들과 단일 언어를 구사하는 사람들을 비교한 24건의 연구 중 20건에서 2개 국어 구사자의 창의력이 뛰어나다는 결과가 나왔다. 이 조사를 실시한 리나 리차르델리<sup>Lina</sup>

<sup>Ricciardelli</sup>는 2개 국어를 구사하는 사람은 양쪽 언어에 모두 능숙하기 때문에 이러한 장점을 갖게 된다는 주장을 폈다.

캘리포니아 대학교 데이비스 캠퍼스의 심리학자이자 창의력 전문가인 딘 사이먼턴<sup>Dean Simonton</sup>은 예술적 창의력이 만개한 시대는 외부 문화의 영향을 받아들인 이후에 찾아오는 경우가 많음을 보여주는 획기적인 연구를 실시했다. 사이먼턴은 1970년대에 박사 학위 논문을 준비하면서 창의력에 관심을 갖게 되었다. 당시 그는 창의적인 천재들이 왜 특정한 시대에 몰려서 등장하는 경향이 있는지 정확한 이유를 파악하고자 했다. 왜 황금시대와 은시대에는 뛰어난 인재들이 그토록 많이 탄생했는데 소위 암흑시대에는 인재가 없었을까? 르네상스 시대의 이탈리아나 아바스 왕조 통치하의 이슬람 바그다드에는 왜 그렇게 다른 시대와는 비교조차 할 수 없을 정도로 창의력을 가진 사람들이 많이 태어났을까? 사회적, 문화적 창의력의 근원을 탐색하는 과정에서, 사이먼턴은 결국 다문화주의와 2개 국어 사용으로 해답의 범위를 좁히게 되었다.

사이먼턴은 일본을 대상으로 한 역사학적 연구에서 580년부터 1939년까지의 시대를 20년 간격의 여러 세대로 나누었다. 그리고 각 세대마다 두드러진 이민자의 수, 해외여행의 빈도, 현지인이 외부인의 영향을 받앉는지 여부를 파악했다. 그다음 이 인력의 흐름을 종교, 비즈니스, 의료, 철학, 예술 등 열네 개 영역의 국가 성과 척도와 비교했다. 그 결과, 외부 문호 개방과 잦은 외유는 동시대의 비즈니스 및 종교 분야 발전과 관련이 있음이 발견되었다. 가장 놀라운 사실은 일본 사회의 다양성이 높아질수록, 두 세대 후 의학, 소설, 시, 회화 분야에서 사회 전반적인 창의력이 향상되었다는 점이다. 처음에는 다양성이 여러 가지 어려움을 야기하는 것처럼 보이지만 수십 년이 지나면 그만한 결실을 맺는다는 의미다. 사이먼턴의 설명에 따르면, 처음에는 대다수 이민자들이 사회에서 미미한 위치에 머무르지만 "한두 세대가 지나면 이들이 주류 사회에 통합됨은 물론, 이들의 문화가 '멜팅 포트melting pot'(여러 인종이나 문화가 융합된 형태를 일컫는 말—옮긴이)의 일부가 된다. 우리가 피자나 차우멘을 먹게 된 것도 같은 맥락이다".

로디카 다미안Rodica Damian과 사이먼턴은 『와일리 천재 편람The Wiley Handbook of Genius』에서 가장 폭넓은 의미의 '다각화된' 경험을 창의력의 원천으로 꼽았다. 이러한 경험은 "사람들을 '정상'의 영역 밖으로 밀어내고 다양한 방식으로 세상을 바라보도록 도와주는데" 이것이 "창의적인 발상에 필요한 인지적 유연성"을 촉진한다는 것이다. T. S. 엘리엇, 그레이엄 그린, 지미 카터, 칼 융, 마거릿 미드와 같이 뛰어난 성과를 거둔 인물들을 조사한 유명 연구에서, 이들 중 상당수가 이민 1세대 또는 2세대였음이 밝혀지기도 했다. 저명한 미국 수학자들을 대상으로 한 연구에서는 해외에서 태어났거나 이민자 2세인 수학자가 전체의 52퍼센트에 달했다. 외국에서 태어난 이민자들은 미국 인구의 13퍼센트에 불과하지만, 미국 특허의 30퍼센트와 노벨상 수상자의 25퍼센트를 차지한다.

2009년의 한 실험은 실험 참가자들에게 해외에서 거주했던 시기를 기억해보도록 유도만 해도 창의성이 향상된다는 사실을 보여주었다. 마찬가지로 해외에서 많은 시간을 보낸 사람일수록 카를 던커의 양초 문제를 해결할 가능성이 높았다.

외국 문화를 깊이 흡수하면 퍼즐을 푸는 능력이 향상된다는 연구 결과는 제롬 브루너(색깔이 바뀐 카드 연구를 이끌었던 학자)가 커리어 전반에 걸쳐 강조했던 중요한 주장에 힘을 실어준다. 모호성을 줄이려는 성향과 선입견 형성을 주도하는 것은 문화라는 주장이다.

브루너는 1915년에 태어났다. 나와 인터뷰를 했던 당시 97세였지만 놀라울 정도로 정정한 모습이었다. 그의 말에 따르면 우리가 보편적으로 모호성을 다루는 방식은 "인간 문화의 기본 구성요소 중 하나"의 역할을 한다. 그는 우리가 공통적으로 가지고 있는 왜곡된 선입견이 소위 '문화'라고 부르는 것을 구성하며, 문화는 세상에 대한 구성원들의 비틀린 시선이자 모호성에 대한 공동의 은폐 노력 또는 집단적인 부정이라고 말했다. 부분적으로 볼 때 문화는 우리가 어떤 모순을 덮어버려야 하는지에 대한 일련의 지시사항으로 정의할 수 있으며, 신뢰해야 하는 브랜드명이나 기술, 천재에 대한 정의이기도 하다. 또한 인지하는 내용을 신념에 맞도록 어떻게 왜곡해야 하는지 알려주는 지침이기도 하다.

그렇기 때문에 외국에서 살면 사람들의 독창성이 올라가게 된다. 또한 그렇기 때문에 새로운 문화를 경험하거나 두 개의 서로 다른 문화 사이를 오가면 기대치 자체가 근본적으로 흔들린다. 이렇게 되면 우리는 일반적인 추정을 뛰어넘어 사고할 수 있게 되며, 이는 상자에 압정을 넣어두는 용기 이상의 용도가 있다는 사실을 깨닫는 간단한 사례에도 적용된다. 언어란 문화가 세상을 단순하게 표현하기 위한 방식 중 하나라는 주장은 왜 2개 국어 구사가 창의력 향상에 도움이 되는지에 대한 단서를 던져준다. 매카프리가 언어의 한계를 혁신의 걸림돌로 보았듯이, 다른 언어를 배우는 것은 혁신을 촉진하는 일이 될 수 있다.

2개 국어를 구사하는 아이들은 일반적으로 세상에 대한 두 가지 문화적 관점을 경험하게 된다. 그러나 두 가지 언어 구사에는 다른 놀라운 장점들도 있으며, 심지어 순수한 두뇌 기능만 살펴보아도 장점을 발견할 수 있다. 요크 대학교의 엘런 비알리스토크Ellen Bialystok는 2개 국어 구사의 인지적 효과와 관련된 연구를 주도적으로 진행하는 학자 중 하나다. 비알리스토크의 연구에 따르면, 2개 국어를 구사하는 사람들은 집중력, 이전에 획득한 정보를 억누르는 능력, 마음에 정보를 담아두는 능력이라는 세 가지 주요 영역의 다양한 테스트에서 뛰어난 성과를 올렸다. 두 가지 언어를 구사할 수 있다면, 어떤 상황에서 어떤 언어를 사용해야 하는지 끊임없이 의식해야 할 뿐만 아니라 한 언어를 선택하는 동시에 다른 언어를 억눌러야 하기 때문이다.

예를 들어 2개 국어를 구사하는 사람들은 대표적인 실험도구인 스트루프Stroop 테스트에서 더 좋은 성적을 올린다. 1935년 J. 리들리 스트루프Ridley Stroop가 발표한 이 테스트의 최초 버전 중 하나에서는 실험 참가자들이 두 가지 과제를 하는 시간을 측정했다. 하나는 다양한 색깔의 사각형을 보면서 빨간색, 파란색, 녹색, 갈색, 또는 보라색 등으로 색을 맞추는 것이다. 두번째 과제에서도 마찬가지로 여러 가지 색으로 인쇄된 단어들을 보면서 잉크 색을 맞추는데, 문제는 단어들이 다른 색의 이름을 나타내고 있었다는 점이다. 예를 들어 빨강이라는 단어는 파란색 잉크로 인쇄되어 있다. 스트루프는 "'빨강'이라는 단어가 파란색으로 인쇄되어 있을 경우 '파랑'이라고 답해야 하고, 녹색으로 인쇄되어 있을 경우 '녹색'이라고 답해야 하며, '갈색'이라는 단어가 빨간색으로 인쇄되어 있을 경우 '빨강'이라고 대답해야 한다"고 설명했다. 스트루프 테스트를 흑백으로 재현하면 다음 그림과 같은 형태가 된다.

검정　　**흰색**　　흰색　　검정

회색　　**흰색**　　검정　　흰색

**흰색**　　검정　　회색　　검정

**검정**　　흰색　　**검정**　　**회색**

왼쪽에서 오른쪽으로 한 줄씩 따라가면서 '잉크'의 색을 크게 말해보자. '흰색, 회색, 검정, 회색, 흰색, 검정, 흰색' 등이다. 단어의 색을 제대로 말하기 위해 답변 속도가 약간 느려지는 것을 느낄 수 있을 것이다. 초기 테스트에서 스트루프는 실험 참가자들이 '사각형의 색을 대답하는 데 걸린 시간'과 '단어의 의미와 해당 단어가 인쇄되어 있는 색이 다를 경우 올바른 색을 맞추는 데 걸린 시간'을 비교했다. 다른 색을 의미하는 단어의 잉크 색상을 맞추는 데 무려 70퍼센트나 더 많은 시간이 걸렸다.◆

　스트루프 테스트에서 단어를 읽은 다음 재빨리 생각을 바꿔 글자의 색을 파악하기 위해 필요한 두뇌 제어 과정을 상상해보고, 그중 어느 한

쪽에도 적응하지 않는다고 생각해보자. 이것은 2개 국어를 완벽하게 구사하는 사람이 두 언어를 자주 번갈아가면서 사용할 때 접하는 상황과 다소 비슷하다. 그야말로 끊임없는 두뇌 운동이다. 어떤 연구에서는 7개월 된 아기들조차도 2개 국어를 사용하는 가정에서 자란 경우 한 가지 언어만 쓰는 가정에서 자란 아기들보다 주의력을 보다 잘 제어한다는 사실이 드러났다.

2개 국어를 구사하는 사람은 끊임없이 상충하는 정보를 분류한다. 2개 국어를 사용하는 어린아이들은 심지어 초기에 언어를 서로 섞기도 하며, 이는 코드 스위칭code switching(청자와의 관계, 상황 등에 따라 어휘나 언어, 언어 표현양식 등을 바꾸는 것─옮긴이)이라고 부르는 현상이다. 비알리스토크는 이렇게 두뇌 속에서 벌어지는 줄다리기를 피아제의 학습 개념을 인용해 설명했다. "사물이 특정한 방식으로 작동할 것이라고 기대하다가 예상과 비슷한 새로운 상황을 만나면 그 체계를 적용하게 되지요. 이것이 '동화'입니다. 하지만 가끔은 기대와 전혀 다른 상황을 만나는 일도 있습니다. 기존의 체계를 적용할 수 없지요. 따라서 그 체계를 약간 변경할 수밖에 없습니다. 이것이 '조절'입니다. 그리고 여기서도 바로 그런 과정이 일어나고 있습니다. 어딘가 기대한 것과 약간 다른 겁니다. (2개 국어 구사는) 보다 골똘히 생각하도록 유도하는 사소한 자극과

◆ 냉전 시대에 CIA는 소련 스파이들을 색출하기 위해 스트루프 테스트의 변형된 버전을 도입했다고 한다. CIA가 사용한 버전에서는 러시아 단어가 인쇄되어 있었다. 요지는 러시아어에 능통하다는 사실을 숨기고 있는 사람들을 찾아내는 것이었다. 스파이로 의심되는 사람이 러시아어를 하지 못할 경우, 단어를 읽으려는 상충되는 충동이 없으므로 아무런 지체 없이 바로 색의 이름을 말할 수 있다. 색의 이름을 늦게 말한다면 러시아어를 알고 있는 것이다. 단어를 읽으려는 무의식적인 반응을 억누르기는 쉽지 않기 때문에 이 테스트는 특히 스파이 색출에 효과적이었다.

도 같은 역할을 합니다."

두 가지 언어 사이의 충돌을 제어하다보면 두뇌에 보다 장기적인 보호효과가 나타나는 것으로 보인다. 2011년 스페인어–영어를 구사하는 사람들을 대상으로 한 연구에서는 양쪽 언어의 숙련도가 높은 사람일수록 알츠하이머병의 증상에 시달릴 가능성이 낮음이 밝혀졌다. 평생에 걸친 두뇌 운동이 일종의 인지적 보호구역을 구축하는 것이다. 또한 2개 국어 구사에 반드시 장점만 있는 것은 아니라는 점도 잊어서는 안 된다. 한 가지 단점은 유창한 언어 구사력이 상대적으로 떨어진다는 것이다. 2개 국어를 사용하는 사람들은 단어 격차가 크고 설단효과(알고는 있지만 말이 혀끝을 맴돌며 밖으로 표현되지 않는 것―옮긴이)를 보다 빈번하게 경험한다. 각 언어의 어휘력도 하나의 언어만을 쓰는 사람보다 다소 부족하다.

그러나 장점이 이러한 단점을 상회하고도 남는다. 학자들은 여전히 관련된 정확한 인지적 메커니즘에 대해 논쟁을 벌이고 있지만, 유럽연합 집행위원회European Commission가 2009년 발표한 바와 같이 2개 국어 구사와 창의성이 서로 연관되어 있다는 증거를 보여주는 연구는 수백 건에 달한다. 2005년 비알리스토크와 데이나 샤페로Dana Shapero는 2개 국어를 하는 사람이 모호성에 대한 대처능력도 뛰어나다는 연구 결과를 발표하기도 했다. 두 사람은 한 실험에서 2개 국어를 구사하는 다섯 살짜리 아이들에게 다음과 같은 애매한 그림을 여러 개 보여주었다. 각 그림마다 이미지가 두 개씩 포함되어 있었다.

아이들은 이러한 그림에서 좀처럼 두 가지 이미지를 파악해내지 못하는데, 그 이유 중 하나는 그들이 인지한 첫번째 이미지에 집착하고 거기에 고착되기 때문이다. 비알리스토크는 이렇게 설명한다. "첫번째 그림을 쥐라고 인식하면 아이가 그 이미지를 버리기는 매우 어렵습니다. 일단 그 이미지에 이름표가 붙어버리는 경우 (…) 말하자면 그대로 고정되는 것이지요." 하지만 2개 국어를 하는 아이들은 하나의 언어만을 구사하는 아이들보다 쥐와 남성을 모두 식별해낼 가능성이 세 배 이상 높았으며, 사람의 옆얼굴과 꽃병을 모두 식별해낼 가능성은 두 배 이상, 색소폰 연주자와 여성을 골라낼 가능성도 훨씬 더 높았다. 두 가지 언어를 사용해 세상을 이해하는 방법을 배웠으며 언어적 모호성을 불편하게 느끼지 않고 자라난 아이들은 고정된 생각에서 보다 쉽게 벗어나는 모습을 보여주었다.

또한 2개 국어를 사용하는 아이들은 단어와 기호의 임의적인 본질을 이해하는 데에도 뛰어나다. 몇 년 전 샌드라 벤−제브Sandra Ben−Zeev라는 학자는 한 언어 및 두 언어를 구사하는 아이들에게(4~8세의 연령) 물건이 다른 이름을 가지고 있는 것처럼 생각해보라고 했다. 예를 들어 히브리어−영어를 하는 아이들에게는 이렇게 말했다. "(실험자가 장난감 비행기를 보여주며) 이것의 이름이 비행기라는 건 알고 있지? 이 게임에서는 이 물건의 이름을 거북이라고 부를 거야." 그다음에는 아이들에게 이런 질문을 던진다. "거북이는 날 수 있을까? (정답: 네.) 거북이는 어떻게 날지? (정답: 날개가 있어요.)" 2개 국어를 하는 아이들은 이상한 대체 단어를 사용할 때에도 질문에 보다 쉽게 대답했다. 장 피아제는 해−달 문제라는 이와 비슷한 아동용 테스트를 고안하기도 했다. 해와 달의 이름을 바꾸기로 한다면 어떨까? 밤에 잠자리에 들 때 하늘에는 뭐가 떠 있을까? 그리고 하늘은 어떻게 보일까? 훗날 2개 국어를 구사하는 아이들에게 이 테스트를 실시하자, 부분적으로 2개 국어를 구사하는 아이들과 자유롭게 2개 국어를 구사하는 아이들 모두 하나의 언어만을 구사하는 아이들보다 높은 정답률을 보였다. 언어를 한 가지만 구사하는 아이들은 밤하늘이 밝다고 대답할 가능성이 더 높았다.

사이먼턴은 이러한 개념적 유연성이 창의력에 어떻게 영향을 미치는지 이해하는 데 도움이 되는 간단한 실험방법을 소개했다. 사람들이 자주 사용하는 20개의 명사를 선택하고 괜찮은 양방향 사진을 준비한다. 영어 단어를 가능한 모든 의미의 외국어로 번역한다. 그다음 각 외국어 단어를 다시 영어로 번역하는 작업을 반복한다. 예를 들어 'window(창문)'라는 영어 단어를 프랑스어로 번역한다고 해보자. 방에 있는 창문을 나타내는 프랑스어는 fenêtre다. 내가 가지고 있는 사전에 따르면 자동차 창문을 나타내는 프랑스어 단어는 glace다. 가게 앞쪽의 진열창은 vitrine이라고 부른다. 은행의 창구는 guichet라는 말을 쓴다. 이제 fenêtre를 다시 영어로 번역하면 '천공fenestra'과 '내층inlier'이라는 두 가지 새로운 의미가 등장한다. 천공은 작은 틈이나 구멍을 나타내는 해부학적 용어로, 특히 중이와 내이 사이의 구멍을 지칭한다. 내층은 연대가 짧은 바위로 둘러싸여 형성된 구조를 나타내는 지질학 용어다. Glace는 얼음, 아이스크림, 당의糖衣, 거울이라는 의미로도 사용된다. Vitrine은 진열장을 나타내기도 한다. Guichet는 매표소를 지칭할 때도 있다. 이렇게 다양한 의미에 동시다발적으로 접근할 수 있다면, 창문window이라는 단어를 생각할 때 머릿속에 보다 다양한 이미지들이 떠오르기 마련이라는 점을 이해할 수 있을 것이다. 간략하게 말해서 사이먼턴의 주장은, 2개 국어를 구사하는 사람들이 토니 매카프리의 유의어 기술을 이미 머릿속에 가지고 있다는 의미다. 이들은 언어가 얼마나 유동적인지 본능적으로 이해하고 있기 때문에 언어에 구애받지 않는다.

사이먼턴이 설명하는 바에 따르면, 2개 국어를 완벽하게 구사하는 사람은 "모든 개념에 대한 양쪽 언어의 표현을 알고 있지만, 이 표현 형태는 서로 동일하지 않다". 그렇기 때문에 컴퓨터 번역이 완벽하지 않은 것이다. 이것이 암시하는 바는 "개념 그 자체가 보다 개방적이고 유연해야 한다"는 것이다. 2개 국어 구사 분야의 전문가인 콜린 베이커Colin Baker는 2개 국어를 구사하는 사람이 어떻게 여러 언어로 인해 세상을 보다 풍부하고 복잡한 개념으로 접하게 되는지 잘 보여주는 좋은 사례를 소개한다. 웨일스어에서 '학교'를 나타내는 ysgol이라는 말은 '사다리'를 의미하기도 한다. 따라서 웨일스어와 영어를 모두 알고 있는 사람은 학교에 대해 보다 풍부한 구상적 개념을 갖게 된다. 학교를 '세상의 사다리를 올라가는 장소'로 인식하게 되는 것이다.

물론 예루살렘의 핸드 인 핸드 학교가 설립된 배경 중 하나도 여기에 있다. 이 학교에서 제공하는 교육은 인지적, 그리고 문화적으로 높은 가치를 지니고 있다. 교사들은 자신이 장기적인 프로젝트에 참여하고 있다는 점을 이해하고 있다. 2학년을 가르치는 야파 시라 그로스버그는 21년째 교편을 잡고 있으며 그중 11년을 핸드 인 핸드에서 보냈다. 내가 학교를 방문했을 때, 그로스버그가 나에게 학교의 철학을 설명해주는 동안

쉬는 시간을 맞은 아이들이 우리 두 사람 주위를 마구 뛰어다녔다. 그로스버그의 수업을 비롯해서 유아반에서 6학년까지 모든 수업은 두 명의 교사가 함께 진행한다.

"우리는 대화를 통해서 가르칩니다. 공동 교사와 제가 대화를 나누며 그 대화에 학생들을 참여시킵니다. 제가 학생들에게 히브리어로 이야기하고 공동 교사에게도 히브리어로 이야기하면, 공동 교사는 저에게 아랍어로 대답하는 식입니다. 저학년의 경우 학생들에게 편한 언어를 사용해서 답변하도록 장려합니다. 학년이 올라가면 질문받은 언어로 답변하도록 유도하지요. 2학년을 마칠 즈음이 되면 수동적 이해력 측면에서는 완벽하게 2개 국어 구사가 가능하게 됩니다." 학생들은 1학년 때부터 양쪽 언어의 철자와 읽고 쓰기의 기초를 배운나.

그로스버그가 학생들에게 얼마나 애정을 쏟고 있는지는 쉽게 느낄 수 있었다. 그로스버그의 말에 따르면, 어떤 측면에서 볼 때 이 학교의 학생들은 다른 아이들과 전혀 다를 바가 없다. 친구가 의자와 연필을 가져갔다며 싸우고 불만을 터뜨린다. 하지만 아랍어와 히브리어를 모두 배우며 쌓은 문화적 양식은 절대 헛된 것이 아니다. "학생들은 이곳에 유대인과 아랍인 학생들이 섞여 있다는 사실을 깨닫습니다. 그 점이 색다르고 독특하다고 느끼지요. 하지만 워낙 어리기 때문에 유대인과 아랍인의 차이가 장벽으로 작용하지는 않습니다. 그러다가 나중에 아이들이 커서 그 차이가 장벽으로 작용했을 수도 있다는 점을 깨닫게 될 즈음에는 이미 그 장벽 자체가 사라져버린 상태지요." 우리의 대화가 마무리되는 순간을 기다리기라도 했다는 듯이, 여러 명의 어린 소녀들이 그로스버그를 데리고 다시 교실로 들어갔다. 소녀들은 마치 뗏목을 붙잡듯이 그로스버그에게 꼭 매달려 있었다.

나는 바위투성이의 언덕 위에 위치한 예루살렘의 야드 바셈 홀로코스트 박물관 건너편에서 세 명의 어린 아들을 둔 가족을 만났다. 첫째 트리스탄은 여덟 살, 둘째 안드레이는 여섯 살, 막내 아모스는 아직 세 살이었다. 트리스탄과 안드레이는 핸드 인 핸드에 다니고 있었다. 트리스탄의 학급을 담당하고 있는 교사가 그로스버그였다. 아이들의 아버지 필립 투이투는 프랑스-알제리계 유대인으로, 아이들은 이곳 땅의 갈색 색조를 그대로 투영한 것 같은 아름다운 황금색 피부를 지니고 있었다. 부인인 영화 제작자 다나에 일론은 미국계 이스라엘인이다.

투이투는 유머감각이 뛰어나고 호감이 가는 사람으로, 외유내강의 분위기를 풍기는 부드러운 성격 덕분에 더욱 매력적으로 보였다. 일론은 짙은 머리색에 인상적인 눈을 가지고 있었는데, 동공 주위는 갈색이 도는 황금색이지만 홍채의 가장자리 부분은 거의 청록색에 가까운 녹색을 띠고 있었다. 일론은 여유가 넘치며 스스로에 대해 상당히 객관적인 유머를 던졌다. 재치가 넘치는 일론의 이야기를 듣다보면 서서히 웃음이 배어나왔다.

아모스는 아직 아랍어를 배우고 있었지만 트리스탄과 안드레이는 이미 상당히 말을 잘했다. 그뿐만 아니라 각각 수준은 다르지만 히브리어, 프랑스어, 영어도 어느 정도 구사할 줄 알았다. 아이들은 학교를 마친 후 놀고 있는 참이었다. 아모스는 소파에 앉아서 장난감 자동차를 장난감 트럭 안에 끼워넣고 있었다. 안드레이는 나에게 연을 만들었으며 히브리어로 새에 대한 노래를 부르기 시작했다고 말했다. 트리스탄은 아이패드 게임에서 연달아 높은 점수를 기록하는 와중에, 언어를 바꿔서 사용하는 것은 "식은 죽 먹기"인데다 제일 친한 친구 네 명이 아랍 소년들이라고 했다.

일론은 아이들이 여러 언어를 이해하고 활용하는 것을 지켜보면서 놀랄 때가 많다. "아이들은 재미있는 말을 해요. 예를 들면 히브리어에서 '나는 이것을 사랑해'라는 말을 '아니 메트 알 제$^{ani\ met\ al\ ze}$'라고 하지요. 하지만 메트$^{met}$는 '죽음'이라는 의미이기 때문에 트리스탄은 영어로 이렇게 말을 한답니다. '엄마는 그것을 죽였지, 안 그래?' 말도 안 되는 번역이지요. 저는 그런 과정을 통해 아이들이 삶에 대해 더욱 폭넓은 관점을 갖게 될 거라고 생각합니다. 언어의 장벽뿐만 아니라 국가와 종교, 인종의 장벽마저 넘나들 수 있거든요."

일론 본인도 히브리어, 영어, 이탈리아어의 3개 국어를 구사하며, 다양한 사회적 세계를 접하면서 자라났다. 이러한 세계 사이의 충돌은 일론의 영화 제작에 영향을 미치는 동시에 많은 영감을 주었다. "이곳은 근본적으로 많은 모순이 존재하는 곳입니다. 이런 곳에서 자라나면 사물을 바라보는 독특한 시각을 갖게 됩니다."

일론이 처음 영화에 대한 애정을 발견하게 된 것도 우연이었다. 일론은 학교에서 퇴학을 당한 후 한 독특한 예술학교에 겨우 적을 두게 되었는데 마침 그 학교에 영화과가 있었다. 당시에는 이스라엘 영화 제작자들에 대한 자금 지원이 드물었기 때문에 이 학교에서는 이스라엘 영화사에 족적을 남길 만한 최고의 영화 제작자들 몇 명을 강사로 채용할 수 있었다. 강사들은 금요일마다 학생들을 데리고 고전영화를 감상했으며, 어느 날 일론은 〈7인의 사무라이〉를 보게 되었다. 그리고 극장을 나오면서 자신이 앞으로 어떤 일을 하고 싶은지 깨달았다. 일론은 1995년 뉴욕대학교의 티시 예술대학을 졸업했으며 영화 예술 우수상 및 내셔널 이스트먼 장학금을 받았다.

일론이 처음 주목받은 영화는 예루살렘에서 보낸 자신의 어린 시절을 그린 다큐멘터리 〈고향으로 가는 다른 길Another Road Home〉이었다. 6일전쟁(아랍과 이스라엘 간의 제3차 중동전쟁—옮긴이)이 끝난 지 얼마 되지 않았던 1967년, 바티르라는 점령 마을 출신의 한 팔레스타인 남자가 일론가의 문을 두드렸다. 남자는 그 자리에서 다나에를 돌보는 사람으로 채용되었고, 20년간 일론 가족과 인연을 맺었다. 남자의 이름은 마무드였지만 일론 가족은 그를 무사Musa라고 불렀다. 영화에서 일론은 뉴저지주 패터슨의 거리를 샅샅이 뒤지면서 아버지를 고향에 두고 이민을 떠나 미국에서 사업을 시작한 무사의 아들들을 찾았다. 76세가 된 무사 본인도 여러 번의 검문소와 요르단을 거치는 위험하고 긴 여정 끝에 자녀들을 만나기 위해 미국으로 날아왔다. 〈뉴욕 타임스〉 리뷰는 이 다큐멘터리에 대해 이렇게 언급했다. "일반적으로 정치에 가려지기 마련인 팔레스타인 사람들과 이스라엘 사람들의 공통적인 정체성을 이보다 감동적으로 그려낸 작품은 탄생하기 어려울 것이다." 〈버라이어티〉는 이 다큐멘터리의 "흔들리지 않는 간결함"을 높이 평가했다. 일론은 무사에 대해 여러 가지 가슴 아픈 기억을 가지고 있었으며, 다큐멘터리에서는 그 중에서도 어떻게 자신의 이스라엘 군복을 그토록 정성스럽고 다정하게 다림질해줄 수 있었는지 물어보았다. 무사는 "별일 아니었다"고 말했다.

무사에게는 그것이 그냥 애정 어린 행동에 불과했다.

2009년에는 로맨틱 코미디의 형식을 차용해 할례의 장단점을 다룬 〈파틀리 프라이빗Partly Private〉이라는 일론의 다큐멘터리가 발표되었다. 이 영화는 트리스탄의 출생으로 시작되고 안드레이의 출생으로 끝을 맺으며, 일론과 투이투가 할례에 관한 토론을 벌이는 모습을 추적한다. 투이투는 자기 가족의 전통대로 할례를 시키고 싶어했다. 일론은 확신이 서지 않았다. 〈파틀리 프라이빗〉은 트라이베카에서 2009년 최우수 뉴욕 다큐멘터리상을 받았다. 〈고향으로 가는 다른 길〉과 〈파틀리 프라이빗〉은 둘 다 종교든, 정치든, 개인이든, 모순에 대해 다루고 있는 작품이다. 〈고향으로 가는 다른 길〉은 자신의 군복을 다림질하는 무사에 대한 일론의 기억을 중심으로 구성되었다. 일론은 그 모순을 이해할 수 없었고, 영화에서도 그 문제에 대한 해답을 제시하지 않는다. 〈파틀리 프라이빗〉에서도 일론은 자신이 제기한 의문에 대답하지 않는다. 단순히 인간적인 관점에서 의문을 제기할 뿐이다. 일론은 "논의에서 누가 맞고 누가 틀렸는지를 찾아내는 데에는 관심이 없다"고 말한다. 일론의 영화는 복잡한 문제들을 세밀하고 정교하게 그려낸다.

일론이 현재 작업중인 영화 프로젝트 중 하나는 예루살렘에서 트리스탄, 안드레이, 아모스를 키우는 일에 초점을 맞춘다. 이 영화의 한 장면에서 일론은 트리스탄과 핸드 인 핸드 학교 학생이자 트리스탄의 팔레스타인 친구에게 마이크를 달아주고, 이들은 다른 소년들 몇 명과 함께 밤의 예루살렘 거리를 돌아다닌다. 이날은 이스라엘이 치른 전쟁에서 스러져간 군인들을 기리는 현충일이었다.

"아이들은 스케이트보드를 챙겼습니다." 일론은 핸드 인 핸드 근처에 위치한 파트 지역과 베이트 사파파 지역 경계를 따라 벌어진 광경을 이렇게 묘사했다. "그리고 밖으로 나갔지요. 밤 일곱시쯤 된 시간이었고 아이들은 어두운 골목을 따라 걸어가고 있었습니다. 주변에는 아랍 여성들이 있었는데 트리스탄의 친구가 이렇게 말하더군요. '트리스탄, 여기서는 히브리어를 하면 안 돼. 여기서 히브리어를 하면 너도 모르는 사이에 욕을 먹게 될 거야.' 그다음에 (현충일) 사이렌이 울렸고, 소년들은 똑바로 서서 이렇게 말을 하더라고요. '이건 홀로코스트 사이렌이구나.'" 아이들은 혼동한 것이었다. 홀로코스트 추모일이 바로 그 전 주였기 때문이다. "팔레스타인 아이가 친구들에게 그 사이렌이 홀로코스트 때문에 울린 것이라고 설명하지요. 그리고 아이들은 모두 가만히 서 있어요. 그다음에 일행은 다시 거리를 따라 내려가면서 다른 거리를 지나가고, 트리스탄과 친구는 이렇게 말합니다. '알았어? 히브리어를 하지 마. 여기선 히브리어를 쓰면 안 돼.' 그렇게 100미터 정도를 걸어가다가 이렇게 말합니다. '좋았어, 이제 아랍어를 하지 말아야 해. 여기선 아랍어를 쓰면 안 된다고.'"

일곱 살짜리 아이들이 이렇게 문화적 지뢰밭을 활보하며 여기서는 이 언어를, 저기서는 저 언어를 쓰는가 하면, 양쪽 세계를 모두 이해하고 두 세계 사이를 원활하게 넘나들기 위해 노력하고 있었다. 저녁식사 후 일론이 이 장면을 나에게 설명해주고 있을 때, 안드레이가 일론의 말을 막고는 아랍어로 사랑한다고 말했다. "안드레이의 아랍어 억양은 원어민 수준입니다. 배에서부터 소리를 낸다니까요."

"안드레이는 아랍인 친구와 유대인 친구가 많습니다." 일론은 둘째 아들을 안으면서 말했다. 일론은 가족들이 예리코라는 팔레스타인 마을을 방문했던 일과 그곳에서 아이들이 얼마나 편안함을 느꼈는지 말해주었다. "아이들은 아랍 사람들과 자유롭게 어울립니다. 주변 환경에 갇혀서 자라지도, 다른 사람을 두려워하면서 자라지도 않습니다." 하지만 일론은 다른 목적을 가진 핸드 인 핸드 학부모들도 있을 것이라고 시인한다. 아랍 부모들은 아이들이 이스라엘 사회에 융화되어 살아갈 수 있도록 히브리어를 원어민처럼 구사하기를 바란다. 이스라엘 부모들은 진보적이다. 유대인 아이가 아랍어를 원어민처럼 구사하는 것은 정치적 행위다.

"약자의 정치학에 대해 논하자면, 아랍 사람들은 유대인이 아랍어로 이야기할 때마다 억양을 비웃습니다. 그게 그들이 복수하는 방법이지요. 유대인들이 아랍어를 하는 방식에 대해 사회 전반적인 공론이 형성되어 있어요. 저도 아랍어를 할 줄 알지만 공공장소에서는 아랍어를 하지 못합니다. 아랍어를 하면 그런 주변의 시선을 뼈저리게 느끼게 되거든요. 제가 '하ʰᵃ'나 '허ʰᵘʰ'를 발음하는 방식에서 제 귀로도 차이를 느낄 수 있어요. 결코 사소한 일이 아닙니다. 그래서 안드레이가 이렇게 아랍어를 능숙하게 하는 걸 들으면……" 일론은 감정에 북받쳐 고개를 양쪽으로 저으면서 더이상 말을 잇지 않고 자랑스러운 표정을 지었다. 안드레이는 자신의 아랍어 실력을 뽐내기 시작했다. 투이투는 디저트로 먹을 수박 한 그릇을 가져왔다.

내가 핸드 인 핸드 학교를 방문하기 몇 달 전, 이 학교의 6학년 학생들 몇 명이 시내버스에서 폭언과 폭력을 당했다. 아이들은 전혀 잘못된 행동을 하지 않았다. 단순히 아랍어로 이야기를 하고 있었는데 유대인 십대 청소년 몇 명이 아이들의 대화를 엿들은 것이다. "너희들이 이곳에서 살도록 허락해주었으니 우리한테 고마워해야 해." 십대 청소년 중 한 명이 말했다. 보다 나이 많은 여성도 끼어들었다. "너희들이 아직 살아 있다는 걸 부끄럽게 생각해." 그 여성은 이렇게 덧붙였다. "너희는 원숭이야. 사람을 보내서 너흴 다 죽일 거야…… 너희들은 살아 있을 권리가 없어." 여성은 한 학생의 머리카락을 잡아당기고 뺨을 때렸다. 버스에 탔던 다른 사람이 항의하자 십대 무리 중 한 명이 이렇게 대답했다. "인종차별주의자라는 건 하나도 부끄럽지 않아. 나는 아랍인이 싫어. 그래서 어쩔 건데?" 버스 운전사가 경찰을 불렀고, 경찰은 여성을 구금시켰다.

핸드 인 핸드 지지자들은 예루살렘 곳곳에 히브리어로 전단지를 붙였다.

**맞습니다** 우리의 피부색은 다를지도 모릅니다.

**맞습니다** 우리의 종교는 다를지도 모릅니다.

**맞습니다** 우리는 다양한 언어를 구사할지도 모릅니다.

**맞습니다** 모든 아이들이 안전하게 버스를 탈 수 있도록 해야 합니다.

그보다 1년 전에는 누군가가 예루살렘의 핸드 인 핸드 학교 외벽을 가로질러서 스프레이로 '아랍인들에게 죽음을'이라는 글씨를 써놓았으며, 이는 유대계 이스라엘 급진주의자들이 자행한 프라이스 태그price-tag 범죄가 분명했다. 프라이스 태그란 요르단 강 서안지구의 불법 거주지 철거라는 정부 조치에 대한 앙갚음을 나타내는 용어다. 내가 도착하기 전날 밤 트리스탄이 받은 과제는 유대인 아이들과 아랍인 아이들을 같은 날 받지 않겠다고 결정한 현지 놀이공원 슈퍼랜드Superland에 편지를 쓰는 것이었다. 놀이공원에서는 유대인들이 갈 수 있는 날과 아랍인들이 갈 수 있는 날을 따로 정하겠다고 했다. 2014년 11월의 한 토요일 밤에는 화재가 발생해 학교 건물의 일부가 불에 타버렸다. 화재는 유치원에서 시작되었다.

2011년 심리학자 아르네 루츠와 알랭 판 힐은 아리 크루글란스키의 종결욕구 개념을 고든 올포트Gordon Allport의 편견을 가진 마음에 대한 설명과 비교했다. 루츠와 판 힐은 편견의 근원을 '확실함에 대한 갈망을 특징으로 하는 인지적 관점'에서 찾을 수 있음을 알게 되었다. 올포트는 기념비적인 저서 『편견의 본질The Nature of Prejudice』에서 편견을 가지고 있는 사람들은 "'모른다'라고 말하기를 두려워하는 것처럼 보인다"고 적었다. 이들은 "신속하고 확정적인 해답에 대한 욕구"와 "과거의 해결책에 대한 집착"을 가지고 있으며, "질서, 특히 사회적 질서"를 선호한다. 이런 사람들은 "다소 융통성이 없더라도 사실에 입각한 사고를 선호하며" 계획을 세울 때 "모호성을 감내하지 못하고" "익숙하고 안전하며 단순하고 확실한 것에 집착하고" "문제와 관련된 모든 측면을 보지 못한다".

고든 올포트는 제롬 브루너와 리오 포스트먼의 스승이었다. 몇 년 전 올포트는 브루너와 포스트먼의 색깔이 뒤바뀐 카드 실험과 유사한 실험을 실시했다. 올포트가 실험 대상으로 삼은 것은 카드가 아니라 고정관념이었다. 그는 실험 참가자들에게 흑인과 백인이 말다툼을 벌이는 사진을 잠깐 보여주었는데, 사진 속의 백인은 면도기를 들고 있었다. 나중에 올포트가 사진 속에서 누가 면도기를 들고 있었는지 묻자 흑인의 손에 면도기가 들려 있었다고 잘못 대답한 사람이 절반에 달했다. 올포트의 동료인 로버트 벅하웃<sup>Robert Buckhout</sup>은 훗날 이렇게 적었다. "편견과 선입견이 개입하면 기대감이 가장 보기 흉한 형태로 나타난다."

높은 종결욕구 때문에 편견이 형성된다고 생각해보면 이 문제를 약간 다른 관점에서 바라볼 수 있다. 우리는 누구나 고정관념을 가지고 있다. 전광석화같이 빠른 추정 없이는 '단순화의 기적'을 이룰 수 없다. 또한 문화에 따라 복잡성과 모호성을 간소화하는 '스타일'이 결정된다. 스타일이 아예 없을 수는 없기 때문에, 어느 정도 선입견에 의존해야 한다. 성급한 판단이나 심한 편견 한 가지 정도를 억누를 수는 있어도 다른 사람들을 대략적으로 분류하는 성향에서 도의적으로 완전히 탈피할 수는 없다. 우리는 일반적으로 인식에 대해 이런 식으로 생각하는 것을 달가워하지 않는데, 성급한 판단 중에서도 긍정적인 것들은 고정관념이라고 여기지 않기 때문이다. 하지만 긍정적이든 부정적이든, 일단 고정관념이 형성되면 상당한 정보가 유실되기는 마찬가지다. 결국 만사가 우리가 상상하는 것보다 더 모호하다는 의미다. 우리의 머릿속에는 세상에 대한 한정된 지도가 들어 있으며 이 지도의 한계를 벗어날 수 있는 사람은 없지만, 최소한 다른 문화나 하위문화를 참고해 새롭게 사물을 바라보는 방식을 발견할 수는 있다. 어떤 의미에서, 이는 마치 삼각 측량처럼 진실을 서로 다른 두 가지 관점에서 바라보기 시작하는 것과 같다. 물론 선입견을 조금씩 바꿔나갈 수는 있지만(배운 내용이 습관으로 굳어지기도 하듯이), 모든 것을 배우기에 인생은 너무나 짧다. 따라서 사상이든, 사람이든, 장소든, 우리가 자세히 알지 못하는 방대한 지식 영역이 남아 있게 되는 것은 어쩔 수 없다. 다만 너그러운 마음을 가지고 이러한 간극을 인정하면 된다. 마음은 본능적으로 모순을 없애버리려 하지만, 우리는 바로 이 모순을 찾아내기 위해 끈질기게 노력해야 하는 것이다.

위대한 예술가들이나 과학자들이 모순에서 영감을 얻듯이, 편견을 가진 사람도 편견을 없애려고 노력해야 한다. 핸드 인 핸드 학교와 트리스탄, 안드레이, 그리고 그들의 친구가 그토록 돋보이는 이유도 바로 이것이다. 일론은 어느 쪽도 미화하거나 이상적으로 묘사하지 않은 채 양쪽의 입장을 이해한다. 일론의 아이들도 마찬가지다. 일론은 열린 마음이 반드시 의견이 없음을 의미하지는 않는다는 사실을 알고 있다. 열린 마음을 가진 사람은 두 가지 의견을 모두 가지고 있는 경우가 많다. 이들은 피해자가 가해자의 입장이 될 수 있고 그 반대도 가능하다는 모순을 무조건 부정하지 않는다. 반면에 독단적인 사람들은 이런 모순이 존재할 수 있다는 단순한 진리를 인정하지 않는다. 이러한 모순은 일론이 추구하는 예술의 영감이 된다. 마찬가지로 열린 마음을 가진 사람들도 이러한 긴장 상태를 유지한다.

조지 손더스George Saunders는 "예술에서, 어쩌면 분야를 막론하고 전반적으로, 모순되는 생각을 매우 편안하게 받아들일 수 있는 능력이 중요하다"라고 말했다. 그의 말에 따르면 지혜는 "가장 수준 높은 형태로 표현한 두 가지 모순되는 생각을 같은 공간에 넣어 진동하도록 내버려두는 것일지도 모른다". 윌리엄 엠프슨은 『애매성의 일곱 가지 유형Seven Types of Ambiguity』에서 셰익스피어, 던, 초서, 테니슨, 예이츠, 밀턴이 쓴 시의 힘은 대부분 모순, 신비함, 또는 다중적 의미에서 나온다는 사실을 보여주었다.

두 가지 언어를 구사하는 사람이 창의력 측면에서 가지고 있는 장점 중 하나는 언어에 숨겨져 있는 임의적 편견을 이해한다는 것이다. 하지만 또하나의 장점은 세상에 대해 최소한 두 개 이상의 문화적 견해를 가지고 있다는 점이다. 내가 접한 글 중에서 예술적 창의성의 근원을 가장 기가 막히게 설명한 것은 존 가드너의 『도덕적인 소설에 대해On Moral Fiction』에 나오는 한 구절이다. "예술은 인생 그 자체의 본질에 내재된 상처, 결함에서 시작되며, 그 상처를 안고 살아가는 법을 배우거나 상처를 치유하는 방법을 배우려는 시도다." 가드너의 관점에서 보면 불협화음은 다양한 갈등에서 기인한다. 두 군데의 장소에서 살아보는 것, 두 가지 문화에 노출되는 것, 사회적 소외감을 느껴보는 것은 창의적 작업의 원천이 될 수 있는 경험의 몇 가지 예에 불과하다.

이러한 소외는 또하나의 보다 일반적인 멀어짐 현상, 즉 사회적 이동에 반영되어 나타나는 경우가 많다. 조지프 콘래드가 폴란드를 떠난 것, 조이스가 파리에 가거나 포크너가 할리우드로 간 것, 또는 현대 소설가가 할렘, 브루클린, 텍사스, 오하이오, 또는 네브래스카를 떠나 학계로 향한 것도 모두 사회적 이동에 해당한다. 이러한 이동은 예술가들의 삶에서 너무나 빈번하게 발생하여 이제는 거의 예술적 성공의 법칙으로 자리잡

앞다(방랑하는 켈트족 시인의 경우, 실제로 이것이 법칙이었다). (…) 운이 나쁜 경우, 사회적 이동은 부적응을 야기하며 불만을 담거나 분노를 터뜨리는 예술이 탄생한다. 운이 좋은 경우 사회적 이동으로 인해 시야가 두 배로 넓어지며 방향감각 상실과 감정적 불안정, 불안감과 신경질적인 양면성에 대한 건전한 대안을 갖게 되는데, 이는 예술에서 매우 중요한 요소다. (…) 영어로 시를 쓴 정상적인 시인 중 가장 유명한 초서와 셰익스피어는 둘 다 한 위치에서 보다 명망 있는 다른 위치로 이동한 사람들이며, 이들이 위대한 이유 중 하나는 시라는 매개체를 통해 오래된 것과 새로운 것 사이의 충돌을 조화시키는 방법을 찾았다는 점이다.

마크 드웨인은 "여행은 선입견, 심한 편견, 편협한 마음에 치명적인 타격을 준다"라고 주장했다. 이러한 주장이 설득력을 얻는 이유는 공감과 창의력이 다양성이라는 동일한 원천에서 솟아나기 때문이다. 공감은 결국 이전에는 상상하지 못했던 삶과 우리 자신의 삶을 연계하는 근본적인 창작행위다. 다른 문화를 수용하기 위해서는 상상력이 그려내는 경로를 과감히 가로질러야 한다. 그렇기 때문에 종결욕구가 높은 경우 상상력이 저하된다는 연구 결과가 나오는 것이다. 그리고 그렇기 때문에 소설 읽기를 통해 다른 사람의 입장에서 생각해보게 되면 종결욕구가 저하될 뿐만 아니라 공감능력도 높아진다. 다양한 사회적 집단 가운데에서 시간을 보내는 것도 같은 효과를 얻을 수 있다. 이러한 생각을 뿌리깊게 주입하고자 하는 예루살렘의 핸드 인 핸드 학교는 인간의 심리를 정확하게 꿰뚫고 있는 셈이다. 선천적으로 깔끔함을 선호하는 사람들은 주변에 낯설고 '자신과는 다른 사람들'이 있을 경우 초조해지는 경향이 있기 때문에, 다른 집단과 긍정적인 접촉을 경험하면 종결욕구가 높은 사람도 불안감을 덜 느끼게 된다. 실제로 다른 집단과의 교류는 이러한 사람들에게 가장 큰 도움이 된다.

제롬 브루너 역시 나와 이야기를 나누면서 바로 이 점을 강조했다. 그는 모호성을 추구하면 열린 마음을 유지하는 데 어떻게 도움이 되는지 역설하는가 하면, 다양한 견해와 모순이 인간의 상상력에 불을 지피는 일종의 연료 역할을 한다고 강조했다. 트래비스 프루도 비슷한 논지를 내세웠다. 그의 주장에 따르면, 창의력은 모순되고 모호한 경험을 접했을 때 나오는 다섯번째 반응이라는 것이다. A로 시작되는 다른 네 가지 반응, 즉 동화assimilation, 조절accommodation, 추상화abstraction, 확인affirmation에 맞추어, 프루는 모순에 대한 이 다섯번째 반응을 조합assembly이라고 불렀다. 조합한다는 것은 우리 삶에 존재하는 불확실성을 수용한 뒤, 거기서 무언가를 만들어낸다는 의미다. 헬레니즘 시대의 그리스든, 1970년대의 뉴욕이든, 예술 창작이 활발했던 시기가 사회적으로 대격변이 일어났던 시기였다는 것은 결코 우연이 아니다. 예술은 정화효과를 일으키기도 한다. 해결이 불가능한 갈등을 정확하게 묘사하는 것 그 자체가 마음을 위로해주는 '진실 전달'의 한 형태이기 때문이다. 브루너의 말대로 상상력은 "모호성이 승리를 거둘 때" 탄생하는 경우가 많다.

그런 의미에서 핸드 인 핸드는 그 자체로서 예술적 승리에 다름 아니다. 심지어 2013년 교육부가 공식적으로 "승인되지 않았다"는 이유를 들어 다른 2개 국어 교육 프로그램의 학부모들을 고발하는 와중에, 핸드 인 핸드는 다섯번째 2개 국어 교육기관인 유치원 개원을 준비하고 있었다. 이스라엘에는 종교와 관련없는 민간 결혼이 없으며 현실적으로 종교가 다른 사람들 사이의 결혼은 허용되지 않기 때문에, 유대인과 아랍인이 이스라엘 국내에서 결혼하는 것은 사실상 불법이다. 하지만 예루살렘의 경계에 자리잡고 있는 교실에서는 핸드 인 핸드의 아이들이 나란히 앉아서 그림을 그리고, 어울려 농구를 하며, 함께 종교를 공부하고, 아랍어와 히브리어로 입을 모아 합창을 한다.

간단한 사고 실험을 하나 소개한다. 지난 10년 동안 여러분이 얼마나 변했는지를 1부터 10까지의 척도로 생각해보자. 이번에는 향후 10년 동안 얼마나 많이 변할지를 역시 1부터 10까지의 척도로 가늠해보자. 두 가지 척도를 비교해보면 어떤가? 여러분은 과거 10년 동안의 변화가 예상하는 향후 10년 동안의 변화와 다를 것이라 생각하는가?

대부분의 사람들이 다를 것이라 생각하며, 이 둘 사이의 차이는 극명하게 나타난다. 조르디 쿠아드박Jordi Quoidbach이 이끄는 심리학 연구팀은 최근에 18세에서 68세까지의 실험 참가자 약 2만 명을 모집하여 어떤 양상으로 차이가 나타나는지 탐구했다. 실험 참가자들에게는 자신의 성격과 가치, 취향이 지난 10년 동안 얼마나 많이 바뀌었으며, 향후 10년간은 얼마나 많이 변할 것인가라는 질문을 던졌다. 예를 들어 18세의 참가자는 자신이 28세가 된 것처럼 성격 설문지를 작성했다. 28세의 참가자는 자신이 18세 또는 38세가 된 것처럼 역시 같은 설문지를 작성했다. 19세와 29세 참가자들도 마찬가지였다. 쿠아드박은 무려 50세라는 방대한 연령대에 걸쳐 개인적인 변화에 대한 예상과 실제 일어난 변화에 대한 기록을 비교해볼 수 있었다.

가치와 선호의 경우 사람들은 과거 10년보다 앞으로 10년 동안 훨씬 적은 변화가 일어날 것이라 예상했지만, 답변자의 나이가 올라갈수록 예상 변화치는 약간 상승했다. 성격 변화에 대한 결과는 전 연령대에 걸쳐 보다 일관적으로 나타났으며, 적잖이 놀라웠다. 사람들은 자신의 성격이 10년 전에는 전혀 달랐다고 대답했지만 향후에는 거의 변하지 않을 것으로 내다보았다. 실험을 실시한 심리학자들에 따르면, 대부분의 사람들은 "자신이 과거에 많은 변화를 겪었음을 알고 있는데도 미래에는 그다지 변화가 일어나지 않을 것이라 예상했다". 우리는 현재의 고정된 자아와 과거의 진화하는 자아 사이에 분명한 선을 긋는다. 항상 자신이 변화를 마치고 정착했다고 생각하지만, 이는 언제나 잘못된 생각이다.

"가장 재미있는 결과는 모든 연령대가 자신은 변화를 마쳤다고 생각한다는 부분입니다." 쿠아드박이 나에게 말했다. "그토록 오랜 시간에 걸친 변화 끝에 마침내 현재가 완성되었다고 느끼는 것이지요. 이제는 변화 과정이 끝났다고요."

이 연구 결과가 소개된 논문의 제목은 '역사의 종말이라는 환상The End of History Illusion'이었다.

쿠아드박의 이 논문 제목은 훗날 『역사의 종말The End of History and the Last Man』이라는 책으로 발간된 프랜시스 후쿠야마의 유명한 1989년 에세이를 인용한 것이다. 냉전이 종식되던 당시, 후쿠야마는 역사가 방향과 주제, 자연스러운 진행 과정을 가지고 있으며 우리가 그 정점을 목격하고 있다고 주장했다. 세계는 "단순히 냉전의 종말이나 전후 역사의 특정 시기가 흘러가는 것을 목격하는 것이 아니라, 소위 역사의 종말을 목격하고 있는 것이다. 즉, 우리는 이데올로기적 진화의 종결과 서구 자유민주주의가 인간 정부의 최종 형태로서 보편화되는 현상을 목도하고 있다". 후쿠야마는 이러한 주장으로 일약 유명세를 탔다.

역사의 종말이라는 이 개념은 폭넓은 비판을 받았고 오류가 밝혀졌으며, 심지어 후쿠야마 본인도 더이상 이러한 주장을 펴지 않는다. 그러나 쿠아드박의 연구는 후쿠야마의 주장이 처음에 그토록 강력한 영향력을 발휘했던 이유 한 가지를 보여준다. 우리는 과거를 하나의 이야기, 즉 필연적으로 한쪽 방향을 향해 나아가는 일종의 줄거리라고 여기는 경향이 있다. 문제는 이러한 식으로 생각할 경우 과거, 현재, 미래의 신비로움이 사라진다는 점이다. 이러한 사고방식은 10년 전의 '우리'를 진화하는 존재로 보며 현재의 '우리'를 완전히 진보한 형태로 간주하는데, 이렇게 되면 현재와 미래가 얼마나 놀라운 동시에 두려운 잠재력을 갖고 있는지 망각하게 된다. 우리는 미래의 예측 불가능성을 부인하고자 하는 충동을 가지고 있기 때문에 과거를 간결한 이야기로 정리해버리는 편을 선호한다.

우리는 이 책 전체에 걸쳐 불확실성을 피하고 질서를 갈구하는 성향에서 기인하는 이러한 유형의 오해와 착오를 살펴보았다. 종결욕구가 높은 상황에서 골치 아픈 마음속의 갈등이 어떻게 우리를 사로잡고 경직되게 만드는지, 더욱 비굴하거나 더욱 독단적인 방향으로 몰아넣는

지도 살펴보았다. 웨이코에서 딕 로저스와 제프 자마는 데이비드 코레시의 생각이 이리저리 흔들리는 것을 견뎌내지 못했다. 모호성을 제대로 다룰 능력을 갖추지 못했기 때문이다. 이들은 양면성을 속임수로 해석하는 쪽을 선호했다. 새로운 글로벌리즘이 대두되며 초조함이 팽배한 현대에는 첨단 기술이 불안한 미지의 일에 대한 영구적인 해결책을 구상해보도록 우리를 유혹한다. 의료와 빈곤 퇴치 프로그램에서는 이러한 경향이 상당한 해를 미치기도 한다. 마찬가지로 비즈니스에서도 모호한 확률에 비추어 미래를 예측하려고 시도하면 오히려 역효과가 발생하는 경우가 많다.

두뇌는 문제 해결 및 분류 작업의 상당 부분을 무의식적으로 실시하며, 우리가 식료품점의 평범한 토마토를 인시하거나 움직이는 입술과 소리 사이의 모순을 스스로 깨닫지도 못하는 사이에 제거해버리는 것도 마찬가지 원리가 적용된다. 각자의 머릿속에 있는 세상이 돌아가는 방식에 대한 모델은 우리가 숨쉬는 공기와도 같다. 따라서 우리는 일반적으로 그 존재를 눈치채지 못한다. 하지만 트래비스 프루가 보여주었듯이, 의식적으로 이상한 점을 인지해내지 못할 때에도 우리는 변이에 극도로 민감하다. 눈으로 보기는 했지만 인지하지 못한 속임수 카드와 같이 사소한 일이 합리와 불합리 사이의 인지적 균형을 회복하려는 노력으로 이어지기도 한다. 강렬한 인지적 기대감은 단순히 모호한 상황을 단순화하는 방식에 대한 지침을 마련해주는 것뿐만이 아니다. 기대가 충족되지 않은 경우, 언제 의미를 찾아야 할지 결정해주는 것도 바로 이러한 기대감이다.

하지만 지금까지 살펴본 이야기들과 사례들에는 그 이상의 의미가 담겨 있으며, 이는 종결 성향을 넘어서는 또하나의 집요하고 강력한 주제다. 우리는 퍼즐을 풀면서 본능적으로 튀어나오는 대답의 부족한 부분과 씨름하게 된다. 웃음을 터뜨릴 때에는 추정을 내놓는 마음의 엉뚱한 부적절함, 즉 우리가 아이디어를 끊임없이 메우거나, 걸러내거나, 확장하는 과정에서 저지르는 실수에서 즐거움을 느낀다. 이 책에 등장한 뛰어난 인물들은 전부 모호성을 제거하려는 마음속의 강박적인 욕망에서 벗어나는 방법을 찾은 사람들이다. 이들은 깔끔하게 분류된 세상을 제시해주는 단순하고 유익한 이야기를 받아들이지 않았다. 우리는 심지어 심리과학 분야 내에서도 진보가 반드시 흔들리지 않고 일직선으로 진행되는 것은 아니라는 점을 지켜본 바 있다.

이 책에 등장하는 뛰어난 인물들은 모두 저항가들이며, 이들은 세상의 수수께끼를 지나치게 빨리 해결해버리려는 움직임에 저항했다. 여기에는 독일 바이마르에서 불확실성을 회피하려다가 벌어진 끔찍한 결과를 단순한 병으로 치부하려 하지 않았던 아리 크루글란스키, 조각조각으로 분열된 심리학의 군건한 경계선을 받아들이지 않았던 트래비스 프루가 있다. 모순되는 상황에서도 침착함을 유지했던 인질 협상가 게리 네스너가 있는가 하면, 환자의 입장을 대변하여 과도하게 확실성을 추구하는 의료체계에 저항했던 트리샤 토리도 있다. 언어학자 미셸 토머스와 논픽션 강의를 하는 짐 랭과 같이 뛰어난 교육자들은 학생들이 늪과 같은 불확실성의 영역을 용감하게 헤쳐나갈 수 있도록 돕는 법을 배웠다. 프란체스카 지노와 게리 피사노 역시 비즈니스 성공의 원인은 우리가 인식하는 것보다 훨씬 더 모호하며, 언제나 더 많은 의문점이 존재함을 보여주었다. 만화경과 같은 두뇌를 가진 발명가 토니 매카프리는 추정이라는 단단한 굴레를 부숴버리고 창의력을 높일 수 있도록 도와주는 체계를 고안해냈다. 심리학자 제롬 브루너는 문화에 따라 모호성을 억제하고 앞뒤가 맞지 않는 일을 이해하는 방식이 결정된다는 점을 강조했다. 다나에 일론의 영화와 삶은 바로 이 축소주의(보다 복잡한 국면을 덜 복잡한 국면으로 축소하는 이론—옮긴이)에 저항함으로써 탄생하는 공감능력에 초점을 맞추고 있다.

이들은 모두 우리가 남아 있는 의구심을 줄이고 단순화하며 없애버리려는 마음속의 욕구에 저항할 수 있음을 보여주었다. 두 가지 언어를 배우는 것, 또는 두 문화권에서 살아보는 것은 이에 큰 도움이 된다.

역사의 종말이라는 사고방식은 우리의 마음이 어떻게 복잡한 세상에 질서를 정립하려 하는지 보여주는 또하나의 사례다. 모호성을 덮어버리려는 성향은 너무나 깊숙이 뿌리박혀 있기 때문에, 우리가 역사를 축약해버리려 하거나, 과거는 우리를 현재 상태로 만드는 데에만 중요한 역할을 했을 뿐이라고 생각하는 것도 그다지 놀랄 일은 아니다. 우리는 '우리'만 발전했고, 모든 일을 깨달았고, 완전하다고 생각하는 경향이 있다. 이러한 사고방식을 가지고 있으면 많은 사람들이 '개발도상' 국가를 바라보듯이 과거를 바라보게 된다. 아직 우리만큼 발달하지도 않은 사람들에게서 도대체 무엇을 배울 수 있단 말인가? 이러한 본질적인 사고방식 때문에 네팔이나 니제르에 사는 사람들도 여느 나라 사람들과 마찬가지라는 사실을 깨닫지 못한다. 또한 10년 전이나 100년 전 사람들도 가장 중요한 측면에서는 우리와 전혀 다를 바가 없다는 사실을 잊게 되는 것이다.

4천 명의 사람들이 행렬을 이루어 모스크바 기차역에서 노보데비치 묘지까지 걸어가기 시작했다. 1904년 7월의 일이었다. 그보다 일주일 전, 독일에서는 안톤 체호프가 44세의 나이에 결핵으로 세상을 떠났다. 새벽 두시에 그는 헛소리를 하면서 잠에서 깨어났고, 아내 올가 니퍼는 같은 호텔에 묵고 있던 러시아 지인을 보내 의사를 불러오도록 했다. 니퍼는 훗날 "참을 수 없이 무덥던 7월의 그날 밤, 고요함 속에서 으드득 소리를 내는 자갈을 밟으며 멀어지던 발소리"를 기억했다. 니퍼는 남편의 가슴에 얼음을 올려놓았지만 체호프는 "텅 빈 마음에 얼음을 올려놓지 마시오"라고 말했다. 왕진을 온 의사는 체호프에게 장뇌 주사 한 대를 놓았다. 의사는 그다음에 샴페인 한 병을 주문했다.

체호프는 올가에게 미소를 지었다. "샴페인이라니 얼마 만인지 모르겠소." 체호프는 샴페인 한 잔을 천천히 마신 다음, 왼쪽으로 누워 숨을 거두었다. 거대한 검은색 나방이 전기램프에 날개를 부딪쳤다. 아직 술이 남아 있는 샴페인 병에서 코르크 마개가 튀어나왔다. 7일 후, 체호프의 시신은 '굴 수송'이라는 라벨이 붙은 지저분한 녹색 철도 차량에 실려 다시 모스크바로 이송되었다.

막심 고리키는 세상을 떠난 벗에게 통찰력이 담긴 애정 어린 헌사를 바쳤다. 고리키는 신이 나서 교사들을 돕는 일에 대해 이야기하며, "학생들을 가르쳐야 하는 사람에게 그런 푼돈을 지불하다니" 얼마나 말도 안 되는 일인지 언성을 높였던 체호프를 회상했다. 체호프는 고리키에게 만약 자신에게 돈이 있다면 이렇게 하겠다고 말했다. "커다랗고 채광이 잘되는 건물을 짓고, 커다란 창문과 천장이 높은 방을 여러 개 만들 거야. 근사한 도서관과 여러 가지 악기, 벌, 채소 정원, 난초도 갖춰놓겠 지." 체호프는 마을의 선생님들을 그곳으로 초대하겠다고 했다. "농업과 신화에 대한 수업을 할 거야. 선생님들은 모든 것을 알아야 해. 모든 걸 말이야."

고리키는 이렇게 적었다. "안톤 체호프와 함께 있으면 누구나 자신도 모르는 사이에 보다 단순하고, 보다 진실되고, 보다 솔직한 모습이 되고 싶어하는 열망을 느끼는 것 같았다." 가끔씩 지레 겁을 먹은 방문객들이 체호프에게 좋은 인상을 주려고 다음과 같이 추상적이고 철학적인 이야 기를 늘어놓기도 했다.

"가르침의 공간 내부에 있는 존재의 그러한 인상에서 정신적 복합체 가 탄생합니다. 이는 주변 우주에 대한 객관적인 태도의 모든 가능성을 없애버립니다. 물론, 우주는 우리가 표상하는 대상으로서의 우주에 지 나지 않지만 말입니다……"

체호프는 상대방의 말을 가로막았다. "하나 물어봅시다. 당신네 지역 에서 아이들을 때리는 그 선생이 누구요?" 고리키의 헌사에 따르면 "방금 까지 어렵고 장황한 단어들로 무자비하게 체호프를 공격하던 그 사람은 갑자기 (…) 단순하고 핵심을 찌르는 명료한 단어를 내뱉기 시작했다."

체호프는 상대방을 무장해제시킬 정도로 단순함을 선호하는 사람이 었다. 그는 스스로를 일컬어 "혈관에 소작농의 피가 흐른다"고 표현했 다. 농노들이 해방되기 전에, 체호프의 할아버지 예고르는 돈을 지불하 고 체호프의 아버지를 자유로운 신분으로 만들어주었다. 체호프는 열두 편이 넘는 희곡과 수백 편의 단편소설을 집필했다. 의사였던 그는 무료

클리닉에서 소작농들을 치료해주었으며, 콜레라 발생 및 기근과 싸웠고, 수천 권의 책을 기증했을 뿐만 아니라 학교도 여러 곳 세웠다. 체호프가 편집자 알렉세이 플레셰예프에게 보낸 편지는 그의 진정한 본질을 잘 보여준다.

내가 두려워하는 사람들은 (…) 나를 단호하게 진보주의자 또는 보수주의자 중 하나로 보려는 사람들이다. 나는 진보주의자가 아니며 보수주의자도 아니고, 점진주의자도 아니며, 수도자도 아니고, 무관심주의자도 아니다. (…) 위선, 멍청함과 독재주의는 상인들의 가정이나 경찰서에서만 찾아볼 수 있는 것이 아니다. 과학과 문학계, 그리고 젊은 세대에서도 이러한 현상이 발견된다. 그렇기 때문에 나는 경찰, 푸줏간 주인, 과학자, 작가, 또는 젊은 세대를 특별히 편애하지 않는다. 나는 꼬리표와 라벨을 편견이라고 본다. 나의 성역은 인간의 몸, 건강, 지성, 재능, 영감, 사랑, 그리고 상상할 수 있는 가장 절대적인 자유, 모든 형태의 폭력과 거짓으로부터의 자유다.

체호프는 도덕성이란 우리가 이미 알고 있는 것과 어떤 관계를 맺느냐에 달려 있는 것이 아니라 우리가 모르는 것을 얼마나 훌륭하게 다루는지에 달려 있다고 생각했다. 체호프의 소설은 우리가 이해하지 못하는 일에 직면했을 때 얼마나 호기심을 갖는가? 라는 의문을 던진다. 얼마나 철저하고 엄격한가? 얼마나 타인에게 공손한가? 격동의 시기를 살아가는 우리에게 더욱 절실히 필요한 것이 바로 이러한 종류의 도덕성이다. 이는 IQ나 일반적인 개념의 자신감 또는 자제력과는 전혀 다른 도덕성이다. 체호프는 무언가를 알지 못한다고 해서 반드시 나침반도 없이 이름 모를 땅에 남겨지는 것은 아님을 보여주었다. 불확실성을 인정하면 우리는 더욱 신중해지고, 창의력이 높아지며, 보다 활기를 띠게 된다.

체호프는 이 세상에서 이해할 수 있는 것의 한계에 대해 거의 극단적인 수준의 신념을 가지고 있었다. "작가들이 이 세상에는 말이 되는 것이 하나도 없음을 인정해야 할 때가 왔다." 체호프는 이렇게 덧붙였다. "모든 것을 알고 이해한다고 생각하는 것은 바보와 사기꾼들뿐이다. (…) 그리고 예술가가 자신이 보는 것을 하나도 이해하지 못한다고 선언하게 되면, 그것 자체가 사고의 영역에서 상당한 명확성을 갖추었다는 것을 의미하며 앞으로 나아가는 중요한 발걸음이 된다." 톨스토이는 1885년 체호프를 만난 뒤에 이렇게 밀했다. "매우 뛰어난 재능을 가지고 있으며 상냥한 마음을 가지고 있음이 분명하다. 하지만 일단 지금까지는 사물에 대한 확실한 관점을 가지고 있지 않다." 심지어 톨스토이조차 이 젊은 작가를 명확하게 파악할 수 없어 애를 먹었던 것이다.

체호프의 단편들 중 상당수가 자유와 제약의 형태를 탐구한다. 체호프의 마지막 소설인 「약혼자」는 그 좋은 예다. 주인공인 나댜가 정원에 있다. 밤공기에서는 5월의 달콤한 향기가 풍겨온다. 23세의 나댜는 약혼을 한 상태지만 지금 스스로의 마음을 확신하지 못한 채 불안해한다. 나댜는 "먼 곳의 하늘 아래, 나무 위, 멀리 떨어진 탁 트인 시골, 벌판과 숲, 지금 만개하고 있는 봄의 생기, 유약하고 죄 많은 인간은 이해할 수 없는 신비하고, 사랑스럽고, 풍부하며, 성스러운 것을 상상했다. 그리고 무슨 이유에선지 울고 싶은 마음이 되었다".

나댜는 저녁식사를 위해 식탁에 앉았다. 나댜의 어머니인 니나 이바노브나와 나댜의 약혼자 안드레이 안드레이히, 그리고 안드레이의 아버지인 안드레이 신부가 함께였다. 나댜의 어머니는 웬일인지 달빛 속에서 "아주 어려 보였다". 네 사람은 최면술에 대한 이야기를 나누기 시작했다.

"그래서 부인께선 최면술을 믿으신다고요?" 안드레이 신부가 니나 이바노브나에게 물었다.

"물론 확실히 믿는다고 단언할 수는 없지요." 니나 이바노브나는 매우 진지하고 심지어 심각하게까지 보이는 표정을 지으면서 대답했다. "하지만 자연에는 신비하고 이해할 수 없는 일들이 많이 있다는 건 인정해야겠지요."

"부인 말씀에 동의합니다. 하지만 한마디 덧붙이자면 종교가 수수께끼 같은 영역을 크게 축소시켜주지요."

커다랗고 먹음직스러운 칠면조가 식탁에 등장했다. 안드레이 신부와 니나 이바노브나는 대화를 이어갔다. 니나 이바노브나의 다이아몬드들이 손가락 위에서 반짝거리며 빛나는 가운데, 니나의 눈에서 눈물이 비치기 시작했다. 니나는 점점 더 흥분했다.

"물론 제가 감히 신부님과 논쟁을 벌일 수는 없지만요." 니나는 말을 이었다. "인생에는 해결할 수 없는 수수께끼들이 너무나 많다는 점은 인정하셔야 할걸요!"

"하나도 없습니다. 확실히 말씀드릴 수 있어요."

나중에 약혼자는 신혼집으로 준비해둔 집에 나댜를 데려간다. 벽에는 "나체의 여인 옆에 손잡이가 부러진 보라색 꽃병이 놓여 있는" 그림이 걸려 있다. 나댜는 자신이 약혼자를 사랑하지 않는다는 사실을 깨닫는다. 약혼자는 나댜를 꼭 끌어안지만, "나댜의 허리를 둘러싼 그의 팔이 쇠로 만든 굴레처럼 단단하고 차갑게 느껴졌다".

나댜는 몰래 마을을 떠나는데, 이는 흥분되는 동시에 두려운 일이었다. 나댜는 혼자서 새로운 삶을 시작한다. 결국 나댜는 고향을 방문하기 위해 다시 돌아온다. 고향 마을은 오래되고 자그마하며 시대에 뒤떨어진 것처럼 보인다. 이것이 이야기의 클라이맥스다. 체호프는 이러한 문장으로 이야기를 끝맺는다. "나댜는 위층의 자기 방으로 올라가서 짐을 싸고, 다음날 아침 가족에게 작별인사를 한 뒤 활기차고 기분좋게 마을을 떠난다. 마치 처음부터 예정되었다는 듯이."

이 이야기의 결말은 전형적인 체호프식이다. 체호프는 한순간의 감정, 그리고 환하게 펼쳐진 미래에 대한 희망으로 이야기를 마무리한다. 그는 전형적인 소설의 결말 형식을 따르지 않는다. 그의 이야기는 의도적으로 조각조각 분해되어 있다. 깔끔한 결말은 솔직하게 보이지 않기 때문이다. 그는 예술가의 임무가 "신이나 비관론처럼 문제를 해결"하는 것이 아니라, 그저 무의미한 순간들 중에서 중요한 의미를 갖는 순간을 선별해 적절한 의문을 제기하는 것이라 생각했다.

버지니아 울프는 인생에서 "애매모호한 결말"이 "확실하고 극단적인 결말보다 훨씬 보편적"이라는 사실을 체호프가 알고 있었다고 기록했다. 체호프는 "작가들이 대부분의 거짓말을 하는" 부분은 이야기의 시작과 끝이라고 생각했다. 해결되지 않은 문제를 해결된 것처럼 취급해서는 안 된다는 이 발상이 바로 체호프의 지혜였다. 그는 키츠가 주장한 소위 '소극적 수용력'을 가지고 있었다. 체호프가 남긴 유산은 그의 세계관이며, 그의 세계관에는 아름다운 제약이 가득하다. 그의 첫번째 '심각한' 소설은 28세 생일 무렵 집필되었으며 「약혼자」와 유사한 주제를 다룬다. 이 소설을 시작하기 며칠 전 체호프는 오랜 편집자 니콜라이 레이킨에게 편지를 보내 편집자의 요청대로 소설을 쓰지 못한 것에 대해 변명했다. 레이킨은 크리스마스 이야기를 요청했지만 작가로서의 전환점을 맞고 있었던 체호프는 도저히 평범한 크리스마스 이야기를 쓸 수 없었다. "편집자님은 이야기가 어떻게 전개되든 상관없다고 했지요." 체호프가 12월 17일에 보낸 편지였다. "하지만 저는 그렇게 생각하지 않습니다."

1888년 1월 1일, 체호프는 「대초원」이라는 소설을 본격적으로 쓰기 시작했다. 예고르라는 애칭으로 불리는 아홉 살짜리 소년 예고루시카는 양모를 판매하는 두 남자와 함께 낡은 마차를 타고 시골 지역을 여행하고 있다. 두 남자는 예고르 어머니의 부탁을 받고 예고르를 학교에 입학시키려는 참이었다. 이 소설에는 시골 풍경과 폭풍우, 다양한 인물에 대한 근사한 묘사가 실려 있다. 예고르의 마음속에서는 멀리서 풍차가 마치 사람처럼 손을 흔들고 있다. 이 소설은 두 남자가 아이를 학교에 보내겠다고 약속한 어떤 여성에게 예고르를 맡기고 떠나는 장면으로 끝난다. 두 남자가 떠나는 모습을 바라보는 예고르의 눈에는 뿌옇게 눈물이 고인다. 예고르는 새로운 삶이 막 시작되었으며, 모든 것이 바뀌리라는 기분에 사로잡힌다.

그는 자신의 새 삶이 어떤 것일까 궁금해한다.

# 주

5쪽 **나는 애매함을 믿지 않는다**: Scott Eyman, *John Wayne: The Life and Legend* (New York: Simon & Schuster, 2014), 221.

## 프롤로그

9쪽 **1996년, 런던의 시티 앤드 이즐링턴**: 시티 앤드 이즐링턴에서의 이 특강은 토머스가 최초로 자신의 언어 교육방식을 공개적으로 시연한 것이다. 나이절 레비가 제작한 〈언어 마스터〉는 1997년 3월 23일 BBC2의 〈더 날리지The Knowledge〉를 통해 처음으로 방송되었다. 이 다큐멘터리에 소개된 토머스의 교육방식은 무작위 대조시험을 사용한 평가에는 적합하지 않은데, 그 이유 중 하나는 토머스가 문법구조를 '비체계적'으로 가르치기 때문이다. 2014년 7월 2일 레비는 약간의 시간을 할애해 이 다큐멘터리와 토머스의 업적에 대한 이야기를 들려주었다. 레비는 먼저 토머스의 언어 교육기술을 평가하기 위해 그에게 두 가지 언어를 배웠으며, 그 일에 대해 이렇게 회상했다. "저는 텔아비브에 가서 토머스를 만났습니다. 토머스는 텔아비브와 뉴욕을 오가며 살고 있었는데, 저는 그와 며칠간 시간을 보내며 프랑스어를 배웠습니다. 하지만 프랑스어는 예전에 어설프나마 학교에서 배운 적이 있었기 때문에 완전히 새로운 언어를 습득해보기 위해 나중에 스페인어에 도전했지요. 뉴욕에서 3일 동안 토머스에게 스페인어를 배웠습니다. 그러고 나서 일주일 후 런던에 있는 스페인어 교육기관인 세르반테스 협회에 가서 그곳의 강사들 몇 명과 이야기를 나눴습니다. 물론 어휘력이 부족했기 때문에 제 스페인어 구사력은 뛰어난 것이 아니었습니다. 하지만 하고자 하는 말에 적합한 어휘들을 찾았을 때 제가 구사하는 언어의 복잡성을 보고 강사들은 고작 일주일 학습했다고는 믿을 수 없는 수준이라고 말해주었습니다. 몇 년 정도 언어를 배운 사람처럼 복잡한 문장을 구사한다고 말이죠." 레비는 또한 토머스와 함께 어떻게 언어를 학습했는지 자세히 설명해주었으며, 학생들이 배운 언어 지식은 시간이 지남에 따라 희미해지지만 이것도 해당 언어를 얼마나 자주 사용하느냐에 따라 달라진다고 강조했다. "토머스의 교육방식에서는 상당히 집중적인 학습을 하게 됩니다. 하루에 9~10시간씩 수업하는 일도 있습니다. 기본적으로 토머스와 얼굴을 맞대고 앉은 다음, 토머스가 학생에게 언어를 설명해줍니다. 토머스는 아주 이해하기 쉬운 논리적인 형태로 언어를 분해합니다. 일반적으로 통용되는 문법구조로 분해하는 것이 아닙니다. 토머스가 지향하는 바는 사실상 언어가 어떻게 탄생했는지, 그리고 언어가 어떻게 작동하는지를 설명하는 쪽에 가깝습니다. 3일간의 집중수업이 끝나면 머릿속에 언어의 3차원적인 구조가 그려지고, 언어의 체계와 문법을 포함해 그 언어가 작동하는 방식을 이해했다는 기분이 듭니다. 어휘는 그다지 강조하지 않습니다. 언어의 구조를 이해하는 것에 집중합니다. 그래서 시제를 막론하고, 언어의 진정한 입체적 구조를 이해했다는 생각이 들게 되지요. 그게 끝입니다. 더이상은 배울 것이 없어요. 말을 할 수 있는 방식을 전부 다루었기 때문에 토머스는 수업을 끝내면서 해당 언어에는 그 이상 다룰 것이 없다고 말해줍니다. 고작 2~3일 정도 언어를 배웠는데 언어의 체계를 이 정도로 머릿속에 갖추게 되는 것은 정말 놀라운 경험입니다. 물론 보강학습을 하지 않고 배운 언어 지식이 얼마나 머릿속에 남아 있는지는 생각해볼 문제입니다. 바로 이 부분에서 개인차가 나타납니다. 실제로 언어를 사용하기 시작하는 과정에서 보이는 능숙도는 사람에 따라 다르니까요. 하지만 전반적으로 정말 놀라운 경험인 것만은 분명합니다." 시티 앤드 이즐링턴에서 토머스의 교육 시연에 참가한 학생들의 연령은 16~19세였다. 레비는 또한 토머스가 어떻게 학습을 작은 과제와 보상으로 나눔으로써 학생들에게 동기를 부여하고 지속적인 성취감을 주었는지 강조했다. 이 개념에 대한 자세한 내용은 Dustin B. Thoman, Jessi L. Smith, and Paul J. Silvia, "The Resource Replenishment Function of Interest," *Social Psychological and Personality Science* 2, no. 6 (2011): 592–599를 참조하라. 흥미를 느끼는 심리에 대한 추가적인 배경은 7장 주석의 뒷부분에 있는 '혼란스러운 생각도 흥미로운 생각으로' 항목의 주석을 참조하라.

11쪽 **"가장 이질적인 것":** Jonathan Solity, *The Learning Revolution* (London: Hodder

Education, 2008), 17에서는 토머스가 새로운 정보를 소화하는 것의 어려움과 그 새로운 정보가 얼마나 낯설게 느껴지는지의 차이를 구분했다고 언급되어 있다. "사람이 학습할 수 있는 대상 중에 가장 이질적인 것은 외국어라고 생각한다. 가장 어려운 것이 아니라 가장 이질적인 것인데, 그 이유는 단순히 학습을 시작할 때 아무것도 알지 못하기 때문이다." 솔리티의 저서는 토머스 교육방식의 바탕이 되는 심리학을 가장 잘 설명해주는 책이다.

12쪽 **토머스는 이미 전설적인 존재가 되어 있었다:** 약력 정보와 논평은 다음과 같다. Philip Blackmore, "Last Word in Language Teaching," *Sunday Times* (London), May 23, 1999; Anthea Lipsett, "My Message: 'Anybody Can Learn,'" *Guardian* (Manchester), September 2, 2008; Jane Warren, "War Hero Who Taught the Stars New Languages in Just Three Days," *Express* (London), January 20, 2005; Christopher Robbins, "Obituary: Michel Thomas," *Guardian* (Manchester), January 19, 2005; Anti-Defamation League, "Paid Notice: Deaths. Thomas, Michel," *New York Times*, January 11, 2005; John-Paul Flintoff, "Language Barrier: Michel, the Man Who'd Like to Teach the World to Talk," *Financial Times*, March 27, 2004; Helen Davis, "As if by Magic," *Guardian* (Manchester), May 9, 2000; Emily Moore, Emma Thompson과의 인터뷰, "My Inspiration," *Guardian* (Manchester), October 26, 1999; Natasha Walter, "From Hell to Hollywood," *Independent* (London), October 21, 1999; Howard Kaplan, "The Language Master," *Jerusalem Report*, August 11, 1994; Michelle Osborn, "Learn to Speak the Language—in 10 days," *USA Today*, October 23, 1989; Adam Bernstein, "Michel Thomas Dies," *Washington Post*, January 11, 2005; Clem Richardson, "An Army of One Holocaust Survivor Helped Topple Nazi," *New York Daily News*, July 19, 2004; Jon Thurber, "Michel Thomas, 90; Linguist Received Silver Star, Taught Foreign Languages," *Los Angeles Times*, January 11, 2005; Christopher Robbins, *The Test of Courage: Michel Thomas* (London: Century, 1999). 〈로스앤젤레스 타임스〉에 실린 2001년 기사에 대한 배경은 Christopher Robbins, *The Test of Courage: Michel Thomas* (London: Century, 1999; rev. digital ed. London: Apostrophe Books, 2012)의 후기를 참조하라. 2003년 UC버클리 법학대학원 교수인 로버트 콜Robert Cole은 (UC버클리 언론대학원과 협력해) 이 에피소드에 대한 모의재판을 구성했다. 자세한 내용은 다음을 참조하라. Michael Rosen-Molina, "One More Attempt to Clear his Name," *Berkeleyan*, April 15, 2003.

13쪽 **단순히 이력상의 흥밋거리만은 아니다:** 토머스의 심문관으로서의 활약과 그의 교육방식 사이의 또 한 가지 놀라운 공통점은 몇몇 시티 앤드 이즐링턴 학생들의 소감에서 찾아볼 수 있다. "토머스는 마치 사람들의 마음을 읽는 것 같았습니다." "토머스는 모든 사람의 마음을 읽을 수 있어요." "토머스가 저에게 말을 하거나 질문을 할 때면, 마치 제가 속으로 무슨 생각을 하고 있는지 아는 것 같았어요." 이러한 학생들의 발언과 일 맥상통하는 것이 CIC에서 토머스의 상사로 일했으며 1942년부터 1946년까지 영국 특수 작전국에 몸담고 있었고 BBC 다큐멘터리에도 등장하는 리오 마크스Leo Marks의 말이다. "미셸 토머스에게 거짓말을 하는 것은 사실상 불가능하다고 봐도 됩니다. 구체적인 진실이 무엇인지 파악하지 못할 때는 있을지 모릅니다. 하지만 상대방이 진실을 말하지 않는 경우 절대 놓치는 법이 없습니다."

14쪽  **루돌프 셸크만**: Howard Kaplan, "The Language Master," *Jerusalem Report*, August 11, 1994에서는 다른 세 명의 전직 SS 장교들이 있었다고 기록한다. 이 장면의 인용 출처인 Robbins, *The Test of Courage*에는 원래 셸크만 외에도 네 명의 SS 대원들이 제시되어 있었으나, 훗날 게르하르트 라우퍼Gerhard Laufer, 지크프리트 베버Siegfried Weber, 요한 베버Johann Weber라는 세 명의 이름만 기록했다.

16쪽  **방첩작전은 이러한 세부 사항에 좌우되는 경우가 많다**: Erving Goffman, *Strategic Interaction* (Philadelphia: University of Pennsylvania Press, 1969), 21–25.

19쪽  **어떤 상황을 이해하는 데 필요한 정보**: 연구 분야에 따라 모호성과 불확실성에 대한 정의가 달라지기도 한다. 내가 인터뷰했던 한 사회 심리학자는 최근 열린 콘퍼런스에서 (자신의 전문 분야라고 생각하며) 불확실성에 대한 토론 패널로 참여했지만, 해당 패널을 진행하는 경제학자들이 용어를 상당히 다른 의미로 사용하고 있다는 사실을 알게 되었다는 이야기를 들려주었다. 결정이론에서는 모호성을 '확률에 대한 불확실성'으로 정의하는 경우가 많다. 모호성 회피와 관련된 문헌에서도 이러한 구분을 찾아볼 수 있다. 이 책에서 사용한 '모호성'에 대한 정의는 Stanley Budner, "Intolerance of Ambiguity as a Personality Variable," *Journal of Personality* 30, no. 1 (1962): 29–50을 참조했다. 모호함으로 야기된 마음의 상태라는 불확실성의 정의는 아리 크루글란스키가 내린 정의와 같다. 6장에서 나는 모호성과 위험을 불확실성의 두 가지 원인으로 구분했다. 이 용어들의 다양한 사용법에 대한 배경지식은 다음을 참조하라. Sebastien Grenier, Anne-Marie Barrette, and Robert Ladouceur, "Intolerance of Uncertainty and Intolerance of Ambiguity: Similarities and Differences," *Personality and Individual Differences* 39, no. 3 (2005): 593–600; Michael Smithson, "Psychology's Ambivalent View of Uncertainty," in *Uncertainty and Risk: Multidisciplinary Perspectives*, ed. Gabriele Bammer and Michael Smithson (London: Routledge, 2009); Colin Camerer and Martin Weber, "Recent Developments in Modeling Preferences: Uncertainty and Ambiguity," *Journal of Risk and Uncertainty* 5 (1992): 325–370. 불확실성이라는 감정을 타개하는 방법에 대한 자세한 논

의는 다음을 참조하라. Jerome Kagan, "Categories of Novelty and States of Uncertainty," *Review of General Psychology* 13, no. 4 (2009): 290–301. 이 책에서는 '불확실성들' 및 '모호성들'이라는 복수형을 단수형과 동의어로 사용했다.

19쪽 **감정을 증폭하는 역할**: 이 책에서 자세히 다루지 않은 맥락에서 불확실성의 장점을 다룬 가장 뛰어난 문헌은 티머시 윌슨과 대니얼 길버트의 저서들이다. 다음을 참조하라. Erin R. Whitchurch, Timothy D. Wilson, and Daniel T. Gilbert, "'He Loves Me, He Loves Me Not...': Uncertainty Can Increase Romantic Attraction," *Psychological Science* 22, no. 2 (2011): 172–175; Timothy D. Wilson et al., "The Pleasures of Uncertainty: Prolonging Positive Moods in Ways People Do Not Anticipate," *Journal of Personality and Social Psychology* 88, no. 1 (2005): 5–21; Yoav Bar-Anan, Timothy D. Wilson, and Daniel T. Gilbert, "The Feeling of Uncertainty Intensifies Affective Reactions," *Emotion* 9, no. 1 (2009): 123–127; Jaime L. Kurtz, Timothy D. Wilson, and Daniel T. Gilbert, "Quantity Versus Uncertainty: When Winning One Prize Is Better Than Winning Two," *Journal of Experimental Social Psychology* 43 (2007): 979–985.

20쪽 **"우리가 동의하는 것은 우리를 수동적으로 만들지만"**: Johann Eckermann and Frédéric Soret, *Conversations with Goethe*, vol. 1, trans. John Oxenford (London: Smith, Elder & Co., 1850), 366.

20쪽 **우리는 불확실성이 (…) 신중하게 구성되어 있는 것을 좋아한다**: 심리학자 로버트 솔소는 예술이 모호성을 어떻게 활용하는지 명쾌하게 설명했다. "대부분의 예술은 의도적으로 보는 사람의 마음속에 창의적인 갈등을 일으켜 해결책을 갈구하도록 구성되었다. 고전 예술의 여러 가지 형태에서는 예술가가 기득권층을 당혹스럽게 하는 사회적 문제를 제시하는 반면, 많은 현대 예술가들은 예술, 종교, 정신 분석, 사회적 상태에 대한 시각적 성명을 제시한다. 이 모든 것들은 (…) '현실'을 구성하기 위해 적극적으로 참여하도록 요구한다." Robert L. Solso, *The Psychology of Art and the Evolution of the Conscious Brain* (Cambridge, MA: MIT Press, 2003), 237.

21쪽 **현대 사회의 역설**: Hartmut Rosa, "Social Acceleration: Ethical and Political Consequences of a Desynchronized High-Speed Society," *Constellations* 10, no. 1 (2003): 14. 또한 다음도 참조하라. Hartmut Rosa, *Social Acceleration: A New Theory of Modernity* (New York: Columbia University Press, 2013); Judy Wajcman, *Pressed for Time: The Acceleration of Life in Digital Capitalism* (Chicago: University of Chicago Press, 2014).

21쪽 **추정치에 따르면 전 세계 데이터의 90퍼센트**: Matthew Wall, "Big Data: Are You Ready for Blast-Off?" *BBC News*, March 3, 2014.

21쪽 **기계가 인간을 대체하게 되면서**: Derek Thompson, "What Jobs Will the Robots Take?" *Atlantic*, January 23, 2014.

21쪽 **우리는 (…) 사회적 불안감에 시달리고 있다**: Thomas B. Edsall, "Is the American Middle Class Losing Out to China and India?" *New York Times*, April 1, 2014.

22쪽 **"오래된 기존 질서의 붕괴와 (…) 결합된 무질서"**: Noreena Hertz, *Eyes Wide Open: How to Make Smart Decisions in a Confusing World* (New York: HarperCollins, 2013), 9-10.

22쪽 **"체계가 없는 문제를 얼마나 잘 다루고"**: Lawrence Katz, "Get a Liberal Arts B.A., Not a Business B.A., for the Coming Artisan Economy," *PBS NewsHour*, Making Sen$e, July 15, 2014; Lawrence Katz, 저자와의 인터뷰, August 29, 2014.

22쪽 **미겔 에스코테트**: Gena Borrajo, 미겔 앙헬 에스코테트와의 인터뷰, *EDUGA 59* (winter 2012). 감정적 변화에 대한 에스코테트의 분석은 다음을 참조하라. Miguel Ángel Escotet, "Cognitive and Affective Variables That Should Rule Education," *Miguel Ángel Escotet Scholarly Blog*, July 28, 2013, www.miguelescotet.com/2013/cognitive-and-affective-variables-that-should-rule-education/. 에스코테트는 비록 이것이 유럽에 대한 인터뷰였지만, 이 문제에 대한 자신의 견해는 미국에도 적용된다고 확인해주었다. "미국 교육의 문제들 중 상당수가 정서적·감정적 역량을 억누르거나 희생시키고 (…) 인지적 능력 개발만을 강조하는 것과 연관되어 있다." (미겔 앙헬 에스코테트, 저자에게 보낸 이메일, 2014년 8월 2일자).

23쪽 **지능지수와는 아무런 관련이 없다**: Donna M. Webster and Arie Kruglanski, "Individual Differences in Need for Cognitive Closure," *Journal of Personality and Social Psychology* 67, no. 6 (1994): 1049-1062.

23쪽 **'종결욕구'라는 개념**: 크루글란스키는 이 개념 및 선행 개념들의 역사를 다음 문헌에서 소개했다. Arie W. Kruglanski, *The Psychology of Closed Mindedness* (New York: Psychology Press, 2004). 관련 문헌에 대한 논평 세 가지도 함께 소개한다. Arne Roets et al., "The Motivated Gatekeeper of Our Minds: New Directions in Need for Closure Theory and Research," *Advances in Experimental Social Psychology*, in press; Arie W. Kruglanski and Shira Fishman, "The Need for Cognitive Closure," in *Handbook of Individual Differences in Social Behavior*, ed. Mark R. Leary and Rick H. Hoyle (New York: Guilford, 2009), 343-353; Arie W. Kruglanski et al., "Three Decades of Lay Epistemics: The Why, How, and Who of Knowledge Formation," *European Review of Social Psychology* 20, no. 1 (2009): 146-191. 이 책에서 소개한 정의는 다음에서 발췌한 것이다. Arie W. Kruglanski, Donna M. Webster, and Adena Klem, "Motivated Resistance and Openness to

Persuasion in the Presence or Absence of Prior Information," *Journal of Personality and Social Psychology* 65, no. 5 (1993): 861.

23쪽 **전쟁이 끝난 후, (…) 엘제 프렝켈−브룬스비크는**: Else Frenkel−Brunswik, "A Study of Prejudice in Children," *Human Relations* 1 (1948)을 참조하라; Else Frenkel−Brunswik, "Intolerance of Ambiguity as an Emotional and Perceptual Personality Variable," *Journal of Personality* 18, no. 1 (1949): 108−143. Ibid., 128에서는 개−고양이 실험을 설명한다. 실험에 사용된 개와 고양이 그림을 시각적으로 확인하려는 경우, 다음을 참조하라. Sheldon J. Krochin and Harold Basowitz, "The Judgment of Ambiguous Stimuli as an Index of Cognitive Functioning in Aging," *Journal of Personality* 25, no. 1 (1956): 84. 나는 또한 다음 문헌들도 참조했다. Donald L. Levine, *The Flight from Ambiguity: Essays in Social and Cultural Theory* (Chicago: University of Chicago Press, 1985), Theodor W. Adorno et al., *The Authoritarian Personality* (New York: Harper & Brothers, 1959). 모호성에 대한 관용이라는 개념은 지금도 활발히 논의되고 있으며 종결욕구와는 다르다. 다음을 참조하라. Adrian Furnham and Joseph Mars, "Tolerance of Ambiguity: A Review of the Recent Literature," *Psychology* 4, no. 9 (2013): 717−728. 종결욕구의 개념에는 모호성 회피가 포함되어 있으나, 3장과 4장에서 다룬 바와 같이 종결욕구는 그보다 폭넓은 의미를 갖는다. 크루글란스키가 제시한 넓은 개념은 상황적 요인을 강조하기 때문에 특히 유용하다. 크루글란스키는 *Psychology of Closed Mindedness*에서 독단주의, 권위주의, 모순에 대한 불용, 체계에 대한 욕구, 일관성에 대한 감각, 불확실성에 대한 불용, 불확실성 회피, 경험에 대한 개방성을 비롯한 관련 개념 중 상당수를 다루고 있다. 동의어와 다양한 용어 및 개념 때문에 불가피하게 일부 단어가 겹친다는 점에 유의하기 바란다. 다음 문헌도 참조하라. Jerome Kagan, "Motives and Development," *Journal of Personality and Social Psychology* 22, no. 1 (1972): 51−66; Kees van den Bos, "Making Sense of Life: The Existential Self Trying to Deal with Personal Uncertainty," *Psychological Inquiry* 20, no. 4 (2009): 197−217; Richard M. Sorrentino and Christopher J.R. Roney, *The Uncertain Mind: Individual Differences in Facing the Unknown* (Philadelphia: Psychology Press, 2000); Danielle A. Einstein, "Extension of the Transdiagnostic Model to Focus on Intolerance of Uncertainty: A Review of the Literature and Implications for Treatment," *Clinical Psychology: Science and Practice* 21, no. 3 (2014): 280−300; Amos Tversky and Daniel Kahneman, "Advances in Prospect Theory: Cumulative Representation of Uncertainty," *Journal of Risk and Uncertainty* 5 (1992): 297−323.

24쪽 **"주변 상황, 문화"**: 크루글란스키는 매우 너그럽게 충분한 인터뷰 시간을 할애해주었으며, 이메일을 통해 수많은 성가신 질문에 대답해주었다. 이 인용문은 2012년 8월 21일에 실시한 첫번째 인터뷰에서 발췌한 것이다. 종결욕구를 높일 수 있는 세 가지 다른 상황은 단순히 관찰하는 것이 아니라 혼란스러운 사건에 직접 대응해야 할 때, 알코올에 취했을 때, 인지적 과제 대상이 둔감할 성격을 가지고 있을 때다.

25쪽  **우리는 같은 사회적 집단 내의 사람들을 외부 사람들보다 더 신뢰한다**: 종결욕구가 높으면 집단에 속하지 않은 사람을 폄하하는 경향도 강하게 나타난다는 점을 오랫동안 강조했다는 사실에 비추어볼 때, 이 새로운 발견은 크루글란스키의 개념에 완벽하게 맞아떨어진다. Sinem Acar-Burkay, Bob M. Fennis, and Luk Warlop, "Trusting Others: The Polarizing Effect of Need for Closure," *Journal of Personality and Social Psychology* 107, no. 4 (2014): 719–735.

26쪽  **토머스는 의구심을 억누르는 나치의 전략을 역으로 (···) 사용했으며**: 에리히 프롬은 『자유로부터의 도피Escape from Freedom』(New York: Farrar & Rinehart, 1941)에서 '자유의 모호성'으로부터의 도피를 나치즘과 권위주의라는 맥락에서 논의했다. 조지 존슨George Johnson은 아인슈타인의 상대성이론에 대해 논의하면서 같은 논지를 펼쳤다. "나치가 상대성을 싫어했던 것은 놀라운 일이 아니다. 나치는 절대성의 세계에서 살았다. 유일무이의 진정한 종교와 유일무이의 진정한 언어를 갖춘 지배자 민족이 있다고 여겼으며, 음악과 문학은 그 민족의 영광을 찬양했다. 진정한 독일제국이 존재했으며 민족국가라고 부르는 혼합체들이 임의의 국경으로 나뉘어 독일제국을 구성하고 있었다. 조국의 절대적인 권력이 시공간을 막론하고 합당한 지위를 되찾을 것이다." George Johnson의 "Quantum Leaps,"는 *Einstein's Jewish Science*, by Steven Gimbel, *New York Times*, August 3, 2012에 대한 논평이다. 또한 다음 문헌도 참조하라. Zygmunt Bauman, *Modernity and Ambivalence* (Cambridge, UK: Polity Press, 1991).

## 1장 "더없이 거대하고 시끄러운 혼란"

31쪽  **퇴근 후 집으로 돌아온 예란 룬드크비스트는**: Simon Garfield, "Absolute Hype: Absolut Vodka Is the Flavour of the Month," *Mail on Sunday* (London), July 25, 1999.

31쪽  **당시 그가 경영하는 회사는 (···) 광고를 진행하고 있었다**: 앱솔루트의 배경에 대한 내용은 다음에서 발췌했다. Richard W. Lewis, *Absolut Book: The Absolut Vodka Advertising Story* (Rutland, VT: Journey Editions, 1996); Richard W. Lewis, *Absolut Sequel: The Absolut Advertising Story Continues* (North Clarendon, VT: Periplus,

2005); Mark Tungate, *Adland: A Global History of Advertising* (Philadelphia: Ko-ran Page, 2007); James B. Twitchell, *20 Ads That Shook the World: The Century's Most Groundbreaking Advertising and How It Changed Us All* (New York: Three Rivers Press, 2000). 병 디자인의 기원에 대한 별도의 설은 다음을 참조하라. Carl Hamilton, *Absolut: Biography of a Bottle* (New York: Texere, 1994), 62. 또한 나는 다음 문헌도 참조했다. Stuart Elliott, "Absolut Marketing: Vodka Sales Toast Ads' Success," *USA Today*, November 22, 1989; Kathleen Day, "Collecting, or Being Collected?" *Washington Post*, August 2, 1997; Andrea Adelson, "Unusual Ads Help a Foreign Vodka to the Top," *New York Times*, November 28, 1988.

35쪽 **리처드 루이스**: 리처드 루이스, 저자와의 인터뷰, 2013년 2월 6일.

36쪽 **1949년 두 명의 하버드대 심리학자들이**: Jerome S. Bruner and Leo Postman, "On the Perception of Incongruity: A Paradigm," *Journal of Personality* 18, no. 2 (1949): 206-223. 실험 참가자들은 '붉은색을 띠는 회색' '붉은빛이 감도는 회색을 배경으로 한 검은색' 등, 검은색 속임수 카드를 설명할 때에도 비슷한 절충적 반응을 보였다는 점에 유의하자. T. S. 엘리엇의 처제와 화방에 대한 이야기는 다음에서 발췌했다. Bradd Shore, "Keeping the Conversation Going: An Interview with Jerome Bruner," *Ethos* 25, no. 1 (1997): 7-62.

39쪽 **그리고 확실히 판단할 수 없는 상황에서**: 브루너와 포스트먼은 이 추정에 대해 설명하지 않았지만, Arie W. Kruglanski and Shira Fishman, "The Need for Cognitive Closure," in *Handbook of Individual Differences in Social Behavior*, ed. Mark R. Leary and Rick H. Hoyle (New York: Guilford, 2009), 343-353에 언급되어 있듯이, 종결욕구는 "즉각적인 결정이 필요한 상황에서 높아질 수 있다. 예를 들어 시간의 압박에 시달린다거나 개인에게 확실한 의견을 유보할 자유가 주어지지 않은 채 반드시 판단을 내려야 하는 상황이 이에 해당한다".

40쪽 **선입견은 (…) 필수적이다**: 트래비스 프루는 선입견, 즉 '예상되는 상관관계'에 대해 폭넓은 저작을 남겼다(2장 말미의 주석 참조). 이 책에서는 다음 문헌도 참조했다. Jamie Arndt et al., "Value: A Terror Management Perspective on the Human Question for Multilevel Meaning," in *The Psychology of Meaning*, ed. Keith D. Markman, Travis Proulx, and Matthew J. Lindberg (Washington, DC: American Psychological Association, 2013). 빨간불에 대한 예는 이 기사에서 발췌한 것이다. 또한 다음도 참조하라. Maria Miceli and Cristiano Castelfranchi, *Expectancy and Emotion* (Oxford: Oxford University Press, 2015).

41쪽 **소위 '맥거크 효과'**: 간단한 설명을 위해 원래 실험을 변형한 사례를 소개했다. 다음을 참고하라. Lawrence D. Rosenblum, *See What I'm Saying: The Extraordinary Pow-*

*ers of Our Five Senses* (New York: W. W. Norton, 2010) 이 효과가 처음 소개된 논문은 Harry McGurk and John MacDonald, "Hearing Lips and Seeing Voices," *Nature* 264 (1976): 746-748이다. 학자들은 맥거크 효과에 대해 상반되는 설명을 내놓고 있으며, Sabine Windmann, "Effects of Sentence Context and Expectation on the McGurk Illusion." *Journal of Memory and Language* 50, no. 2 (2004): 212-230을 참조하라. 존 맥도널드와의 인터뷰는 2012년 10월 30일에 진행되었다. 맥도널드는 처음 맥거크 효과를 발견했을 때에 대해 이렇게 회상했다. "저는 이렇게 생각했습니다. 세상에, 내가 실수를 했나? 잘못된 조합을 써서 준 건가?" 맥거크와 맥도널드는 비디오 화면을 등지고 돌아선 다음에야 자신들이 무엇을 발견했는지 이해하기 시작했다.

41쪽 **"여언구에 따루면"**: Keith Rayner et al., "Raeding Wrods With Jumbled Lettres," *Psychological Science* 17, no. 3 (2006): 192-193; Hadas Velan and Ram Frost, "Cambridge University Versus Hebrew University: The Impact of Letter Transposition on Reading English and Hebrew," *Psychonomic Bulletin & Review* 14, no. 5 (2007): 913-918; Kiel Christianson, Rebecca L. Johnson, and Keith Rayner, "Letter Transpositions Within and Across Morphemes," *Journal of Experimental Psychology* 31, no. 6 (2005): 1327-1339; Jonathan Grainger and Carol Whitney, "Does the Huamn Mind Raed Wrods as a Wlohe?" TRENDS in *Cognitive Sciences* 8, no. 2 (2004): 58-59.

42쪽 **"삶의 근본적인 문제는"**: Jordan Peterson, "Three Forms of Meaning and the Management of Complexity," in *The Psychology of Meaning*, ed. Keith D. Markman, Travis Proulx, and Matthew J. Lindberg (Washington, DC: American Psychological Association, 2013)에는 다음과 같이 기록되어 있다. "우리는 복잡성의 바다에서 살고 있다. 지각적 표현을 탐색하기 위해 무한한 공간을 헤매야 한다는 이 심오한 문제는 모든 다른 현재의 심리학적 우려 위에 드리워져 있다."

42쪽 **플래너리 오코너는 이렇게 적었다**: 전체 인용문은 "믿음은, 적어도 나의 경우에는, 지각이 작동하게 하는 엔진이다". 오코너는 종교적 신앙심이 깊은 인물이었기 때문에 여기서는 임의로 수식 어구를 생략했다. Flannery O'Connor, *A Good Man Is Hard to Find*, ed. Frederick Asals (New Brunswick, NJ: Rutgers University Press, 1993), 57.

42쪽 **"더없이 거대하고 시끄러운 혼란"**: William James, *The Principles of Psychology* (New York: Henry Holt and Company, 1890), 488.

43쪽 **1953년 작가 레너드 스턴은**: 매드 립스에 대한 이야기의 원 출처는 Leonard Stern, "As Mad Libs Turn 50, Play an Exclusive Game," *Today*, April 16, 2008이다. 또한 다음을 참조하라. Margalit Fox, "Leonard B. Stern, Creator of Mad Libs, Dies at

88," *New York Times*, June 9, 2011.

44쪽 **아이들이 즐겨하는 이 게임은 너무나도 단순하다:** 실제로 매드 립스 게임방법에 대한 광고는 "우스울 정도로 간단한"이다.

44쪽 **매드 립스 한 꼭지를 소개해보자:** Roger Price and Leonard Stern, "How to Serve Wine," in *Mad Libs: #1 Original Mad Libs* (New York: Price Stern Sloan, 2001).

45쪽 **매드 립스가 일종의 문화적 현상이 되었기 때문에:** 다음 몇 군데의 출처에서 얻은 데이터를 취합했다. David Mitchell, "David Mitchell on Historical Fiction," *Telegraph* (London), May 8, 2010; Vit Wagner, "Tolkien Proves He's Still the King," *Toronto Star*, April 16, 2007; Lisa Suennen, "Mad Libs, VC Edition," *Fortune*, June 13, 2011.

46쪽 **1970년 스웨덴 심리학자:** 예란 네르하르트의 추 실험과 실패한 지하철역 실험에 대한 내용은 Rod A. Martin, *The Psychology of Humor: An Integrative Approach* (London: Elsevier Academic Press, 2007)에 자세히 설명되어 있다. 이 실험의 '성공' 버전은 다음 문헌으로 발표되었다. Göran Nerhardt, "Humor and Inclination to Laugh: Emotional Reactions to Stimuli of Different Divergence from a Range of Expectancy," *Scandinavian Journal of Psychology* 11, no. 1 (1970): 185–195. 네르하르트는 다음 문헌에서 실패한 실험에 대해 자세히 기술했다. Göran Nerhardt, "Incongruity and Funniness: Toward a New Descriptive Model," in *Humor and Laughter: Theory, Research, and Applications*, ed. Antony J. Chapman and Hugh C. Foot (New Brunswick, NJ: Transaction Publishers, 2007), 57. 왜 네르하르트가 진행한 실험의 참가자들이 웃음을 터뜨렸는지에 대해 의문을 제기한 다른 두 명의 연구자들도 자신들의 추정을 다음 문헌을 통해 발표했다. Robert S. Wyer Jr. and James E. Collins II, "A Theory of Humor Elicitation," *Psychological Review* 99, no. 4 (1992): 667. 와이어와 콜린스는 또한 벌린Berlyne, 케스틀러Koestler를 비롯해 관련 선행 연구를 진행한 연구자들에 대해 뛰어난 논평을 남겼다. 이 장에서 다룬 이론에 대한 배경 지식은 다음을 참조하라. Jerry M. Suls, "A Two-Stage Model for the Appreciation of Jokes and Cartoons: An Information-Processing Analysis," in *The Psychology of Humor*, ed. Jeffrey Goldstein and Paul McGhee (New York: Academic Press, 1972). 설스는 부조화와 그 해결이라는 두 가지 단계를 강조했다. 나는 단순히 나중에 어긋날 기대치를 확고히 정립함으로써 대상자가 확실히 놀랄 수 있도록 하는 부분을 강조했다. 또한 다음 문헌도 참조하라. Thomas R. Shultz and Robert Pilon, "Development of the Ability to Detect Linguistic Ambiguity," *Child Development* 44, no. 4 (1973): 728–733; Thomas R. Schultz, "The Role of Incongruity and Resolution in Children's Appreciation of Humor," *Journal of Experimental Child Psychol-*

*ogy* 13 (1972): 456-477; Thomas R. Schulz, "Development and Appreciation of Riddles," *Child Development* 45, no. 1 (1974): 100-105; and Graeme Ritchie, "Incongruity and Its Resolution," in *The Linguistic Analysis of Jokes* (Florence, KY: Routledge, 2003).

47쪽 **또 한 명의 심리학자 마이클 고드케위치**: Michael Godkewitsch, "Correlates of Humor: Verbal and Nonverbal Aesthetic Reactions as Functions of Semantic Distance Within Adjective-Noun Pairs," in *Studies in the New Experimental Aesthetics*, ed. Daniel E. Berlyne (Washington, DC: Hemisphere, 1974), 279-304.

48쪽 **"지하철역에서"**: 로드 마틴, 저자와의 인터뷰, 2013년 2월 7일.

49쪽 **스위스의 한 메뉴판**: 이것들이 실제 사용되는 간판일까? 일부는 그럴지도 모른다. 이 사례들은 다음과 같은 온라인 출처에서 발췌한 것들이다. Johanna Sundberg, "English Confusion," 워싱턴 대학교 웹페이지. 접속일 2015년 3월 3일. www.faculty. washington.edu/jmiyamot/zmisc/eng_cnfu.htm. 이 책에서 사용된 목적으로 볼 때, 실제로 사용되는지 여부는 사실 중요치 않다. 해외에서 실제로 눈에 띄는 우스운 영어 간판이 일종의 코미디 장르 취급을 받는다는 점을 기억하자. 예를 들어 다음을 참조하라. "Strange Signs from Abroad," *New York Times*, May 11, 2010.

51쪽 **나 택시 불러줘**: Thomas R. Shultz and Frances Horibe, "Development of the Appreciation of Verbal Jokes," *Developmental Psychology* 10, no. 1 (1974): 13-20.

52쪽 **하워드 폴리오와 로드니 머스**: 이 내용의 출처를 찾을 수 있도록 도와준 피터 맥그로에게 감사한다. Howard R. Pollio and Rodney Mers, "Predictability and the Appreciation of Comedy," *Bulletin of the Psychonomic Society* 4, no. 4A (1984): 229-232. 맥그로의 유머이론은 Peter A. McGraw and Caleb Warren, "Benign Violations: Making Immoral Behavior Funny," *Psychological Science* 21, no. 8 (2010): 1141-1149를 참조하라.

52쪽 **물론 모든 유머가**: 로드 마틴은 2013년 2월 7일 진행한 나와의 인터뷰에서 이 점을 특히 강조했다. "일상생활에서 접하게 되는 대부분의 유머에는 '아, 알겠다!'라는 요소가 들어 있지 않습니다. 모든 유명한 스탠드업 코미디언들의 농담이 실려 있는 책을 가지고 있는데요. 그 책을 읽다보면 그중에 모순이 해결되면서 웃음이 터져나오는 농담은 하나도 없다는 사실을 알게 됩니다. 그보다는 그냥 재미있는 이야기를 들려주거나, 과장된 이야기를 하는 쪽에 가깝습니다. 따라서 무언가를 해결하는 것은 아닙니다. 그저 아이디어를 활용하는 것이지요. 아마도 학자들 사이에 가장 지배적인 이론은, 유머란 두 가지 상반되는 이야기가 동시에 펼쳐지면서 일어나는 변화와 관련되어 있다는 겁니다. 물론 일각에서는 유머에 대한 통일된 이론을 도출하는 것 자체가 불가능하다고 주장하겠지요."

53쪽 **1998년 빌 코스비는**: Associated Press, "Cosby to Do 'Kids Say the Darndest Things' Series," *Ottawa Citizen*, October 23, 1997; Ron Miller, "A Link to Kids, Past and Present: On CBS They're Still Saying the Darndest Things to Linkletter, Now 85," *San Jose Mercury News*, March 5, 1998; Tom Bierbaum, "'Kids' Gets Darndest Ratings," *Daily Variety*, January 13, 1998; Bonnie Malleck, "Networks Rethink Freak Friday," *Hamilton (Ontario) Spectator*, June 2, 2000; Jonathan Storm, "On CBS, It's Out with the New, in with the Old—and Vice Versa," *Philadelphia Inquirer*, May 18, 2000. 유튜브에서 "Kemett Hayes Cosby"를 검색하면 인터뷰를 살펴볼 수 있다. 보다 자세한 내용은 Bill Cosby, *Kids Say the Darndest Things* (New York: Bantam Books, 1998)를 참조하라.

54쪽 **바람은 누가 만들지?**: 피아제에 대한 배경은 다음에서 발췌했다. Seymour Papert, "Child Psychologist Jean Piaget," *Time*, May 29, 1999; Jean Piaget and Bärbel Inhelder, *The Psychology of the Child*, trans. Helen Weaver, introduction by Jerome Kagan (New York: Basic Books, 1969); Jean Piaget, *The Equilibration of Cognitive Structures*, trans. Terrance Brown and Kishore Julian Thampy (Chicago: University of Chicago Press, 1985); Jean Piaget, *The Origins of Intelligence in Children*, trans. Margaret Cook (New York: International Universities Press, 1952). 움직임과 생명에 대한 아이들과의 인터뷰는 특히 Jean Piaget, *The Child's Conception of the World*, trans. Joan and Andrew Tomlinson (London: Routledge & Kegan Paul, 1929)에서 "The Concept of 'Life'" 및 "Origins of Child Animism, Moral Necessity and Physical Determinism," 장을 참조하라. 선입견으로 돌아가는 경향은 확인편향confirmation bias 이론을 통해서도 뒷받침된다.

55쪽 **심지어 해와 달은 (⋯) 뒤를 따라오기까지 한다**: Piaget, *Child's Conception of the World*, 215. 보다 자세한 설명은 다음을 참조하라. Rhett Allain, "Why Does the Moon Follow Me?" *Wired Science Blogs: Dot Physics*, September 27, 2010.

57쪽 **일관성에 대한 욕구는 목적을 달성하기 위한 수단**: Arie W. Kruglanski and Garriy Shteynberg, "Cognitive Consistency as a Means to an End: How Subjective Logic Affords Knowledge," in *Cognitive Consistency: A Fundamental Principle in Social Cognition*, ed. Bertram Gawronski and Fritz Strack (New York: Guilford Press, 2012), 245-264에서는 "우리의 이야기는 인지적 일관성 이론으로 시작되며, 이 이론에서 다루는 주요 논점은 아이러니하게도 인지적 모순이다"라고 언급한다.

58쪽 **스톨리치나야는 이미지 타격으로 골머리를 앓고 있었다**: 대한항공 007 격추사건에 대한 자세한 내용은 다음을 참조하라. Phillip Taubman, "Theories and Conspiracy Theories," review of *Black Box KAL 007 and the Superpowers*, by Alexander Dallin, and *KAL Flight 007: The Hidden Story*, by Oliver Clubb, *New York Times*, April 21, 1985; Michael Gordon, "Ex-Soviet Pilot Still Insists KAL 007 was Spying," *New York Times*, December 9, 1996. 소련의 올림픽 보이콧에 대해서는 다음을 참조하라. John F. Burns, "Moscow Will Keep Its Team from Los Angeles Olympics," *New York Times*, May 9, 1984.

60쪽 **광고는 중단되었다**: 루이스는 사실적인 병에서 상징적인 병으로의 전환이 "앱솔루트 스타덤Absolut Stardom"에서 시작되었다고 언급한다. Richard W. Lewis, *Absolut Book: The Absolut Vodka Advertising Story* (Rutland, VT: Journey Editions, 1996), 31. "앱솔루트 래러티" 광고의 출처는 ibid., 23이다.


## 2장 우리가 몰랐던 세상의 암호 'A'

63쪽 **어렸을 때 반 고흐가 (…) 정식 그림 수업을**: 아마추어 화가였던 반 고흐의 어머니가 아들에게 처음으로 그림을 가르쳤다. Charles Davidson, *Bone Dead, and Rising: Vincent Van Gogh and the Self Before God* (Eugene, OR: Cascade Books, 2011), 64.

63쪽 **트라피스트회 수도사들은 (…) 맥주를 제조한다**: 양조장은 틸뷔르흐 시의 외곽에 있는 베르켈 엔호트라는 지역의 틸뷔르흐 지방 자치체 내에 위치하고 있다.

64쪽 **네덜란드는 심리학 연구의 온상**: Lutz Bornmann, Loet Leydesdorff, and Günter Krampen, "Which Are the 'Best' Cities for Psychology Research Worldwide?" *Europe's Journal of Psychology* 8, no. 4 (2012): 535-546.

64쪽 **내 방문의 목적**: 내가 프루의 연구에 처음 관심을 갖게 된 것은 다음 문헌들 덕분이었다. Alison Flood, "Reading Kafka 'Enhances Cognitive Mechanisms,' Claims Study," *Guardian* (Manchester), September 17, 2009; Benedict Carey, "How Nonsense Sharpens the Intellect," *New York Times*, October 5, 2009.

64쪽 **지난 몇 년간, 프루**: 프루에 대한 정보는 내가 2012년 10월 11일부터 14일까지 틸뷔르흐를 방문하면서 실시한 몇 차례의 인터뷰를 비롯해 수많은 인터뷰를 통해 얻은 것이다. 이 장을 집필하면서 참고한 주요 논문은 다음과 같다. Travis Proulx, Steven J. Heine, and Kathleen D. Vohs, "When Is the Unfamiliar the Uncanny?" *Personality and Social Psychology Bulletin* 36, no. 6 (2010): 817-829; Travis Proulx and Michael Inzlicht, "The Five 'A's of Meaning Maintenance: Finding Meaning in the Theories of Sense-Making," *Psychological Inquiry* 23, no. 4 (2012): 317-335; Travis Proulx and Michael Inzlicht, "Moderated Disanxiousuncertilibrium: Specifying the Moderating and Neuroaffective Determinants of Violation-Compensation Effects," *Psychological Inquiry* 23, no. 4 (2012): 386–396. 프루와 인츠리히 트의 "Five 'A's"에 대한 조언과 찬사, 비판이 실린 *Psychological Inquiry* 특별호를 참 조하라. "Moderated Disanxiousuncertilibrium"라는 논문은 이 특별호에 실린 내용 에 대한 두 학자의 응답이다. 또한 이번 장에서 프루가 훗날 자신의 이론을 다시 한번 강조한 부분에 대해서는 다음 문헌에 기술된 내용을 사용했다는 점을 참고하라. Eva Jonas et al., "Threat and Defense: From Anxiety to Approach," in *Advances in Experimental Social Psychology*, vol. 49, ed. James M. Olson and Mark P. Zanna (Burlington, VT: Academic Press, 2014). 트래비스 프루의 연구에 대한 또하나의 특 별호는 Travis Proulx, "Threat–Compensation in Social Psychology: Is There a Core Motivation?" *Social Cognition* 30, no. 6 (2012): 643–651이다. 참고한 다른 논문들은 다음과 같다. Travis Proulx and Steven J. Heine, "Death and Black Dia-monds: Meaning, Mortality, and the Meaning Maintenance Model," *Psychological Inquiry* 17, no. 4 (2006): 309–318; Travis Proulx, Michael Inzlicht, and Eddie Harmon–Jones, "Understanding All Inconsistency Compensation as a Palliative Response to Violated Expectations," *Trends in Cognitive Science* 16, no. 5 (2012): 285–291; Travis Proulx and Steven J. Heine, "The Frog in Kierkegaard's Beer: Finding Meaning in the Threat–Compensation Literature," *Social and Personality Psychology Compass* 4, no. 10 (2010): 889–905; Steven J. Heine, Travis Proulx, and Kathleen Vohs, "The Meaning Maintenance Model," *Personality and Social Psychology Review* 10, no. 2 (2006): 88–110; Daniel Randles, Travis Proulx, and Steven J. Heine, "Turn–Frogs and Careful–Sweaters: Non–Conscious Perception of Incongruous Word Pairings Provokes Fluid Compensation," *Journal of Experi-mental Social Psychology* 47 (2011): 246–249; Travis Proulx and Steven J. Heine, "Connections from Kafka: Exposure to Meaning Threats Improves Implicit Learn-ing of an Artificial Grammar," *Psychological Science* 20, no. 9 (2009): 1125–1131; Travis Proulx and Steven J. Heine, "The Case of the Transmogrifying Experi-menter: Affirmation of a Moral Schema Following Implicit Change Detection," *Psychological Science* 19, no. 12 (2008): 1294–1300. 다음 관련 자료들도 매우 중 요하므로 참고하기 바란다. Ian McGregor et al., "Compensatory Conviction in the Face of Personal Uncertainty: Going to Extremes and Being Oneself," *Journal of Personality and Social Psychology* 80, no. 3 (2001): 472–488; Ian McGregor and Denise C. Marigold, "Defensive Zeal and the Uncertain Self: What Makes You So Sure?" *Journal of Personality and Social Psychology* 85, no. 1 (2003): 838–852; Ian McGregor, "Offensive Defensiveness: Toward an Integrative Neuroscience of Compensatory Zeal After Mortality Salience, Personal Uncertainty, and Other Poignant Self-Threats," *Psychological Inquiry* 17, no. 4 (2006): 299-308; Ian McGregor et al., "Anxious Uncertainty and Reactive Approach Motivation," *Personality Processes and Individual Differences* 99, no. 1 (2010); Eddie Harmon-Jones, David M. Amodio, and Cindy Harmon-Jones, "Action-Based Model of Dissonance: A Review, Integration, and Expansion of Conceptions of Cognitive Conflict," *Advances in Experimental Social Psychology* 41 (2009): 119-166.

65쪽　**문학평론가 헨리 서스먼:** Henry Sussman, "The Text That Was Never a Story: Symmetry and Disaster in 'A Country Doctor,'" in *Approaches to Teaching Kafka's Short Fiction*, ed. Richard T. Gray (New York: Modern Language Association of America, 1995).

66쪽　**카프카를 읽은 사람들은 더 많은 패턴을 발견했으며:** 트래비스 프루는 2014년 7월 8일 저자에게 보낸 이메일에서 논리가 맞지 않는 내용을 접한 후 패턴 파악의 정확성이 가장 극명하게 향상된 예는 Randles, Proulx, and Heine, "Turn-Frogs and Careful-Sweaters,"에서 찾을 수 있다고 확인해주었으며, 이 경우 정확도 향상을 여러 가지 방식으로 계산했다. 실험군이 대조군보다 33퍼센트나 많은 문자열 옆에 확인 표시를 했다는 것은 전체 대비 비율로 33퍼센트 많은 문자열에 확인 표시를 했다는 것과는 다른 의미다. 대조군은 16.5개의 문자열을 문법 A로 판단한 반면, 실험군은 21.95개의 문자열을 문법 A로 판단했으므로 33퍼센트라는 숫자는 16.5를 5.45로 나눈 결과값이다. 전체 문자열(60개) 대비 비율을 계산해보면, 대조군은 27.5퍼센트의 문자열을 찾아냈고 카프카의 초현실주의 소설을 읽은 실험군은 36.6퍼센트의 문자열을 찾아냈으므로 두 집단 사이의 차이는 9.1퍼센트다. '단서를 수집하기 위해 적극적으로 노력하는 것'의 주석 역시 참조하라.

68쪽　**심리학자 브렌다 메이저와 함께 (⋯) 응용한 실험을 진행:** Travis Proulx and Brenda Major, "A Raw Deal: Heightened Liberalism Following Exposure to Anomalous Playing Cards," *Journal of Social Issues* 69, no. 3 (2013): 455-472. 이 실험에서는 참가자들이 실험 진행자와 블랙잭을 하도록 하여 참가자들을 속임수 카드에 노출시켰다. 또한 다음 문헌을 참조하라. Willem W. A. Sleegers, Travis Proulx, and Ilja van Beest, "Extremism Reduces Conflict Arousal and Increases Values Affirmation in Response to Meaning Violations," *Biological Psychology*, in press.

71쪽　**1954년 12월 16일:** 이 유명한 이야기의 출처는 Leon Festinger, Henry W. Riecken, and Stanley Schachter, *When Prophecy Fails: A Social and Psychological Study of a Modern Group That Predicted the Destruction of the World* (Minneapolis: University of Minnesota Press, 1956)이다. 나는 다음과 같이 다양한 뉴스에 보도

된 내용으로 이 정보를 보충했다. "He Quits Job to Wait End of World Dec. 21," *Chicago Daily Tribune*, December 16, 1954; Associated Press, "Doctor Leaves College Job, Predicts Cataclysm," *Los Angeles Times*, December 17, 1954; "Doctor Warns of Disasters in World Tuesday," *Chicago Daily Tribune*, December 17, 1954; Reuters, "Denies Predicting End of the World," *Irish Times* (Dublin), December 18, 1954; "Space Seer's 'Tidal Wave' Due Today," *Washington Post*, December 21, 1954; Associated Press, "Doom Prophet Calls of Cataclysm—for Today," *Newsday*, December 21, 1954; Associated Press, "Earth 'Disaster' Stayed, Woman Prophet Says," *Hartford Courant*, December 22, 1954; Associated Press, "Quakes Back Predictions, Woman Says," *Los Angeles Times*, December 22, 1954; "World Spared for Time, Say Doom Prophets," *Chicago Daily Tribune*, December 22, 1954; Associated Press, "Sister Asks Commitment for Cataclysm Forecaster," *Hartford Courant*, December 23, 1954; "Petitions Court to Declare Dr. Laughead Mentally Ill," *Chicago Daily Tribune*, December 23, 1954; "Sect Expects to Depart This Earth Tonight," *Chicago Daily Tribune*, December 24, 1954; Associated Press, "Seer Awaiting 'Space Ship' Misses Boat," *Washington Post*, December 25, 1954; "Dr. Laughead Expects Some News Today," *Chicago Daily Tribune*, December 21, 1954; United Press, "Prophecies Seen Borne Out," *New York Times*, December 22, 1954; Associated Press, "Prophet of Doom Sticks to 'Cataclysm' Forecast," *Hartford Courant*, December 21, 1954; "End of the World Prophet Found in Error, Not Insane," *Chicago Daily Tribune*, January 1, 1955. 세상의 종말 예측과 관련된 심리학을 보다 자세히 알고 싶은 경우 다음을 참조하라. Vaughan Bell, "Apocalypse 2011: What Happens to a Doomsday Cult When the World Doesn't End?" *Slate*, May 20, 2011; Jon R. Stone, ed., *Expecting Armageddon: Essential Readings in Failed Prophecy* (New York: Routledge, 2000).

79쪽 **인지 부조화 이론을 더욱 발전시켰으며:** 「예언이 이루어지지 않을 때」의 25쪽에 리켄과 샤흐터가 요약해놓은 것보다 자세한 내용은 다음을 참조하라. Leon Festinger, *A Theory of Cognitive Dissonance* (Stanford, CA: Stanford University Press, 1957). 원숭이들이 보이는 인지 부조화의 증거는 다음을 참조하라. John Tierney, "Go Ahead, Rationalize. Monkeys Do It, Too," *New York Times*, November 6, 2007; Louisa C. Egan, Paul Bloom, and Laurie R. Santos, "Choice-Induced Preferences in the Absence of Choice: Evidence from a Blind Two Choice Paradigm with Young Children and Capuchin Monkeys," *Journal of Experimental Social Psychology* 46 (2010): 204-207; Louisa C. Egan, Laurie R. Santos, and Paul Bloom,

"The Origins of Cognitive Dissonance," *Psychological Science* 18, no. 11 (2007): 978-983.

80쪽 **수천 건의 관련 논문이 발표된**: Jeff Stone, "Consistency as a Basis for Behavioral Interventions: Using Hypocrisy and Cognitive Dissonance to Motivate Behavior Change," in *Cognitive Consistency: A Fundamental Principle in Social Cognition*, ed. Bertram Gawronski and Fritz Strack (New York: Guilford Press, 2012).

80쪽 **1974년 심리학자 마크 자나와**: Mark P. Zanna and Joel Cooper, "Dissonance and the Pill: An Attribution Approach to Studying the Arousal Properties of Dissonance," *Journal of Personality and Social Psychology* 29, no. 5 (1974): 703-709; Joel Cooper, *Cognitive Dissonance: Fifty Years of a Classic Theory* (London: Sage, 2007), 47-49. (*Cognitive Dissonance*에서, 쿠퍼는 학생들에게 과제로 내준 에세이의 본질을 잘못 기억했던 것으로 보인다.) 또한 쿠퍼는 이렇게 회상하기도 했다. "1983년 나는 레온 페스팅거가 인지 부조화 이론에 대해 집필할 때 부조화의 동기적 특성이 무엇이라고 생각했는지 본인에게 직접 물어볼 기회가 있었다. 페스팅거는 사람들이 느끼는 불편함에 실제로 동기가 있다고 믿었을까, 아니면 단순히 체계가 작동하는 방식을 나타내기 위한 비유였을까? 페스팅거는 그 질문을 듣고는 1950년대였다면 아무도 제기하지 않았을 법한 의문이라고 대답했다. 과학자들은 도출된 데이터와 관련하여 체계가 작동하는 방식을 설명하기 위해 블랙박스 모델을 구축한다. 데이터와의 괴리가 발생하지 않는 한, 과학자는 계속해서 자신이 '블랙박스' 안에 넣은 것을 자랑스러워한다."

81쪽 **자나와 쿠퍼의 연구 이후**: 쿠퍼의 *Cognitive Dissonance* 외에도 다음을 참조하라. Gawronski and and Strack, *Cognitive Consistency*; Eddie Harmon-Jones and Judson Mills, eds., *Cognitive Dissonance: Progress on a Pivotal Theory in Social Psychology* (Washington, DC: American Psychological Association, 1999). 나는 또한 다음 문헌도 참조했다. Bertram Gawronski, "Meaning, Violation of Meaning, and Meaninglessness in Meaning Maintenance," *Psychological Inquiry* 23, no. 4 (2012): 346-349; Bertram Gawronski, "Back to the Future of Dissonance Theory: Cognitive Consistency as a Core Motive," *Social Cognition* 30, no. 6 (2012): 652-668. 쿠퍼는 *Cognitive Dissonance*에서 "부조화는 (…) 원하지 않는 결과라는 인식에 기인한다"라고 강조했다. 또한 Anthony G. Greenwald and David L. Ronis, "Twenty Years of Cognitive Dissonance: Case Study of the Evolution of a Theory," *Psychological Review* 85, no. 1 (1978): 53-57도 참조하라. Gawronski의 "Back to the Future,"가 지적했듯이, 페스팅거의 이론에 대한 문제 제기는 자나와 쿠퍼의 "부조화와 약물" 연구 이전부터 이미 시작되고 있었다.

82쪽 **문제가 되었던 요소 중 하나:** 이 문제의 자세한 내용과 이번 장의 이후 페이지에 등장하는 대다수 정보는 이 섹션의 말미에 언급된 2014년의 논문에 설명되어 있다. 나는 다음 저자들의 저작과 연구를 참조했다. Eva Jonas, Ian McGregor, Johannes Klackl, Dmitrij Agroskin, Immo Fritsche, Colin Holbrook, Kyle Nash, Travis Proulx, and Markus Quirin, "Threat and Defense: From Anxiety to Approach," *Advances in Experimental Social Psychology* 49 (2014): 219-286. Jeffrey A. Gray and Neil McNaughton, *The Neuropsychology of Anxiety: An Enquiry into the Functions of the Septo-Hippocampal System*, 2nd ed. (Oxford: Oxford University Press, 2000)는 앞에서 소개한 논문의 의미화 형성에 중요한 통찰력을 제공했다.

83쪽 **심리를 연구하는 (⋯) 분열되어 있다:** 이 문제에 대해 참고할 만한 최근의 논의는 다음과 같다. Anthony G. Greenwald, "There Is Nothing So Theoretical as a Good Method," *Perspectives on Psychological Science* 7, no. 2 (2012). 또한 Stephen C. Yanchar and Brent D. Slife, "Pursuing Unity in a Fragmented Psychology: Problems and Prospects," *Review of General Psychology* 1, no. 3 (1997): 235-255도 참고하라.

83쪽 **바람직하지 않은 과학적 경쟁의 결과를 목격한 바 있다:** 화석 전쟁의 배경에 대해서는 다음 문헌을 참조했다. Keith Thomson, *The Legacy of the Mastodon* (New Haven, CT: Yale University Press, 2008); Mark Jaffe, *The Gilded Dinosaur: The Fossil War Between E.D. Cope and O.C. Marsh and the Rise of American Science* (New York: Crown Books, 2000); David Rains Wallace, *The Bonehunters' Revenge: Dinosaurs, Greed, and the Greatest Scientific Feud of the Gilded Age* (New York: Houghton Mifflin Harcourt, 1999); Bill Bryson, *A Short History of Nearly Everything* (New York: Broadway Books, 2004); Paul D. Brinkman, *The Second Jurassic Dinosaur Rush: Museums and Paleontology in America at the Turn of the Twentieth Century* (Chicago: University of Chicago Press, 2010), 9.

84쪽 **에디와 신디 하먼-존스:** Eddie Harmon-Jones and Cindy Harmon-Jones, "Feeling Better or Doing Better? On the Functions of Inconsistency Reduction (and Other Matters)," *Psychological Inquiry* 23, no. 4 (2012): 350-353

84쪽 **프루는 2012년 (⋯) 발표한 논문에서:** Proulx and Inzlicht, "Five 'A's of Meaning Maintenance."

84쪽 **"뉴턴이 (⋯) 별도의 이론을 내놓은":** Proulx, Inzlicht, and Harmon-Jones, "Understanding All Inconsistency Compensation." 나는 이 논문에서 백색증에 걸린 까마귀라는 유용한 예제도 참고했다.

85쪽 **이러한 인간의 경보체계는:** '인간 경보체계'에 대한 재미있는 응용 사례는 다음을 참조하라. Van den Bos et al., "Justice and the Human Alarm System: The Impact of Exclamation Points and Flashing Lights on the Justice Judgment Process," *Journal of Experimental Social Psychology* 44 (2008): 201-219. 이러한 경보체계가 긍정적 사건 및 부정적 사건 이후에 활성화된다는 증거는 다음을 참조하라. Tobia Egner, "Surprise! A Unifying Model of Dorsal Anterior Cingulate Function?" *Nature Neuroscience* 14, no. 10 (2010): 1219-1220; Flavio T. P. Oliveira, John J. McDonald, and David Goodman, "Performance Monitoring in the Anterior Cingulate Is Not All Error Related: Expectancy Deviation and the Representation of Action-Outcome Associations," *Journal of Cognitive Neuroscience* 19, no. 12 (2007): 1994-2004; William H. Alexander and Joshua W. Brown, "Medial Prefrontal Cortex as an Action-Outcome Predictor," *Nature Neuroscience* 14, no. 10 (2011): 1338-1346. 또한 다음 문헌도 참조할 만하다. Marret K. Noordewier and Seger M. Breugelmans, "On the Valence of Surprise," *Cognition and Emotion* 27, no. 7 (2013): 1325-1334. 노르데비르는 나와의 인터뷰에서 이렇게 말했다. "예상치 못한 일이 일어난 직후에 사람들의 행동을 정지시킬 수 있다면, 부정적인 반응을 보게 될 가능성이 큽니다."

85쪽 **라틴계 여성들은 (…) 예상했지만**: Sarah S. M. Townsend et al., "Can the Absence of Prejudice Be More Threatening Than Its Presence? It Depends on One's Worldview," *Journal of Personality and Social Psychology* 99, no. 6 (2010): 933-947; Wendy Berry Mendes et al., "Threatened by the Unexpected: Physiological Responses During Social Interactions with Expectancy-Violating Partners," *Journal of Personality and Social Psychology* 92, no. 4 (2007): 698-716; Özlem Ayduk et al., "Consistency Over Flattery: Self-Verification Processes Revealed in Implicit and Behavioral Responses to Feedback," *Social Psychological and Personality Science* 4, no. 5 (2013): 538-554; William B. Swann, "Allure of Negative Feedback: Self-Verification Strivings Among Depressed Persons," *Journal of Abnormal Psychology* 101, no. 2 (1992): 293-306; William B. Swann Jr., "To Be Adored or to Be Known? The Interplay of Self-Enhancement and Self-Verification," in *Foundations of Social Behavior*, vol. 2, ed. R. M. Sorrentino and E. T. Higgins (New York: Guilford, 1990), 408-448; Elliot Aronson and J. Merrill Carlsmith, "Performance Expectancy as a Determinant of Actual Performance," *Journal of Abnormal and Social Psychology* 65, no. 3 (1962): 178-182; Jason E. Plaks and Kristin Stecher, "Unexpected Improvement, Decline, and Stasis: A Prediction Confidence Perspective on Achievement Success and Failure," *Journal of*

*Personality and Social Psychology* 93, no. 4 (2007): 667-684. 우리가 일관성을 선호하는 몇 가지 다른 놀라운 맥락에 대한 흥미로운 논평은 다음을 참조하라. E. Tory Higgins, *Beyond Pleasure and Pain: How Motivation Works* (Oxford: Oxford University Press, 2011).

86쪽    **단서를 수집하기 위해 적극적으로 노력하는 것**: 필사적으로 패턴을 찾으려고 노력하는 것은 문제가 될 수 있으며, 실제로 존재하지 않는 연관관계를 상상하게 되는 결과를 낳기도 한다. 예를 들어 무작위 이미지나 주식시장의 등락에서 패턴을 찾아내는 경우다. 착각으로 패턴을 인식하는 현상에 대한 가장 유명한 연구는 Jennifer A. Whitson and Adam D. Galinsky, "Lacking Control Increases Illusory Pattern Perception," *Science* 322 (2008): 115-117이다. 또한 다음 문헌도 참고하라. Jennifer A. Whitson, Adam D. Galinsky, and Aaron Kay, "The Emotional Roots of Conspiratorial Perceptions, System Justification, and Belief in the Paranormal," *Journal of Experimental Social Psychology* 56 (2015): 89-95. 내가 이 책에서 채택한 입장은 종결욕구와 관련된 생각을 다룬 Jonas et al., "Threat and Defense: From Anxiety to Approach"에서 차용했다. "체계에 대한 욕구는 익숙한 체계를 추구함으로써 충족시킬 수도 있지만, 새로운 체계를 보다 적극적으로 감지함으로써 충족시킬 수도 있다. 그 새로운 체계가 실제이든, 상상한 것이든." 사회적 권력에 대한 애덤 갈린스키의 유명한 연구도 이 책에서 소개한 여러 가지 개념과 관련되어 있다.

86쪽    **전념할 수 있도록 독려해 불안감을 달래준다**: 또한 다음을 참조하라. Willem Sleegers and Travis Proulx, "The Comfort of Approach: Self-Soothing Effects of Behavioral Approach in Response to Meaning Violations," *Frontiers in Psychology*, January 9, 2015.

86쪽    **종결욕구를 충족시키며**: 마우고자타 코소프스카, 저자에게 보낸 이메일, 2015년 4월 16일. 다음을 참조하라. Aneta Czernatowicz-Kukuczka, Katarzyna Jaśko, and Małgorzata Kossowska, "Need for Closure and Dealing with Uncertainty in Decision Making Context: The Role of the Behavioral Inhibition System and Working Memory Capacity," *Personality and Individual Differences* 70 (2014): 126-130; Roets and Alain van Hiel, "Why Some Hate to Dilly-Dally and Others Do Not: The Arousal-Invoking Capacity of Decision-Making for Low-and High-Scoring Need for Closure Individuals," *Social Cognition* 26, no. 3 (2008): 333-346.

87쪽    **"동화가 불완전하게 일어나는 경우가 너무나 많다"**: 스티븐 하이네, 저자와의 인터뷰, 2013년 2월 15일. 한편, 심리학자들이 무의식중에 변칙성을 제시하는 이유도 바로 이것이다. 심리학자들은 대상이 자극과 완전히 동화되기를 바라지 않는다.

87쪽    **남아 있는 불안감에 대처하는 방법**: Jonas et al., "Threat and Defense: From Anxiety to Approach"에서는 물건 구매를 비롯해 행동억제체계 불안감에 대처하는 여러 가지 방식을 소개하고 있다. 나는 Proulx and Inzlicht, "The Five 'A's of Meaning Maintenance"에 따라 오직 확인과 추상화에만 초점을 맞추었다. 이상한 점과 비정상적인 점을 끊임없이 찾아내는 사람들의 정신 상태에 대해서는 다음을 참조하라. Gordon Marino, "The Danish Doctor of Dread," *New York Times*, March 17, 2012.

87쪽 **보수주의자들**: David R. Weise et al., "Terror Management and Attitudes Toward Immigrants: Differential Effects of Mortality Salience for Low and High Right-Wing Authoritarians," *European Psychologist*, 17, no. 1 (2012): 63-72.

87쪽 **신에 대해 더욱 굳건한 믿음을 드러냈으며, 다윈의 진화론을**: Bastiaan T. Rutjens, Joop van der Pligt, and Frenk van Harreveld, "Deus or Darwin: Randomness and Belief in Theories About the Origin of Life," *Journal of Experimental Social Psychology* 46 (2010): 1078-1080. 과학적 이론이 종교적 믿음만큼이나 마음을 안정시키는 역할을 할 수 있다는 점에 대한 추가적인 증거는 다음을 참조하라. Rutjens et al., "Steps, Stages, and Structure: Finding Compensatory Order in Scientific Theories," *Journal of Experimental Psychology, General* 142, no. 2 (2013): 313-318. 또한 C. K. Aaron, David A. Moscovitch, and Kristin Laurin, "Randomness Attributions of Arousal, and Belief in God," *Psychological Science* 21, no. 2 (2010): 216-218도 참조하라.

88쪽 **소위 의지력 고갈이 일어나는**: Jonas et al., "Threat and Defense: From Anxiety to Approach."

88쪽 **마찬가지로 (…) 여러 가지 이론이**: 프루의 이론을 비판하는 사람들은 다음 문헌을 인용한다. Steven Shepherd et al., "Evidence for the Specificity of Control Motivations in Worldview Defense: Distinguishing Compensatory Control from Uncertainty Management and Terror Management Processes," *Journal of Experimental Social Psychology* 47 (2011): 949-958. 프루는 자신과 동료들이 사람들은 위협받는 것과 비슷한 내용을 확인하는 편을 선호한다는 데 동의하며, 한 차례의 연구만으로는 충분치 않기 때문에 학자들은 그 내용이 언제, 어떻게 확인 효과를 완화하는지 파악하기 위해 바로 이러한 유형의 연구를 실시해야 한다고 반박한다.

88쪽 **패턴을 찾는 행동**: 또한 Daniel Randles et al., "Is Dissonance Reduction a Special Case of Fluid Compensation?" *Journal of Personality and Social Psychology* (accepted January 2015)를 참조하라.

89쪽 **그저 사랑하는 사람의 손을 잡은 채**: James A. Coan, Hillary S. Schaefer, and Richard J. Davidson, "Lending a Hand: Social Regulation of the Neural Response to Threat," *Psychological Science* 17, no. 12 (2006): 1032-1039. 또한 아세트아미노펜

이 어떻게 보상 효과를 없애주는지 보여주는 연구들도 이와 연관되어 있다. 다음을 참조하라. Nathan C. DeWall, David S. Chester, and Dylan White, "Can Acetaminophen Reduce the Pain of Decision-Making?" *Journal of Experimental Social Psychology* 56 (2015): 117–120.

### 3장 예상치 못한 충격과 스트레스, '두 배의 불안감'에서 살아남기

93쪽    **1906년 4월 18일 샌프란시스코 지진 이후 며칠간:** 샌프란시스코 지진의 배경은 다음과 같은 다양한 출처를 참고했다. Simon Winchester, *A Crack in the Edge of the World: America and the Great California Earthquake of 1906* (New York: Harper Perennial, 2005); Malcolm E. Barker, ed., *Three Fearful Days: San Francisco Memoirs of the 1906 Earthquake & Fire* (San Francisco: Londonborn Publications, 1998); E. J. Helley, "Flatland Deposits: Their Geology and Engineering Properties and Their Importance to Comprehensive Planning," Geological Survey Professional Paper 943 (Washington, DC: US Department of the Interior, 1979), 55–56. 샌프란시스코 지진 이후 사랑에 빠진 사람들의 이야기는 샌프란시스코 1906 지진 결혼 프로젝트의 일환으로 관련 뉴스를 취합해놓은 론 필리언Ron Filion과 패멀라 스톰Pamela Storm의 도움을 많이 받았다. (두 사람의 "San Francisco 1906 Earthquake Marriage Project: In the News…,"를 참고하라. www.sfgenealogy.com/1906/06inthenews. htm, 2015년 3월 3일 접속). 샌프란시스코 시청은 두 사람의 연구를 바탕으로 하여 2006년 전시회를 열기도 했다. 또한 내가 확인 작업에 어려움을 겪고 있던 이야기 세 건을 추적할 수 있도록 도와준 론 필리언에게는 더욱 많은 신세를 졌다. 나는 특히 다음 기사들을 많이 참조했다. Oakland Man Would Keep Pretty Girls at Home: Calls at Harbor Hospital in Search of the Supposed Matrimonial Bureau," *San Francisco Call*, May 7, 1906; "Marriage License Office Busy Despite the Fire," *San Francisco Call*, May 1, 1906; "Young Couple in the Ruins," *Oakland Tribune*, May 19, 1906; "Earthquakes as Matrimonial Agents," *Oakland Tribune*, May 5, 1906; "Two Refugees Married: Romance of the San Francisco Disaster Ends in Wedding at San Diego," *Los Angeles Times*, December 7, 1906; "Earthquake Ripened Love: Calamity Makes New Record for Marriages," *Los Angeles Times*, May 20, 1906; "Willing to Become Martyr in Cause of Matrimony," *San Francisco Bulletin*, May 7, 1906; "More Applications for Refugee Wives," *Oakland Enquirer*, May 7, 1906; "Quake Bride Recalls Honeymoon in Ruins," *San Francisco Ex-*

*aminer*, April 15, 1906; "Girls Coming From Camps: Homeless Refugees Saved from Hardships," *Los Angeles Times*, May 9, 1906; "Marriage License Office Has Its Banner Month: Number of Permits Granted Exceed That of Any Similar Period in History of City," *San Francisco Call*, May 19, 1906; "Knows Not the Name of His Lady Love," *Oakland Tribune*, May 11, 1905; "Love Smites Fleeing Pair," *Oakland Tribune*, May 2, 1906. 강한 트라우마를 남긴 사건 이후 우리가 의미를 찾는 또하나의 영역에 대해서는 다음을 참조하라. Maria Konnikova, "Why We Need Answers," *New Yorker*, April 30, 2013. 또한 이와 관련된 흥미 있는 문헌으로는 Jamuna Prasad, "A Comparative Study of Rumours and Reports in Earthquakes," *British Journal of Psychology* 41, no. 3-4 (1950): 128-144를 꼽을 수 있다.

97쪽   **미국인 중 약 15퍼센트는:** Sandro Galea, Arijit Nandi, and David Vlahov, "The Epidemiology of Post-Traumatic Stress Disorder After Disaster," *American Journal of Epidemiology* 27, no. 1 (2005): 78-91.

97쪽   **심리학자 로니 야노프-불먼:** Ronnie Janoff-Bulman, *Shattered Assumptions: Towards a New Psychology of Trauma* (New York: Free Press, 1992). 보다 자세한 배경은 다음을 참조하라. Crystal L. Park, "Making Sense of the Meaning Literature: An Integrative Review of Meaning Making and Its Effects on Adjustment to Stressful Life Events," *Psychological Bulletin* 136, no. 2 (2010): 257-301; Kees van den Bos and Marjolein Maas, "Adhering to Consistency Principles in an Unjust World: Implications for Sense Making, Victim Blaming, and Justice Judgments," in *Cognitive Consistency: A Fundamental Principle in Social Cognition*, ed. Bertram Gawronski and Fritz Strack (New York: Guilford Press, 2012).

98쪽   **미국인들에게 9.11테러를 상기시키기만 해도:** Edward Orehek et al., "Need for Closure and the Social Response to Terrorism," *Basic and Applied Social Psychology* 32 (2010): 279-290.

98쪽   **죽음에 대해 진지하게 생각해보게 하는 것:** Eva Jonas et al., "Threat and Defense: From Anxiety to Approach," in *Advances in Experimental Social Psychology*, vol. 49, ed. James M. Olson and Mark P. Zanna (Burlington, VT: Academic Press, 2014).

99쪽   **언론인 프랭크 화이트:** Frank White, *The Overview Effect: Space Exploration and Human Evolution*, 2nd edition (Reston, VA: American Institute of Aeronautics and Astronautics, 1988.) 또한 다음을 참조하라. James Gorman, "Righteous Stuff: How Astronauts Find God," *Omni* 6, no. 8 (May 1984).

100쪽   **피에르카를로 발데솔로와 제시 그레이엄:** Piercarlo Valdesolo and Jesse Graham,

"Awe, Uncertainty, and Agency Detection," *Psychological Science* 25, no. 1 (2014): 170–178. 이 연구를 나에게 소개해준 다음 기사에 감사한다. Jeffrey Kluger, "Why There Are No Atheists at the Grand Canyon," *Time*, November 27, 2013. 경이로운 경험과 종결욕구의 관계에 대한 배경은 다음을 참조하라. Michelle N. Shiota, Dacher Keltner, and Amanda Mossman, "The Nature of Awe: Elicitors, Appraisals, and Effects on Self–Concept," *Cognition and Emotion* 21, no. 5 (2007): 944–963. 경이로운 경험에 대한 보다 자세한 내용은 다음을 참조하라. Dacher Keltner and Jonathan Haidt, "Approaching Awe, a Moral, Spiritual, and Aesthetic Emotion," *Cognition and Emotion* 17, no. 2 (2003): 297–314; Melanie Rudd, Kathleen D. Vohs, and Jennifer Aker, "Awe Expands People's Perception of Time, Alters Decision Making, and Enhances Well–Being," *Psychological Science* 23, no. 10 (2012): 1130–1136.

101쪽 **1989년 9월 10일**: US Department of Commerce, "Natural Disaster Survey Report: Hurricane Hugo, September 10–22, 1989" (Silver Spring, MD: National Oceanic and Atmospheric Administration, May 1990); Peter Applebome, "Hugo's 3–Year Wake: Lessons of a Hurricane," *New York Times*, September 18, 1992.

101쪽 **펜실베이니아 주립대학교의 캐서린 코핸**: Catherine L. Cohan and Steve W. Cole, "Life Course Transitions and Natural Disaster: Marriage, Birth, and Divorce Following Hurricane Hugo," *Journal of Family Psychology* 16, no. 1 (2002): 14–25; Catherine L. Cohan, "Family Transitions Following Natural and Terrorist Disaster: Hurricane Hugo and the September 11 Terrorist Attack," in *Hand-book of Stressful Transitions Across the Lifespan*, ed. Thomas W. Miller (New York: Springer, 2010), 149–164. 1906년 지진 이후 샌프란시스코의 이혼율은 어떻게 되었는가? 내가 아는 한, 이 문제를 살펴본 사람은 없다. 샌프란시스코 결혼 프로젝트의 론 필리언이 이메일을 통해 말해주었듯이, 론 필리언과 동료 패멀라 스톰은 이혼 기록을 검토하지 않았다. 정확한 이혼 기록을 얻기가 더 힘든 것은 물론이다. 필리언은 이렇게 덧붙였다. "어떤 사람들은 지진이라는 자연재해를 구실로 삼아 모습을 감추었을 수도 있습니다. 지진 때문에 이혼 관련 법정 절차가 중단되었을 것이고 진행중이던 이혼 건들도 지연되었을지 모릅니다. 자연재해 때문에 (일시적 또는 영구적으로) 커플들이 화해했는지 여부는 파악하기 어렵습니다."

102쪽 **최근의 자연재해에서는**: Nicole LaPorte, "The Katrina Divorces," *Daily Beast*, August 22, 2010; Reuters, "Divorce Ceremonies Pick Up in Japan After Disaster," July 4, 2011. Michael Fitzpatrick, "Japan: How a Quake Changed a Culture," *Global Post* (Boston), October 9, 2011에서는 이렇게 기록하고 있다. "결혼 역시 증가

했다. 결혼 중개업체인 메리 미Marry Me에 따르면 4월 말 이후 회원 가입 문의가 30퍼센트 증가했다. 다른 현지 결혼 중개업체의 회원 가입도 증가했다고 한다. 한 예식 서비스 업체는 〈아사히 신문〉에 후쿠시마 지점의 예식 수가 50퍼센트 증가했다고 밝혔다.

102쪽 **"자신의 곁에 있는 사람이 누구든"**: 캐서린 코핸. 저자와의 인터뷰, 2012년 3월 28일. 코핸이 올바르게 지적했듯이, 자연재해 이후의 개인적 동기에 대한 것은 어디까지나 추측에 불과하다. "이것은 인구를 기반으로 한 데이터다. 따라서 각 개인에게 일어나고 있는 일에 대해서는 추정할 수밖에 없다."

104쪽 **쾅 소리를 내면서 굳게 잠겨버린다**: 경우에 따라서는, 개인의 종결능력ACC에 따라, 종결욕구가 높은 사람이 종결욕구가 낮은 사람보다 더 오랜 시간 동안 탐색할 수도 있다. 다음을 참조하라. Roets et al., "The Motivated Gatekeepers of Our Minds."

104쪽 **배심원의 역할에 대한 시뮬레이션**: Arie W. Kruglanski, Donna M. Webster, and Adena Klem, "Motivated Resistance and Openness to Persuasion in the Presence or Absence of Prior Information," *Journal of Personality and Social Psychology* 65, no. 5 (1993): 861. 또한 다음을 참조하라. Arie W. Kruglanski and Donna M. Webster, "Motivated Closing of the Mind: 'Seizing' and 'Freezing,'" *Psychological Review* 103, no 2 (1992): 263–283. 소음과 시간에 대한 압박 때문에 자극된 종결욕구와 인지능력 감소의 관계에 대한 연구는 다음을 참조하라. Arne Roets et al., "Determinants of Task Performance and Invested Effort: A Need for Closure by Relative Cognitive Capacity Interaction Analysis," *Personality and Social Psychology Bulletin* 34, no. 6 (2008): 779–792.

106쪽 **취업 면접을 할 때**: 이와 관련하여 가장 뛰어난 연구는 다음과 같다. Thomas E. Ford and Arie W. Kruglanski, "Effects of Epistemic Motivations on the Use of Accessible Constructs in Social Judgment," *Personality and Social Psychology Bulletin* 21, no. 9 (1995): 950–962; Tallie Freund, Arie W. Kruglanski, and Avivit Shpitzajzen, "The Freezing and Unfreezing of Impressional Primacy: Effects of the Need for Structure and the Fear of Invalidity," *Personality and Social Psychology Bulletin* 11, no. 4 (1985): 479–487; Donna M. Webster, Linda Richter, and Arie W. Kruglanski, "On Leaping to Conclusions When Feeling Tired: Mental Fatigue Effects on Impressional Primacy," *Journal of Experimental Social Psychology* 32 (1996): 181–195; Alan W. Heaton and Arie W. Kruglanski, "Person Perception by Introverts and Extraverts Under Time Pressure: Effects of Need for Closure," *Personality and Social Psychology Bulletin* 17 (1991): 161–165. 제인의 사례는 다음에서 발췌했다. Webster and Kruglanski, "Individual Differences in Need for Cognitive Closure," *Journal of Personality and Social Psychology* 67, no. 6 (1994):

1057.

107쪽 **어떤 후보의 적격성을 (…) 평가하도록**: Arie W. Kruglanski and Tallie Freund, "The Freezing and Unfreezing of Lay-Inferences: Effects on Impressional Primacy, Ethnic Stereotyping, and Numerical Anchoring," *Journal of Experimental Social Psychology* 19, no. 5 (1983): 454.

107쪽 **끝마무리를 잘하는 것이 중요하다고 강조하는 경우가 많다**: 크루글란스키가 지적했듯이, 면접이 끝난 후에 후보자를 평가하도록 하면 면접관이 인터뷰의 후반부를 보다 잘 기억하는 '신근성新近性' 효과를 얻을 수 있다. 물론 실제 사례에서 취업 면접관들은 면접을 하기 전에 후보자들을 어떤 측면에서 평가해야 하는지 이미 알고 있다. 다음을 참조하라. Linda Richter and Arie W. Kruglanski, "Seizing on the Latest: Motivationally Driven Recency Effects in Impression Formation," *Journal of Experimental Social Psychology* 34 (1998): 313–329.

107쪽 **다른 연구를 통해서도**: Kruglanski and Freund, "Freezing and Unfreezing of Lay-Inferences." 또한 다음을 참조하라. Arie W. Kruglanski, *The Psychology of Closed Mindedness* (New York: Psychology Press, 2004), 84.

107쪽 **신뢰를 (…) 윤활유이자 (…) 생각해보자**: David DeSteno, *The Truth About Trust: How It Determines Success in Life, Love, Learning, and More* (New York: Hudson Street Press, 2014).

108쪽 **2014년 (…) BI 노르웨이 경영대학원**: Sinem Acar-Burkay, Bob M. Fennis, and Luk Warlop, "Trusting Others: The Polarizing Effect of Need for Closure," *Journal of Personality and Social Psychology* 107, no. 4 (2014): 719–735.

109쪽 **연애관계에서도 (…) 작용하는 것**: Richard M. Sorrentino et al., "Uncertainty Orientation and Trust in Close Relationships: Individual Differences in Cognitive Styles," *Personality Processes and Individual Differences* 68, no. 2 (1995): 314–327.

110쪽 **어떤 집단은 내부의 핵심적인 신념에 의지하기도 한다**: 이것은 나의 추정이다. 미국의 양극화에 대한 증거는 다음을 참조하라. Jeffrey M. Jones, "Obama's Fifth Year Job Approval Ratings Among Most Polarized," *Gallup Politics*, January 23, 2014; Jeffrey M. Jones, "Obama's Fourth Year in Office Ties as Most Polarized Ever," *Gallup Politics*, January 24, 2013; Carroll Doherty, "7 Things to Know About Polarization in America," *Pew Research Center*, June 12, 2014; "Political Polarization in the American Public: How Increasing Ideological Uniformity and Partisan Antipathy Affect Politics, Compromise and Everyday Life," *Pew Research Center*, June 12, 2014. 또한 다음 문헌도 참고하라. Dylan Matthews, "It's Official: The 112th Congress Was the Most Polarizing Ever," *Washington Post*, January 17,

2013.

110쪽 **"우리는 (…) 이러한 경향을 보이게 될 것이다"**: 애리얼리는 상상 속의 패턴 인식에 대해 논의하고 있었다. Greg Miller, "This Is Getting Out of Control," *Science*, October 2, 2008.

110쪽 **한 연구에 따르면, 시간의 압력을 받고 있을 때**: Arie W. Kruglanski and Donna M. Webster, "Group Members' Reactions to Opinion Deviates and Conformists at Varying Degrees of Proximity to Decision Deadline and Environmental Noise," *Journal of Personality and Social Psychology* 61, no. 2 (1991): 212-225.

110쪽 **2003년의 한 실험에서는**: Antonio Pierro et al., "Autocracy Bias in Informal Groups under Need for Closure," *Personality and Social Psychology Bulletin* 29, no. 3 (2003): 405-417. 또한 다음을 참조하라. James Y. Shah et al., "Membership Has Its (Epistemic) Rewards: Need for Closure Effects on In-Group Bias," *Journal of Personality and Social Psychology* 75, no. 2 (1998): 383-393; Donna M. Webster and Arie W. Kruglanski, "Cognitive and Social Consequences of the Need for Cognitive Closure," *European Review of Social Psychology* 8, no. 1 (1997): 133-173. 종결욕구의 사회적 효과의 자세한 배경은 다음을 참조하라. Kruglanski, *The Psychology of Closed Mindedness*.

110쪽 **"나는 애매한 말을 하지 않소"라며 으스댄 것으로 유명한**: Joe Klein, "Why the 'War President' Is Under Fire," *Time*, February 15, 2004.

110쪽 **부시의 지지율은 (…) 오르내렸다**: Arie W. Kruglanski and Edward Orehek, "The Need for Certainty as a Psychological Nexus for Individuals and Society," in *Extremism and the Psychology of Uncertainty*, ed. Michael A. Hogg and Danielle L. Blaylock (Hoboken, NJ: Wile-Blackwell, 2012); Robb Willer, "The Effects of Government-Issued Terror Warnings on President Approval Ratings," *Current Research in Social Psychology* 10, no. 1 (2004): 1-12. 또한 Chris Mooney, "The Science of Why We Don't Believe Science," *Mother Jones*, April 18, 2011도 흥미로운 문헌이다. 단순히 테러 위험뿐만 아니라 불확실성에서 도피하기 위한 방편으로 정부를 신뢰하는 현상에 대한 보다 일반적인 배경은 다음을 참조하라. Steven Shepherd and Aaron C. Kay, "When Government Confidence Undermines Public Involvement in Modern Disasters," *Social Cognition* 32, no. 3 (2014): 206-216. 또한 과학 진보에 대한 믿음도 비슷한 효과를 가져올지 모른다: Marijn H.C. Meijers and Bastiaan T. Rutjens, "Affirming Belief in Scientific Progress Reduces Environmentally Friendly Behavior," *European Journal of Social Psychology*, 44, no. 5 (2014): 487-495.

111쪽 **"교전, 고문, (…) 개념에 대한 지지"**: Kruglanski and Orehek, "The Need for Certainty." 테러에 대한 반응과 그 근원에 대한 배경은 다음을 참조하라. Michael A. Hogg and Danielle L. Blaylock, eds., *Extremism and the Psychology of Uncertainty* (Hoboken, NJ: Wiley-Blackwell, 2012); Arie W. Kruglanski et al., "The Psychology of Radicalization and Deradicalization: How Significance Quest Impacts Violent Extremism," *Advances in Political Psychology* 35, supplement S1 (2014): 69-93. 또한 다음 문헌도 참조하라. Dmitrij Agroskin and Eva Jonas, "Out of Control: How and Why Does Perceived Lack of Control Lead to Ethnocentrism?" *Review of Psychology* 17, no. 2 (2010): 79-90; Patrick J. Leman and Marco Cinnirella, "Beliefs in Conspiracy Theories and the Need for Cognitive Closure," *Frontiers in Psychology* 4, article 378 (2013).

111쪽 **〈포천〉 500대 기업 중 50퍼센트 이상이**: Dane Stangler, "The Economic Future Just Happened," Ewing Marion Kauffman Foundation, Kansas City, MO, June 9, 2009.

111쪽 **경제학자 프랭크 나이트**: Michael E. Raynor, *The Strategy Paradox: Why Committing to Success Leads to Failure (And What to Do About It)* (New York: Random House, 2007); Paul J. H. Schoemaker, *Profiting from Uncertainty: Strategies for Succeeding No Matter What the Future Brings* (New York: Free Press, 2002); Frank H. Knight, Risk, *Uncertainty and Profits* (New York: Houghton Mifflin Company, 1921), 311.

112쪽 **1929년 존 듀이는**: John Dewey, *The Quest for Certainty: A Study of the Relation of Knowledge and Action* (New York: Minton, Balch & Company, 1929).

112쪽 **심리적인 성향을 인지하는 것**: 대상의 종결욕구를 낮추기 위해 고안된 조치들에 대한 내용은 이번 장의 앞부분에서 언급된 연구에 포함되어 있다. 의학적 결정에 대한 연구는 Lauren G. Block and Patti Williams, "Undoing The Effects of Seizing and Freezing: Decreasing Defensive Processing of Personally Relevant Messages," *Journal of Applied Social Psychology* 32, no. 4 (2002): 803-830이다. 행동의 결과를 올바른 순간에 주지시키는 것의 중요성은 다음 연구에도 등장한다. Uri Bar-Joseph and Arie W. Kruglanski, "Intelligence Failure and Need for Cognitive Closure: On the Psychology of the Yom Kippur Surprise," *Political Psychology* 24, no. 1 (2003): 75-99; Uri Ba-Joseph, *The Watchman Fell Asleep: The Surprise of Yom Kippur and Its Sources* (Albany, NY: State University of New York Press, 2005).

112쪽 **조직의 변화에 대처할 때**: Arie W. Kruglanski et al., "'On the Move' or 'Staying Put': Locomotion, Need for Closure, and Reactions to Organizational Change,"

*Journal of Applied Social Psychology* 37, no. 6 (2007): 1305–1340.

113쪽 **군인들이 신병을 평가하는:** Freund, Kruglanski, and Shpitzajzen, "The Freezing and Unfreezing of Impressional Primacy."

113쪽 **이러한 유형의 질문을 (…) 삽입해두면:** 종결욕구 및 유사 개념들에 대한 국가별 조사 가 존재한다. 예를 들어 다음을 참조하라. Geert Hofstede, *Culture's Consequence: Comparing Values, Behaviors, Institutes, and Organizations Across Nations*, 2nd ed. (Thousand Oaks, CA: Sage, 2001). 또한 Kruglanski, *The Psychology of Closed Mindedness*도 참조하라.

114쪽 **공식적 체계를 마련해둔 기업은 찾아보기 힘들다:** 다음을 참조하라. John, Sullivan, "Developing Bonus Systems for Rewarding Corporate Recruiters," *ERE.com*, April 23, 2007, www.ere.net/2007/04/23/developing-bonus-systems-for-reward-ing-corporate-recruiters.

115쪽 **긴급성이 긍정적인 방향으로 작용하는 경우도 있다:** 크루글란스키는 다음과 같이 말했다. "종결욕구는 헌신과 인내심으로 이어지기도 하지만, 고정관념과 선입견, 폐쇄된 마음으로 이어지기도 한다. (…) 종결욕구에 대한 평가는 어떤 가치를 고려하고 있느냐 에 따라 달라진다."

115쪽 **1969년 4월 18일, (…) 조지프 알리오토는:** "S.F. Mayor Planning Big Anti-Quake Party," *Los Angeles Times*, April 4, 1969; "Thousands Scorn Quake Prophets," *Chicago Tribune*, April 19, 1969; David S. Broder, "A Survival Celebration in San Francisco," *Washington Post*, April 19, 1969; Martin F. Nolan, "San Francisco: Just Happy to Be Alive," *Boston Globe*, April 19, 1969; Martin F. Nolan, "Life Goes On As Usual in San Francisco," *Boston Globe*, April 20, 1969; "No Cause To Quake," *Guardian* (Manchester), April 19, 1969; Daryl Lembke, "63 Years Later They Laugh It Off in San Francisco," *Los Angeles Times*, April 19, 1969. 론 필리언과 패멀라 스톰의 다음 자료도 참고하라. "Giuseppe Alioto (22 Dec 1886–13 Oct 1961) and Domenica Mae Lazio (3 Jan 1893–28 Apr 1971)," San Francisco 1906 Earthquake Marriage Project, 2015년 3월 3일 접속, www.sfgenealogy. com/1906/06alioto.htm. 필리언은 주세페와 도메니카 알리오토의 딸인 안토니나 스 카르풀라와의 2005년 인터뷰에서 이 이야기를 들었다. 두 사람은 1914년 4월 16일에 결혼했다.

119쪽 **1993년 텍사스 웨이코 외곽에서 벌어진 교착 상태는:** 웨이코, 루비리지, 마리오 빌라보나의 위기, 조엘 수자의 비극에 대해서는 Gary Noesner, *Stalling for Time: My Life as an FBI Hostage Negotiator* (New York: Random House, 2010)를 참고했다. 또한 다음 문헌들도 참고했다. Ronald Kessler, *The Bureau: The Secret History of the FBI* (New York: St. Martin's Press, 2002); Dick J. Reavis, *The Ashes of Waco: An Investigation* (Syracuse, NY: Syracuse University Press, 1998); Daniel Klaidman and Michael Isikoff, "A Fire That Won't Die," *Newsweek*, September 20, 1999. 네스너의 경험과 관련 배경에 대한 추가적인 세부 사항은 다음을 참조했다. Judith Miller, "A Nation Challenged: Hostages; F.B.I. Veteran of Hostage Negotiations Helped in Reshaping U.S. Policy," *New York Times*, February 19, 2002; Associated Press, "Documents Show F.B.I. Rift at Texas Siege," *New York Times*, December 31, 1999; Sue Anne Pressley, "Experts Debate Effects of CS Gas: Children May Have Suffocated, Chemistry Professor Tells Waco Panel," *Washington Post*, July 27, 1995; Laurie Kellman, "ATF Agent Calls Waco Superiors Liars: They Knew Surprise Was Lost, He Says," *Washington Times*, July 25, 1999; United Press International, "Colombia, 31, Gets Life in Amtrak Siege Case," *New York Times*, February 28, 1984; Phil McCombs, "The Siege, the Gunman and the FBI Negotiator," *Washington Post*, October 16, 1982; "Questions Remain on Amtrak Siege," *New York Times*, October 12, 1982; Associated Press, "Train Gunman Yields Child, Then Gives Up, with 2 Dead," *New York Times*, October 12, 1982; Sierra Bellows, "The Voice of Reason," *University of Virginia Magazine* (winter 2010); Frances Romero, "A Former FBI Negotiator on Waco and 30 Years of Standoffs," *Time*, October 8, 2010; Nicholas Schmidle, "Talking to Bastards," review of *Stalling for Time*, by Gary Noesner, *New Republic*, September 21, 2010; David A. Vise, "Some Actions at Waco Were Not Authorized, Reno Testifies," *Washington Post*, April 6, 2000; "Death in Waco," *ABC News: The Day It Happened*, 2007년 5월 24일에 출시된 DVD.

123쪽 **도나 웹스터와 아리 크루글란스키가 1994년:** Donna M. Webster and Arie Kruglanski, "Individual Differences in Need for Cognitive Closure," *Journal of Personality and Social Psychology* 67, no. 6 (1994): 1049–1062. 크루글란스키 본인은 이렇게 인용했지만(Arie W. Kruglanski, *The Psychology of Closed Mindedness* [New York: Psychology Press, 2004], 11 참조), 척도는 1993년에 등장한다. Arie W. Kruglanski,

Donna M. Webster, and Adena Klem, "Motivated Resistance and Openness to Persuasion in the Presence or Absence of Prior Information," *Journal of Personality and Social Psychology* 65, no. 5 (1993).

123쪽 **아르네 루츠와 알랭 판 힐**: Arne Roets and Alain Van Hiel, "Item Selection and Validation of a Brief, 15-Item Version of the Need for Closure Scale," *Personality and Individual Differences* 50 (2011): 90-94.

125쪽 **57점 이상이 나왔다면**: Miles Hewstone, Wolfgang Stroebe, and Klaus Jonas, eds., *An Introduction to Social Psychology*, 5th ed. (Chichester, UK: John Wiley & Sons, 2012), 213.

125쪽 **노스웨스턴 대학교의 바비 천이 주도한**: 바비 K. 천, 저자와의 인터뷰, 2014년 6월 19일; Bobby K. Cheon et al., "Contribution of Serotonin Transporter Polymorphism (5-HTTLPR) to Automatic Racial Bias," *Personality and Individual Differences* 79 (June 2015): 35-38; Bobby K. Cheon et al., "Genetic Contributions to Need for Closure, Implicit Racial Bias, and Social Ideologies: The roles of HTTLPR and COMT Val158Met," Nanyang Technological University, 발표를 위해 제출 완료. 뒤에 소개한 논문은 Roets et al., "The Motivated Gatekeeper of Our Minds."에 요약되어 있다. 천은 또한 COMT 동질 이상의 Met-대립형질 두 개를 가지고 있는 사람이 (Val-대립형질 두 개를 가지고 있는 사람에 비해) 높은 종결욕구를 보였으며, 이 효과는 5-HTTLPR 형질로 인한 높은 종결욕구를 더욱 강화한다는 사실을 발견했다. 다음 연구도 참조하라. Bobby K. Cheon et al., "Gene x Environment Interaction on Intergroup Bias: the Role of 5-HTTLPR and Perceived Outgroup Threat," *Social Cognitive and Affective Neuroscience*, 9, no. 9 (2014): 1268-1275.

126쪽 **2015년 폴란드의 심리학자들도**: Malgorzata Kossowska et al., "Electrocortical Indices of Attention Correlate with the Need for Closure," *NeuroReport* 26, no. 5 (2015): 285-290. 또한 다음을 참조하라. Malgorzata Kossowska et al., "Individual Differences in Epistemic Motivation and Brain Conflict," *Neuroscience Letters* 570 (2014): 38-41; Vanda Viola et al., "Routes of Motivation: Stable Psychological Dispositions Are Associated with Dynamic Changes in Cortico-Cortical Functional Connectivity," *PLoS ONE 9*, no. 6 (2014): e98010.

126쪽 **가장 잘 보여주는 사례**: Uri Bar-Joseph and Arie W. Kruglanski, "Intelligence Failure and Need for Cognitive Closure: On the Psychology of the Yom Kippur Surprise," *Political Psychology* 24, no. 1 (2003): 75-99; Uri Bar-Joseph, *The Watchman Fell Asleep: The Surprise of Yom Kippur and Its Sources* (Albany, NY: State University of New York Press, 2005).

130쪽 **다양한 연구를 통해, 협상으로**: Kruglanski, *Psychology of Closed Mindedness*, 100-102에 잘 요약되어 있다. 또한 다음 문헌도 참고하라. Gülcimen Yurtsever, "Tolerance of Ambiguity, Information, and Negotiation," *Psychological Reports* 89 (2001): 57-64; Dipankar Ghosh, "Tolerance for Ambiguity, Risk Preference, and Negotiator Effectiveness," *Decision Sciences* 25, no. 2 (1994): 263-280. 특정한 사례에서는 모호성이 증가할 경우 해결의 확률이 올라갈 수 있다는 점에 유의하자. 다음을 참조하라. Cynthia S. Fobian and Jay J. J. Christensen-Szalanski, "Ambiguity and Liability Negotiations: The Effects of the Negotiators' Role and the Sensitivity Zone," *Organizational Behavior and Human Decision Processes* 54, no. 2 (1993): 277-298.

131쪽 **"대부분의 사람들은 총소리를 들으면"**: 게리 네스너, 저자와의 인터뷰, 2012년 10월 1일.

134쪽 **FBI 협상가들의 교육체계를 개선했으며**: 다음을 참조하라. Vincent B. Van Hasselt et al., "Development and Validation of a Role-Play Test for Assessing Crisis (Hostage) Negotiation Skills," *Criminal Justice and Behavior* 32, no. 3 (2005): 345-361; G. Dwayne Fuselier and Gary W. Noesner, "Confronting the Terrorist Hostage Taker," *FBI Law Enforcement Bulletin* 59, no. 7 (1990): 6-11; Gary W. Noesner, "Negotiation Concepts for Commanders," *FBI Law Enforcement Bulletin* 68, no. 1 (1999): 6-14; Gary W. Noesner and Mike Webster, "Crisis Intervention: Using Active Listening Skills in Negotiations," *FBI Law Enforcement Bulletin* 66, no. 8 (1997): 13-19.

134쪽 **우유부단하거나 마음이 약한 사람**: 낮은 종결욕구와 우유부단함의 관계에 대해, 크루글란스키는 이렇게 밝힌다. 낮은 종결욕구는 질서와 예측 가능성에 대한 강한 욕구 부재, 모호성에 대한 높은 관용, 정보에 대한 개방성을 반영하기도 한다. 단호함은 단순히 종결욕구의 한 가지 측면에 불과하다.

137쪽 **사망자가 발생한 (…) 루비리지의 대치사건**: Kessler, *The Bureau*; George Lardner Jr. and Richard Leiby, "Standoff at Ruby Ridge: Botched 'Anti-Terrorist' Operation Began with Series of Overreactions," *Washington Post*, September 3, 1995.

140쪽 **FBI의 기록에는 네스너가 (…) 담겨 있다**: 다음을 참조하라. Federal Bureau of Investigation, "Waco FBI Transcript Tapes 004-006," FBI Freedom of Information Act Library, 2015년 3월 3일 접속. http://vault.fbi.gov. 위버 사례의 대화 내용은 ibid., 69를 참조하라. 아이들 문제와 관련하여 코레시와 주고받은 대화는 ibid., 150을 참조하라.

146쪽 **F. 스콧 피츠제럴드는 (…) 썼다**: F. Scott Fitzgerald, "The Crack-Up," *Esquire*, February 1936.

147쪽　네스너는 자신이 코레시의 동기와 신념을 확실하게 파악했다고 추정하지 않았으며: Federal Bureau of Investigation, "Waco FBI Transcript Tapes 004–006," 145를 참조하라. 예측 불가능한 행동이 왜 잘못 해석될 수 있는지에 대한 자세한 내용은 Jason E. Plaks, Carol S. Dweck, and Heidi Grant, "Violations of Implicit Theories and the Sense of Prediction and Control: Implications for Motivated Person Perception," *Journal of Personality and Social Psychology* 88, no. 2 (2005): 245–262를 참조하라.

148쪽　일종의 인지 부조화와 비슷한 현상이 일어나며: Ian Leslie, "Ambivalence Is Awesome: Or Is It Awful? Sometimes It's Best to Have Conflicted Feelings," *Slate*, June 13, 2013을 참조하라. 이 책의 후반부에서는 창의력에 대해서도 자세히 다룬다. 보다 자세한 배경은 다음을 참조하라. Frenk van Harreveld et al., "Ambivalence and Decisional Conflict as a Cause of Psychological Discomfort: Feeling Tense Before Jumping Off the Fence," *Journal of Experimental Social Psychology* 45 (2009): 167–173; Frenk van Harreveld, Joop van der Plight, and Yael N. de Liver, "The Agony of Ambivalence and Ways to Resolve It: Introducing the MAID Model," *Personality and Social Psychology Review* 13, no. 1 (2009): 45–61; Frenk van Harreveld et al., "The Dynamics of Ambivalence: Evaluative Conflict in Attitudes and Decision Making," in *Cognitive Consistency: A Fundamental Principle in Social Cognition*, ed. Bertram Gawronski and Fritz Strack (New York: Guilford Press, 2012).

148쪽　시인 존 키츠: John Keats, *Complete Poems and Selected Letters of John Keats* (New York: Modern Library, 2009).

150쪽　사건이 종결된 후, 미국 정부는: Special Counsel John C. Danforth, "Report to the Deputy Attorney General Concerning the 1993 Confrontation at the Mt. Carmel Complex, Waco, Texas," Pursuant to Order No. 2256–99 of the Attorney General, November 8, 2000; Glenn F. Bunting and David Willman, "Reno, FBI Agent Differ in Views of Waco Talks," *Los Angeles Times*, July 28, 1995.

150쪽　몬태나 주 조든: James Brooke, "Behind the Siege in Montana, Bitter Trail of Broken Bonds," *New York Times*, March 31, 1996; Carey Goldberg, "Last of Freemen Surrender to F.B.I. at Montana Site," *New York Times*, June 14 1996; "Freemen, FBI Standoff Drags On: Lessons of Waco Put into Practice," CNN, March 28, 1996; Tom Kenworthy and Serge F. Kovaleski, "'Freemen' Finally Taxed the Patience of Federal Government," *Washington Post*, March 31, 1996.

152쪽　심리학자 크리스토퍼 아미티지와 마크 코너: Christopher J. Armitage and Mark Conner, "Attitudinal Ambivalence and Political Opinion: Review and Avenue for Further Research," in *Ambivalence, Politics, and Public Policy*, ed. Stephen C. Craig and Michael D. Martinez (New York: Palgrave Macmillan, 2005), 145–166.

152쪽 **놀랍게도 사람의 선천적인 종결욕구는**: Donna M. Webster and Arie Kruglanski, "Individual Differences in Need for Cognitive Closure." Also see Kruglanski, *The Psychology of Closed Mindedness*, 66.

153쪽 **사회 심리학자 밀턴 로키치**: 이 인용문은 다음에서 발췌했다. Richard M. Sorrentino and Christopher J. R. Roney, *The Uncertain Mind: Individual Differences in Facing the Unknown* (Philadelphia: Psychology Press, 2000), 16–17.

153쪽 **정보업계에서 말하는 레드팀**: Peter L. Bergen, *Man Hunt: The Ten-Year Search for Bin Laden from 9/11 to Abbottabad* (New York: Crown Publishers, 2012), 191–194.

154쪽 **"파블로, 아직 다 뿌리지 않았어?"**: Kessler, *The Bureau*, 332. 녹취록에 대한 추가적인 정보는 다음을 참조하라. Associated Press, "'Start the Fire?' a Davidian Asks on 1993 Tapes," *Los Angeles Times*, July 11, 2000; "Jury Clears US Over Waco Deaths," *BBC News*, July 15, 2000; Andrew Maykuth, Steve Goldstein, and Terrence Samuel, "Exactly Two Years Before the Blast, Koresh Site Burned Branch Davidians, Who Marked the Anniversary with a Protest, Deny Involvement in the Bombing," *Philadelphia Inquirer*, April 20, 1995; Mark Potok, "Waco Tape: 'Got Coleman Fuel?'" *USA Today*, February 15, 1994; CNN, "Waco Trial: Closing Arguments Today in Multi-Million Dollar Wrongful Death Case of More Than 80 Branch Davidians," 녹취록, CNN, 2000년 7월 14일 방송; John C. Danforth, "Report to the Deputy Attorney General Concerning the 1993 Confrontation at the Mt. Carmel Complex, Waco, Texas." 딕 리비스를 비롯해 일부 사람들은 다윗파 신자들이 불을 질렀다는 데 회의적이었으며 음성 전문가가 작성한 테이프 녹취록에 의구심을 제기했다.

## 5장 때로는 알고 있다는 환상이 무지보다 위험하다

157쪽 **2004년 6월 말, (…) 52세의**: 트리샤 토리, 저자와의 인터뷰, 2014년 11월 13일. 토리가 겪은 일에 대해 글을 쓴 사람의 내가 처음은 아니다. 다음의 예를 참조하라. Elizabeth S. Cohen, *The Empowered Patient: How to Get the Right Diagnosis, Buy the Cheapest Drugs, Beat Your Insurance Company, and Get the Best Medical Care*

Every Time (New York: Ballantine Books, 2010). 토리는 환자 주도권 강화와 관련해 6년간 About.com에 기고했다. 또한 다음을 참조하라. Trisha Torrey, *You Bet Your Life! The 10 Mistakes Every Patient Makes* (Baldwinsville, NY: Diagknowsis Media, 2010); Trisha Torrey, *The Health Advocate's Marketing Handbook* (Baldwinsville, NY: Diagknowsis Media, 2010).

161쪽 **가슴 아픈 사례**: Time Wire Reports, "Husband Wins Lawsuit in Chemotherapy Death," *Los Angeles Times*, June 11, 2005.

161쪽 **전체 진단의 10~20퍼센트에 달한다**: Mark L. Graber, Robert M. Wachter, and Christine K. Cassel, "Bringing Diagnosis into the Quality and Safety Equations," *JAMA* 308, no. 12 (2012): 1211-1212; Eta S. Berner and Mark L. Graber, "Overconfidence as a Cause of Diagnostic Error in Medicine," *American Journal of Medicine* 121, no. 5A (2008): S2-S23.

161쪽 **불필요하게 발생하는 사망자 수가 해마다 4만 명에서 8만 명에 달한다**: Lucian L. Leape, Donald M. Berwick, and David Bates, "Counting Deaths from Medical Errors [Letter Reply]," *JAMA* 288, no. 19 (2002): 2405.

161쪽 **2014년 연구에 따르면 (…) 유방암 환자 다섯 명 중 한 명은**: Gina Kolata, "Vast Study Casts Doubts on Value of Mammograms," *New York Times*, February 11, 2014; Anthony B. Miller et al., "Twenty Five Year Follow-Up for Breast Cancer Incidence and Mortality of the Canadian National Breast Screening Study," *BMJ*, February 11, 2014. 또한 Denise Grady, "Breast Biopsies Leave Room For Doubt, Study Finds," *New York Times*, March 17, 2015를 참조하라.

161쪽 **병리학자들이 조직 샘플을**: Stephen S. Raab et al., "Clinical Impact and Frequency of Anatomic Pathology Errors in Cancer Diagnoses," *Cancer* 104, no. 10 (2005): 2205-2213; Cohen, *The Empowered Patient*.

161쪽 **흉부 X선을 판독하는 방사선 전문의들**: E. James Potchen, "Measuring Observer Performance in Chest Radiology: Some Experiences," *Journal of the American College of Radiology* 3, no. 6 (2006): 423-432; Jerome Groopman, *How Doctors Think* (New York: Houghton Mifflin, 2007).

162쪽 **1980년대 (…) 연구원들은**: Lee Goldman et al., "The Value of the Autopsy in Three Medical Eras," *New England Journal of Medicine* 305 (1983): 1000-1005; Atul Gawande, *Complications: A Surgeon's Notes on an Imperfect Science* (New York: Metropolitan Books, 2002), 197.

162쪽 **빌헬름 키르히와 크리스틴 샤피**: Wilhelm Kirch and Christine Schafii, "Misdiagnosis at a University Hospital in 4 Medical Eras," *Medicine* 75, no. 1 (1996): 29-40.

162쪽 **맹장염을 진단하는**: Shannon Brownlee, *Why Too Much Medicine Is Making Us Sicker and Poorer* (New York: Bloomsbury USA, 2007), 151; David Flum et al., "Misdiagnosis of Appendicitis and the Use of Diagnostic Imaging," *Journal of American College of Surgeons* 201, no. 6 (2005): 933–939.

163쪽 **오늘날, 관건은**: Atul Gawande, *The Checklist Manifesto: How to Get Things Right* (New York: Picador, 2009).

163쪽 **"항상 철저한 연구를 통해 검증을 마칠 수 있다면"**: C. David Naylor, "Grey Zones of Clinical Practice: Some Limits to Evidence-Based Medicine," *Lancet* 345 (1995): 840–842.

163쪽 **"의학계의 커다란 고충"**: Gawande, *Complications*, 228.

164쪽 **베라 루서와 소니아 크랜들이 지적했듯이**: Vera P. Luther and Sonia J. Crandall, "Ambiguity and Uncertainty: Neglected Elements of Medical Education Curricula," *Academic Medicine* 86, no. 7 (2011): 799–800.

164쪽 **이론가 도널드 쇤**: Donald Schön, "Knowing-in-Action: The New Scholarship Requires a New Epistemology" *Change* 27, no. 6 (1995): 26–34.

164쪽 **2011년 펴낸 과잉 진단에 대한 책**: H. Gilbert Welch, Lisa M. Schwartz, and Steven Woloshin, *Overdiagnosed: Making People Sick in the Pursuit of Health* (Boston: Beacon Press, 2011).

165쪽 **매년 9만 8천 명에 달하는 미국인이 의료과실로 사망한다**: Linda T. Kohn, Janet M. Corrigan, and Molla S. Donaldson, eds., *To Err Is Human: Building a Safer Health System* (Washington, DC: National Academy Press, 2000).

166쪽 **환자 주도권 강화 운동**: Cohen, *The Empowered Patient; Jan Hoffman*, "Awash in Information, Patients Face a Lonely, Uncertain Road," *New York Times*, August 14, 2005; Gawande, *Complications*. 또한 다음을 참조하라. Robert M. Anderson and Martha M. Funnell, "Patient Empowerment: Myths and Misconceptions," *Patient Education and Counseling* 79, no. 3 (2010): 277–282; Peter J. Schulz and Kent Nakamoto, "Health Literacy and Patient Empowerment in Health Communication: The Importance of Separating Conjoined Twins," *Patient Education and Counseling* 90 (2013): 4–11.

166쪽 **2005년 실시된 한 설문조사에 따르면**: Hoffman, "Awash in Information."

167쪽 **모호성이 어떻게 이성적인 분석의 방해물이 될 수 있는지**: 환자들의 모호성 회피 성향을 가늠한 척도에 대해서는 다음을 참조하라. Paul K. J. Han et al., "Aversion to Ambiguity Regarding Medical Tests and Treatments: Measurement, Prevalence, and Relationship to Sociodemographic Factors," *Journal of Health Communica-*

*tion: International Perspectives* 14, no. 6 (2009): 556-572. 이 연구에는 몇 가지 문장도 포함되어 있으며, 참가자들은 각 문장에 동의하는 정도와 동의하지 않는 정도를 평가했다. 예를 들어 다음과 같다. "전문가들의 의견이 서로 상충되면 전문가에 대한 신뢰가 떨어진다." "의료 검사에 대한 전문가 의견은 나를 화나게 한다." "만약 전문가들이 의료 검사나 치료에 대해 서로 상충되는 의견을 내놓는다면 나는 해당 검사나 치료에 대한 판단을 삼갈 것이다." 의사들의 입장을 다룬 문헌은 다음을 참조하라. Jason Hancock et al., "Medical Student and Junior Doctors' Tolerance of Ambiguity: Development of a New Scale," *Advances in Health Sciences Education*, May 20, 2014. 불확실성에 대한 환자와 의사의 태도가 서로 어떻게 상호작용하는지에 대한 배경은 David B. Portnoy et al., "Physicians' Attitudes About Communicating and Managing Scientific Uncertainty Differ by Perceived Ambiguity Aversion of Their Patients," *Health Expectations* 16, no. 4 (2013): 362-372를 참조하라. 의학 교육에 모호성에 대한 관용이라는 요소를 도입해야 한다는 제안의 배경은 다음을 참조하라. Gail Geller, "Tolerance for Ambiguity: An Ethics-Based Criterion for Medical Student Selection," *Academic Medicine* 88, no. 5 (2013): 581-584. 또한 다음 문헌도 참고할 만하다. Luther and Crandall, "Ambiguity and Uncertainty" John Lally and Peter Cantillon, "Uncertainty and Ambiguity and Their Association with Psychological Distress in Medical Students," *Academic Psychiatry* 38, no. 3 (2014): 339-344; Greta B. Raglan et al., "Need to Know: The Need for Cognitive Closure Impacts the Clinical Practice of Obstetrician/Gynecologists," *BMC Medical Informatics and Decision Making*, December 24, 2014.

167쪽 **1차 진료를 (⋯) 무려 3분의 2에 달한다**: David B. Seaburn et al., "Physician Responses to Ambiguous Patient Symptoms," *Journal of General Internal Medicine* 20, no. 6 (2005): 525-530. 또한 다음을 참조하라. Loïc Berger, Han Bleichrodt, and Louis Eeckhoudt, "Treatment Decisions Under Ambiguity," *Journal of Health Economics* 32 (2013): 559-569.

169쪽 **리사 샌더스는 (⋯) 확인해주었다**: Lisa Sanders, *Every Patient Tells a Story: Medical Mysteries and the Art of Diagnosis* (New York: Broadway Books, 2009), 230.

169쪽 **2011년 〈뉴욕 타임스〉는**: Gina Kolata, "Sports Medicine Said to Overuse M.R.I.'s," *New York Times*, October 28, 2011; John Helyar, "Dr. James Andrews Still Works on the Cutting Edge," *ESPN.com*, September 17, 2007; Sam Farmer, "Dr. Andrews Says Brady Getting Better," *Los Angeles Times*, October 24, 2008.

170쪽 **환자들은 사실상 진단 검사에 파묻히고 있는 실정이다**: Rebecca Smith-Bindman et al., "Use of Diagnostic Imaging Studies and Associated Radiation Exposure for Patients Enrolled in Large Integrated Health Care Systems," *JAMA* 307, no. 22 (2012): 2400-2409. 보다 자세한 배경은 다음을 참조하라. John Horgan, "How Can We Curb the Medical-Testing Epidemic?" *Scientific American*, November 7, 2011; Denise Dador, "Doctor Says Medical Profession 'Over-Tests' Patients," *ABC News*, July 18, 2012; Jesse M. Pines and Zachary F. Meisel, "Why Doctors Order Too Many Tests (It's Not Just to Avoid Lawsuits)," *Time*, February 25, 2011; "Diagnostic Tests: Another Frontier for Less Is More," editorial, *Archives of Internal Medicine* 171, no. 7 (2011): 619; Deborah Grady, "Why Physicians Order Tests," *JAMA Internal Medicine* 173, no. 17 (2013): 1383; Deborah Grady, "The 'Top 5' Health Care Activities for Which Less Is More," *Archives of Internal Medicine* 171, no. 5 (2011): 1390; "Less Is More: How Less Health Care Can Result in Better Health," editorial, *Archives of Internal Medicine* 170, no. 9 (2010): 749-750.

170쪽 **"검사 결과의 절반 정도가 (…) 의사를 도와준다면"**: Brownlee, *Too Much Medicine*, 149.

171쪽 **사는 모호한 검사 결과가 (…) 추정했다**: Sunita Sah, Pierre Elias, and Dan Ariely, "Investigation Momentum: The Relentless Pursuit to Resolve Uncertainty," *JAMA Internal Medicine* 173, no. 10 (2013): 932-933. 나는 David DiSalvo, "How Uncertainty Overpowers Evidence in Matters of Health: Study Shows That Many Invasive Procedures Are Fueled by Uncertainty, Not Facts," *Psychology Today*, May 12, 2013을 통해 이 연구를 접하게 되었다.

173쪽 **한 사례에서는 (…) 오십대 남성이**: Meredith A. Niess, "Preoperative Chest X-rays: A Teachable Moment," *JAMA Internal Medicine* 174, no. 1 (2014): 12. 또한 다음을 참조하라. Matthew C. Becker, John M. Galla, and Steven E. Nissen, "Left Main Trunk Coronary Artery Dissection as a Consequence of Inaccurate Coronary Computer Tomographic Angiography," *Archives of Internal Medicine* 171, no. 7 (2011): 698-701.

174쪽 **의료 전문가들은 (…) 인식하고 있으며**: Jerome Greenberg and Jonas B. Green, "Over-testing: Why More Is Not Better," *American Journal of Medicine* 127, no. 5 (2014): 362-363; Ray Moynihan, Jenny Doust, and David Henry, "Preventing Overtesting: How to Stop Harming the Healthy," *BMJ* 344 (2012): 1-6; Tanner J. Caverly et al., "Too Much Medicine Happens Too Often: The Teachable Moment and a Call for Manuscripts from Clinical Trials," *JAMA Internal Medicine* 174, no. 1 (2014): 8-9.

174쪽 **2천억 달러 정도가**: Donald M. Berwick and Andrew D. Hackbarth, "Eliminating

Waste in US Health Care," *JAMA* 307, no. 14 (2012): 1514. 이 연구의 추정치는 2011년을 기준으로 한다.

174쪽 **2014년의 설문조사에서는:** PerryUndem Research/Communication, "Unnecessary Tests and Procedures in the Health Care System: The Problem, the Causes, and the Solutions," results from a national survey of physicians conducted for the ABIM Foundation, May 1, 2014.

174쪽 **〈자마 인터널 메디신〉은 2010년:** 당시에는 〈인터널 메디신〉의 아카이브였다: Rita F. Redberg, "Less Is More," *Archives of Internal Medicine* 170, no. 7 (2010): 584.

175쪽 **진단 검사를 매우 중요한 문제 영역으로:** Rita Redberg, Mitchell Katz, and Deborah Grady, "Diagnostic Tests: Another Frontier for Less Is More, or Why Talking to Your Patient Is a Safe and Effective Method of Reassurance," *Archives of Internal Medicine* 171, no. 7 (2011): 619. 또한 다음을 참조하라. Deborah Grady and Rita Redberg, "Less Is More: How Less Health Care Can Result in Better Health," *Archives of Internal Medicine* 170, no. 9 (2010): 749–750; Good Stewardship Working Group, "The 'Top 5' Lists in Primary Care: Meeting the Responsibility of Professionalism," *Archives of Internal Medicine* 171, no. 15 (2011): 1385–1390. Shubha V. Srinivas, "Application of 'Less Is More' to Low Back Pain," *Archives of Internal Medicine* 172, no. 13 (2013): 1016–1020.

176쪽 **예를 들어 미네소타에서는:** Lauran Neergaard, "Overtreated: More Medical Care Isn't Always Better," *Boston Globe*, June 7, 2010.

176쪽 **일부 약의 경우 효과보다 위험이:** Richard A. Friedman, "A Call for Caution on Antipsychotic Drugs," *New York Times*, September 24, 2012.

177쪽 **'현명한 선택'이라는 캠페인:** Bruce Japsen, "Doctors Call Out 90 More Unnecessary Medical Tests, Procedures," *Forbes*, February 21, 2013; Chris Crawford, "Two Years Down the Road, Choosing Wisely Still Picking Up Steam," *American Academy of Family Physicians*, May 14, 2014.

177쪽 **캐나다 의학협회도 (…) 시작했다:** Jessica McDiarmid, "Canadian Doctors to Tackle Unnecessary Medical Tests," *The Star*, August 22, 2013.

177쪽 **레지던트들을 대상으로 실시한 연구:** Lauren Block et al., "In the Wake of the 2003 and 2011 Duty Hours Regulations, How Do Internal Medicine Interns Spend Their Time?" *Journal of General Internal Medicine* 28, no. 8 (2013): 1042–1047; J.R. Hampton, "Relative Contributions of History-Taking, Physical Examination, and Laboratory Investigation to Diagnosis and Management of Medical Outpatients," *The British Medical Journal* 2, no. 5969 (1975): 486–489. 다음 보도는 이

러한 연구를 참조하고 있다. Leana Wen, "Don't Just Do Something, Stand There!" *The Huffington Post*, August 22, 2013; Leana Wen, "When More Medicine Isn't Better," *The Huffington Post*, August 11, 2013.

178쪽 **만병통치약 (…) 특히 '개발도상국'에서는**: Annie Murphy Paul의 뛰어난 블로그에 2012년 5월 4일자로 게시된 "Technology Is Not a 'Magic Cure-All' for Education"을 참고했다. www.anniemurphypaul.com/2012/05/technology-is-not-a-magic-cure-all-for-education; Julián P. Cristia et al., "Technology and Child Development: Evidence from the One Laptop per Child Program," Working Paper IDB-WP 304, Inter-American Development Bank, Washington, DC, February 2012. MOOC에 대한 내용은 Tamar Lewin, "After Setbacks, Online Courses are Rethought," *New York Times*, December 10, 2013을 참조하라. 온라인 교육에 대한 내용은 "The Trouble With Online College," editorial, *New York Times*, February 18, 2013에 실려 있다. 나 역시 기술적 해결책을 지나치게 신뢰하는 실수를 저질렀다. 다음을 참조하라. Jamie Zimmerman and Jamie Holmes, "The M-Banking Revolution: Why Cell Phones Will Do More for the Developing World Than Laptops Ever Could," *Foreign Policy*, August 27, 2010. 이 책의 뒷부분에서 살펴보겠지만, 휴대폰을 사용한 송금은 큰 성공을 거둔 데 반해 휴대폰을 사용한 예금은 사실상 아직까지 보편화되지 않았다. 그 이유가 궁금해진 나는 최근에 독립 컨설턴트이자 터프츠 대학교 플레처 국제대학원의 선임 연구원인 이그나시오 마스Ignacio Mas에게 이 문제에 대한 질문을 던졌다(저자와의 인터뷰, 2013년 7월 15일). 마스는 휴대폰 예금계좌가 전혀 충족되지 않은 요구를 만족시킨다는 가정 자체가 잘못된 것이라고 설명해주었다. 현실에서 '가난한 사람들'은 비공식적인 저축을 하기 위한 여러 가지 수단을 가지고 있다. 이러한 수단은 효과적으로 작동하며 디지털로 재현하기가 거의 불가능하다. 마스는 이렇게 말한다. "디지털 금융의 가장 큰 문제점은 디지털이 모든 것을 지독하게도 명쾌하게 만든다는 데 있습니다. 그와 반대로, 예를 들어 농부가 어떻게 소를 저축수단으로 이용하는지 생각해봅시다. 소는 즉시 현금화할 수가 없지요. 소를 팔기 위해서는 어느 정도 시간이 필요하니까요. 또한 나누는 것도 불가능합니다. 살아 있는 소의 일부분만 팔 수는 없지요. 거래비용도 발생하지요. 또한 가시성이라는 사회적 장벽도 존재합니다. 소를 팔게 되면 마을 사람들이 전부 그 사실을 알게 될 테고, 자신이 경제적인 어려움을 겪고 있다는 사실을 모든 사람에게 알리고 싶지 않을 수도 있습니다. 따라서 이렇게 다양한 장애물이 존재합니다. 이러한 장애물이 명백하게 눈으로 보이지는 않지만 누구나 충분히 이해하고 있지요. 이러한 요소들을 어떻게 전자계좌에 반영할까요? 완전히 주먹구구식으로 보일 겁니다. 계좌 주인들에게 이렇게 말해야 할 겁니다. '이 계좌는 48시간 전에 통보해야 현금을 인출할 수 있고, 500달러씩만 거래가 가능하고,

모든 이웃분들께 고객님이 현금을 인출했다고 말할 겁니다.' 모든 것이 명확하게 드러
난다는 이 디지털 뱅킹의 특징이 너무나 불편하게 느껴지는 겁니다." 한마디로 말해,
모바일 뱅킹은 전혀 충족되지 않은 요구를 만족시키려 하는 것이 아니다. 복잡한 기재
가 관여되어 있으며, 유용하면서도 재현하기 어려운 기존의 비공식적 저축수단을 대체
하려고 하는 것이다.

178쪽 **마침내 (…) 창문을 발견했다는**: 말콤 글래드웰은 몇 년 전에 이 점을 언급했다. "사진
이 있으면 명확하게 볼 수 있을 것 같지만 오히려 혼란스러운 경우가 많다." Malcolm
Gladwell, "The Picture Problem: Mammography, Air Power, and the Limits of
Looking," *New Yorker*, December 13, 2004.

179쪽 **(비록 앞에서 자동차 경고등의 비유를 소개하기는 했지만)**: 또한 이 책에서 우리의 '마
음'이라는 기계'를 언급하며 다른 용어들을 사용하기도 했지만.

179쪽 **신경법학은 두뇌 촬영 결과를 형사법에 적용하는 분야**: 법정에서 사용된 신경과학적
증거에 대한 통계는 니타 파라하니가 2014년 7월 11일 저자에게 보낸 이메일을 참고
했다. 내가 제임스 팰런과 이야기를 나눈 것은 2011년이다. 팰런은 2014년 7월 11일에
보낸 이메일을 통해, 신경 촬영 영상은 "아직 전면 사용되기에는" 시기상조라는 인용문
이 여전히 자신의 현재 견해와 일치한다고 확인해주었다. 나는 또한 다음 문헌도 참조
했다. Jeffrey Rosen, "The Brain on the Stand," *New York Times Magazine*, March
11, 2007; Eric Bailey, "Defense Probing Brain to Explain Yosemite Killings," *Los
Angeles Times*, June 15, 2000; Amanda C. Pustilnik, "Violence on the Brain: A
Critique of Neuroscience in Criminal Law," *Harvard Law School Faculty Scholar-
ship Series* 14 (2008); Richard E. Redding, "The Brain-Disordered Defendant:
Neuroscience and Legal Insanity in the Twenty-First Century," *American Univer-
sity Law Review* 56, no. 1 (2006): 51–127.

182쪽 **의사는 3주간 복용할 항생제를 처방**: 현명한 선택 캠페인이 강조하듯이, 다른 일반적
인 맥락에서는 항생제의 남용을 피하는 것이 중요하다. 현명한 선택과 컨슈머 리포
트 헬스Consumer Reports Health가 공동으로 발표한 "Antibiotics: When You Need
Them and When You Don't," February 2014를 참조하라.

## 6장 모호성을 견뎌내는 CEO의 능력이 기업의 성공을 결정한다

185쪽 **턱 가운데가 움푹 파인 (…) 존 페어차일드**: WWD와 미디스커트의 이야기는 다음을
참조했다. "Midi vs. Mini: The Battle of the Hemline," *Newsweek*, March 16, 1970;
"The Great Hemline Hassle: Onward and Downward with Hemlines," *Life*, March

13, 1970; Julie Byrne, "Clothes Purr at Full Throttle," *Los Angeles Times*, August 16, 1970; "Fashion: Up, Up & Away," *Time*, December 1, 1967; Claire McCormack, "The Miniskirt: Top 10 British Invasion," *Time*, January 18, 2011; "Fashion: Anyone She Wants to Be," *Time*, June 23, 1967; "Business: Fashion Show in the Office," *Time*, August 2, 1968; "Fashion: Next, the Maxiskirt?" *Time*, May 12, 1967; "Modern Living: The French Line," *Time*, February 9, 1970; Meryl Gordon, "Fashion's Most Angry Fella," *Vanity Fair*, September 2012; "Modern Living: The Long Way Out," *Time*, October 26, 1970; "Fashion: Hold That Mini Line!" *Time*, August 8, 1969; "Modern Living: Claude and the Long Look," *Time*, March 9, 1970; "Modern Living: Compulsory Midi," *Time*, June 29, 1970; Anastasia Toufexis, "Living: A Rousing No to Mini-pulation," *Time*, April 25, 1988; "Press: Stalking the Elusive Hemline," *Time*, March 31, 1980; "Modern Living: The Midi's Compensations," *Time*, June 8, 1970; "The Press: Out on a Limb with the Midi," *Time*, September 14, 1970; "Nation: Women on the March," *Time*, September 7, 1970; "Modern Living: All in the Jeans," *Time*, January 11, 1971; "People: May 17, 1968," *Time*, May 17, 1968; "Nation: Midis Verboten," *Time*, September 28, 1970; Edward Gold et al., *Fashion, Retailing and a Bygone Era: Inside* Women's Wear Daily (Washington, DC: Beard Books, 2005); Eugenia Sheppard, "Midi May Be Flight from Reality," *Hartford Courant*, May 25, 1970; Isadore Barmash, "Long-Skirt Fiasco Lingers On," *New York Times*, May 13, 1973; Marylin Bender, "This Year Even the Shoe Designers Are Confused," *New York Times*, February 23, 1970; Nan Ickeringill, "Oh the Times They Are A-Changing: Daring Now Means Mid-Calf," *New York Times*, February 23, 1968; Marylou Luther, "A Letdown for Miniskirts? How the Midi Poll Sees It," *Los Angeles Times*, February 9, 1970; Eugenia Sheppard, "Gloria Goes All Out for the Midi," *Hartford Courant*, December 23, 1969; Isadore Barmash, "Designers' Sales Go Up as Hem Lines Fall," *New York Times*, June 1, 1970; Alison Adburgham, "Femme Chic and Tough Chick," *Guardian* (Manchester), August 4, 1970; United Press International, "Funeral for the Midi," *Washington Post*, October 28, 1970; Marian Christy, "Skirts the Issue in Lengthy Debate," *Boston Globe*, April 12, 1970; Nancy L. Ross, "The Midi Fad," *Washington Post*, March 19, 1970; Eleanor Page, "The Great Hemline Hassle," *Chicago Tribune*, July 2, 1970; Gertrude Wilson, "Midi Can't Make It," *New York Amsterdam*, September 5, 1970; Marylou Luther, "Pantsuit Voted Tops for Fall," *Los Angeles Times*, September 13, 1970; "Midi Length Is Dead, Oxford Industries' Chief Tells Holders," *Wall Street Journal*, October 1, 1970; "Putting It All Together," *Newsday*, September 29, 1970; David McLean, "Heard on the Street," *Wall Street Journal*, December 7, 1970; Marian Christy, "Designers Insist the Midi is Here to Stay," *Boston Globe*, November 8, 1970; Marian Christy, "Farewell to Frivolity: The Midi Is Here," *Boston Globe*, May 5, 1970; Ellen Zack, "Prices Are Up, Selection Down As Inflation Hits Clothing Stores," *Boston Globe*, September 1, 1974; Marilyn Goldstein, "Won't Anybody Buy a Midi?" *Newsday*, October 12, 1970; Margaret Crimmins, "Buyers…: Seven Inches of Leg and a Foot," *Washington Post*, September 27, 1970; Art Buchwald, "Report from the Front," *Boston Globe*, September 15, 1970; "Modern Living: Line of Most Resistance," *Time*, March 23, 1970. '미디 길이'에는 미디코트도 포함된다.

191쪽 **대니얼 앨즈버그의 유명한 생각 실험**: Daniel Ellsberg, "Risk, Ambiguity, and the Savage Axioms," *Quarterly Journal of Economics* 75, no. 4 (1961): 643–669. 높은 위험성보다는 모호성이 신뢰를 얻게 된다는 증거는 Anne Corcos, François Pannequin, and Sacha Bourgeois–Gironde, "Is Trust an Ambiguous Rather Than a Risky Decision?" *Economics Bulletin* 32, no. 3 (2012): 2255–2266을 참조하라.

192쪽 **원숭이 역시 (…) 확실한 확률을 선호한다**: Benjamin Y. Hayden, Sarah R. Heilbronner, and Michael L. Platt, "Ambiguity Aversion in Rhesus Macaques," *Frontiers in Neuroscience* 4, no. 166 (2010).

192쪽 **침팬지와 보노보도**: Alexandra G. Rosati and Brian Hare, "Chimpanzees and Bonobos Distinguish Between Risk and Ambiguity," *Biology Letters* 7, no. 1 (2011): 15–18.

192쪽 **부분적인 모호성만 존재하는 경우에도**: Ifat Levy et al., "Neural Representation of Subjective Value Under Risk and Ambiguity," *Journal of Neurophysiology* 103, no. 2 (2010): 1036–1047; 레비와 몇몇 다른 학자들은 청소년이 성인보다 실제로 위험에 대한 내성이 낮을 수도 있음을 시사하는 흥미로운 실험을 실시했다. 이 연구에서 밝혀진 바에 따르면, 청소년들은 모호성에 대한 관용을 가지고 있기 때문에 미지의 대상을 확인해보게 된다. Agnieszka Tymula et al., "Adolescents' Risk–Taking Behavior Is Driven by Tolerance to Ambiguity," *Proceedings of the National Academy of Sciences* 109, no. 42 (2012): 17135–17140을 참조하라.

192쪽 **뇌과학 분야의 증거**: Ming Hsu et al., "Neural Systems Responding to Degrees of Uncertainty in Human Decision–Making," *Science* 310, no. 5754 (2005): 1680–1683; Ifat Levy, "Ambiguous Decisions in the Human Brain," in *Comparative Decision Making*, ed. Thomas R. Zentall and Philip H. Crowley (Oxford: Oxford

University Press, 2013); Ming Hsu and Lusha Zhu, "Ambiguous Decisions in the Human Brain," in *Comparative Decision Making*.

193쪽 **비즈니스 저자이자 전략가인 마이클 레이너**: Michael E. Raynor, *The Strategy Paradox: Why Committing to Success Leads to Failure (and What to Do About It)* (New York: Random House, 2007).

194쪽 **전혀 예상치 못한 사건들**: Raynor, ibid.; Paul J. H. Schoemaker, *Profiting from Uncertainty: Strategies for Succeeding No Matter What the Future Brings* (New York: Free Press, 2002).

195쪽 **시스코는 (…) 대손상각 처리했으며**: James Surowiecki, "Cisco-Holics Anonymous," *New Yorker*, May 21, 2001; "Cisco: Behind the Hype," *Bloomberg Businessweek*, January 20, 2002. 재고 문제의 재정적 영향에 대한 다른 세부 사항은 다음에서 발췌했다. Blair Speedy, "Retailers Puncture Post-Poll Optimism," *Australian* (Sydney), October 25, 2013; Jim Dwyer, "A Clothing Clearance Where More Than Just the Prices Have Been Slashed," *New York Times*, January 5, 2010; Sue Mitchell, "TWE Slumps as Wine Dumped," *Australian Financial Review*, July 16, 2013; Justin Grant, "New Elmo Doll's Not So Special—Analyst," *Reuters Blog*, December 18, 2007; Alex Veiga, "Mattel Posts 6 Pct. Rise in 3Q Profit," *Fox News*, October 6, 2006; Trefis Team, "Abercrombie & Fitch's Tough Run with Inventory Management," *Trefis.com*, June 25, 2013. 애버크롬비 앤드 피치 vs 패스트 패션에 대한 배경은 다음을 참조하라. Reuters, "Teens Aren't Shopping at Abercrombie, American Eagle and Aeropostale Anymore," *New York Daily News*, August 23, 2013; Reuters, "Abercrombie & Fitch Sales Decline for Seventh Straight Quarter," *Huffington Post*, November 21, 2013; Ben Levisohn, "Can Anything Save Abercrombie & Fitch?" *Barron's*, November 6, 2013. 장난감 폐기에 대한 광고를 낸 기업은 시큐리티 엔지니어드 머시너리Security Engineered Machinery다.

196쪽 **채찍 효과라고 부르는**: Hau L. Lee, V. Padmanabhan, and Seungjin Whang, "The Bullwhip Effect in Supply Chains," *MIT Sloan Management Review*, April 15, 1997. Injazz J. Chen, YeonYeob Lee, and Anthony Paulraj, "Does a Purchasing Manager's Need for Cognitive Closure (NFCC) Affect Decision-Making Uncertainty and Supply Chain Performance?" *International Journal of Production Research*, April 22, 2014는 구매 책임자의 결정과 종결욕구를 직접적으로 조명한 문건이다. 여기서는 "불확실한 상황을 접했을 때, 인지적 종결욕구NFCC가 높은 구매 책임자는 불확실성을 경감시키고 성공 확률을 높이는 의사결정 규칙을 채택하고 능숙하게 활용할 가능성이 높다"고 결론지었다.

197쪽 **1997년 스탠퍼드 대학교의**: Lee, Padmanabhan, and Whang, "Bullwhip Effect in Supply Chains."

197쪽 **라살 대학교의 경영학 교수**: Aida L. Velasco, "The View from Taft: Brand Piracy," *BusinessWorld*, April 14, 2011.

198쪽 **2012년 4천 개 이상의 미국 기업을 조사한 연구에서는**: Robert L. Bray and Haim Mendelson, "Information Transmission and the Bullwhip Effect: An Empirical Investigation," *Management Science* 58, no. 5 (2012): 860–875. 로버트 브레이, 저자와의 인터뷰, 2015년 3월 18일. 브레이는 채찍 효과에 몇 가지 원인이 있다고 강조했다. 구매자들이 공급 부족을 예상하면서 리, 파드마나반Padmanabhan, 왕Whang이 할당 및 부족 게임이라고 부른 요소들로 인해 여분의 재고가 발생할 수 있다. 수요 예측 업데이트 역시 주요 원인 중 하나다.

201쪽 **피글리 위글리라는 슈퍼마켓 체인**: Mike Freeman, *Piggly Wiggly: The Rise & Fall of a Memphis Maverick* (London: History Press, 2011); "Business & Finance: Piggly Wiggly Man," *Time*, February 25, 1929.

203쪽 **오노 다이치라는 (⋯) 미국을 방문했을 때**: 토요타에 대한 배경은 다음을 참조했다. Taiichi Ohno, *Toyota Production System: Beyond Large-Scale Production* (Portland, OR: Productivity Press, 1988), 23; Taiichi Ohno with Setsuo Mito, *Just-In-Time for Today and Tomorrow*, trans. Joseph P. Schmelzeis Jr. (Cambridge, MA: Productivity Press, 1988); David Magee, *How Toyota Became #1: Leadership Lessons from the World's Greatest Car Company* (New York: Portfolio, 2007); Adam S. Maiga and Fred A. Jacobs, "JIT Performance Effects: A Research Note," *Advances in Accounting (incorporating Advances in International Accounting)* 25 (2009): 183–189; James P. Womack, Daniel T. Jones, and Daniel Roos, *The Machine That Changed the World* (New York: Free Press, 2007).

203쪽 **훗날 오노는 (⋯) 비교했다**: Taiichi Ohno, *Taiichi Ohno's Workplace Management: Special 100th Birthday Edition* (New York: McGraw-Hill, 2013).

204쪽 **항상 두부가 필요한 사람들은 P&G와 거래하는 유통업체처럼**: Lee, Padmanabhan, and Whang, "Bullwhip Effect in Supply Chains."에서 암시한 바와 같이, 재고를 비축하면 불확실성을 줄일 수 있다. 물론 미래의 수요(높음 또는 낮음)에 대한 자신 있는 예측도 같은 역할을 한다.

204쪽 **구매는 (⋯) 불안을 잠재우는 역할**: 아직 이 책을 읽지 않았다면 반드시 읽어보기 바란다. Sendhil Mullainathan and Eldar Shafir, *Scarcity: Why Having Too Little Means So Much* (New York: Times Books, 2013).

204쪽 **보험료가 필요 이상으로 상승하기도 한다**: Laure Cabantous, "Ambiguity Aversion in the Field of Insurance: Insurers' Attitude to Imprecise and Conflicting Probability and Conflicting Probability Estimates," *Theory and Decision* 62 (2997): 219–240. 모호성을 회피하는 성향이 의사결정에 영향을 미치는 다른 영역에 대해서는 다음을 참조하라. Levy, "Ambiguous Decisions in the Human Brain"; Colin Camerer and Martin Weber, "Recent Developments in Modeling Preferences: Uncertainty and Ambiguity," *Journal of Risk and Uncertainty* 5 (1992): 325–370.

205쪽 **1990년대 초반**: Enrique Badía, *Zara and Her Sisters: The Story of the World's Largest Clothing Retailer* (New York: Palgrave Macmillan, 2008), 83; Pankaj Ghemawat and José Luis Neuno, "ZARA: Fast Fashion," Case 9-703-497, Harvard Business School, Boston, December 2006.

206쪽 **아만시오 오르테가 가오나**: 오르테가와 인디텍스, 자라, 패스트 패션에 대한 자세한 내용은 다양한 출처를 참고했다. 주요 참고문헌은 다음과 같다. Covadonga O'Shea, *The Man from Zara: The Story of the Genius Behind the Inditex Group* (London: LIT Publishing, 2008); Badía, *Zara and Her Sisters*; John R. Wells and Galen Danskin, "Inditex: 2012," Case 9-713-539, Harvard Business School, Boston, March 2014; Tobias Buck, "Fashion: A Better Business Model," *Financial Times*, June 18, 2014; Suzy Hansen, "How Zara Grew into the World's Largest Retailer," *New York Times*, November 8, 2012; Vivienne Walt, "Meet Amancio Ortega: The Third-Richest Man in the World," *Fortune*, January 8, 2012; Donald Sull and Stefano Turconi, "Fast Fashion Lessons," *Business Strategy Review* 19, no. 2 (2008): 4–11. 그 외의 추가적인 세부 정보는 다음을 참고했다. Mark Tungate, *Fashion Brands: Branding Style from Armani to Zara* (Philadelphia: Kogan Page, 2008), 49–53; Nebahat Tokatli, "Global Sourcing: Insights from the Global Clothing Industry—the Case of Zara, a Fast Fashion Retailer," *Journal of Economic Geography* 8, no. 1 (2007): 21–38; Carita Vitzthum, "Just-in-Time Fashion: Spanish Retailer Zara Makes Low-Cost Lines in Weeks by Running Its Own Show," *Wall Street Journal*, May 18, 2001; Alexandra Jacobs, "Where Have I Seen You Before? At Zara, in Midtown, It's All a Tribute," *New York Times*, March 27, 2012; Cecilie Rohwedded and Keith Johnson, "Zara Stores' Fast Fashion to Get Even Faster: Inditex Tries to Shave Minutes in Logistics as Rivals Catch Up," *Wall Street Journal Europe*, February 20, 2008; Marilyn Alva, "Foreign Apparel Chains Invade U.S. with Fast Fashion," *Investor's Business Daily*, January 21, 2011; Nelson M. Fraiman et al., "Zara," Jerome Chazen Case Series no. 080204, Columbia Business School, New York, 2008; Seth Stevenson, "Polka Dots Are In? Polka

Dots It Is!" *Slate*, June 21, 2012; Andrew McAfee, Vincent Dessain, and Anders Sjöan, "Zara: IT for Fast Fashion," Case 9-604-081, Harvard Business School, Boston, September 2007; James Surowiecki, "The Most Devastating Retailer in the World," *New Yorker*, September 18, 2000; "Fashion Forward: Zara, Spain's Most Successful Brand, Is Trying to Go Global," *Economist*, May 24, 2012; Kasra Ferdows, Michael A. Lewis, and Jose A. D. Machuca, "Rapid-Fire Fulfillment," in *Harvard Business Review on Managing Supply Chains* (Boston: Harvard Business Review Press, 2011); Stephanie O. Crofton and Luis G. Dopico, "Zara-Inditex and the Growth of Fast Fashion," *Essays in Economic & Business History* 25 (2007): 41-53; Carmen Lopez and Ying Fan, "Internationalization of the Spanish Fashion Brand Zara," *Journal of Fashion Marketing and Management* 13, no. 2 (2009): 279-296; Graham Keeley, "Zara Overtakes Gap to Become World's Largest Clothing Retailer," *Guardian* (Manchester), August 11, 2008; Julie Cruz and Vinicy Chan, "Esprit Gets Instant Value with Zara Fast-Fashion Leader," *Bloomberg*, August 8, 2012.

206쪽 **12세의 나이에**: Walt, "Meet Amancio Ortega,"에서는 오르테가가 13세 때 학교를 중퇴했다고 한다. 14세 때였다고 하는 문건들도 있다. Badía, *Zara and Her Sisters*는 그가 학교를 떠난 것이 "막 11세가 되었을 때"였다고 한다. 오르테가 본인은 학교를 그만둔 것이 12세 때였다고 한다: O'Shea, *The Man from Zara*, 35.

209쪽 **뉴욕 시 5번가**: 이러한 변화는 최소한 10년간 계속되고 있다. 다음을 참조하라. "The New Face of Fifth: Populist Movement Hits Luxe Street of Retailers," *WWD*, August 19, 2004; Julie Satow, "Discount Stores Crop Up in Manhattan's Elite Neighborhoods," *New York Times*, October 13, 2010. 패스트 패션의 부정적인 면에 대해서는 다음을 참조하라. Elizabeth L. Cline, *Over-Dressed: The Shockingly High Cost of Cheap Fashion* (New York: Portfolio/Penguin, 2012); Amy Merrick, "Are Clothing Companies Moving Fast Enough to Fix Factory Problems?" *New Yorker*, September 13, 2014. 홀리스터에 대해서는 Joann Lublin and Sara Germano, "Abercrombie Plans to Remake Hollister Stores," *Wall Street Journal*, March 6, 2014를 참조하라.

210쪽 **소매업체가 (…) 절반으로 줄일 수 있었다면**: George Stalk Jr. and Thomas M. Hout, *Competing Against Time: How Time-Based Competition Is Reshaping Global Markets* (New York: Simon & Schuster, 1990)을 참조하라.

215쪽 **모호성을 감내하는 CEO의 능력**: 다시 한번 언급하지만, 이것은 종결욕구와 연관되어 있지만 엄연히 종결욕구와는 구분되는 개념이다. 다음을 참조하라. Mats Westerberg,

Jagdip Singh, and Einar Häckner, "Does the CEO Matter? An Empirical Study of Small Swedish Firms Operating in Turbulent Environments," *Scandinavian Journal of Management* 13, no. 3 (1997): 251–270; Hai Yap Teoh and See Liang Foo, "Moderating Effects of Tolerance for Ambiguity and Risk−Taking Propensity on the Role Conflict−Perceived Performance Relationship: Evidence from Singaporean Entrepreneurs," *Journal of Business Venturing* 12 (1997): 67–81; Adrian Furnham and Joseph Marks, "Tolerance of Ambiguity: A Review of the Recent Literature"; Jeff Sandefer, "The One Key Trait for Successful Entrepreneurs: A Tolerance for Ambiguity," *Forbes*, May 17, 2012.

216쪽 **2013년 5월에는 미디스커트가**: Liz Jones, "Midi Skirts Aren't Just for Supermodels with Legs Like Flamingoes and They'll be Autumn's Biggest Trend," *Daily Mail Online*, May 19, 2013; Rebecca Edge, "ASOS Midi Dress with Full Skirt and Belt—A Must Have!" *Female First*, December 21, 2013; Bianca London, "Rise of the Midi! Sales of Victoria Beckham and Nicole Scherzinger's Favourite Dress Style Shoot Up as Hemlines Come Down," *Mail Online*, December 2, 2013.

## 7장 미지의 영역에 대한 과감한 모험

223쪽 **2004년은 (…) 큰 성공을 거둔 해로 기록될 전망**: 7장은 특히 Francesca Gino and Gary Pisano, "Why Leaders Don't Learn from Success," *Harvard Business Review*, April 2011을 큰 축으로 하여 집필했다. 또한 Francesca Gino and Gary Pisano, "Ducati Corse: The Making of a Grand Prix Motorcycle," Case 9−605−090, Harvard Business School, Boston, June 2005도 참조하라. 이번 장 전반에 걸쳐 소개된 모토GP와 두카티의 2004년 시즌에 대한 추가적인 배경은 다음을 참조했다. Alastair Moffitt, "Rossi Set for New Adventure," *Birmingham Evening Mail*, April 12, 2004; Australian Associated Press, "Ducati's Bayliss Keen to Step on the Gas," *Hobart Mercury*, April 15, 2004; Rick Broadbent, "Hodgson Is Revving Up for Heat of New Battle," *Times* (London), April 16, 2004; Reuters, "Rossi to Yam It Up," *Herald Sun* (Melbourne, Australia), April 17, 2004; Gary James, "Motorcycle: Rossi Stuns Rivals by Going Fastest on Yamaha Debut," *Independent* (London), April 17, 2004; "No Luck for Hodgson in South Africa," *Isle of Man Examiner*, April 18, 2004; Rick Broadbent, "Another Bike, Another Victory for Tearful Magician Rossi," *Times* (London), April 19, 2004; Bob Jennings, "Rossi the Greatest Yet, Says Gardner," *Sydney Morning Herald*, April 20, 2004; James Stanford, "Ducati Struggles," *Herald Sun* (Melbourne, Australia), April 30, 2004; AAP, "Bayliss Revved to Make up for Lost Time," *Hobart Mercury*, May 13, 2004; Steve Hardcastle, "Rossi Roars to Victory at Home," *Independent* (London), June 7, 2004; Bob Jennings, "Rossi Overwhelmed by Six-Lap Dash," *Sydney Morning Herald*, June 8, 2004; Dave Fern, "Just What the Doc Ordered," *Daily Star* (London), June 14, 2004; Rick Broadbent, "Rossi Victory Is Just What the Doctor Ordered," *Times* (London), June 14, 2004; James Stanford, "X-Rays Clear Sore Troy," *Herald Sun* (Melbourne, Australia), June 15, 2004; Robert Grant, "Bruised Bayliss Tests New Weapon," *Advertiser*, June 16, 2004; James Stanford, "Aussie Vows to Troy Harder," *Herald Sun* (Melbourne, Australia), July 20, 2004; Mike Nicks, "Rossi Hopes New Engine Will Keep Him Ahead of Pack," *Independent* (London), July 22, 2004; Gary James, "Rossi Defines the Modern Era in Chess at 300ft Per Second," *Independent* (London), July 24, 2004; James Stanford, "No Joy in the Battle for Troy," *Herald Sun* (Melbourne, Australia), August 27, 2004; Robert Grant, "Ducati Move Could Force Bayliss Out," *Daily Telegraph* (Sydney, Australia), September 4, 2004; Robert Grant, "Bayliss Fed Up as Poor Run Continues," *Daily Telegraph* (Sydney, Australia), September 6, 2004; Dan Oakes and Michael Lynch, "Italian Ace Revs Up as Fourth World Title Awaits," *Sun Herald* (Melbourne, Australia), October 17, 2004; Dan Oakes and Michael Lynch, "How a Maestro Beat the Odds," *Sunday Age* (Melbourne, Australia), October 17, 2004; Robert Grant, "Rossi Rated Unbeatable by Bayliss," *Sun Herald* (Melbourne, Australia), October 17, 2004; Bob Jennings, "Two-Wheeled Warriors Now Fighting for Rides," *Sydney Morning Herald*, October 19, 2004; "Bayliss Dumped by Ducati," *Canberra Times*, October 12, 2004; Rick Broadbent, "Hodgson Looking Forward to End of Grim Season," *Times* (London), October 16, 2004. 전반적인 배경은 다음 자료들에서도 발췌했다. Tom Rostance, "MotoGP vs F1: Two Wheels Good, Four Wheels Better?" *BBC Sport*, April 4, 2012; Matt Carroll, "Back-Seat Rider: MotoGP Riders Hurtle Round the Asphalt at Speeds of Up to 200 mph," *Independen* (London), July 6, 2003; *Faster*, directed by Mark Neale (2003; Los Angeles: Docurama, 2004), DVD; *Faster and Faster*, directed by Mark Neale (2004; New York: Spark Productions, 2013), iTunes.

226쪽 **2005년과 2006년 시즌에 점진적으로 성적이 향상되었고:** 레이서, 팀, 제조업체의 세 분야에서 모두 성적이 향상되었다. 자세한 수치는 www.motogp.com을 참조하라.

226쪽 **2007년에는 급기야 두카티의 레이서가 그랑프리 챔피언 타이틀을 획득했다:** Warwick Green, "Power and the Passion," *Sunday Age* (Melbourne, Australia), October 14, 2007.

227쪽 **로시는 (…) 야마하를 그만두겠다고 위협했다:** Robert Grant, "Rossi: If I Can't Beat Him…" *Herald Sun* (Melbourne, Australia), November 14, 2007.

227쪽 **아이디어의 승리라고:** *The Age of 27: The MotoGP Career of Casey Stoner*, directed by Sergi Sendra Vives (2012; Madrid: Dorna Sports, 2013), iTunes.

227쪽 **두카티의 모토GP 입성:** Gino and Pisano, "Why Leaders Don't Learn from Success" Gino and Pisano, "Ducati Corse: The Making of a Grand Prix Motorcycle." 이번 장에 소개된 두카티의 2003년 시즌에 대한 추가적인 배경은 다음을 참고했다. MATP (Mirror Australian Telegraph Publications), "Rampant Rossi Is Doohan Fine," *Daily Telegraph* (Sydney, Australia), June 14, 2003; Guy Hand, "Bayliss in Battle to Regain Lost Confidence," *Courier Mail* (Brisbane), June 13, 2003; Reuters, "Rossi Holds Off Rivals as Aussies Bomb Out," *Hobart Mercury*, June 10, 2003; Rick Broadbent, "Rossi Digs Deep to Repel Rivals," *Times* (London), June 9, 2003; Tim Roberts, "Capirossi Breaks Own Record," *Independent* (London), June 7, 2003; Rick Broadbent, "Rossi Has Goal of Being Fastest in Italy," *Times* (London), June 7, 2003; MATP, "Bayliss 'Hometown Hero,' in Italy," *Daily Telegraph* (Sydney, Australia), June 5, 2003; AAP, "Play Time for Hot Bayliss," *Hobart Mercury*, May 22, 2003; Del Jones, "Motorcycles: Regal Rossi Reigns in Spain," *Sports Argus*, May 17, 2003; MATP, "Troy's Ducati Gets Closer," *Daily Telegraph* (Sydney, Australia), May 13, 2003; Robert Grant, "Bayliss Snatches No. 2 Spot on Grid for Spanish GP," *Advertiser*, May 12, 2003; AAP, "Stunning Bayliss on Track to Glory," *Hobart Mercury*, May 8, 2003; MATP, "Mystery Ride for 'Rookie' Bayliss," *Daily Telegraph* (Sydney, Australia), April 26, 2003; Simnikiwe Xabanisa, "Dynamic New Ducatis on a High for Africa's MotoGP," *Sunday Times* (London), April 20, 2003; "Rossi Takes Win in Japan Opener," *Morning Star* (London), April 7, 2003; MATP, "Bayliss Takes Aim at History," *Daily Telegraph* (Sydney, Australia), April 5, 2003; Hamish Cooper, "Ducati's Hot Challenge," *Hobart Mercury*, April 5, 2003; Alastair Himmer, "Melandri Breaks Leg in Crash," *Independent* (London), April 5, 2003; Rick Broadbent, "Bitter Biaggi Adds Fuel to Feud with Rossi," *Times* (London), April 5, 2003; Rick Broadbent, "Capirossi Eager to Prove His Point," *Times* (London), April 4, 2003; Michael Lynch, "McCoy, Bayliss Lead Local Charge for MotoGP Season," *The Age*, April 3, 2003; Peter McKay, "Pray for a Close Grand Prix but Don't Put Money on It," *Sun Herald* (Melbourne, Austra-lia), March 23, 2003; Bob Jennings, "Confident Bayliss Ready to Rumble," *Sydney Morning Herald*, August 19, 2003; AAP, "Bayliss on Pace to Break GP Drought," *Newcastle Herald*, August 16, 2003; Gary James, "Rossi Responds to Keep Ducati Duo at Bay," *Independent* (London), July 12, 2003; Gary James, "Capirossi Dream Team Ready to Challenge the Champion," *Independent* (London), July 12, 2003; "Too Fast Fears for Valentino," *Lincolnshire Echo*, July 12, 2003; David Booth, "MotoGP Puts the 'Must See' Back in Speed TV," *National Post* (Toronto), June 27, 2003; "Capirossi Breaks Japan's GP Hold," *Morning Star* (London), June 16, 2003; MATP, "Troy Blasts Them Away," *Daily Telegraph* (Sydney, Australia), October 18, 2003; Robert Grant, "Bayliss Raring to Go After Crash," *Courier Mail* (Brisbane), October 25, 2003.

230쪽 **1년에 딱 열여덟 번**: 2003년과 2004년에는 열여섯 번, 2014년에는 열여덟 번.

230쪽 **"혁신을 위해서는 모호한 영역에"**: 게리 피사노, 저자와의 인터뷰, 2014년 10월 31일. 여기서 피사노는 모호성을 '불확실한 확률'이라는 의미로 사용했다는 것에 유의하자.

231쪽 **몇몇 과학 분야에서는**: Amy C. Edmondson, "Strategies for Learning from Failure," *Harvard Business Review*, April 2011.

231쪽 **새로 출시된 식품의 70~80퍼센트는 실패작**: "How to Prevent a New Product from Becoming a Museum Piece," *New Legal Review*, June 12, 2014. 일각에서는 이네스 블렉번Inez Blackburn의 통계에 이의를 제기하기도 한다. 다음의 예를 참조하라. John Stanton, "Market View, New Product Success Rate Higher Than Most Believe," March 27, 2014, www.foodprocessing.com/articles/2014/new-product-suc-cess-rate-higher-than-most-believe. John Geoghegan, "Embracing Failure," *Huffington Post*, October 2, 2013도 큰 도움이 된다.

231쪽 **"실패가 더 빈번하게 일어난다"**: Rita Gunther McGrath, "Failing by Design," *Harvard Business Review*, April 2011.

231쪽 **S&P 500지수에 올라 있는**: "Fail Often, Fail Well," *Economist*, April 14, 2011.

231쪽 **"장기적인 건전성"**: Tony Wagner, *Creating Innovators: The Making of Young People Who Will Change the World* (New York: Scribner, 2012).

231쪽 **안전하게 일자리를 지킬 수 있는 것은 혁신가와 기업가뿐**: Thomas Friedman and Michael Mandelbaum, *That Used to Be Us: How America Fell Behind in the World It Invented and How We Can Come Back* (New York: Farrar, Straus and Giroux, 2011).

232쪽 **대부분의 골프 선수들이 골프연습장에서 연습하는 방식**: 다음의 예를 참조하라. Bill

Pennington, "At the Range, Drive Less and Practice More," *New York Times Golf Blog*, April 26, 2010.

232쪽 **몇 년 전 (…) 한 스포츠 심리학자**: 밥 크리스티나, 저자와의 전화 인터뷰(2012년 9월 20일) 및 저자와의 대면 인터뷰(2013년 3월 4일). 추가적인 배경은 다음 출처에서 발췌했다. Debra J. Rose, ed., *A Multilevel Approach to the Study of Motor Control and Learning* (Boston: Allyn and Bacon, 1997), 161-165; Bob Christina, Eric Alpenfels, and Nabori Santiago, "Transfer of Driving Performance as a Function of Two Practice Methods," in *Science and Golf V: Proceedings of the World Scientific Congress of Golf*, ed. Debbie Crews and Rafer Lutz (Mesa, AZ: Energy in Motion, 2008), 293-300; Robert W. Christina and Robert A. Bjork, "Optimizing Long-Term Retention and Transfer," in *In the Mind's Eye: Enhancing Human Performance*, ed. Daniel Druckman and Robert A. Bjork (Washington, DC: National Academy Press, 1991), 23-56; Robert W. Christina and Eric Alpenfels, "Why Does Traditional Training Fail to Optimize Playing Performance?" in *Science and Golf IV: Proceedings of the World Scientific Congress of Golf*, ed. Eric Thain (New York: Routledge, 2002), 231-245; Robert W. Christina and John B. Shea, "More on Assessing the Retention of Motor Learning Based on Restricted Information," *Research Quarterly for Exercise and Sport* 64, no. 2 (1993): 217-222.

232쪽 **'전이 훈련'이라고 불렸다**: 전이 훈련에 대한 배경은 다음을 참조하라. Sharan B. Merriam and Brendan Leahy, "Learning Transfer: A Review of the Research in Adult Education and Training," *PAACE Journal of Lifelong Learning* 14 (2005): 1-24.

234쪽 **창의력 전문가 켄 로빈슨**: Ken Robinson, "Changing Paradigms: How We Implement Sustainable Change in Education," speech, RSA Edge, London, June 16, 2008.

234쪽 **또 한 명의 교육 개혁 전문가**: Sugata Mitra, "Build a School in the Cloud," speech, TED2013, Long Beach, CA, February 26, 2013.

235쪽 **표준 학습방식**: Craig Lambert, "Twilight of the Lecture," *Harvard Magazine*, March-April 2011.

235쪽 **경과되는 시간을 대략 10초**: Young Hye Cho et al., "Analysis of Questioning Technique During Classes in Medical Education," *BMC Medical Education* 12, no. 39 (2012): 1-7; Robert J. Stahl, "Using 'Think-Time' and 'Wait-Time' Skillfully in the Classroom," ERIC Publications (Washington, DC: Office of Educational Research and Improvement, 1994); Kenneth Tobin, "The Role of Wait Time in Higher Cognitive Level Learning," *Review of Educational Research* 57, no. 1 (1987): 69-95.

235쪽  **교수들이 학생에게 던지는 질문에 대한 놀라운 비율**: Donald Clark, "Don't Lecture Me," keynote speech, Association for Learning Technology Conference: "Into Something Rich and Strange: Making Sense of the Sea Change," Nottingham, England, September 7, 2010; Guy Claxton, *What's the Point of School? Rediscovering the Heart of Education* (London: Oneworld, 2008); James T. Dillon, *The Practice of Questioning* (London: Routledge, 1990).

235쪽  **전통적인 교육방식의 단점**: Donald A. Bligh, *What's the Use of Lectures?* (London: University Teaching Methods Unit, 1971).

236쪽  **중세 시대부터 강의는**: Lambert, "Twilight of the Lecture." 강의가 사라질 것 같지는 않으며, 전통적인 형태를 벗어나 진화할 가능성도 높지 않다. 다음을 참조하라. Norm Friesen, "The Lecture as a Transmedial Pedagogical Form: A Historical Analysis," *Educational Researcher* 40, no. 3 (2011): 95–102.

236쪽  **"문제는 강의가 아니라"**: Dominik Lukeš, "Putting Lectures in Their Place with Cautious Optimism," *Tech Czech*, January 22, 2012.

236쪽  **누군가에게 들으면서 배웠는가**: Clark, "Don't Lecture Me."

236쪽  **인지과학자 클레어 쿡**: 클레어 쿡, 저자와의 인터뷰, 2013년 7월 13일. 쿡은 현재 민간 분야에 몸담고 있다. 모호성과 학습에 대한 쿡의 연구 중 일부는 다음을 참조하라. Clair Cook, Noah D. Goodman, and Laura E. Schulz, "Where Science Starts: Spontaneous Experiments in Preschoolers' Exploratory Play," *Cognition* 120, no. 3 (2011): 341–349.

237쪽  **어섬션 대학교의 짐 랭**: 제임스 M. 랭, 저자와의 인터뷰, 2013년 2월 28일. 나는 또한 다음 문헌도 참고했다. James M. Lang, "The Benefits of Making It Harder to Learn," *Chronicle of Higher Education*, June 3, 2012.

238쪽  **랭은 (…) 약간의 지침만 제공했다**: 또한 다음을 참조하라. Jack McShea, "The Inverted Classroom," *HG2S Training Blog*, November 14, 2009; Maureen J. Lage, Glenn J. Platt, and Michael Treglia, "Inverting the Classroom: A Gateway to Creating an Inclusive Learning Environment," *Journal of Economic Education* 31, no. 1 (2000): 30–43; Jack McShea, "At a Loss for Words: The Future of the Lecture Might Be in Less Talk," *HG2S Training Blog*, July 15, 2011; Jack McShea, "Shut Up and Teach—or—Why Science Says the Lecture Is a Bad Idea," *HG2S Training Blog*, January 25, 2012; Holly Epstein Ojalvo and Shannon Doyne, "Five Ways to Flip Your Classroom with the 'New York Times'," *New York Times*, December 8, 2011.

239쪽  **연구원으로 일하는 마누 카푸르**: Manu Kapur and Katerine Bielaczyc, "Designing for Productive Failure," *Journal of the Learning Sciences* 21 (2012): 45-83; Manu Kapur and Nikol Rummel, "Productive Failure in Learning From Generation and Invention Activities," *Instructional Science* 40, no. 4 (2012): 645-650. 다음 출처도 많은 도움이 되었다. Annie Murphy Paul, "Why Floundering Is Good," *Time*, April 25, 2012.

239쪽 **"실패의 질"**: Edward Burger, "Teaching to Fail," *Inside Higher Ed*, August 21, 2012; Stephen Spencer Davis, "Star Math Teacher Applies the Power of Failure, Squared," *Globe and Mail* (Toronto), August 31, 2012.

239쪽 **일반적인 학점 평가를 벗어나**: Anne Sobel, "How Failure in the Classroom Is More Instructive Than Success," *Chronicle of Higher Education*, May 5, 2014. 소벨은 또한 의지와 비슷한 개념인 '투지'에 대한 앤절라 덕워스Angela Duckworth의 연구도 소개했다. 나는 의지나 투지를 강조하는 것은 다소 부적절하다는 생각을 하게 되었다. 예를 들어 다음에 소개되는 앨피 콘Alfie Kohn의 비판을 참조하라. Valerie Strauss, "Ten Concerns About the 'Let's Teach Them Grit' Fad," *Washington Post*, April 8, 2014. 콘이 지적했듯이, 이러한 틀은 아이들에게 "최대한 묵묵히 오랫동안 지시받은 사항을 따르기 위해 유혹에 저항하고 자기가 하고 싶은 것을 미룰 수 있도록" 가르치는 데 초점을 맞추는 부적절한 결과를 가져오기 때문이다. 물론 끈기는 중요하지만, 나는 끈기가 즐거움을 지연시킬 수 있는 능력에서 온다고 믿지 않는다. 오히려 그와 반대로, 위대한 성과를 거두는 사람들은 자신이 하는 일에 열정을 가지고 있으며 과거에 뛰어난 일을 한 사람들을 존경하고 존중하기 때문에 끈기 있게 버틸 수 있는 것이다. 이런 사람들은 자신이 하는 일을 좋아한다. 의지를 강조하는 연구에서는 일반적으로 성공하기 위해서는 자제력 외에도 목표를 가지고 있어야 한다는 점을 강조하면서 이 문제를 다룬다. Pamela Druckerman, "Learning How to Exert Self-Control," *New York Times*, September 12, 2014를 참조하라. 다시 한번 강조하지만, 이러한 틀은 사람들이 유혹을 견뎌내는 중요한 이유 중 하나가 특정한 유형의 즐거움(목표를 추구하고 성취하는 것)이라는 점을 지나치게 평가절하한다. 또한 다음 문헌도 참조하라. Carol Sansone and Dustin B. Thoman, "Interest as the Missing Motivator in Self-Regulation," *European Psychologist* 10, no. 3 (2005): 175-186.

240쪽 **혼란을 받아들이는 것과 관련된 항목**: 에릭 머주어, 저자에게 보낸 편지, 2013년 3월 25일. 시간을 할애해준 에릭 머주어에게 감사한다. 이 인용문은 머주어의 2011년 봄 물리학 11b 강의 계획서에서 발췌한 것이다. 또한 다음을 참조하라. Eric Mazur, "Farewell, Lecture?" *Science* 323 (2009): 50-51.

240쪽 **"아이들의 경우에는 갈등이 분명하게 눈에 보입니다"**: 피오트르 빈키엘만, 저자와의 인터뷰, 2012년 11월 1일; Marieke de Vries et al., "Happiness Cools the Warm

Glow of Familiarity: Psychophysiological Evidence That Mood Modulates the Familiarity-Affect Link," *Psychological Scienc*e 21, no. 3 (2010): 321-328.

241쪽 **혼란스러운 생각도 흥미로운 생각으로**: 혼란과 흥미의 관계에 대한 보다 자세한 내용은 다음을 참조하라. Paul J. Silvia, "Confusion and Interest: The Role of Knowledge Emotions in Aesthetic Experience," *Psychology of Aesthetics, Creativity, and the Arts* 4, no. 2 (2010): 75-80; Todd B. Kashdan and Paul J. Silvia, "Curiosity and Interest: The Benefits of Thriving on Novelty and Challenge," in *Oxford Handbook of Positive Psychology*, ed. Shane J. Lopez and C. R. Snyder (New York: Oxford University Press, 2011); Paul J. Silvia, *Exploring the Psychology of Interest* (New York: Oxford University Press, 2006); Paul J. Silvia, "Interest: The Curious Emotion," *Current Directions in Psychological Science* 17, no. 1 (2008): 57-60. 폴 J. 실비아는 2013년 7월 2일에 실시한 저자와의 인터뷰에서 흥미와 혼란을 "이상하리만치 비슷하다"라고 묘사했다. 실비아는 나중에 이에 대해 다음과 같이 밝혔다. "내가 흥미와 혼란이 비슷하다고 생각하는 것은 둘 다 새로운 사건으로 인해 일어나는 감정이기 때문이다. 사람들은 복잡하거나 생소한 일을 '이해'하지 못한다는 생각이 들 때 혼란을 느낀다. 사람이 진정으로 흔치 않은 일을 접하게 되면 흥미와 혼란을 오가는 감정을 느끼게 되는데, 이는 자신이 사물을 얼마나 잘 이해할 수 있느냐에 대한 감각이 변하기 때문이다. 순간적인 통찰력이 솟아나 대상을 '이해'하게 되면 혼란스러운 일도 갑자기 흥미롭게 느껴진다."

241쪽 **"세상이 무언가 잘못되어가기 시작하면 사람들은 더욱 활발하게 움직이기 마련입니다"**: 시드니 드멜로. 저자와의 인터뷰, 2012년 11월 2일. 또한 다음을 참조하라. Sidney K. D'Mello and Arthur C. Graesser, "Confusion," in *International Handbook of Emotions in Education*, ed. Reinhard Pekrun and Lisa Linnenbrink-Garcia (New York: Routledge, 2014), 289-310; Sidney K. D'Mello et al., "Confusion Can Be Beneficial for Learning," *Learning and Instruction* 29 (2014): 153-170. 내가 드멜로의 연구를 접하게 된 것은 Annie Murphy Paul, "What Do Emotions Have to Do with Learning?" *MindShift*, July 6, 2012를 통해서다. 학습 감정에 대한 자세한 배경은 Paul A. Schutz and Reinhard Pekrun, "Introduction to Emotion in Education," in *Emotion in Education*, ed. Paul A. Schutz and Reinhard Pekrun (Waltham, MA: Academic Press, 2007), 3-4를 참조하라.

242쪽 **조사한 일련의 실험**: Christopher G. Myers, Bradley R. Staats, and Francesca Gino, "'My Bad!' How Internal Attribution and Ambiguity of Responsibility Affect Learning from Failure," Working Paper 14-104, Harvard Business School, Boston, April 18, 2014.

243쪽 **확률은 40퍼센트**: 크리스토퍼 마이어스, 저자에게 보낸 이메일, 2014년 9월 23일.

245쪽 **올바르게 파악할 확률이 약간 더 낮았다**: 마이어스, 스태츠, 지노는 다른 과제에서 성공을 거둔 이후에 실패하는 경향을 "아주 미미한 부정적 효과"라고 정의했다. 이 연구의 샘플 크기는 작았으며 $p < .10$이었지만, 이 결과는 심 싯킨과 지노, 피사노가 다른 연구를 통해 발견한 내용과 일맥상통하기 때문에 여기에 소개했다.

246쪽 **"기업들은 (…) 원인을 살피는 경우가 많습니다"**: 게리 피사노, 저자와의 인터뷰, 2014년 10월 31일.

247쪽 **"사례는 지극히 드뭅니다"**: 크리스토퍼 마이어스, 저자와의 인터뷰, 2014년 9월 23일.

247쪽 **자기 본위적 편향**: Lawrence A. Pervin and Oliver P. John, eds., *Handbook of Personality: Theory and Research*, 2nd ed. (New York: Guilford Press, 1999), 607.

247쪽 **심 싯킨은 (…) 유명한 분석 결과를 발표했다**: Sim B. Sitkin, "Learning Through Failure: The Strategy of Small Losses," in *Organizational Learning*, ed. Michael D. Cohen and Lee S. Sproull (Thousand Oaks, CA: Sage, 1995), 549.

249쪽 **"최초에 내놓은 제품이 크게 성공을 거두지만"**: *The Pixar Story*, directed by Leslie Iwerks (2007; Burbank, CA: Walt Disney Pictures, 2008), iTunes.

249쪽 **열네 작품을 연속으로 흥행 1위에 올려놓는**: Scott Bowles, "'Monsters' Outruns Zombies, Superman at the Box Office," *USA Today*, June 23, 2013.

249쪽 **직원들이 (…) 성향이 있다는 사실을 알게 되었다**: Ed Catmull, "How Pixar Fosters Collective Creativity," *Harvard Business Review*, September 2008; Gino and Pisano, "Why Leaders Don't Learn from Success."

249쪽 **소위 "숨겨진 요소"**: Ed Catmull, with Amy Wallace, *Creativity, Inc.: Overcoming the Unseen Forces That Stand in the Way of True Inspiration* (New York: Random House, 2014), 170–174.

250쪽 **"네 작품을 연달아서 성공시켰다면 어떤 회사든"**: *The Pixar Story*, directed by Leslie Iwerks.

250쪽 **과학적 전통의 가장 뛰어난 자산**: Imre Lakatos and Alan Musgrave, eds., *Criticism and the Growth of Knowledge* (London: Cambridge University Press, 1970).

251쪽 **"과학의 엔진이다"**: Tamsin Edwards, "There Is Some Uncertainty in Climate Science—and That's a Good Thing," *Vice News*, September 24, 2014.

251쪽 **〈네이처〉의 편집자들은**: "How Not to Respond to the X-Files," *Nature* 394, no. 6696 (1998): 815.

251쪽 **"보호장치에 의존하기보다는"**: John Stuart Mill, *On Liberty*, ed. David Spitz (New York: W. W. Norton, 1975), 21–22.

255쪽 **기본 기능을 갖춘 휴대폰이 본격적으로 보급되기 전**: 나는 이전에도 이 주제에 대한 글을 쓴 적이 있다. 이번 장의 일부 내용은 Jamie Holmes, "Why Texting Is the Most Important Information Service in the World," *Atlantic*, August 2, 2011과 중복된다. 또한 다음을 참조하라. Jamie Zimmerman and Jamie Holmes, "The M-Banking Revolution: Why Cell Phones Will Do More for the Developing World Than Laptops Ever Could," *Foreign Policy*, August 27, 2010. 필리핀 사람들의 이야기는 다음에서 발췌했다. Paul van der Boor, Pedro Oliveira, and Francisco M. Veloso, "Users as Innovators in Developing Countries: The Global Sources of Innovation and Diffusion in Mobile Banking Services," *Research Policy* 43, no. 9 (2014): 1594–1607. M-PESA에 대한 더 자세한 내용은 "Is It a Phone, Is It a Bank?" *Economist*, March 30, 2013을 참조하라.

256쪽 **보츠와나, 가나, 우간다의 연구원들은**: Simon Batchelor, "Changing the Financial Landscape of Africa: An Unusual Story of Evidence-Informed Innovation, International Policy Influence and Private Sector Engagement," *IDS Bulletin* 43, no. 5 (2012): 84–90.

257쪽 **M-PESA를 취급하는 업체가 은행보다**: Chad Bray and Reuben Kyama, "Tap to Pay (Not So Much in the U.S.)," *New York Times (Dealbook)*, April 1, 2014.

257쪽 **2013년 M-PESA는**: "Why Does Kenya Lead the World in Mobile Money?" *Economist*, May 27, 2013.

257쪽 **이제 봇물이 터진 셈이다**: 다음의 예를 참조하라. Sokari Ekine, ed., *SMS Uprising: Mobile Activism in Africa* (Cape Town: Pambazuka Press, 2010). 모든 모바일 금융 서비스가 SMS 기술을 이용하는 것은 아니다.

257쪽 **2011년 5월 코카콜라의**: Tomi Ahonen, "What's Happenin' in Mobile Marketing?" *Communities Dominate Brands* (동일 제목의 서적 블로그), with Alan Moore, May 6, 2011.

257쪽 **57억 8천만 명에 달하는 사용자를 보유한 SMS**: Karl Whitfield, "17 Incredible Facts About Mobile Messaging That You Should Know," *Portio Research* (blog), August 9, 2013; Trevor Knoblich, "5 Reasons SMS Is Here to Stay," *Idea Lab* (blog), PBS, January 14, 2013.

257쪽 **필리핀의**: Emmanuel C. Lallana "SMS, Business, and Government in the Philippines," 2006; Tony Dwi Susanto and Robert Goodwin, "Factors Influencing Citizen Adoption of SMS-Based E-Government Services," *Electronic Journal of e-*

Government 8, no. 1 (2010): 55-71. 다른 국가의 프로그램에 대해서는 다음을 참조하라. Tony Dwi Susanto and Robert Goodwin, "User Acceptance of SMS-Based E-Government Services: Differences Between Adopters and Non-Adopters," *Government Information Quarterly* 30 (2013): 486-497. 홍수 경보에 대한 내용은 Saysoth Keoduangsine, Robert Goodwin, and Paul Gardner-Stephen, "A Study of an SMS-Based Flood Warning System for Flood Risk Areas in Laos," *International Journal of Future Computer and Communication* 3, no. 3 (2014): 182-186을 참조하라. 모바일로 결제할 수 있는 펌프 자판기는 Ekine, *SMS Uprising*. The crop insurance program in Kenya is Kilimo Salama를 참조하라.

258쪽 **카네기 멜런 대학교의 연구원들은**: van der Boor, Oliveira, and Veloso, "Users as Innovators in Developing Countries."

259쪽 **획기적인 발명이 어떻게 탄생하느냐**: Anthony J. McCaffrey, Innovation Relies on the Obscure: A Key to Overcoming the Classic Problem of Functional Fixedness," *Psychological Science* 23, no. 3 (2012): 215-218. 매카프리의 연구는 이번 장의 후반부에서 보다 자세히 소개한다.

259쪽 **전보가 보급되기 전**: 벨, 그레이, 전보에 대한 배경은 다음에서 발췌했다. David A. Hounshell, "Elisha Gray and the Telephone: On the Disadvantages of Being an Expert," *Technology and Culture* 16, no. 2 (1975): 133-161; W. Bernard Carlson, "Entrepreneurship in the Early Development of the Telephone: How Did William Orton and Gardiner Hubbard Conceptualize This New Technology?" *Business and Economic History* 23, no. 2 (1994): 161-192; Paul Starr, *The Creation of the Media: Political Origins of Modern Communications* (New York: Basic Books, 2004); Stephen B. Adams and Orville R. Butler, *Manufacturing the Future: A History of Western Electric* (New York: Cambridge University Press, 1999); Michael E. Gorman and W. Bernard Carlson, "Interpretation Invention as a Cognitive Process: The Case of Alexander Graham Bell, Thomas Edison, and the Telephone," *Science, Technology, & Human Values* 15, no. 2 (1990): 131-164; Tom Standage, *The Victorian Internet: The Remarkable Story of the Telegraph and the Nineteenth Century's On-Line Pioneers* (New York: Bloomsbury USA, 2009); Robert V. Bruce, *Bell: Alexander Graham Bell and the Conquest of Solitude* (Ithaca, NY: Cornell University Press, 1990); Tim Wu, *The Master Switch: The Rise and Fall of Information Empires* (New York: Knopf, 2010); George B. Prescott, *History, Theory, and Practice of the Electric Telegraph* (Boston: Ticknor and Fields, 1860); Ithiel de Sola Pool, ed., *The Social Impact of the Telephone* (Cambridge, MA: MIT

Press, 1977). Ithiel de Sola Pool et al., "Foresight and Hindsight: The Case of the Telephone," in *The Social Impact of the Telephone*, 146에서는 그레이의 실수를 에디슨의 또다른 실수와 비교한다. "대니얼 부어스틴은 토머스 에디슨도 축음기와 관련하여 같은 오류를 저질렀다고 주장한다. 에디슨은 전화를 구입할 만큼 여유 있는 사람이 많지 않을 것이라 생각했기 때문에 중계기로 사용하기 위해 축음기를 개발했다. 그가 생각한 개념은 (전신국과 비슷한) 사무실에서 그 축음기를 사용하여 음성메시지를 녹음한 다음, 전화를 사용하여 다른 사무실에 있는 녹음기로 전송함으로써 메시지의 수신자가 들을 수 있도록 하는 것이었다. 부분적으로는 이러한 오해 때문에, 축음기가 여흥을 제공하는 역할을 할 수 있다는 사실을 에디슨이 깨닫는 데에는 15년이라는 시간이 걸렸다." 여기서 언급하는 문헌은 Daniel Boorstin, *The Americans: The Democratic Experience* (New York: Random House, 1937), 145이다.

265쪽 **1766년 런던의 한 지도 제작자는**: Margaret Drabble, *The Pattern in the Carpet: A Personal History with Jigsaws* (New York: Houghton Mifflin Harcourt, 2009), 111; Anne D. Williams, *The Jigsaw Puzzle: Piecing Together a History* (New York: Berkley Books, 2004), 111.

266쪽 **미술을 배우는 학생들도 이와 유사한 어려움을 접하게 된다**: "전형적인 컵과 컵받침의 그림"이 어떤 것인지는 Robert L. Solso, *The Psychology of Art and the Evolution of the Conscious Brain* (Cambridge, MA: MIT Press, 2003), 241을 참조하라.

267쪽 **앙리 마티스는 (⋯) 말을 한 적이 있다**: Gertrude Stein, *Picasso* (Mineola, NY: Dover, 1984), 17.

267쪽 **프리드리히 니체는 (⋯) 발견했다**: Friedrich Nietzsche, *Beyond Good and Evil: Prelude to a Philosophy of the Future*, trans. Walter Kaufmann (New York: Vintage Books, 2010).

267쪽 **캘리포니아 대학교 버클리 캠퍼스의 심리학자들은**: Eleanor Rosch et al., "Basic Objects in Natural Categories," *Cognitive Psychology* 8 (1976): 382.

268쪽 **"해당 사물을 원형 근처로 끌어당긴다"**: Patricia K. Kuhl, "Human Adults and Human Infants Show a 'Perceptual Magnet Effect' for the Prototypes of Speech Categories, Monkeys Do Not," *Perception & Psychophysics* 50, no. 2 (1991): 93–107.

268쪽 **기능적 고착이라고 명명한**: Karl Duncker, *On Problem-Solving*, trans. Lynne S. Lees (Westport, CT: Greenwood Press, 1971), 86–88.

269쪽 **세 가지 논리 퍼즐**: 이 퍼즐들은 McCaffrey, "Innovation Relies on the Obscure"에서 발췌했다.

272쪽 **2005년 (⋯) 바탕으로 하여**: 매카프리와 그의 연구에 대한 배경은 다음을 참조했다. Anthony J. McCaffrey and Lee Spector, "Behind Every Innovative Solution Lies an

Obscure Feature," *Knowledge Management & E-Learning: An International Journal* 4, no. 2 (2012): 146-156; Anthony J. McCaffrey and Lee Spector, "How the Obscure Features Hypothesis Leads to Innovation Assistant Software," *Proceedings of the Second International Conference on Computational Creativity* (2011): 120-122; Anthony J. McCaffrey, *The Obscure Features Hypothesis for Innovation: One Key to Improving Performance in Insight Problems* (Ann Arbor, MI: Proquest, UMI Dissertations Publishing, 2012); Oliver Burkeman, "This Column Will Change Your Life: Creative Thinking," *Guardian* (New York), January 11, 2013; McCaffrey, "Innovation Relies on the Obscure" Anthony J. McCaffrey, "Feeling Stumped? Innovation Software Can Help," *HBR Blog Network*, March 18, 2013; Anthony J. McCaffrey, "Why We Can't See What's Right in Front of Us," *HBR Blog Network*, May 10, 2012; Amy Mayer, "Rethinking Labels Boosts Creativity," *Scientific American*, July 23, 2012, Jack Challoner, ed., *1001 Inventions That Changed the World* (Hauppauge, NY: Barron's Educational Series, 2009); 앤서니 J. 매카프리, 저자와의 인터뷰, 2013년 5월 28일에 시작.

274쪽 **타이태닉호를 침몰시킨 빙산**: "Bergs of Giant Size: Hydrographic Office Says 'Titanic' May Have Struck One Rising 400 Feet and Half Mile Long," *Boston Daily Globe*, April 18, 1912; "Bodies of Titanic Victims Are at Bottom of the Sea and Are There to Remain," *Atlantic Constitution*, April 18, 1912. 아무도 빙산의 정확한 크기를 확실히 알지 못하며, 실제로 빙산이 하나였는지도 불확실하다. 빙산의 모양 역시 매카프리의 주장과 어느 정도 관련이 있다. 다음의 예를 참조하라. "Says Titanic Hit 'Growler': Term Applied by Mariners to Iceberg All but Submerged," *New York Tribune*, April 16, 1912.

275쪽 **"퍼즐을 보면 왜 당황스러운 기분이 들까요?"**: 앤서니 J. 매카프리, 저자와의 인터뷰, 2013년 8월 28일.

278쪽 **양초 제조업체인 필그림 캔들**: 이를 확인해준 필그림 캔들의 조지프 시블리Joseph Shibley 사장에게 감사의 뜻을 전한다(조지프 시블리, 저자와의 인터뷰, 2014년 10월 10일).

281쪽 **1880년 4월 1일, 알렉산더 벨과**: Bruce, *Bell*, 333-339. 문제는 광선의 전송 기능이 불안정하다는 것이었다. 1980년대에 처음으로 세계적인 성공을 거둔 광섬유 통신은 벨과 테인터의 혁신적인 발견에서 파생한 것이다. 다음을 참조하라. Stewart E. Miller, "Lightwaves and Telecommunication: Pulses of Light Transmitted Through Glass Fibers Are Lowering Costs, Increasing Speed and Capacity, and Stimulating New Uses of Telecommunications Systems," *American Scientist* 72, no. 1 (1984):

66-71.

282쪽 **벨의 사위 데이비드 페어차일드**: Seth Shulman, *The Telephone Gambit: Chasing Alexander Graham Bell's Secret* (New York, W. W. Norton, 2008), 19.

283쪽 **"궁금함을 느끼는 능력"**: 이 인용문 이전의 문장들도 유용한 통찰을 담고 있다. "아이들은 아직 궁금함을 느끼는 능력을 가지고 있다. 아이들은 새로운 세상에 적응하고, 직접 경험해보는 새로운 일들을 이해하기 위해 안간힘을 쓴다. 아이들은 어리둥절함을 느끼고, 놀라고, 궁금해하며, 그렇기 때문에 창의적인 반응이 나오는 것이다. 하지만 일단 교육 과정을 거치게 되면 대부분의 사람들이 궁금해하거나 놀라는 능력을 잃어버린다. 모든 것을 알아야 한다는 의무감을 느끼며, 그렇기 때문에 어떤 일이 닥쳤을 때 놀라거나 어리둥절해하는 것을 무지의 징후라고 여긴다. 세상은 더이상 놀라움으로 가득찬 곳이 아니며, 그저 당연한 것으로 받아들여진다. 예술이나 과학을 막론하고 궁금함을 느끼는 능력은 실제로 모든 창작의 전제조건이다." Erich Fromm, "The Creative Attitude," in *Creativity and Its Cultivation: Addresses Presented at the Interdisciplinary Symposia on Creativity*, ed. Harold H. Anderson (New York: Harper & Brothers, 1959), 48.

283쪽 **폴 이즈리얼은 자신이 집필한 에디슨 전기에서**: Paul Israel, *Edison: A Life of Invention* (New York: John Wily & Sons, 1998), 67.

284쪽 **"장르의 경계 넘나들기"**: John Gardner, *The Art of Fiction: Notes on Craft for Young Writers* (New York: Vintage Books, 1991), 19. 특정한 서사의 구조를 추출하는 방식에 대해서는 Malcolm Gladwell, *The Tipping Point: How Little Things Can Make a Big Difference* (Boston: Little, Brown, 2000)에서 수수께끼 블루Blue's Clues의 포맷에 대한 설명을 참조하라.

286쪽 **브라질에서는 한 기계공이**: Tina Rosenberg, "Innovations in Light," *New York Times*, February 2, 2012. 아이티의 사례는 다음을 참조하라. Jamie M. Zimmerman and Kristy Bohling, *Helping Ti Manman Cheri in Haiti: Offering Mobile Money-Based Government-to-Person Payments in Haiti* (Washington, DC: Bankable Frontier Associates, CGAP and UKAID, July 2013).

287쪽 **컨선 월드와이드라는 한 국제 인도주의 단체는**: 나는 뉴 아메리카 재단에서 정책 분석가로 근무하기 전 이에 대한 글을 쓴 적이 있다. 케리오 계곡 시범 프로젝트에서는, 수혜자 열 명마다 휴대폰과 태양열 충전기 하나씩을 지급했다. 다음을 참조하라. Concern Worldwide, "Cash Transfers by Phone in Kenya: Using Mobile Phones, Concern Distributed Cash to Over 3,000 People in the Kerio Valley, Kenya," 동영상과 보고서, 2015년 3월 4일 접속, www.concern.net/where-we-work/africa/kenya/cash-transfers-by-phone-in-kenya. 나이로비의 송금 프로그램에 대한 내

용은 다음을 참조하라. Cathy Majtenyi, "Technology Makes Cash Transfers Safer in Kenya," *Voice of America*, October 19, 2011.

## 9장 상상력은 모호성이 승리를 거둘 때, 탄생한다

291쪽 **예루살렘은 장벽과 경계의 도시다**: 이번 장의 도입부는 아모스 일론의『예루살렘: 거울의 도시Jerusalem: City of Mirror』(Boston: Little, Brown, 1989), 173에 바치는 헌사다. 아모스는 우리 가족과 가까운 사이였다. 나는 열한 살 때 처음 아모스를 만났으며 아모스와 그의 작품을 존경하며 자라났고 지금도 그를 그리워한다. 이 장에서 소개하는 다나에 일론은 아모스의 딸이다.

291쪽 **야코브 파트 거리에서 오른쪽으로 돌아**: 일부 자세한 사항은 내가 2013년 6월 11일에 예루살렘을 방문했을 때 조사한 것이다.

292쪽 **이상할 정도로 높은 건물을 찾아볼 수 없다**: 물론 여기서 높은 건물이란 상대적인 개념이다. 베이트 사파파와 예루살렘의 전반적인 건축 및 대지 규정을 이해할 수 있도록 도와준 사리 크로니시Sari Kronish, 미야 프랑크포터Maya Frankforter, 그리고 빔콤Bimkom 단체에 감사한다. 베이트 사파파의 일부 지역에서는 최대 6층 높이까지 주거용 건물을 지을 수 있다. 자세한 내용은 www.bimkom.org를 참조하라.

292쪽 **건설이 착공된 상태**: "New Jerusalem Highway Threatens Arabs' Homes," *Al Jazeera*, March 11, 2013; Joel Greenberg, "In Jerusalem, Road Project Takes Political Turn As It Cuts Through Arab Neighborhood," *Washington Post*, April 20, 2013.

292쪽 **대법원은 (…) 이스라엘의 고속도로 건설 권리를 인정**: Daniel K. Eisenbud, "Beit Safafa Residents Angry Over Highway Set to Divide Village," *Jerusalem Post*, January 27, 2014.

293쪽 **핸드 인 핸드**: 배경은 다음에서 발췌했다. Debra Kamin, "In Some Israeli Schools, It's Arabic in First Period and Hebrew in Second," *Atlantic*, April 25, 2013; Kenneth Bandler, "Bilingual Education Strengthens Jewish-Arab Relations," *Jerusalem Post*, June 25, 2012; Jodi Rudoren and Isabel Kershner, "After Attacks, Israeli Schools Confront Hate," *New York Times*, August 27, 2012.

293쪽 **2개 국어 사용의 영향을 연구**: 다음을 참조하라. Anatoliy V. Kharkhurin, *Multilingualism and Creativity* (Buffalo, NY: Multilingual Matters, 2012); Mark Leikin, "The Effects of Bilingualism on Creativity: Developmental and Educational Perspectives," *International Journal of Bilingualism* 17, no. 4 (2013): 431–447; Lina

Ricciardelli, "Bilingualism and Cognitive Development in Relation to Threshold Theory," *Journal of Psycholinguistic Research* 21, no. 4 (1992): 301-315.

294쪽 **한 문헌 조사**: Lina A. Ricciardelli, "Creativity and Bilingualism," *Journal of Creative Behavior* 26, no. 4 (1992): 242-254.

294쪽 **캘리포니아 대학교 데이비스 캠퍼스의 심리학자이자 창의력 전문가인 딘 사이먼턴**: 창의력과 다문화주의에 대한 배경 중 일부는 딘 키스 사이먼턴의 2013년 7월 9일자 이메일에서 발췌했다; Dean Keith Simonton, "Foreign Influence and National Achievement," *Journal of Personality and Social Psychology* 72, no. 1 (1997): 86-94; Dean Keith Simonton, *Greatness: Who Makes History and Why* (New York: Guilford Press, 1994); Dean Keith Simonton, "Sociocultural Context of Individual Creativity: A Transhistorical Time-Series Analysis," *Journal of Personality and Social Psychology* 32, no. 6 (1975): 1119-1133; William W. Maddux, Hajo Adam, and Adam Galinsky, "When in Rome…Learn Why the Romans Do What They Do: How Multicultural Learning Experiences Facilitate Creativity," *Personality and Social Psychology Bulletin* 36, no. 6 (2010): 731-741. 또한 다음을 참조하라. Peter Merrotsy, "Tolerance of Ambiguity: A Trait of the Creative Personality?" *Creativity Research Journal* 25, no. 2 (2013): 232-237. 데이미언과 사이먼턴의 인용구는 다음에서 발췌했다. Rodica Ioana Damian and Dean Keith Simonton, "Diversifying Experiences in the Development of Genius and Their Impact on Creative Cognition," in *The Wiley Handbook of Genius*, ed. Dean Keith Simonton (Chichester, UK: John Wiley & Sons, 2014), 376; Simone M. Ritter, "Diversifying Experiences Enhance Cognitive Flexibility," *Journal of Experimental Social Psychology* 48, no. 4 (2012): 961-964.

295쪽 **유명 연구에서**: Mildred George Goertzel, Victor Goertzel, and Ted George Goertzel, *300 Eminent Personalities: A Psychosocial Analysis of the Famous* (San Francisco: Jossey-Bass, 1978). 또한 다음을 참조하라. Victor Goertzel and Mildred G. Goertzel, *Cradles of Eminence: A Provocative Study of the Childhoods of over 400 Famous Twentieth-Century Men and Women* (Boston: Little, Brown, 1962).

295쪽 **저명한 미국 수학자들**: Damian and Simonton, "Diversifying Experiences in the Development of Genius," 380. 미국 특허 건수 역시 같은 출처를 참조했다.

296쪽 **2009년의 한 실험은**: William W. Maddux and Adam D. Galinsky, "Cultural Borders and Mental Barriers: The Relationship Between Living Abroad and Creativity," *Journal of Personality and Social Psychology* 95, no. 5 (2009): 1047-1061.

296쪽 **커리어 전반에 걸쳐 강조했던**: Jerome Bruner, *Acts of Meaning* (Cambridge, MA:

Harvard University Press, 1990), 34; 제롬 브루너, 저자와의 인터뷰, 2013년 2월 11일.

296쪽 **일련의 지시사항으로 정의할 수 있으며:** 모호성에 대한 다양한 문화적 태도와 관련하여 매우 흥미로운 연구가 진행되었다. 물론 미국 문화는 특히 명쾌함을 선호하는 것으로 잘 알려져 있으며, 그 밖의 여러 다른 문화에서는 모호성을 선호하는 경향을 보인다. 하지만 모호성에 대한 선호도 역시 궁극적으로는 명확화 및 배제를 위한 규칙으로 작용할 수 있다. 모호성에 대한 선호는 사실상 일종의 종결을 나타내기도 하며, 이는 결정하지 않기로 결정하는 것과 같은 논리다. 다음을 참조하라. Arie W. Kruglanski, *The Psychology of Closed Mindedness* (New York: Psychology Press, 2004), 8.

297쪽 **순수한 두뇌 기능만 살펴보아도:** 엘런 비알리스토크, 저자와의 인터뷰, 2012년 4월 13일; Ellen Bialystok, *Bilingualism in Development: Language, Literacy, & Cognition* (Cambridge, UK: Cambridge University Press, 2001); Ellen Bialystok, "Reshaping the Mind: The Benefits of Bilingualism," *Canadian Journal of Experimental Psychology* 65, no. 4 (2011): 229–235; Ellen Bialystok and Xiaoji Feng, "Language Proficiency and Executive Control in Proactive Interference: Evidence from Monolingual and Bilingual Children and Adults," *Brain & Language* 109, no. 2-3 (2009): 93–100; Ellen Bialystok, "Metalinguistic Aspects of Bilingual Processing," *Annual Review of Applied Linguistics* 21 (2001): 169–182; Ellen Bialystok, "Levels of Bilingualism and Levels of Linguistic Awareness,"*Developmental Psychology* 24, no. 4 (1988): 560–567; Ellen Bialystok, Fergus I. M. Craik, and Gigi Luk, "Bilingualism: Consequences for Mind and Brain," *Trends in Cognitive Science* 16, no. 4 (2012): 240–250; Ellen Bialystok and Michelle M. Martin, "Attention and Inhibition in Bilingual Children: Evidence from the Dimensional Change Card Sort Task," *Developmental Science* 7, no. 3 (2004): 325–329; Albert Costa et al., "On the Bilingual Advantage in Conflict Processing: Now You See It, Now You Don't," *Cognition* 113, no. 2 (2009): 135–149; Karen Emmorey et al., "The Source of Enhanced Cognitive Control in Bilinguals: Evidence from Bimodal Bilinguals," *Psychological Science* 19, no. 12 (2008): 1201–1206; Núria Sebastián-Gallés, "A Bilingual Advantage in Visual Language Discrimination in Infancy," *Psychological Science* 23, no. 8 (2012): 994–999; Ellen Bialystok, "Bilingualism: The Good, the Bad, and the Indifferent," *Bilingualism: Language and Cognition* 12, no. 1 (2009): 3–11; Ellen Bialystok and Mythili Viswanathan, "Components of Executive Control with Advantages for Bilingual Children in Two Cultures," *Cognition* 112, no. 3 (2009): 494–500.

297쪽 **스트루프 테스트에서 더 좋은 성적을 올린다:** Ellen Bialystok, Gigi Luk, and Fergus

Craik, "Cognitive Control and Lexical Access in Younger and Older Bilinguals," *Journal of Experimental Psychology: Learning, Memory, and Cognition* 34, no. 4 (2008): 859-873. Malgorzata Kossowska et al., "Individual Differences in Epistemic Motivation and Brain Conflict Monitoring Activity"에서는 종결욕구가 높은 사람이 스트루프 테스트에서 나쁜 성적을 보였음을 밝혀냈다. 스트루프 테스트의 다양한 활용법에 대한 내용은 다음을 참조하라. Colin M. MacLeod, "Half a Century of Research on the Stroop Effect: An Integrative Review," *Psychological Bulletin* 109, no. 2 (1991): 163-203. 여기서 언급한 테스트의 원본은 J. Ridley Stroop, "Studies of Interference in Serial Verbal Reactions," *Journal of Experimental Psychology* 18, no. 6 (1935): 634-662의 Experiment 2이다.

298쪽 **스트루프 테스트를 (…) 다음 그림과 같은 형태가 된다**: 이것은 다음 출처를 응용했다. Wayne Chase, *How Music Really Works: The Essential Handbook for Songwriters, Performers, and Music Students*, 2nd edition (Vancouver, Canada: Roedy Black Publishing, 2006).

299쪽 **7개월 된 아기들조차도**: Ágnes Melinda Kovács and Jacques Mehler, "Cognitive Gains in 7-Month-Old Bilingual Infants," *Proceedings of the National Academy of Sciences* 106, no. 16 (2009): 6556-6560. 또한 다음 출처도 참고했다. Yudhijit Bhattacharjee, "Why Bilinguals Are Smarter," *New York Times*, March 17, 2012.

299쪽 **냉전 시대에 CIA는**: Roy F. Baumeister and John Tierney, *Willpower: Rediscovering the Greatest Human Strength* (New York: Penguin, 2011), 29.

300쪽 **알츠하이머병의 증상에**: Tamar Gollan, "Degree of Bilingualism Predicts Age of Diagnosis of Alzheimer's Disease in Low-Education but Not in Highly Educated Hispanics," *Neuropsychologia* 49, no. 14 (2011): 3826-3830. 또한 다음을 참조하라. Fergus I. M. Craik, Ellen Bialystok, and Morris Freedman, "Delaying the Onset of Alzheimer Disease: Bilingualism as a Form of Cognitive Reserve," *Neurology* 75, no. 19 (2010): 1726-1729.

300쪽 **유럽연합 집행위원회가 2009년 발표한 바와 같이**: Bernhard Hommel et al., "Bilingualism and Creativity: Benefits in Convergence Come with Losses in Divergent Thinking," *Frontiers in Psychology* 2, no. 273 (2011): 1-5; European Commission, *Study on the Contribution of Multilingualism to Creativity* (Brussels: Directorate General Education and Culture, July 16, 2009), annex 2, compendium part 2 (Inventory).

300쪽 **2005년 비알리스토크와 데이나 샤페로**: Study 2 in Ellen Bialystok and Dana Shapero, "Ambiguous Benefits: The Effect of Bilingualism on Reversing Ambiguous

Figures," *Developmental Science* 8, no. 6 (2005): 595-604.

301쪽 **샌드라 벤-제브라는 학자**: Sandra Ben-Zeev, "The Influence of Bilingualism on Cognitive Strategy and Cognitive Development," *Child Development* 48, no. 3 (1977): 1009-1018.

302쪽 **장 피아제는 (⋯) 고안하기도 했다**: Ellen Bialystok, "Metalinguistic Dimensions of Bilingual Language Proficiency," in *Language Processing in Bilingual Children*, ed. Ellen Bialystok (Cambridge, UK: Cambridge University Press, 1991), 136.

302쪽 **간단한 실험방법**: Dean Keith Simonton, "Bilingualism and Creativity," in *An Introduction to Bilingualism: Principles and Processes*, ed. Jeanette Altarriba and Roberto R. Heredia (New York: Lawrence Erlbaum, 2008).

302쪽 **내가 가지고 있는 사전에 따르면 자동차 창문**: Faye Carney, ed., *French-English English-French Dictionary*, unabridged ed. (Paris: Larousse-Bordas, 1998).

303쪽 **웨일스어에서 '학교'를 나타내는 ysgol이라는 말은**: Colin Baker, *Foundations of Bilingual Education and Bilingualism*, 5th ed. (Buffalo, NY: Multilingual Matters, 2011), 149.

303쪽 **야파 시라 그로스버그는 21년째 교편을 잡고 있으며**: 야파 시라 그로스버그, 지자와의 인터뷰, 2013년 6월 11일.

305쪽 **예루살렘의 야드 바솀 홀로코스트 박물관 건너편에서**: 다나에 일론, 저자와의 인터뷰, 예루살렘, 2013년 6월 11일. 추가적인 배경은 다나에 일론의 다큐멘터리 영화 〈파틀리 프라이빗〉에 대한 다음 리뷰를 참고했다. Alissa Simon, *Variety*, May 10, 2009; Dave Itzkoff, "Tribeca Film Festival Names Prizewinner," *New York Times*, May 1, 2009; 그 외에도 다나에 일론의 다큐멘터리 영화 〈고향으로 가는 다른 길〉(2004)에 대한 다음 리뷰를 참조했다. Steven Rea, "A Jew's Search for Her Former Arab Caregiver," *Philadelphia Inquirer*, June 10, 2005; Gary Arnold, "Elon's 'Road Home' a Union of Divides," *Washington Times*, May 19, 2005; Ann Hornaday, "An Israeli Woman's Search for Peace," *Washington Post*, May 13, 2005; Anemona Hartocollis, "From Jerusalem to Paterson," *New York Times*, April 24, 2005; Ronnie Scheib, "Another Road Home," *Variety*, June 7-13, 2004; Jeannette Catsoulis, "The Personal and Political Mix on a Journey to the Past," *New York Times*, April 29, 2005. 또한 A. O. Scott, "A Chaotic Galaxy of Films, Unknowns and Noble Goals,"*New York Times*, April 30, 2004; Michael Liss, "Danae Elon: The Heeb Interview," *Heeb Magazine*, April 29, 2009를 참조하라.

310쪽 **내가 핸드 인 핸드 학교를 방문하기 몇 달 전**: "Hand in Hand Students Attacked on Public Bus," *E-Newsletter*, winter 2013; Shuli Dichter, "We Are All the Other,"

*Jewish Week*, February 26, 2013.

311쪽 **프라이스 태그 범죄**: Sally Abrams, "Traveling 'Hand in Hand' Toward a Better Future," *MinnPost*, February 29, 2012.

312쪽 **현지 놀이공원 슈퍼랜드**: 다음의 예를 참조하라. Ilan Lior, "Separate but Equal? Superland Amusement Park to Reconsider Arab-Jewish Segregation Policy," *Haaretz*, May 30, 2013.

312쪽 **화재가 발생해 학교 건물의 일부가 불에 타버렸다**: "Jerusalem Bilingual Hebrew-Arabic School Ablaze in Suspected Hate Crime," *Jerusalem Post*, November 29, 2014.

312쪽 **심리학자 아르네 루츠와 알랭 판 힐**: Arne Roets and Alain Van Hiel, "Allport's Prejudiced Personality Today: Need for Closure as the Motivated Cognitive Basis of Prejudice," *Current Directions in Psychological Science* 20, no. 6 (2011): 349-354; Gordon W. Allport, *The Nature of Prejudice, 25th Anniversary Edition* (New York: Basic Books, 1979). 또한 다음을 참조하라. Michael R. Smith and Randall A. Gordon, "Personal Need for Structure and Attitudes Toward Homosexuality," *Journal of Social Psychology* 138, no. 1 (1998): 83-87; Melody Manchi Chao, Zhi-Xue Zhang, and Chi-yui Chiu, "Adherence to Perceived Norms Across Cultural Boundaries: The Role of Need for Cognitive Closure and Ingroup Identification," *Group Processes & Intergroup Relations* 13, no. 1 (2009): 69-89. 이와 같은 기본 개념은 다음 문헌에서도 찾아볼 수 있다. Mark Rubin, Stefania Paolini, and Richard J. Crisp, "A Processing Fluency Explanation of Bias Against Migrants," *Journal of Experimental Social Psychology* 46, no. 1 (2010): 21-28; Bertram Gawronski et al., "Cognitive Consistency in Prejudice-Related Belief Systems," in *Cognitive Consistency: A Fundamental Principle in Social Cognition*, ed. Bertram Gawronski and Fritz Strack (New York: Guilford Press, 2012). 물론 Jack Block and Jeanne Block, "An Investigation of the Relationship Between Intolerance of Ambiguity and Ethnocentrism," *Journal of Personality* 19, no. 3 (1951): 303-311처럼 더욱 이전으로 거슬러올라가보면 머지않아 프렝켈-브룬스비크에 도달한다.

313쪽 **"가장 보기 흉한 형태로 나타난다"**: Robert Buckhout, "Eyewitness Testimony," *Scientific American* 231, no. 6 (1974): 23-31.

314쪽 **"모순되는 생각"**: 전체 인용문은 2012년 온라인에 처음 게재되었으며 다음과 같다 (www.brainbuffet.com/news/contradiction). "예술에서, 그리고 아마도 어떤 분야에서나 전반적으로, 모순되는 생각을 매우 편안하게 받아들일 수 있는 것이 관건이다. 다른 말로 하면 지혜란 두 가지 모순되는 생각을 가장 높은 차원에서 표현하고, 그 두 가지 모순이 같은 공간에서 진동하며 함께 존재하도록 내버려둘 수 있는 능력인 것으로 보인다. 따라서 나는 작가로서 내가 진정으로 믿는 것이 무엇인지에 대해 결코 확신을 갖지 않는다." 2014년 7월 13일에 나에게 보낸 이메일에서 조지 손더스는 아마도 한 인터뷰에서 그러한 요지의 말을 한 기억이 있다고 기꺼이 확인해주었다.

315쪽 **윌리엄 엠프슨은 (…) 보여주었다**: William Empson, *Seven Types of Ambiguity* (London: Chatto and Windus, 1949).

315쪽 **"이러한 소외는 또하나의 보다 일반적인 멀어짐 현상, (…) 반영되어 나타나는 경우가 많다**": John Gardner, *On Moral Fiction* (New York: Basic Books, 1978), 180.

316쪽 **"여행은 선입견 (…) 치명적인 타격을 준다**": Mark Twain, *The Innocents Abroad, or The New Pilgrim's Progress* (Hartford, CT: American Publishing Co., 1869), 650. 물론 여행에 몰입하지 않는다면 이런 효과를 얻을 수 없다. 다음을 참조하라. Brent Crane, "For a More Creative Brain, Travel," *Atlantic*, March 31, 2015.

316쪽 **그리고 그렇기 때문에 소설 읽기를 통해**: Maja Djikic, Keith Oatley, and Mihnea C. Moldoveanu, "Opening the Closed Mind: The Effect of Exposure to Literature on the Need for Closure," *Creativity Research Journal* 25, no. 2 (2013); Maja Djikic and Keith Oatley, "The Art in Fiction: From Indirect Communications to Changes of the Self," *Psychology of Aesthetics, Creativity, and the Arts* 8, no. 4 (2014): 498–505; Liz Bury, "Reading Literary Fiction Improves Empathy, Study Finds," *Guardian* (Manchester), October 8, 2013; Alison Floor, "Reading Fiction 'Improves Empathy,' Study Finds," *Guardian* (Manchester), September 7, 2011; Annie Murphy Paul, "Your Brain on Fiction," *New York Times*, March 17, 2012. 또한 소설 읽기의 효과와 관련된 것으로는, 경영대학원에서 다양한 사례를 다룰 경우 학생들의 모호성에 대한 관용이 향상된다는 연구 결과가 있다: Kevin C. Banning, "The Effect of the Case Method on Tolerance for Ambiguity," *Journal of Management Education* 27, no. 5 (2003): 556–567.

317쪽 **다른 집단과 긍정적인 접촉을 경험**: Roets and Van Hiel, "Allport's Prejudiced Personality Today," 352; Kristof Dhont and Alain Van Hiel, "Direct Contact and Authoritarianism as Moderators Between Extended Contact and Reduced Prejudice," *Group Processes & Intergroup Relations* 14, no. 2 (2011): 224–237; Gunnar Lemmer and Ulrich Wagner, "Can We Really Reduce Ethnic Prejudice Outside the Lab? A Meta-Analysis of Direct and Indirect Contact Interventions," *European Journal of Social Psychology*, in press. 또한 다음을 참조하라. Carmit T. Tadmore et al., "Multicultural Experiences Reduce Intergroup Bias Through Epistemic Unfreezing," *Journal of Personality and Social Psychology* 103, no. 5 (2012):

750-772; Arnd Florack et al. "How Initial Cross-Group Friendships Prepare for Intercultural Communication: The Importance of Anxiety Reduction and Self-Confidence in Communication," *International Journal of Intercultural Relations* 43 (2014): 278-288. Martine Powers, "Does Riding the Commuter Rail Change Attitudes on Immigration?"*Boston Globe*, February 25, 2014는 다음 문헌에서 소개된 연구를 다루고 있다. Ryan D. Enos, "Causal Effect of Intergroup Contact on Exclusion Attitudes," *Proceedings of the National Academy of Sciences* 111, no. 10 (2014): 3699-3704. Gordon Hodson, "Do Ideologically Intolerant People Benefit from Intergroup Contact?" *Current Directions in Psychological Science* 20, no. 3 (2011): 154-159; Zvi Bekerman, Ayala Habib, and Nader Shhadi, "Jewish-Palestinian Integrated Education in Israel and Its Potential Influence on National and/or Ethnic Identities and Intergroup Relations," *Journal of Ethnic and Migration Studies* 37, no. 3 (2011): 389-405.

317쪽 **모순에 대한 이 다섯번째 반응을 조합이라고 불렀다**: Travis Proulx and Michael Inzlicht, "The Five 'A's of Meaning Maintenance: Finding Meaning in the Theories of Sense-Making," *Psychological Inquiry* 23, no. 4 (2012): 317-335.

317쪽 **다른 2개 국어 교육 프로그램의 학부모들을 고발**: "Taking to Court Jewish and Arab Parents Who Just Want Their Kids Educated Together," editorial, *Haaretz*, March 10, 2013; 또는 Kashti, "Co-Existence or a Crime? Jewish-Arab Education Earns Parents a Court Date," *Haaretz*, March 12, 2013.

317쪽 **종교와 관련없는 민간 결혼이 없으며**: Ariel David, "Who Would You Be Allowed to Marry in Israel Today?" *Haaretz*, June 3, 2014.


# 에필로그

319쪽 **심리학 연구팀**: Jordi Quoidbach, Daniel T. Gilbert, and Timothy D. Wilson, "The End of History Illusion," *Science* 339 (2013): 96-98. 내가 이 연구를 처음 접하게 된 것은 다음 기사 덕분이다. John Tierney, "Why You Won't Be the Person You Expect to Be," *New York Times*, January 3, 2013.

320쪽 **"가장 재미있는 결과"**: 조르디 쿠아드박, 저자와의 인터뷰, 2013년 7월 11일.

320쪽 **쿠아드박의 이 논문 제목은 (…) 인용**: Francis Fukuyama, "The End of History?" *National Interest* 16 (summer 1989): 3-18; Francis Fukuyama, *The End of History and the Last Man* (New York: Free Press, 1992). 완전히 중립은 아니지만, 후쿠야마

의 저서에 대한 다음 논평은 나 역시 기억에 남아 다시 읽어보았기 때문에 일독을 추천한다: Stephen Holmes, "The Scowl of Minerva," review of *The End of History and the Last Man*, by Francis Fukuyama, *New Republic*, March 12, 1992.

321쪽 **심지어 후쿠야마 본인도 더이상 이러한 주장을 펴지 않는다**: Steve Kettmann, "Fukuyama Rethinks End of History," *Wired*, April 15, 2002.

325쪽 **4천 명의 사람들이 (⋯) 걸어가기 시작했다**: 체호프의 죽음에 대한 배경은 다음에서 발췌했다. Donald Rayfield, *Chekhov: A Life* (New York: Harper Collins, 1997), 595–599; Earnest J. Simmons, *Chekhov: A Biography* (Chicago: University of Chicago Press, 1962). 또한 다음 문헌도 참고했다. Maxim Gorky, Alexander Kuprin, and I. A. Bunin, *Reminiscences of Anton Chekhov*, trans. S. S. Koteliansky and Leonard Woolf (New York: B.W. Huebsch, 1921). 이 에필로그의 일부 내용은 내가 이전에 썼던 칼럼의 몇몇 섹션과 중복된다; 다음을 참조하라. Jamie Holmes, "President Obama and Remembering Chekhov," *Huffington Post*, January 28, 2010. 또한 레이필드는 체호프가 새벽 두시에 깨어났다고 기록한 반면 시먼스는 밤 열두시 반에 깨어났다고 적었다.

326쪽 **"혈관에 소작농의 피가 흐른다"**: Richard Pevear, introduction to *The Complete Short Novels*, by Anton Chekhov, trans. Richard Pevear and Larissa Volokhonsky (New York: Vintage Classics, 2004)를 참조하라.

327쪽 **"내가 두려워하는 사람들은"**: Anton Chekhov, *Letters of Anton Chekhov*, trans. Michael Henry Heim in collaboration with Simon Karlinsky (London: Bodley Head: 1973), 109의 인용 출처는 다음과 같다. Richard Pevear, introduction to *Stories by Anton Chekhov*, by Anton Chekhov, trans. Richard Pevear and Larissa Volokhonsky (New York: Random House, 2009).

328쪽 **"작가들이 (⋯) 인정해야 할 때가 왔다"**: Francine Prose, *Reading Like a Writer: A Guide for People Who Love Books and for Those Who Want to Write Them* (New York: Harper Collins, 2006). 이와는 약간 다른 번역본은 다음을 참조하라. Anton Chekhov, *Letters of Anton Chekhov to His Family and Friends*, trans. Constance Garnett (New York: Macmillan, 1920), 89. 또다른 번역본도 있다. Chekhov, *Letters of Anton Chekhov*, 104.

328쪽 **"매우 뛰어난 재능을 가지고 있으며"**: Pevear, introduction to *Stories by Anton Chekhov*에 인용되었다.

328쪽 「**약혼자**」: Anton Chekhov, *The Schoolmaster and Other Stories*, trans. Constance Garnett (New York: J. J. Little & Ives, 1921), 47–75.

330쪽 **"신이나 비관론처럼 문제를 해결"**: Anton Chekhov, *Selected Stories*, trans. Ann

Dunnigan (New York: Signet Classic, 2003).

330쪽 **버지니아 울프는 (…) 기록했다**: Virginia Woolf, *The Essays of Virginia Woolf, vol. 2, 1912–1918*, ed. Andrew McNeillie (New York: Harcourt Brace Jovanovich, 1986), 245.

330쪽 **"작가들이 대부분의 거짓말을 하는"**: Paul Engle, "Salt Crystals, Spider Webs, and Words," *Saturday Review*, March 16, 1964.

331쪽 **소설을 시작하기 며칠 전 체호프는 (…) 편지를 보내**: Simmons, *Chekhov: A Biography*, 140–141.

331쪽 **예고르라는 (…) 아홉 살짜리 소년**: 남자들 중 한 명이 예고르의 삼촌이다. Chekhov, *The Complete Short Novels*.

옮긴이 **구계원**

서울대학교 식품영양학과, 도쿄 일본어학교 일본어 고급 코스를 졸업했다. 미국 몬터레이 국제대학원에서 통·번역 석사 과정을 수료하고, 현재 전문 번역가로 활발히 활동중이다. 옮긴 책으로 『화성 이주 프로젝트』 『옆집의 나르시시스트』 『우리가 사랑에 대해 착각하는 것들』 『봉고차 월든』 『스마트컷』 『우리는 왜 짜증나는가』 『자기 절제 사회』 『엉터리 심리학』 『결심의 재발견』 『2천 년 식물 탐구의 역사』 『퓨처 사이언스』 『왜 중국은 서구를 위협할 수 없나』 『제3의 경제학』 등이 있다.

# 난센스
불확실한 미래를 통제하는 법

1판 1쇄 2017년 3월 17일
1판 3쇄 2017년 5월 29일

지은이 제이미 홈스 | 옮긴이 구계원 | 펴낸이 염현숙
기획 김지영 | 책임편집 고아라 | 편집 고지안 이연실 | 모니터링 이희연
디자인 이효진 | 마케팅 정민호 박보람 이동엽
홍보 김희숙 김상만 이천희 | 저작권 한문숙 김지영
제작 강신은 김동욱 임현식 | 제작처 영신사

펴낸곳 (주)문학동네
출판등록 1993년 10월 22일 제406-2003-000045호
주소 10881 경기도 파주시 회동길 210
전자우편 editor@munhak.com | 대표전화 031) 955-8888 | 팩스 031) 955-8855
문의전화 031) 955-3576(마케팅) 031) 955-2651(편집)
문학동네카페 http://cafe.naver.com/mhdn | 트위터 @munhakdongne

ISBN 978-89-546-4473-0 03320

www.munhak.com